法文化論の展開

──法主体のダイナミクス──

謹しんで

千葉正士先生に捧げます

一　同

──── 〈執筆者一覧〉 (執筆順，＊は編者) ────

ヴェルナー・メンスキー (Werner Menski)＊　　ロンドン大学東洋アフリカ学院名誉教授

角田猛之 (Takeshi Tsunoda)＊　　関西大学教授

石田慎一郎 (Shin-ichiro Ishida)＊　　首都大学東京准教授

大塚　滋 (Shigeru Ohtsuka)　　東海大学教授

鈴木敬夫 (Keifu Suzuki)　　札幌学院大学名誉教授

北村隆憲 (Takanori Kitamura)　　東海大学教授

河村有教 (Arinori Kawamura)　　海上保安大学校准教授

馬場　淳 (Jun Baba)　　和光大学准教授

プラカシュ・シャー (Prakash Shah)　　ロンドン大学クイーンメアリー校上級講師 (リーダー)

森　正美 (Masami Mori)＊　　京都文教大学教授

クレヴァー・マパウレ (Clever Mapaure)　　ナミビア法改正委員会チーフリーガルオフィサー

テイモア・ハーディン (Taymour L. Harding)　　ロンドン大学東洋アフリカ学院大学院修了

ファーリス・ナスララ (Faris Nasrallah)　　国際法律事務所ベーカー・ボッツLLP弁護士

薗　巳晴 (Miharu Sono)　　三菱UFJリサーチ＆コンサルティング㈱生物多様性担当専門研究員

宮下克也 (Katsuya Miyashita)　　立教大学非常勤講師

荒木　亮 (Ryo Araki)　　首都大学東京大学院生・日本学術振興会特別研究員 (DC1)

久保秀雄 (Hideo Kubo)　　京都産業大学准教授

高野さやか (Sayaka Takano)　　日本学術振興会特別研究員 (PD)

梅村絢美 (Ayami Umemura)　　日本学術振興会特別研究員 (PD)

木村光豪 (Mitsuhide Kimura)　　関西大学大学院生

中村浩爾 (Koji Nakamura)　　大阪経済法科大学名誉教授

千葉正士 先生

推薦の言葉

千葉先生のお仕事は，一言でいえば，「法の他者」が「法」の一部であり，法学者はその声を聞き取り，書き留めなければならない，ということだと思う。

法は，常に，法の他者を排除し，克服し，時に征服して，法を貫徹する。それは，法が，法であるために，自律的な法体系でなければならないということの必然的な帰結であるとともに，経済が，政治が，また社会が中心から合理化され，組織化し，周辺を組み込んで発展していくために，法を道具として使っていくことの結果でもある。

国家法，西洋の普遍法に対して，社会に根ざした固有法，非西洋法，そして，非定型な，しかし創発特性をもった法前提に先生が目を向けるのは，この国家法，西洋普遍法の一面的貫徹に危うさを感じているからであろう。国家法の貫徹に固有法をもって抵抗する社会には固有の合理性と，したたかさがあり，結局は，法の二重構造化，法の空白，あるいは，暗黙の授権が帰結するか，逆に，国家法が妥協し，内に社会の論理，あるいは，理念を取り込むかすることが起きてくる。

この国家法と固有法との相互作用を前提に，その両者を包括するものが「法」（＝法秩序）であり，組織された国家権力から，実定法として押し出されてくる国家法に対して，社会から，多様なサブシステムの協働を経て立ち上がってくる固有法の，その法形成の力に目を向けさせるための概念が「法文化」であり，アイデンティティ法原理である。

この法秩序の総体を観察し，分析することは，法学者として，国家法に身を寄せる者にも，また，批判する者にも大切な仕事であるということが，千葉先生が生涯を掛けて自ら実践し，私たちに残されたメッセージであると思う。

弁護士・京都大学名誉教授

棚 瀬 孝 雄

推薦の言葉

　本書は千葉正士追悼論集にとって最適の編者と共著者の協働によって編まれたものである。千葉教授のパイオニア的業績たる *Legal Cultures in Human Society: A Collection of Articles and Essays* (Shinzansha International, 2002) は，独自の法主体観念とそのダイナミックなあり方を世界中の研究者に示した。法文化と法の多元性に関する千葉の傑出した研究成果を詳細に紹介し，検討する本書を私は強く推薦したい。オニャーティ国際法社会学研究所と千葉との密接な結びつき，そして彼の名を冠した奨学金たる「千葉基金」は，法社会学，とりわけ非西洋法研究の世界に大きな足跡を残している。

バスク自治州大学教授・元オニャーティ国際法社会学研究所長

ホセラモン・ベンゴエッチャ

　千葉教授は，疑いなく20世紀の最も偉大な法社会学者の一人である。彼の業績は，同時代的にすでにきわめて重要な意味をもっていたが，最近では，グローバルな規模での法の多元性についての議論，法社会学研究におけるヨーロッパ中心主義的傾向についての議論，そして研究者間の協働のあり方についての議論の文脈で，新たな読者を獲得しつつある。日本内外の優れた人類学者と法理論家によるこの最先端の論文集は，千葉教授の息の長い学問的遺産が有する現代的意味についての新しい視点を提供している。本書は，千葉教授の業績に初めて出会う若手研究者にとっても，また法社会学研究に熟達した専門家にとっても極めて有益なものとなるだろう。

コーネル大学教授

アナリース・ライルズ

法文化論の展開
―― 法主体のダイナミクス ――

千葉正士先生追悼

角田猛之　ヴェルナー・メンスキー　森正美　石田慎一郎／編

Takeshi Tsunoda, Werner Menski, Masami Mori and Shin-ichiro Ishida eds.,

New developments in the study of legal culture:
Enquiries into the dynamics of legal entities

信山社

は し が き

　非西洋の声と視点を排除してしまうと，法理論のグローバルな協働は，信頼できるもの，確かなものにはなりえない。けれども，千葉正士先生がだいぶ前から繰り返し述べていたように，そして私たちが今もなおそう認めているように，そのような視点を取り入れることは，あいかわらず容易ではない。いまもなお，ヨーロッパ人の自信過剰で独りよがりの態度が，そして国家法中心主義的な法教育をはじめとするヨーロッパ中心主義的な教育の影響が，長い影を落としている。「他者」に沈黙を強いたり，自らの視点，見解，発言こそが高度な文明の基準であると，なかば公然と言い放ってしまったりすることへの誘惑が，力を維持したままに存在し続けているのである。もっとも現在では，それは「植民地化の使命」そして／あるいは「文明化の使命」の精神というかたちではなく，人権の語り口そして国際法の自大主義（パロキアリズム）というかたちで現れている。

　私は，一人の比較法学者として，アジア・アフリカの様々な人間集団の声に，そして多様な法主体（リーガル・エンティティーズ）についての，それぞれの文化に固有の理解のあり方に耳を傾けようとしてきた。ただし，私は「西洋」（ザ・ウェスト）と「非西洋」（ザ・レスト）とが根本的に異なる世界観を別個にもっているなどとは考えていない。私たちが知っているように，そして千葉先生が私たちに教えてくださったように，いずれの場においても法はせめぎあいの対象となるものであり，ダイナミックなものであり，状況的であり，時間・空間・自然環境そしてそのほかの多様な事相の影響を受けるものである。また法はどこにおいても高度に多元的なものであり，多様な主体によって構成されるものなので，それぞれの「法」としての性質をめぐって激しい議論が続いている（Donlan and Urscheler 2014）。そのため，アマルティア・セン（Sen 2009：xiv）が次のように述べたのは正しい——「西洋（ウェスト）のなかにも，東洋（イースト）のなかにも数多くの異なる考え方があり，一枚岩の西洋が「真に東洋的な」多様な優先事項（プライオリティーズ）に対峙していると考えるのは全くの思い過ごしである」。しばしば階級的利害と混じり合う西洋の自大主義と自文化至上主義のために，必ずしもそう目に映るわけではないが，多元主義的な法研究を排除する傾向が，差異を無視せずに認めようとする非西洋の様々な立場と価値観に対して沈黙を強いる粗野な態度と結びついている。

xi

はしがき

　現実の法的プロセスでは，基本的価値と戦略をめぐって衝突が生まれる。それは，つい先日，ロンドンの法曹学院グレイズ・インの研究センター（Centre for Transnational Legal Studies）において，私自身がグローバルな文脈における法の多元性（リーガルプルーラリズム）を表題に掲げた科目を担当したときに明らかだった。この科目にはヨーロッパ，アメリカ，オーストラリアを中心に20をこえる大学から学部教育を修了した法学生が参加している。私は，法学専攻ではないバングラデシュ出身の学生4名とナミビア出身のふたりの若手法律家を同伴して授業に臨んだ。彼らは，法のコンテクストにおいて多元性と差異を受け入れることに対して制約をかける「西洋」の強硬な姿勢を目の当たりにして驚きの念を抱いていた。私は，法学的思考にグローバルな多元性があること，それに伴って法において多様な価値判断がせめぎあっていることについて，受講生たちがより多くの気づきを得られるように努めた。それに対する受講生の反応は，まさに自らの手の内を明かすものだった。突き詰めていうと，それは，無条件の平等こそが支配的な価値であり基本的要請であるとみなされているとする単純明快な主張であり，それを基本的正義のグローバルスタンダードとの一致を評価するための絶対的基準とする主張である。西洋の視点からのそうした見解は次のような事実を無視してしまう。すなわち，非西洋の法伝統のなかには，あらゆる人間はより高次の存在（エンティティ）に結びついている以上，多くの点で目に見える違いがあるものの，ある側面において人間はみな同等であるという考え方を育むものもあるという事実を無視してしまうのである。異文化の存在をこのように無視すること，あるいは「非西洋の」（オリエンタル）法の筋書きに含まれている文化的資源を対等に扱う可能性と妥当性を否定する態度が，どうしようもないほどに強力である。加えて，それが条件反射的に危険性や害悪についての話になってしまっているようにもみえる。そのため，インドのカースト制度が単に悪であり差別的である，そして柔軟性を欠くものとされ，複婚は無条件に女性の人権を破壊するものであるとされる。「文化的他者」に対するこうした懐疑的な態度は，国家以外の法主体に対する疑念を反映したものであり，差異を認めることを自動的に恐ろしいこと，あるいは基本的権利の保護を損なうこととさえみなすことを意味している。

　権利を重視する立場では，一部の個人，集団，あるいは特定のカテゴリーの人びとのみが優遇されているという問題を提起することさえも，あきらかに受

はしがき

け入れがたいものとなった。法を「存在」として解釈することは，法を「当為」としてのみ解釈する可能性を認めないことであり，多大な労力を求めながらも，結果的に正義の不均衡をもたらしているようにもみえる。たしかに，差異の存在を認めることが，差異をめぐる人間の多様な経験を再均衡化する義務感覚を要請する場合もある。あるいはまた，歴史的なあるいは現存する不平等についての理解またはその事実に向き合い，それを改めようとする義務感覚を要請する場合もある。だが，それは確固たるプロセスではなく，奇妙なことにアファーマティブアクションの取り組み自体が不公正を生み出す恐れが生じると，そうした主張は反転してしまう。そうした議論のなかで多元化する思考方法は，義務に焦点をあわせたアプローチとその論拠において非西洋の側から提起されるものであるが，軽視されたり露骨な拒絶をうけたりする危険性がつねにある。千葉先生が数十年前にいくつかの主著を刊行し，「原理法」[ベーシック・ロー][(1)]といった用語を使用して反論を受けたときから，あまり多くのことに変化はないのである。千葉先生がひとつの戦略として言及したように，私たちは慎ましく沈黙を続けていてよいのだろうか。

　おそらくそうした文脈において重要なことは，誰がそう書いているかということである。アマルティア・センの周到なる著書『正義のアイデア』（Sen 2009）を読むと，世界的に有名なこの著者が完全な正義[パーフェクト・ジャスティス]を求めることの無意味さをあえて主張していることにすぐに気付くだろう。なぜかといえば，哲学者たちが同意してきたように，正義とはつねに努力目標[チャレンジ]だからである。ジャック・デリダが強調したように，正義とはつねに来るべきものであり，つねに形成途上にあるものである。センは，完全な正義をもとめる哲学的アプローチはすべて「完全に間違っている」とさえ述べている。この文脈で，彼は，原初的平等という仮説的状態を是とすることは概念としても方法論としても誤りで（Sen 2009：10），「救いようがないほど問題がある」（Sen 2009：11）と明言している。ジョン・ロールズがこのテーマをめぐる自分の見解に修正を加えたのは，「グローバルな国家を求めるという非現実的な方向に向かわない」ためでもある（Sen 2009：26）。さらにいえば，完全なグローバルジャスティスを求めるこ

---

(1) 【訳注】千葉正士は，多元的法体制についての初期の論考における「原理法」（basic law）の用語を，後に「法的前提原理」（jural postulate）に修正し，最終的には「法前提」（legal postulate）に修正している。

xiii

はしがき

とは現実的ではないし，むしろ私はそれが明らかに危険なことだとあえていっておきたい。センは，正義論が「『善意』によるものと認められていながらも空虚なレトリック」に満ちていることに触れて，「より多くのグローバルジャスティス」（強調は原著）をもたらす方法を求める必要性を強調し，著しく正義に反する不正を取り除いていくことこそが重要な課題でありつづけていると述べている。

千葉先生の一連の貴重な著作は，正義を正面から論じたものではないが，私自身の研究と同様に，不正を取り除くための，そして人間がつくりだす法がよりよく働くための探究である。様々な法主体を理解し，分析し，発展的に操作する重要課題に焦点を当てたものである。多様な複数の公式法と非公式法の共存，ならびにそれらと千葉先生が「法前提」と呼ぶところの価値・信念・仮定・観念との必然的な結びつきを明確に見極めた，先生の仕事が重要な意味をもつことは明らかである。それは，私自身と私が指導している学生たちの研究に大きな影響を与えたのみならず，世界中の多くの研究者が千葉先生の知見から学び続けていることなのである。

千葉先生の研究の有効性とその影響をめぐる諸論考を収めた本書が，長年にわたる研究の末についに刊行されることは，おおいに祝福されるべきことである。千葉先生が数十年前にとりくまれた基礎的研究が，そして国家を中心とする存在としての法に社会学的・心理学的視点を加えたことが，いま収穫をもたらしている。世界中の多くの研究者と実務家にとって，紛争解決に取り組みつづけることは容易なことでないことには変わりない。しかしながら，それが建設的かつ有効な妥協点を見いだす絶好の機会を提供しうることを理解するうえで，千葉先生の仕事は有用なのである。

千葉先生がそうしたように法学の方法論を複数化していくことは，様々な期待の間のコンフリクトの，複数のシナリオを理解していく豊かな可能性を開くものである。千葉先生はそれらを複数の「ダイコトミー」において見極められた（Chiba 1989）。多元性を認識するレンズをもちいることで，私たちは紛争処理と問題解決についての重層的な研究にすすんでいくことができるのである。グローバル化がすすむ現代世界においてさらに重要なのは，インターカルチュラリティの複雑なシナリオにおける，せめぎ合う複数の意思決定プロセスについてのさらなる研究を導いてきたことである。意思決定のそうしたプロセ

ス――古代インドの多層的な包括的概念であるヴィヤヴァハーラ（*vyavahāra*）はそれを表現するものである（Menski 2007）――は，意思決定プロセスに関わる力関係についてのさらなる考察を引き出す。公式のものであれ非公式のものであれ，あるいはまた制度的なものであれ，部分的に私的なものであれ，完全に私的なものであれ――したがって通常は目に見えない――法的紛争の諸形式は様々なレベルで観察しうるものである。そこでは法学は，心理学・社会学・人類学あるいはその他の関連諸学と類似した，あるいは重複したものとなる。千葉先生が与えた最も大きな影響は，学際的な法研究の可能性を強調することである。

　現在，法の多元性を空に舞う凧の姿に重ねる新しい研究（Menski 2013），あるいは〔ロジャー・コタレルがいうところの〕「相対的権威」についての新しい研究（Menski 2015）は，千葉先生の導きにつねに立戻りつつ，多様な法文化に裁判官と専門家を巻き込む新しい研究（たとえば Donlan & Urscheler 2014）を生みだしつつある。法文化の様々な主体間のダイナミックな交渉についての研究は，その可能性が無限である。わが編集チーム，翻訳者，出版社がこの重要な書物の刊行を実現したことは称賛に値することなのである。

ロンドン大学東洋アフリカ学院名誉教授

ヴェルナー・メンスキー

（石田慎一郎訳）

【文　献】

Chiba, Masaji（1989）*Legal Pluralism: Towards a General Theory through Japanese Legal Culture*, Tokyo: Tokai University Press.

―― ed.（1986）*Asian Indigenous Law in Interaction with Received Law*, London: KPI.

Donlan, Seán Patrick and Lukas Heckendorn Urscheler, eds.,（2014）*Concepts of Law: Comparative, Jurisprudential, and Social Science Perspectives*, Farnham: Ashgate.

Menski, Werner（2007）"On Vyavahāra," *Indologica Taurinensia* 33 [Proceedings of the section "Law and Society" of the 13th World Sanskrit Conference (Edinburgh, 10-14 July 2006), Turin: CESMEO, pp. 123-147.

はしがき

—— (2013) "Law as a Kite: Managing Legal Pluralism in the Context of Islamic Finance," in Valentino Cattelan, ed., *Islamic Finance in Europe: Towards a Plural Financial System*, Cheltenham, UK and Northampton, MA, USA: Edward Elgar, pp. 15-31.

—— (2015) "Relative Authority in a New Age of Chaos," in Roger Cotterrell and Maksymilian Del Mar, eds., *Authority in Transnational Legal Theory: Theorising Across Disciplines. Dedicated to the Memory of Professor Patrick Glenn*, Cheltenham: Edward Elgar [forthcoming].

Sen, Amartya (2009) *The Idea of Justice*, London: Penguin.（アマルティア・セン『正義のアイデア』池本幸生訳，明石書店，2011 年）

【謝　辞】
　本論文集刊行の学術的意義をお認めいただき，このような大部の書物を刊行いただきました，信山社の袖山貴氏，稲葉文子氏に，末筆ながら心からお礼申し上げます。

編者一同

目　　次

はしがき………………………………〔ヴェルナー・メンスキー〕…xi

序　　論　………………………………〔角田猛之・石田慎一郎〕… *3*

    I　本追悼論集の背景（*3*）

    II　本追悼論集の特徴と刊行の意義（*4*）

    III　千葉正士の学問的足跡——法学の視点から（*9*）

    IV　千葉法学の支流——人類学の視点から（*13*）

◆ 第1部 ◆ 千葉正士先生の人と学問

1 最後の千葉正士………………………………〔大塚　滋〕…*21*

2 戦争犯罪を犯した法学について

    ——千葉正士教授の「戦時期における小野清一郎・

    尾高朝雄の法哲学」批判——　………………〔鈴木敬夫〕…*31*

    I　千葉正士教授は「戦争犯罪を犯した法学」をどうみていたか（*31*）

    II　小野清一郎の法哲学（*33*）

    III　尾高朝雄の法哲学（*38*）

    IV　結び——認識される客体の主体性を認めること（*46*）

3 法文化と非西欧法の法人類学へ

    ——千葉正士博士の研究点描——　………………〔北村隆憲〕…*49*

    I　はじめに（*49*）

    II　法研究の経緯（*51*）

    III　法哲学から法社会学へ（*54*）

    IV　法社会学から法人類学へ（*59*）

    V　異なる法文化の媒介者として（*62*）

    VI　多元的法体制の一般モデルに向かって（*65*）

    VII　法における主体性と非西欧法研究（*67*）

    VIII　法終わりなき探求（*70*）

目　次

─◆ 第2部 ◆ 人間と法の探究：法哲学・法社会学・法人類学 ─

4 千葉正士の「総合比較法学」の構想と
法の多元性に着目した法学教育の提唱
　　──晩年のいくつかの日本語論文に依拠して── ………〔角田猛之〕…77

　　　Ⅰ　は じ め に（77）
　　　Ⅱ　非公式法と非西欧法の法文化（78）
　　　Ⅲ　千葉の総合比較法学構想の概要（81）
　　　Ⅳ　総合比較法学構想における非西洋法と非西洋法文化に
　　　　　依拠した法学教育の重要性（85）
　　　Ⅴ　むすびにかえて（91）

5 千葉理論から Chiba Theories へ
　　──多元的法体制論を語りなおす── ………………〔石田慎一郎〕…97

　　　Ⅰ　はじめに──千葉理論から Chiba Theories へ（97）
　　　Ⅱ　法体系および法秩序における二つの法主体の在り処を捉える（100）
　　　Ⅲ　三ダイコトミーを語りなおす
　　　　　　　──法秩序の多元的・動態的構造を捉える（103）
　　　Ⅳ　アイデンティティ法原理を語りなおす
　　　　　　　──法体系・法秩序を統べる理念として（105）
　　　Ⅴ　お わ り に（109）
　　　補遺　千葉正士先生「発言要旨」
　　　　　　　── 2005 年日本法社会学会学術大会ミニシンポジウム
　　　　　　　　　「千葉理論再考──人類学的視点」（111）

6 グローバル化のアジア法再考
　　──「アイデンティティ法原理」の再定位に向けて──

　　　　……………………………………………………〔河村有教〕…117

　　　Ⅰ　は じ め に（117）
　　　Ⅱ　国家法一元論と西欧法普遍論からの脱却（119）
　　　Ⅲ　「多元的法体制（Legal Pluralism）」論の展開（124）
　　　Ⅳ　グローバル化と「アイデンティティ法原理」の指向（126）
　　　Ⅴ　「アイデンティティ法原理」の再定位（129）
　　　Ⅴ　結びに代えて（131）

目　次

7　千葉理論における人権と文化
………………………………………………〔馬場　淳〕…*137*

Ⅰ　はじめに（*137*）
Ⅱ　世界法文化としての人権（*138*）
Ⅲ　人権の媒介変数（*140*）
Ⅳ　世界法文化への「夢」（*144*）
Ⅴ　おわりに（*148*）

8　グローバルな規模で最も妥当性を有する
刺激物としての多元的法体制
―― *MM v. POP* ――

……〔ヴェルナー・メンスキー（角田猛之・木村光豪訳）〕…*155*

Ⅰ　序（*155*）
Ⅱ　概念的枠組をめぐる論争―― POP としての法をめざして（*161*）
Ⅲ　大空を舞うカイトと POP としての法（*171*）
Ⅳ　解決に向かうのか？（*179*）
Ⅴ　結　論（*185*）

9　宗教が生み出す差異
――西洋から日本・インドへの法概念の移植――

…………………………〔プラカシュ・シャー（森　正美訳）〕…*191*

Ⅰ　はじめに（*191*）
Ⅱ　宗　教（*195*）
Ⅲ　日　本（*201*）
Ⅳ　インド（*204*）
Ⅴ　結　語（*208*）

10　日本における多元的法体制とアイデンティティ
――「文化的景観」をめぐる法主体と葛藤――　………〔森　正美〕…*213*

Ⅰ　はじめに（*213*）
Ⅱ　アイデンティティ法原理と多元的法体制（*214*）
Ⅲ　千葉による日本法制史概観とアイデンティティ法原理（*218*）
Ⅳ　日本における文化財概念と法（*221*）
Ⅴ　文化的景観をめぐるまちづくりと多元的法体制（*224*）
Ⅴ　おわりに（*231*）

xix

目　次

11 アフリカの千葉正士
　　　——アフリカ法の文脈における千葉法学の重要性——

　　　………………………………〔クレヴァー・マパウレ（石田慎一郎訳）〕…*235*

　　Ⅰ　序　　　論（*235*）
　　Ⅱ　アフリカの慣習を解き明かす
　　　　　　——千葉を文脈化するための背景的知識（*236*）
　　Ⅲ　アフリカにダイコトミーを応用する（*241*）
　　Ⅳ　千葉が強調すると思われること——ひとつの仮定論（*255*）
　　Ⅴ　結　　　論（*261*）

12 ムスリムが多数を占める国家におけるイスラーム法
　　　——千葉正士の法の三ダイコトミー論をふまえた検討——

　　　………〔テイモア・L・ハーディン／ファーリス・ナスララ

　　　　　　　　　　　　　　　　　　　　　　　（荒木亮訳）〕…*267*

　　Ⅰ　は じ め に（*267*）
　　Ⅱ　先行研究の概観——歴史的アプローチの影響と批評（*269*）
　　Ⅲ　権威付与の原理としてのシャリーア
　　　　　　——憲法についての概観（*274*）
　　Ⅳ　リーガルプルーラリズムをとりいれる
　　　　　　——千葉の三ダイコトミー論からみた「イスラーム法」（*278*）
　　Ⅴ　「通い婚」の事例
　　　　　　——非公式法から公式法へのシャリーアの移行（*285*）
　　Ⅴ　結　　　語（*290*）

——◆ **第3部** ◆　**千葉正士先生の学問的足跡** ——

主要文献案内

『人間と法』（丁子屋書店，1949 年）………………………………〔薗　巳晴〕…*301*

『学区制度の研究』（勁草書房，1962 年）………………………〔宮下克也〕…*303*

『現代・法人類学』（北望社，1969 年）…………………………〔石田慎一郎〕…*305*

『祭りの法社会学』（弘文堂，1970 年）　………………………〔森　正美〕…*307*

『法人類学入門』（弘文堂，1974 年）　…………………………〔荒木　亮〕…*309*

目　次

『法と文化』（『法律時報』連載論文，1977－1978 年）…………〔北村隆憲〕…*311*

『法と紛争』（三省堂，1980 年）……………………………………〔久保秀雄〕…*313*

『法人類学の基礎理論』（成文堂，1984 年）………………………〔高野さやか〕…*315*

『要説・世界の法思想』（日本評論社，1986 年）…………………〔大塚　滋〕…*317*

Asian Indigenous Law（KPI, 1986）………………………〔石田慎一郎〕…*319*

『スリランカの多元的法体制』（成文堂，1988 年）………〔梅村絢美〕…*321*

『法社会学』（成文堂，1988 年）……………………………………〔北村隆憲〕…*323*

Legal Pluralism（Tokai University Press, 1989）…………〔河村有教〕…*325*

『法文化のフロンティア』（成文堂，1991 年）………………〔木村光豪〕…*327*

『アジアにおけるイスラーム法の移植』（成文堂，1997 年）
　　　　…………………………………………………………〔森　正美〕…*329*

『アジア法の多元的構造』（成文堂，1998 年）………………〔森　正美〕…*331*

『スポーツ法学序説』（信山社，2001 年）……………………〔中村浩爾〕…*333*

Legal Cultures in Human Society
　　（Shinzansha International, 2002）………………………〔馬場　淳〕…*335*

『法と時間』（信山社，2003 年）……………………………………〔大塚　滋〕…*337*

『法文化への夢』（信山社，2015 年）……………………………〔石田慎一郎〕…*339*

千葉正士先生著作目録（*341*）

法文化論の展開

──法主体のダイナミクス──

序　論

角田猛之・石田慎一郎

Ⅰ　本追悼論集の背景　　　　　　Ⅲ　千葉正士の学問的足跡
Ⅱ　本追悼論集の特徴と刊行の意　　　　──法学の視点から
　義　　　　　　　　　　　　　Ⅳ　千葉法学の支流
　　　　　　　　　　　　　　　　　　──人類学の視点から

Ⅰ　本追悼論集の背景

　わが国のみならず国際学界においても──というよりはむしろ国際学界にお
いてより広く，法文化研究，とりわけ多元的法体制研究のパイオニアのひとり
であり，また非西洋世界を代表する法学者のひとりと認められている千葉正士
（1919-2009）が，2009年12月17日に他界してはや5年以上が経過した。

　その翌年から，本追悼論集の編者を中心にさまざまな研究会，学会での追悼
セミナーの開催や追悼に向けた出版を企画してきた。追悼セミナーについては，
アジア法学会のミニシンポジウム「千葉理論の到達点と課題」（富山大学，2011
年6月18日，関西大学マイノリティ研究センター共催）を皮切りにして，法文化
研究会[1]主催の「千葉追悼セミナー」（首都大学東京，2011年6月25日：ヴェル

---

(1)　本研究会は，千葉正士をキャップとして2001年5月に開催（於：お茶の水女子大学）
　された日本法社会学ミニシンポジウムで，法社会学，法史学，法文化論の視座から組
　織した「法文化にアプローチする方法」を契機として発足した。同シンポジウム開催直
　後の同年7月に，千葉を含むシンポジウム報告メンバーたる，青木人志（比較法文化
　論），北村隆憲（法社会学），岩谷十郎（近代日本法史），そして角田猛之（法哲学・比
　較法文化論）が慶應義塾大学に集まり，翌2002年から東京もしくは大阪にて開催して
　いる。その後徐々に新たな会員，すなわち河野良継（法社会学），河村有教（法社会学・
　中国法），薗巳晴（環境法），久保秀雄（法社会学）などが加入した。また，社会科学と
　しての法文化探究を実現する必須の研究条件として，法学者と人類学者の共同による法
　文化の探究を推奨した千葉の意向を受けて，森正美，石田慎一郎，馬場淳，松村圭一郎

『法文化論の展開──法主体のダイナミクス』千葉正士先生追悼〔信山社，2015年5月〕　　*3*

序　　論

ナー・メンスキー〔ロンドン大学東洋アフリカ学院〕とアナリース・ライルズ〔コーネル大学〕の報告とコメント，質疑応答を中心に進めた）および，ロンドン大学東洋アフリカ学院（SOAS）主催の追悼セミナー "Towards a General Theory of Legal Culture in a Global Context: Chiba Memorial Symposium"（SOAS, 2012 年 3 月 26 日：わが国からは本論集の三編者と共著者の河村有教が参加し報告した。本論集掲載のこれら 4 人の論文は，主にこのセミナーでの報告原稿にもとづいている），等々を企画し，開催してきた[2]。それに対して，追悼出版については，信山社から刊行受諾を得つつ 2011 年から本追悼論集の企画を練っていたが，諸般の事情から実現しないままに 2014 年に至っていた。

　ところが 2014 年 3 月から追悼出版に関して事態が急速に進展した。そしてその過程において，千葉追悼論集のみならず，400 点を超える千葉の全業績を原則として網羅する『千葉正士著作集』をも信山社から刊行することが確定した。またさらに，同著作集刊行のための第 1 回編集会議（2014 年 7 月 26 日，信山社）の場で，2003 年までに千葉が刊行していた論稿に補注などを加えて編集し，千葉自身が初校を施した，遺著『法文化への夢』の校正紙があることも判明した。この校正紙に対して，著作集編集委員たる大塚滋と角田猛之で再度校正を施し，「「はしがき」に添えて」（大塚；千葉自身の「はしがき」の後に添付）と「あとがき」（角田）を付して，2015 年 2 月に信山社から刊行された。

（角田猛之）

II　本追悼論集の特徴と刊行の意義

　本書の共著者はすべて，つぎのようなさまざまな機会を通して千葉から直接，間接に多大の理論的，学問的——あるいは，学者としての人格的——影響を受けてきた。すなわち，大学での講義やセミナー，学会・研究会・シンポジウムなどでの千葉の報告と千葉との共同企画・実施，そして会話や私信[3]，および千

___

　　といった人類学者も加入した。千葉は 2005 年夏に開催した第 5 回研究会まで，肉体的にも，家庭的にも非常に大きな負担を背負いつつも毎回出席し，さまざまな問題にコメントしまた後進にさまざまなアドヴァイスを与えていた。
(2)　これらの企画内容の詳細については，角田猛之「法文化のフロンティア・千葉正士——千葉正士先生追悼プロジェクト」(2)および(3)（『関西大学法学論集』64 巻 6 号，65 巻 1 号（2015 年）所収）参照。

〔角田猛之・石田慎一郎〕　　　　　　　　　　　　　　　　　　　　　序　　論

葉の著書や論稿，等々である。

　以下で本書の主たる特徴と刊行の意義をあげてみよう。

　第一は，きわめて多面的な視点やテーマ設定の下で千葉理論の全容に迫ろうとする試みであること。この点は，時期ごとで変遷，より正確には弁証法的もしくは重畳的に「進化」していく千葉理論を正確に把握するためには不可欠のことがらである。したがって，彼の主要な道具概念（その典型は三ダイコトミー，アイデンティティ法原理）や理論展開の枠組，すなわち，多元的法体制論，比較法文化論，総合比較法学，等々を手がかりにして，それらの道具概念や概念枠組の個別事例への応用とその有効性の検証を，世界各地の事例を踏まえて批判的に行っていることが本論集の最大の特徴のひとつである。また，方法論あるいは学問領域という視点に着目するならば，千葉自身がベースとしていた主要部門すなわち法哲学・法思想史，法社会学，法人類学，そしてそれらの全体にまたがる法文化論――千葉は彼の研究の最終段階において，それらを総称して「総合比較法学」と呼んでいた――の各々の専門家により，自らの問題関心に依拠して千葉理論の再検討を行っていることも本書の主要な特徴のひとつである(4)。

　第二は，千葉理論が国際的に極めて高い評価を得ていることを反映して，本書第2部所収の論文9本のうち4本が英文で投稿された翻訳論文であること。またこれらの投稿論文の大半は，上記第Ⅰ節で言及したSOASでのシンポジウム報告論文がもとになっており，その意味においてもまさに千葉追悼論集にふさわしい論文である。そしてまた，SOASでの千葉追悼シンポジウム主催者のヴェルナー・メンスキーが，自らの論文を投稿するだけではなく，編者のひとりとして英文論文の編集を行ったことも，少なくともつぎのふたつの事実と合わせて，本論集の大きな特徴のひとつといえるだろう。ひとつは，メン

---

(3)　国内外の著者から献呈された著書，論文に対しては，千葉は熟読の上で必ず，手紙や電子メールにて批評や評価，とくに若手の研究者に対しては激励のことばを送っていた。

(4)　千葉と安田信之の理論に関して，同様な意図すなわちその理論の再検討を目的として，千葉が亡くなった2009年に石田と角田の共同編集にてつぎの論文集を刊行した。角田猛之・石田慎一郎編『グローバル世界の法文化――法学・人類学からのアプローチ』（福村出版，2009年）。なおこの論文集を，亡くなる直前の2009年8月に，ふたりの編者と河村有教の三人で千葉が入所している神奈川県の有料老人ホームを訪ねて，直接に手渡した。

5

序　論

スキーが自他——この「他」には千葉自身も含む——ともに認める，千葉理論に対する国際学界での最大にして最良の理解者のひとりであること。この点は本論集の角田の論稿においても指摘したとおりである[5]。そしてもうひとつは，メンスキーがSOASで長年にわたって「アジア・アフリカの法体系」（Legal Systems of Asia and Africa）を担当する，国際的に著名な南アジア法，イスラーム法，比較法学の権威であること[6]（ただし2014年に退職し，現在は名誉教授）。

　第三に，千葉理論を理解するために必須と思われる著作を編者が精選し，文献案内を付したこと。しかも，当該文献の「案内人（ガイド）」としてふさわしいと思われる担当者に，文献概要を提示したうえで，担当者自身の学問的関心からの批判的検討，コメント，問題提起，評価，等々を付するように依頼したこと。このようなポリシーにもとづいて編集し，本論集に付した「文献案内」はつぎの理由から——とくに千葉理論に精通していない読者にとって——きわめて有用である。というのは，上の第一の特徴においても指摘したように，千葉はその60有余年にわたる研究活動のなかで，独自の道具概念と理論的枠組みを，常に操作的，仮説的に創造，提示し，また研究の進展とともにそれらの道具概念や理論枠組みを修正し精錬させている——その典型的事例は「法の三層構造」から「アイデンティティ法原理下の三ダイコトミー」へといたる「法文化の操作的概念」だが，この概念そのものも千葉は「仮説」として提示している——からである[7]。したがって，これらの文献案内は，千葉理論になじみの薄い読

---

(5)　角田猛之「千葉正士の「総合比較法学」の構想と法の多元性に着目した法学教育の提唱——晩年のいくつかの日本語論文に依拠して」。また，石田と角田両名の連名にて，千葉が送った2007年10月5日付の私信において，千葉はメンスキーに関してつぎのようにのべている。「お二人に連名で手紙をさしあげるのはなぜかと不審に思われるかもしれませんが，心は同封コピーの手紙の主Menski君を紹介したいからです。お二人は私の法理論について法学と人類学とから日本でもっとも深い理解をしてくださっておられる方ですし，Menski君は私の *Asian Indigenous Law*, 1986 と *Legal Pluralism*, 1998 とでこれに感銘して，コピーの手紙にあるような私説を熱心に支持し他にも紹介してくれています。」なお，このメンスキーの英文手紙の文面（邦訳）については，角田猛之「法文化のフロンティア・千葉正士——千葉正士先生追悼プロジェクト(1)」（『関西大学法学論集』第64巻5号，291-292頁参照）。

(6)　このコースでのメンスキーの講義の紹介については，角田猛之「ロンドン大学東洋アフリカ学院ロースクールにおける「アジア・アフリカの法体系」講義（2011-2012年）の紹介——ヴェルナー・メンスキー教授の講義資料を中心にして」（『関西大学法学論集』第63巻6号（2014年）所収）参照。

〔角田猛之・石田慎一郎〕　　　　　　　　　　　　　　　　　　序　　論

者にとってはもちろんのこと，総計 400 点を超える論稿や調査報告，エッセー，等々から成る千葉理論の全容把握を望む研究者にとっても，格好の手引きとなるだろう。

　第四に，大学院時代以来千葉から直接に指導を受けてきた大塚滋と北村隆憲が寄稿していること。北村が彼の論稿の注１で言及しているように，当初（2000 年）はフランス語で刊行された「法文化と非西欧法の法人類学へ——千葉正士博士の研究点描——」は，時代を追って展開する千葉の主要な研究関心やテーマ，そしてそれに応じた方法論や道具概念の展開を明快に叙述している。また大塚の「最後の千葉正士」——と北村の論稿の「はじめに」——は，卓越した研究者であるとともに卓越した教育者であり，かつ，内外の多彩な研究者をメンバーとする非西洋の法文化や多元的法体制研究に関するプロジェクト，ひいては学会（日本スポーツ法学会）や研究会の優れたオーガナイザーであった千葉の「実像」を活き活きと描き出している。これらは，千葉理論を深く理解するためのきわめて貴重な，かつ千葉の論文や著書からは得ることのできない情報や，理解のための手がかりを多く含んでいる。

　そして最後に，以上の諸特徴の総体として，本追悼論集は，千葉理論の批判的再検討を通して，千葉が研究生活の最後の最後までその立場をつらぬいた，〈仮説的提示としての法文化の操作的概念〉をはじめとする千葉の諸業績を批判的に検討し，発展的に継承する本格的な試みであることである。

　大塚滋は，上記第１節で言及した千葉の遺著の『法文化への夢』の「「はしがき」に添えて」を「本書［『法文化への夢』］を読んだ多くの若き学者たちが，この〈世界の Chiba〉の相続人となってくださることを願って，本書を世に送ることとする」という一文で結んでいる。本追悼論集は，まさに「〈世界の Chiba〉の相続人」を自称する国内外の研究者が，千葉没後の共同研究成果の一端として生み出した論文集に他ならない。

　本節の最後に，本追悼論集のサブタイトル「法主体のダイナミクス」について一言言及しておきたい。

　「法主体」は 60 有余年にわたる千葉の研究人生において，非西洋の法と法文

---

(7)　千葉の操作的定義の「仮説的提示」ということについては，角田猛之「千葉・法文化論再考——アイデンティティ法原理を中心として」角田猛之・石田慎一郎編『グローバル世界の法文化——法学・人類学からのアプローチ』（福村出版，2009 年）参照。

序　論

化を主たる対象とする独自の千葉・法文化論の，根底的な法哲学的概念である。千葉は，1995年に刊行した「法の主体的意義」論文（千葉1998所収）において，処女作『人間と法』を引用しつつ，つぎのようにのべている。「この文［千葉1949：168］は，内容も素朴なら文章も稚拙だが，私が大学院で法哲学を志したころに，法の意味を，国家の法としてその客体的意義（law in objectivity）だけでみるよりも，その規制を受けとる個々人の立場すなわち受範者（あるいは受規者）の主体的意義（law in subjectivity）で見ること，換言すれば法主体論の宣言だった。以後私の学問はこれを展開したつもりである。」

千葉自身は「法主体」を，社会的法主体と人間的法主体に二分しているが，われわれは本書において，もう一つの法主体，すなわち，法学者，法社会学者，法人類学者，法文化学者としての千葉自身の法主体性と，その法主体によって展開された千葉・法文化論を追究した。したがって，本書において「法主体のダイナミクス」は，(1)千葉が研究対象とした法（法体系，法秩序，法文化）を担うさまざまな社会的法主体のダイナミクス，(2)人間的法主体が関わるプロセスにそなわるダイナミクス，そしてさらに，(3)千葉・法文化論とその方法論自体のダイナミクス，これら3点を指示する多義的な表現として想定している。

そしてまた，「ダイナミクス」という概念自体は複数形扱いにおいて，(1)原動力やエネルギーという静態的意味と，(b)物事の変動とそのプロセスという，文字通り動態的意味の2つの意味を有している。すなわち，法主体の概念を根底に据える千葉・法文化論において，この「ダイナミクス」の概念は，(a)千葉・法文化論と，千葉が生涯をかけて追究した新たな学際的学問領域たる法文化論全般が持つ，内在的な力，エネルギーとともに，(b)千葉が文字通りダイナミックに，国内外の学界情況や千葉をとりまく研究情況の変遷に応じて，自らの理論モデルや道具概念を仮説的に提示し，かつ絶えず修正，展開していったことをも含意している。

本書は，千葉・法文化論に焦点を合わせて国内外の「法文化論の展開」を展望しつつ，以上の3つの意味の「法主体のダイナミクス」の探究を通じて，千葉・法文化論を継承，発展させる試みに他ならない。

（角田猛之）

〔角田猛之・石田慎一郎〕　　　　　　　　　　　　　　　　　　　序　　論

Ⅲ　千葉正士の学問的足跡──法学の視点から

　以下，Ⅲ節ならびにⅣ節にてそれぞれ法学と人類学の視点から，千葉理論の展開とその意義，学界での評価，等々を概観しておきたい[8]。

　千葉は広濱嘉雄を指導教授として法哲学研究に着手し，最初に研究テーマとして届け出たのは「当時文部省の承認を得るために『大東亜共栄圏の慣習法』」であった[9]。なかでも千葉は，東北地方における村落共同体規範あるいは社会規範，そしてその具体化としてのさまざまな慣行や慣習法の調査および研究を介して，戦後，川島武宜を中心に再スタートを切った，経験科学としての法社会学にも大きな学問的関心を有していた。その成果としては，1962年の『学区制度の研究──国家権力と村落共同体』，1970年の『祭りの法社会学』に結実し，また1988年には，法秩序とならんで法文化および「法の社会文化理論」にも多くのページを割いた，千葉流の法社会学の概説書たる『法社会学──課題を追う』を刊行している。そして法哲学と法思想にも学問的関心を有し続け──千葉は東京都立大学では法哲学担当教授であった──，1964年に『法思想史要説』を刊行した。ただしこの書物においては，当時の類書と同様，西欧の法思想のみを論じていたがゆえに，「のちに，本来はそれに『西欧』の形容詞をつけるべきであったことに気づいて，これを絶版とした」とのべている[10]。

---

(8)　この第Ⅲ節は，角田がアジア法学会・ミニシンポジウム「千葉理論の到達点と課題」の冒頭で，企画責任者としておこなった「企画趣旨説明」に若干の加筆，修正を加えたものである。なお，北村の「法文化と非西欧法の法人類学へ」と，原稿の性格上内容的に重複している箇所があることをお断りしておく。

(9)　千葉正士「日本法哲学会私観」『日本法哲学会創立五〇周年記念　法哲学会のあゆみ』（日本法哲学会編，1998年）32頁。

(10)　この点について，わたしは「千葉・法文化論における法哲学・法思想史ファクター」（『法の理論』18号）において，千葉のこのような学問的対応を極めて高く評価して，つぎのように指摘した。「『要説・世界の法思想』との関連で，千葉・法文化論が有するこのような，多元的法体制に対するアカデミックな実践的立場・態度と，そのような立場・態度によって裏づけられた学問的認識の相関性・相乗性を端的に示すひとつの事実が存在する。すなわち，千葉教授が，自らの，西洋法思想のみをあつかった『法思想史要説』（日本評論社，1964年）を，『のちに，本来はそれに『西欧』の形容詞をつけるべきであったことに気づいたので，これを絶版にした。』（同書「はしがき」）という事実である。この事実には，学問的信念を貫かれる教授の態度──それがまさに，アカデミックな実践的立場・態度でもある──が象徴的にあらわされている，と言えよう。」（212頁）。

序　論

そして，1970年代後半以降の多元的法体制論への学問的関心の移動とともに，法と法思想が有する文化的側面に着眼し，法思想を「法文化の問題」として把握したユニークな法思想の書物たる『要説・世界の法思想』を1986年に刊行している[11]。本書では，前著『法思想史要説』絶版の経緯を踏まえて，「第1編　西欧法思想の西欧性」に続いて「第2編　非西欧法文化の法思想」において，ユダヤ，イスラーム，ヒンドゥー，中国，日本，そして固有法思想を概説している。

　また，1965年から1966年にかけての，ミネソタ大学の法人類学者E・アダムソン・ホーベルのもとでの在外研究を通じて，英米流の法人類学にもその関心を拡げ，帰国後の1969年に，わが国で初めて法人類学を標題に掲げた概説書たる『現代・法人類学』を刊行している[12]。さらには，1970年代後半以降は一貫して，当時の国際学界において注目されはじめた多元的法体制論に依拠しつつ，国家法一元論と西洋法普遍論を徹底的に批判した。そしてそれらの批判と一体化して，非西洋とりわけアジアのさまざまな非公式法，固有法の経験的，理論的研究に取り組み，長年にわたる研究の成果として，和文のみならず英文，仏文を含む多数の編著書および単著論文（論文集）として，その膨大な研究成果をわが国のみならず世界の学界に提供し続けた。その成果は，たとえば，『スリランカの多元的法体制』（成文堂，1988年），『法文化のフロンティア』（成文堂，1991年），『アジア法の環境』（成文堂，1994年），『アジア法の多元的構造』（成文堂，1998年），さらに，欧文文献としては，*Asian Indigenous Law: In Interaction with Received Law* (London, Kegan Paul International, 1986),

---

(11)　これは『世界の法思想入門』として2007年に講談社学術文庫として再刊された。

(12)　本書の「はしがき」で千葉はつぎのように指摘している。「わたくし自身は，本書は案内書であってまだ研究書にはいたっていないと，かんがえている。しかし現代の国際的レベルを知るのに必要なものは網羅したつもりなので，本書で紹介されたものを十分にマスターするならば，ただちに国際的レベルに立つ業績をあげることができるだろうと，わたくしはひそかにかんがえている。法学者あるいは人類学者でこの分野に関心をもつ若い人たちがもっと多く出てほしいというのが，わたくしの願いである。」この文章は，すでに1969年の段階で，千葉がとくに1990年代以降，折に触れて披歴していた「願望」を端的に示していると言える。その願望とは，若い研究者が国際学界で大いに活躍すること，そして，千葉がフロンティアとして着手した学問的試み，一言でいえば法文化研究──『法文化のフロンティア』と『法文化への夢』‼──に関して，彼らが，千葉の業績を踏み台にして，それを乗り越え，国際学界に通用する業績をあげること，である。

〔角田猛之・石田慎一郎〕 　　　　　　　　　　　　　　　　　　　序　　論

Legal Pluralism: Toward the General Theory through Japanese Legal Culture
(Tokyo, Tokai University Press, 1989), *Legal Cultures in Human Society: A
Collection of Articles and Essays* (Tokyo, Shinzansha International, 2002) として
刊行されている。また，2000 年以降という，千葉の法文化論研究の最晩年に
おいて，それまでの研究を総括するかたちで，研究上のみならず法文化に関す
る教育上の提案とも一体化させた「総合比較法学」を推進することを提起し，
わが国の法文化研究の国際学界への貢献を展望している。

　以上の意味で，千葉はわが国のみならず世界の，とりわけ法社会学と法人類
学の学界を代表する〈法文化のフロンティア〉という意味において，文字通
り〈世界の Chiba〉である。1995 年に刊行した「法の主体的意義——法主体論
終章稿」論文[13]において，千葉はそれまでの自らの学問的歩みをふり返ってつ
ぎのように述懐風にのべている。「私は，数年前から自分の学問は何であった
かと問われている気がしてきた。というのは，私が 1949 年以来発表してきた
研究成果は，他から見ると，テーマには統一性も集中性もなく，分野も法哲学
か法社会学か法人類学か所属不明の放浪児に違いないからである。」(39 頁) そ
して千葉は，ようやくにして到達したこの問いへのひとつの答えを，つぎのよ
うにのべている。すなわち，その考察対象は，民衆の生ける法および日常的
価値観と非西欧社会における固有の法と，これらを支える思想・文化であって，
「今日，それが『生ける法』あるいは『法文化』・『多元的法体制』として法社
会学・法人類学はもとより法哲学も正面からとりあげるテーマとなり，その研
究がさらに法学界をあげて追求するポストモダン法学に不可欠の一翼をになっ
ていることを知ると，それは学会の放浪児どころかむしろ寵児の一人であると
言ってよいであろう。」(40 頁)

　この論文において千葉は，1949 年段階において自ら為した「法主体論の宣
言」に言及するとともに，「以後私の学問はこれを展開したつもり」(40 頁) で
ある旨，明言している。そして，ここでいう 1949 年の「法主体の宣言」とは，
千葉がはじめて刊行した著書たる『人間と法』においてなされたもので，つぎ
のようにのべている。「人間は，客体的に見られるならば，いわば他者たる規
範に服する服従の生を営んでいるとも解されることができる。けれども，主体

────────
[13]　初出は『法の理論』15 号で，後に『アジア法の多元的構造』(成文堂，1998 年) に再
　　録。以下の引用ページはこの論集の頁数である。

序　論

的に把握されるならば，ひたすらに自己の生を自己なりに進めているにほかならない。人間は，あるいは積極的に法を意識し，これを利用し以て歓喜にひたる……またあるいは，法の処断に服して無限の苦痛を味わう。人間の生は一瞬々々において法とともにある。」(40頁) そして，現に千葉は，その後の法文化研究の随所において法における主体性の重要性を繰り返し強調し，とりわけ1970年代以降の多元的法体制論における固有法研究をささえる，法哲学的な根底的概念として位置づけているのである。

　そしてさらに，千葉・法文化論を国内外の学界における〈法文化のパイオニア〉たらしめた最も重要な理論上，方法論上の業績が，アジア地域の法と法文化の実態調査をも踏まえた試行錯誤の末に，1996年刊行の論文において一応のところ完成した形で，しかしあくまでも仮設的に提示された，千葉のいわゆる「法文化の操作的定義」である。すなわち，法文化の操作的定義とは，「アイデンティティ法原理によって統合される公式法・非公式法，固有法・移植法，法規則・法前提［千葉の言う三ダイコトミー］それぞれのコンビネーションとその全体，およびアイデンティティ法原理によって統合されているその多元的法体制の比較的特徴」である。そして，千葉自らが明言しているように，この操作的定義は，西洋・非西洋双方の多元的法体制下における法文化分析のための道具概念であり，かつ分析的な法文化モデルでもある。まさにそのゆえに，この［アイデンティティ法原理下での三ダイコトミーの法］モデルもしくはその構成要素たる個々の道具概念は，国際学界においてさまざまな批判的検討がなされるとともに，一定の有力な支持をも得ているのである。

　ただし，周知のように，この操作的定義をめぐってはさまざまな批判がある。たとえば，わが国の「動物の比較法文化」のパイオニアたる青木人志は，千葉の操作的定義全体への賛否を保留しつつ，その理由を，「千葉氏の『法文化』定義が補足説明を聞いてもなお難解であるうえ，それがわたくし自身の具体的な研究テーマ（「明治期日本の西欧法継受とその変容」「動物法についての比較法文化研究」など）とどうつながる（あるいはつながらない）のかについて理論的な整理ができず，したがって，いまだにその『使い方がよくわからない』からなのである」とのべている(14)。また，「一法文化の文化的同一性を基礎づける原

---

(14)　青木人志『動物の比較法文化——動物保護の日欧比較』（有斐閣，2002年）13頁。

12

理」と簡潔に定義された千葉のアイデンティティ法原理は，経験的，歴史的事実や実証的データを学問的基盤とする法社会学，法人類学そして法史学などの立場からは，法文化に対する普遍的，したがって本質主義的把握として，まさにその経験性，歴史性の視点からきびしく批判されている。

　これらの点をも含めて，終生一貫して千葉が仮説的に提示し続けてきた方法論や道具概念，それらを用いた諸成果，総じて千葉・法文化論を，批判的に検討し，修正，精錬を施したうえで継承していくこと，これが，後進の研究者たるわれわれに課せられた任務である。

（角田猛之）

IV　千葉法学の支流──人類学の視点から

　三ダイコトミーとアイデンティティ法原理を中核とした法理論を到達点として法の大海へと注ぐ，千葉法学発展の本流については，上記ならびに本書所収のいくつかの論文が論じているとおりである。本節では，本流に注ぐ多数の支流のうちのいくつかについて述べる。多種多様のアイディアを運ぶ，それら複数の支流の所在を認めることで，千葉法学本流の姿を水系全体のひろがりのなかで理解するための手がかりが得られると思われるからである。ここでは，複数の支流のうち，とくに法人類学的視点からとくに重要と思われるものについて順に述べていきたい。

　第一は，「非西欧法研究」（研究対象としてのアジア法）と「非西欧法学」（研究方法としてのアジア法）との区別についてである。千葉は，2002 年の論文「総合比較法学の推進を願う」（千葉 2015 の第 3 章に再掲）において，「非西欧法研究」と「非西欧法学」とのふたつの用語を区別する必要性を述べている──「アジア法研究」と「アジア法学」についても同様の区別を必要とする。すなわち，前者が非西欧法（アジア法）を従来の法学の手法で研究対象とするものであり，後者が非西欧法（アジア法）に特有の理論と方法によって研究対象とすることを目指す法学の一領域であると位置づけている。それ以前の著作では用語上の区別を明確にしていなかったことを千葉自身が認めているが，千葉の探究は，一貫して，非西欧法あるいはアジア法を研究対象とするということにつきるのではなく，新しい方法論によって非西欧法研究を非西欧法学に，アジ

序　論

ア法研究をアジア法学に発展させ，ひいては総合比較法学を展望することだった（千葉　2015：48）[15]。

　第二は，固有法概念の歴史性である。固有法は，三ダイコトミーのうちの一つにおいて移植法と二項対立関係にある，地域固有の法を指示する概念である。それと同時に，移植法との交流関係のなかでアイデンティティ法原理に導かれて新たに固有法化していく歴史的産物としての法を指示する概念でもある。よって，固有法とは外部からの影響が及んでいない「純粋」な固有法のことではない。固有法とは，新たな移植法に対峙する，その時点でのドメスティックな法の姿を捉える概念であり，そのように把握された固有法はそれまでの歴史的過程のなかで多元的に形成されてきたものなのである（本論集所収の英文編著 *Asian Indigenous Law* の文献紹介を参照）。千葉は，そのような意味での法の歴史性を早い段階から強調していた（千葉　1969：257）。この論点は，千葉が日本法の歴史的発展を念頭におきながら法の多元的構造についての理論構築を目指したことにも繋がっている。

　第三は，二つの法主体の区別についてである。千葉が，社会的法主体ならびに人間的法主体という二つの法主体を認めたこと，そしてこの二つの法主体の主体性を法の発展における重要なファクターと位置付けたことは，本書所収の論文および文献紹介のうちのいくつかが指摘するとおりである。千葉は，アイデンティティ法原理によって社会的法主体の主体的指向を捉え，生身の個人としての人間が法において果たす役割のなかに人間的法主体の主体性を認めた。そのことと，千葉が自らの理論構築の本流のなかで二つの法主体のうちの後者について具体的に議論を深めることがなかったようにもみえる点は，一見すると整合性を欠いているかのようである──経験科学としての法人類学が千葉の法主体論に不足を感じるとしたら，そのためであろう。だが，それは，人間的

---

[15]　このような課題把握は，たとえば「西洋中心の安易な既成概念によってゆがめられた〔歴史〕記述」を批判した，川田順造による社会人類学の古典『無文字社会の歴史』における第15章の議論（川田　1976）と通じるものがある。川田は，「故国の歴史を学ぶために，旧宗主国のフランスまで来て，フランス語の本を読み，フランス人の教師から教えてもらわなければならないアフリカの学友たち」（川田　1976：119）のことを念頭に置いていた。千葉は，日本の法学のアジア法あるいはアジア諸国に対する態度をめぐる反省と，自らを含めてアジア出身の法学者が比較法学の発展において果たしうる積極的役割への確信とをふまえて，このような指摘をおこなっていたといえる。

〔角田猛之・石田慎一郎〕   序　論

法主体の多様な営み自体を受けとめながら発展する社会的法主体の内在的メ
カニズムを探究することを究極的に目指したためであり（たとえば千葉 1969：
264），そのことは人間的法主体の多様な営みの存在を議論の前提とすることと
矛盾しないばかりか，むしろそれを強調する必然性があったと理解できるはず
である。この論点は，法と紛争の連続性理論（千葉 1980：第 6 章），法体系に
対比される法秩序の法社会学的探究（千葉 1980：第 8 章；1988：Ⅱ部）と結びつ
いている。
　　第四は，紛争類型論である。千葉(1980)は，争論(dispute)・対争(contention)・
競争(competition)・混争(disturbance)を包括する上位概念として紛争(conflict)
を位置づけ⒃，「諸類型の重複」ないし「移行過程」としての現実の紛争を捉
える必要性を強調した。こうした紛争類型論は，学際的な研究テーマを扱う場
合に有用である。法学者の紛争研究は，「対争のうち言語上のもの」ないしは「具
体的な対争を意図的に加工・変形して得られる，抽象的な対争形態の一つであ
る」争論を分析する傾向があり，言語上の意見対立に留まらない身体的物理的
な衝突を含む対争や，二者関係に限定されず多数が当事者となる混争を含めた
包括概念としての紛争（conflict）を対象にするものではない（千葉 1980：47）。
法学の一研究対象としての紛争を，社会科学の一般概念としての紛争との連続
性においてとらえる視点は，経験的なコンフリクト研究にとって重要な意義を
持っている⒄。千葉は，のちにスポーツ紛争を考察する文脈に以上の紛争類型
論を敷衍し，本来的に競争形態をとる競技のみならず，対争形態をとる競技（格
闘技のほか，野球やサッカー等を含む）までもが「スポーツ法理念のもとに技倆

────────
⒃　「対争」とは「現象的には二対立当事者間に生ずる意識的な攻撃防御を広く意味する
　　ので，たとえば，個人間の組打ち・なぐりあい・喧嘩・格闘・決闘などや，集団間の衝
　　突・闘争・戦闘・戦争・会戦などの身体的物理的な紛争のほか，口論・論争・争論・口
　　喧嘩などなどの言語上の紛争，および，不和・あつれき・葛藤・抗争・対立・敵対など
　　の心理的な紛争のすべてを含み，不作為によるものにも及ぶ」（千葉 1980：46）。「競争」
　　とは「複数の社会的主体が共通の目標を優先的排他的に達成しようとする争い」である。
　　「混争」とは「現象的には，集団秩序に生ずる混乱を指すもので，通例，無秩序・騒動・
　　騒乱・動乱・暴動・一揆などのものから，不安定・動揺・パニック状態・アノミーのよ
　　うなものまでを含む」（千葉 1980：48）。対争が二当事者間の対立であり個人としての
　　問題にとどまるのに対して，混争は当事者の数がきわめて多数におよぶため社会一般に
　　及ぶ問題となる点が異なる（千葉 1980：48）。
⒄　石田（2011：15）は，領域横断的なオルタナティブ・ジャスティス研究の文脈で千葉
　　の紛争類型論の有用性に触れた。

15

序　論

を競争して儀礼性の発揮をめざすスポーツ行動に変換」する側面を観察した（千葉 2001：136）。南アフリカ真実委員会が和解を社会的目標とすることで「対立関係」を「競合関係」に転換していく可能性が生じうることを論じた阿部利洋の議論（2007）と，対争から競争への変換という千葉の論点とのあいだに問題意識の類似を見出すこともできるだろう。

　第五は，法文化概念の二面性あるいは多義性である。千葉は，大別すると二つの意味で法文化概念を用いている。すなわち，「文化統合」としての法の姿を社会的法主体ごとに経験的に観察する広義の法文化論と，法の道具的（手段的）機能に対置される法の象徴的機能（千葉 1988：166；1991：17）をそれぞれの社会的法主体において観察する狭義の法文化論[18]との二つである。法の象徴的機能（法を表すシンボルの役割ではなく，シンボルとしての法が表す観念の役割）についての注目すべき千葉の論点は，(1)規範と事実とのズレを調整する社会的擬制のメカニズム，および(2)無数の逸脱によって道具的機能が脅かされつつも，妥当性自体がひろく支持されているような法律にそなわる法の象徴的機能を，いずれも文化的メカニズムとして把握する可能性に触れたことである。このような意味での法文化論は，法人類学のこれまでの発展のなかでも，たとえばクリフォード・ギアーツ（1991）やローレンス・ローゼン（2011）の手法にもつながる。すなわち，日常経験をカテゴリー化し，様々な経験を互いに結びつけることで，全体として意味のある世界を構成する文化システムとしてのコモンセンスと，その一部をなす関係秩序の枠組としての法の姿を議論する立場である。こうした論点の千葉法学の文脈においての意義は，法主体論あるいは法秩序論が強調する人間（人間的法主体）の行為の側面のみに還元しえない法の内在的メカニズムを捉えるための手がかりとなる点である。千葉が，具体的な個人の行為を推力とする紛争調停のプロセスにおいてさえ，非人格的介入者の存在（千葉 1980：73）に着目したことは，この点に関連して重要である。

（石田慎一郎）

⒅　法の手段的機能に対する象徴的機能に関する千葉の考察は，ジョーゼフ・ガスフィールドの議論をふまえたものである。このような意味での法の象徴的機能に着目した法文化論については，北村 1985，千葉・北村 1988，角田 2003 を参照。

〔角田猛之・石田慎一郎〕 序　論

【引用文献】

青木人志（2002）『動物の比較法文化——動物保護の日欧比較』有斐閣。

阿部利洋（2007）『紛争後社会と向き合う——南アフリカ真実和解委員会』京都大学学術出版会。

石田慎一郎（2011）「オルタナティブ・ジャスティスとは何か」石田慎一郎編『オルタナティブ・ジャスティス——新しい〈法と社会〉への批判的考察』大阪大学出版会 7-37 頁。

川田順造（1976）『無文字社会の歴史——西アフリカ・モシ族の事例を中心に』岩波書店。

ギアーツ，クリフォード（1991）『ローカル・ノレッジ——解釈人類学論集』（梶原景昭・小泉潤二・山下晋司・山下淑美訳）岩波書店。

北村隆憲（1985）「法の象徴的側面と劇的過程」東京都立大学法学会雑誌 26 巻 2 号 495-571 頁。

千葉正士（1969）『現代・法人類学』北望社。

——（1980）『法と紛争』三省堂。

——（1988）『法社会学——課題を追う』成文堂。

——（1991）『法文化のフロンティア』成文堂。

——（1998）『アジア法の多元的構造』成文堂。

——（1998）「日本法哲学会私観」日本法哲学会編『日本法哲学会創立五〇周年記念——法哲学会のあゆみ』日本法哲学会。

——（2001）『スポーツ法学序説——法社会学・法人類学からのアプローチ』信山社。

——（2015）『法文化への夢』信山社。

千葉正士・北村隆憲（1988）「法の象徴的機能研究とガスフィールドの意義」法律時報 60 巻 10 号 72-75 頁。

角田猛之（1999）「千葉・法文化論における法哲学・法思想史ファクター」法の理論 18 号 205-226 頁。

——（2003）『法文化の探求——法文化比較にむけて』〔補訂版〕法律文化社。

——（2009）「千葉・法文化論再考——アイデンティティ法原理を中心として」角田猛之・石田慎一郎編『グローバル世界の法文化——法学・人類学からのアプローチ』福村出版 19-45 頁。

——（2014）「ロンドン大学東洋アフリカ学院ロースクールにおける「アジア・アフリカの法体系」講義（2011-2012 年）の紹介——ヴェルナー・メンスキー教授の講義資料を中心にして」関西大学法学論集第 63 巻 6 号 2002-2171 頁。

——（2015）「法文化のフロンティア・千葉正士——千葉正士先生追悼プロジェクト」(2)および(3)関西大学法学論集 64 巻 6 号，65 巻 1 号。

序　論

──（2015）「千葉正士の「総合比較法学」の構想と法の多元性に着目した法学教育の提唱──晩年のいくつかの日本語論文に依拠して」本書第 4 章。
ローゼン，ローレンス（2011）『文化としての法──人類学・法学からの誘い』（角田猛之・石田慎一郎監訳）福村出版。

◆第1部◆
千葉正士先生の人と学問

1 最後の千葉正士

大塚　滋

　最初に断っておかねばならないことは，私は世界的な法文化学者である千葉正士先生にとっては，文字通りの不肖の弟子であって，彼のインテレクチュアル・ヒストリーの一部たりとも執筆する資格など，本当を言うと，ない，ということである。

　というのも，私は，1970年代後半に，この偉大な学者を，そうとも知らず，単なる大学院での指導教員としてしか考えずに指導を受けることになった不届き者だからである。私は，他の兄弟弟子たちと違って，千葉先生の法社会学や法人類学に魅かれて先生の研究室を訪れたこともない。それまで打ち込んできたつもりの刑法学で挫折したのだが，それでもやはり学問の世界に身を置いていたいとの思いから，以前横田喜三郎訳の『純粋法学』を読んで不遜ながら共感を抱いていたH・ケルゼンを研究するべく，専攻を法哲学に変更し，正直に言ってしまえば，東京都民であった私にとって学費の最も安い東京都立大学大学院を受験しただけなのであった。

　とはいえ，千葉正士の名前はさすがに知ってはいた。しかし，今は絶版となった1964年出版の『法思想史要説』（日本評論社）を読んだことがあるだけで，お会いしたこともなく，ましてや，その当時すでに先生の学問的関心の中心には（西欧的）法哲学はなく，法社会学や法人類学あるいは今思えば法文化論があったことや，この概説書の西欧法思想一元的なスタンスにご自身が批判的になり始めていたにちがいない時期であったことなどつゆ知らずにいた。そのような時期に，知らぬこととは言いながら，近代的西欧法思想の代表の一人と言っていいケルゼンの純粋法学を自分の下で研究しに受験してくる，些か薹（とう）の立った私のことを先生は一体どう思われたことであろう。

　先生は，そのような素姓のよく分からない初対面の大学院浪人生を引き受け

『法文化論の展開──法主体のダイナミクス』千葉正士先生追悼〔信山社，2015年5月〕　21

第1部　千葉正士先生の人と学問

るという勇気ある決断をされただけでなく，法哲学に関しては初心者であった私を実に親身になってご指導くださったのである。純粋に学者としての役割で動く方だったのである。入学直後，私が，まだそれほど明確になっていない自分の研究の方向性をたどたどしくお話しし，それに向けて読むべきではないかと思われた文献を羅列したメモをお渡しすると，先生は，その中から，私の研究に必要と思われた何冊ものケルゼンの著作などを図書室からお借りになってオーバービューし，次の週には講読の優先順位を付けてお示しくださったのである。当時すでに結婚しており，生活のために高等学校で非常勤講師をしていて，研究時間に限りがあった私にとって，大変ありがたいご指導であったことは言うまでもない。

＊　　　＊　　　＊

　私にとっての千葉正士という学者は，なによりもそのようなリベラルで熱心な教育者であったのである。だから，まずその側面から，教え子の目に映った千葉先生のエピソードを紹介することにしよう。

　しかし，先生は穏やかだが大変厳しい教師であった。大学院1年目の授業は，前年1975年に箱根で開催された「法社会学理論国際シンポジウム」（国際法社会学会法社会学研究委員会東京会議等の年次大会）に提出された英文ペーパー（ダブルスペースで10～20ページ）の中から先生が選ばれた20数本を毎週1本ずつ1年かけて要約する，という過酷なものであった。要約字数はわずか400字。英語を母語としていない学者によるものも多数含まれており，読解すること自体大変難渋することしばしばであった。それを1週間後に原稿用紙1枚に要約してくるのである。睡眠時間を削るしかなかった。満員の通勤電車の中でも，辞書を網棚に置いて，吊革につかまりながら必死に読んだことを覚えている。

　授業日の朝，受講者は無精ひげを伸ばし，眼を真っ赤にしてやってきて，やっと書き上げた要約を各自人数分コピーするのだが，コピーが終わると，他の受講者の要約をむさぼるように読んだ。そして，胸をなでおろしたり，頭を抱えたり，とにかくそれらを手にしてエレベーターで教室に向かう。教室で我々がそれぞれ要約文を配布していると，我々とは違って階段を上がってこられた千葉先生はご自分の要約文を我々に配布される。それは英語で書かれている。ここが教育者としての千葉先生の尊敬すべきところである。院生だけに要約をやらせるのではなく，ご自分でも毎回の英文ペーパーの要約をタイプ打ち

したものを私たちに渡し，その授業での相互検討の俎上に載せるのである。私は，後に大学院で院生たちを指導する立場になったが，この点で恩師を見習えなかったことを恥じ入るとともに，当然のようにそれをやり通した先生に頭が下がる思いである。

その後修士論文を先生の指導の下で書き上げ，博士課程への進学も許された時，先生は私を研究室に呼んで，研究者としての心構えを厳しく諭してくださった。これから毎年，論文でも翻訳でも研究ノートでもよい，何か1本は書いて，年末の法律時報の「学界回顧」に毎年名前が載るようにしなさい。そうしないと，遊んでいると思われる。そして，論文の締め切りは絶対に守りなさい。守らないと書く機会が減ってゆくからだ。

恥ずかしながら，この教えも守れなかった。しかし，先生は生涯緩むことなくほぼ完ぺきにそれを実践し続けた研究者であった。巻末にある先生の業績目録を一瞥すれば明らかである。

また，このような身の引き締まるご指導を頂いたこともある。法哲学会の年報に短い研究ノート——これは私の処女論文となるものであった——を書くチャンスを，間違いなく先生の口利きで，いただいたときのことである。なんとか締め切り前に書き上げ，先生に校閲していただくべく，ご都合を伺う電話をおかけしたところ，先生の返事は意外なものであった。君はその論文の内容に自信はあるか。私は，やや詰まりながら，はい，とお答えした。すると，そうか，自信があるのならば，私が見る必要はない。そのまま送りなさい。

研究者になるということはこういうことである，一人で歩くということである，と思い知らされた瞬間であった。

博士課程でも，修士課程の時と同様，先生から法哲学，法思想史の教えを頂くのは，論文指導の時だけであった。あとの授業ではもっぱら法人類学を教えていただいた。ブロニスラフ・マリノフスキー，アダムソン・ホーベル，アルフレッド・ラドクリフ＝ブラウン，レオポルド・ポスピシルなどの論著を新鮮な驚きを以て読んだ記憶がある。

また，やや前後するが，ポーランドの法人類学者A・ポゴレツキーのお弟子さんであるアンジェイ・コイデル氏（現ワルシャワ大学教授）が，短期間だったが千葉先生のもとに留学に来られ（コイデル 1992：252-256 参照），私も親しく交流させていただいたが，このコイデル氏を通じて法人類学者千葉正士が海

第1部　千葉正士先生の人と学問

外でいかに高く評価されているかを初めて知った。

　それ以外にも，当時東京都立大学の基礎法学分野の大学院生には法社会学者故石村善助先生のお弟子さんたちが多く，マックス・ウェーバーやエミール・デュルケームやニクラス・ルーマンなどの法社会学系の著作を一緒に読んでいて，私の大学院生活は法人類学，法社会学に満たされていた。本業である法哲学の研究ははほ自学自習であったと言ってよい。

＊　　　＊　　　＊

　1983年，先生は34年間お勤めになった東京都立大学を定年で退職され，東海大学に移られた。それは，1986年4月開設を目指した同大学法学部の開設準備のためであった。開設までの3年間，先生は，ご自分を含め，学部教員となる予定の研究者の受け入れ機関として設けられた法学研究所の中心的メンバーとして大変煩瑣な仕事をこなされていた。初代学部長予定の佐藤功先生が着任されるまでは所長代行でもあった。ただ，先生はその多忙だが事務的な仕事に甘んじておられるような方ではなかった。東海大学にとって後発の学部である法学部が総合大学の中でそれなりの認知を受けるために，とお考えになったのかもしれないが，学内の協力者を得て，既存のいくつかの学部の研究者たちなどをテーマごとにお呼びして，それぞれの分野に関わる法制度や法学に対する疑問や要望などを忌憚なく話していただき，そこから，法学が応えるべき課題を見出しそれに取り組む方向性を確認することを目的とした「法学座談会」なるものを立ち上げ，法学部を開設した年度までに計11回開催し，第1回を除いたすべての回において司会を務められた。1985年に着任した私もそのうち3回の座談会に参加して，意見を述べさせてもらった。それらの記録は『法学研究資料』（東海大学法学研究所）第1集から第5集として公刊もされている。

　先生は，どのような時にも学者であった。先生の研究者としての歩みは決して止まることはなかった。ただただ敬服するばかりであるが，この「法学座談会」は先生の学問的生産活動にとって，大変大きな成果をもたらしもしたのである。それがスポーツ法学である。体育学部の研究者たちと行った2回にわたる「法学座談会」で，欧米では相当な発展を遂げていたスポーツ法学がわが国では立ち遅れていることに気づかされた先生はまったく一からスポーツ法学の研究を開始され，1992年，志を同じくする方々と共に「日本スポーツ法学会」

24

を設立し，その初代会長に就任されたのである。驚くべき集中力と行動力と集人力である。

　千葉正士はわが国における法人類学の草分けであるが，わが国におけるスポーツ法学の草分けでもあるのだ。この点は何度強調されてもよいことである。この分野での先生の研究は 1995 年の共編著『スポーツ法学入門』，2001 年の『スポーツ法学序説──法社会学・法人類学からのアプローチ』に結実している。

＊　　　＊　　　＊

　「法学座談会」を精力的に開催されていたまさにその頃である 1986 年に，先生は『要説・世界の法思想』を出版された。これは，旧著『法思想史要説』を絶版にして，その「改版」として全く新たに書き直したものである。その理由は，旧著が「西欧法思想をあたかも人類唯一のものであるかのように扱っていた」ことに気づき，それを反省して，非西欧法思想をも視野に入れた「新しい法思想観を樹立する必要がある」と考えたためであった（千葉 1986：13）。この新著は，まさにグローバルな法思想，とりわけ非西欧の法思想に関する知見を，きわめて要領よく我々に与えてくれる貴重な書籍であった。それが評価され，この新著は 2007 年に文庫本（千葉 2007）として，より一般的な読者に提供もされたのである。しかし，私のように西欧法思想にしか親しんでこなかった者にとっては，その「西欧法思想を批判的に再評価」（千葉 1986：ⅰ）した第一編「西欧法思想の西欧性」にこそ教えられることが多かった。というのも，それは西欧法思想が文化的には一つのローカルな法思想にすぎないことを示し，先生には怒られるかもしれないが，それでもやはりそこに留まる私のような者にも，自己の足場を反省し相対化する，つまり対自化する貴重な機会を与えてくれたからである。

　確かに研究を始められたころの先生にとっては西欧法思想のみが法思想であった。先生の処女作『人間と法──法主体の一考察』は，「全体としての法秩序をもつ『法主体』としての社会はいかなる構造を有するか」（千葉 1949：2）という，狭い法哲学的問題設定を超えて法社会学やさらには法人類学の分野に踏み込む可能性を持った問題に取り組んだものであるが，その議論の中で検討される法思想は西欧のものに限られていた。また，清宮四郎の序文が添えられた先生の第二作『法学の対象──法主体論序説』は法学の対象を「歴史的な人間の社会生活において存在する法」と定め，それ故に，「法を国家に固有のも

第1部　千葉正士先生の人と学問

のとすることに反対」し、「法哲学は法社会学の哲学たるべきである」としたが（千葉 1950：216-217, 229），そこにおいても，詳細に検討され批判された法思想は西欧のものに限られていた。

　しかし，それは先生の視野が不当に狭かったからではなかった。当時のわが国においてはまだ，法制度も法学もそして法思想も西欧から多くを学んでいたし，学ばなければならなかったのである。先生は他の多くの先達や同輩たちとともに，同じ道を歩んでいらっしゃったのだ。

　多元的法体制論や非西欧法研究にすぐにでも繋がるような問題意識をもっていたものの，視野が西欧に限定されていたご自分の学問的過去を自覚的に乗り越える，容易ではなかっただろうが希望にあふれた作業の成果こそが『要説・世界の法思想』であったのではないか，と私は想像する。だから，それ以降先生は，70歳代から80歳代にかけて，1993年の東海大学退職を挟んで，多元的法体制論，非西欧法研究に尋常ならざるエネルギーを傾注され，数多くの業績を国内外に発表されたのである。しかも，すでに触れたように，それと並行して我が国におけるスポーツ法学の確立に尽力されていたことをも考え併せると，先生は，もはや超人と言っても過言ではない研究者だった。

＊　　　＊　　　＊

　その先生の精力的な学問的な生産活動に陰りが見え始めたのが，皮肉なことに，先生のその成果が高く評価されて，2003年に「法と社会学会（LSA）国際賞」を受賞された頃であったように記憶している。奥様の健康状態に異変が生じ，お子様がいらっしゃらないため，先生が奥様の身の回りのお世話をしなければならなくなったのである。この受賞は世界的な学会がいかに先生を高く評価し続けてきたかを余すところなく証するものであった。そこで，我々弟子筋の者たちが全国から集まって先生を囲んでそのお祝いをしたのだが，その際も，奥様のご同席は断念せざるを得ず，それどころか，先生をあまり長い時間奥様から引き離すこともできなかったために，先生のご自宅近くに会場を設定せざるを得なかった。

　奥様の健康状態はその後も改善は見られず，先生の献身的なお世話は続いた。そのためおそらく研究に没頭できる時間は相当に削られたことであろう。それだけでなく，80歳を過ぎられた年齢のなせるわざかもしれないが，弓道で鍛えられた強い足腰も急速に衰えられたように感じられた。

26

〔大塚　滋〕　　　　　　　　　　　　　　　　　　　　　　　　　　*1*　最後の千葉正士

　先生はこのような状態を数年間続けられたが，その間にも文筆活動の手は止めなかった。1992 年から約 10 年間にわたって東海法学に連載した時間に関する法文化論と言うべき論文を 2003 年に『法と時間』（千葉 2003）として纏められただけでなく，本書の出版計画を検討していて判明したことであるが，同年には，それらの諸論文を除いて，それまで発表されてきた法文化論関係の論考などを纏めた『法文化への夢』という論文集を出版するべく校正段階まで進んでおられたのである（なお，この論文集は 2015 年に信山社から出版された）。さらに，東海法学誌上では，同年から亡くなられる前年の 2008 年まで，ご自身の長い研究人生における豊富な経験に基づく学問研究論とも言うべきエッセイ「夢の旅路の拾い物 1 ～ 8 」（千葉 2003-2008）を連載されていた。

　これらはみな我々後続の者たちに対する先生の学問的遺言であったが，先生は私的な遺言もほぼ同時期に認め始め，一応の完成を見た 2006 年ごろに私たち弟子に，その来るべき時の備えのために，その写しを手渡されたのである。この遺言の内容については，『法文化への夢』の「はしがきに添えて」（千葉 2014：viii － x ）で言及しているので，それを参照願いたい。

　改めて指摘するまでもなく，老老介護の現実は苛酷である。それを先生は，奥様への愛で耐えながら，そして学者でもあり続けようと努力をされていたのだ。ところが，ご自身のお身体が悲鳴を上げ始めたために，先生はお二人揃って老人ホームに入居する決意をされ，2007 年 3 月，約四半世紀お住まいになって大変気に入っておられた神奈川県海老名市浜田町のご自宅をそのままにして，そこから同市内の介護付き老人ホームに移られた。必要な時に蔵書をすぐに手に取れるように，ということも施設選択の基準だったと伺ったことがある。

　そして，その施設 2 階の 2 間続きのお部屋で，最後の千葉正士の新しい生活が始まった。

　それから穏やかな日が続いたのであるならばよかったが，そうはいかなかった。翌 2008 年，先生は，胃に小さな腫瘍が発見され，手術によってそれは切除されたが，老人性難聴がかなり進行し，会話でのコミュニケーションが取りにくくなっていった。また，施設内の移動にも大きな歩行補助器具の使用が不可欠になった。それでもやはり移動には相当の気力と体力を必要とするとのことで，毎日，特に午後になると，少し動くとベッドに横になって休息するということの繰り返しであったそうだ。

第1部　千葉正士先生の人と学問

　そのような中，私たち弟子は2009年5月にお二人のダイヤモンド婚式（ご結婚60周年）のお祝いをささやかながらその老人ホームの一角でさせていただくことができたが，これは，私たちが揃って先生ご夫妻に感謝の気持ちを伝える最後の機会になってしまった。

　その年の秋口，先生は施設内で突然昏倒され，近くの病院に搬送された。意識ははっきりしていたので，その時，先生は医師に対して，投薬と酸素吸入以外の延命措置，特に胃瘻を拒否するとの意志を伝えられた，と後から伺った。

　私はその病院に何度かお見舞いに伺ったが，難聴なだけでなく，もはや言葉を発することも極めて困難になっておられたが，ある時，先生は私を見ながら，右手を持ち上げ，その大きくて長い指を動かして中空に何かを書こうとされた。私は慌てて自分の掌をその指の先に当ててそれを読み取ろうとした。最初はひらがなかカタカナかそれとも漢字なのかすら分からなかったが，何度か繰り返していただいているうちに次第に分かってきた。それはひらがなだった。「いいじんせいだつた」だった。

　それから間もなくして先生は点滴でしか栄養補給ができなくなり，ついに12月17日に静かに息を引き取られた。享年90歳であった。考えられるほとんどすべての身辺整理を周到になされたのちの納得の上でのご逝去だったと私は感じている。

　先生の心残りは病床にあった最愛の奥様を置いて逝ったことであろうと思う。しかし，その奥様は先生の後を追われるように，翌2010年4月に亡くなられた。心の支えとともに心の張りを失われてしまったからであろう。

＊　　　＊　　　＊

　奥様のご逝去からしばらくして，先生ご夫妻の身辺を整理されていた甥御さんから，「おじは老人ホームでこのようなものを書いていたようです。私が持っているよりは，お弟子さんが持っていた方が……」と言われて，封筒に入った書類を渡された。それはA4用紙14枚にワープロ打ちした文書で，「随想：加齢＝年齢（とし）をとること」と題されていた。この随想についてはすでに日本法哲学会年報に掲載した先生の追悼文で若干触れた（大塚2010：213-214）が，その全文は，本書の後に出版される予定の先生の著作集に収録する予定である。これは，ご自分の足腰もままならないにもかかわらず，車椅子生活の奥様のお世話をしながら，体力の続く限り老人ホームの一室のコン

28

ピュータに向かって書綴った先生の遺筆と言ってよいだろう。

この随想は大きく2部に分かれており，第1部は「加齢の問題」と題され，老人としていかに生きるべきかを考えるためにご自分の老化史をたどり，その中で打ち立てた病気哲学に説き及ぶもので全体の3分の1程度を占める。だが，私がここで注目したいのは「老人ホーム生活」を実に念入りに鋭い視線で観察分析した第2部の方である。「ここの日常生活」，「入居生活さまざま」，「このホームの問題点」，「老人さまざま」，「ヘルパーの諸面」の5点に分けられて，先生の終の棲家に関する事細かで歯に衣着せない記述が綴られている。つまりこの老人ホームは，先生が法人類学者として最後に降り立ったフィールドだったのだ。この随想はまさしくその老法人類学者による生き生きとした参与観察の記録にほかならないのである。

そして，この第2部の目次には，以上の5点の次に6という数字だけが書かれている。未完だったのである。先生はそこにどのようなことをお書きになるおつもりだったのであろうか。それを伺うことができないのが，残念でならない。

【引用文献】

コイデル，アンジェイ（1992）「千葉正士教授の学問と人柄——海外から見る」（横山實訳）湯浅道夫・小池正行・大塚滋編『法人類学の地平——千葉正士教授古希記念』成文堂 252-256 頁。

千葉正士（1949）『人間と法——法主体の一考察』丁子屋書店。

——（1950）『法学の対象——法主体論序説』文京書院。

——（1964）『法思想史要説』日本評論社。

——（1986）『要説・世界の法思想』日本評論社。

——（2001）『スポーツ法学序説——法社会学・法人類学からのアプローチ』信山社。

——（2001-2008）「夢の旅路の拾い物 1-8」東海法学 30 号 - 36 号，38 号，40 号。

——（2003）『法と時間』信山社。

——（2007）『世界の法思想入門』講談社学術文庫。

——（2015）『法文化への夢』信山社。

千葉正士・濱野吉生編（1995）『スポーツ法学入門』体育施設出版。

東海大学法学研究所（1984-1987）『法学研究資料』第1集 - 第5集。

大塚滋（2010）「千葉先生のご逝去を悼む」『法哲学年報 2009 リスク社会と法』有斐閣 211-214 頁。

2 戦争犯罪を犯した法学について
——千葉正士教授の「戦時期における小野 清一郎・尾高朝雄の法哲学」批判——

鈴 木 敬 夫

I 千葉正士教授は「戦争犯罪を 犯した法学」をどうみていたか	III 尾高朝雄の法哲学
II 小野清一郎の法哲学	IV 結び——認識される客体の主 体性を認めること

I 千葉正士教授は「戦争犯罪を犯した法学」をどうみていたか

　千葉正士教授の研究は広範な分野にわたり，その研究成果も極めて多い。そのなかで珠玉の論文を一篇あげることが許されるならば，筆者は「戦前におけるわが国法哲学の法思想史的研究」(1965) を掲げることができる[1]。そこには，戦時期に展開された日本法学の思想が詳細に分析されている。この論文を一読することによって，戦後，千葉正士教授がその主著『法思想史要説』(1964) で，「第二次大戦前のわが国の法思想および法学者の演じた役割は，一部の例外的なものをのぞき，大勢において時の権力を批判するどころか，これに密着してこれを正当化したものであることは，あきらかである。」「この点において，わが国の法学は権力の手段であったし戦争犯罪を犯したといわれてもやむをえない」と明言した本旨を理解することができるからである。

　数多くの資料を精査した後に，千葉正士教授は，「大日本帝国憲法」下にあって権力に迎合し，およそ抵抗することをせず，日本の法と国家の運命を寧ろ弁護する法哲学を説いた学者を摘出している。戦時下のこの時期は，国体や日本固有法の優秀性を賛美し，ある者は日本法・大東亜建設法などを強調し，日本法理学，皇法学，国体法哲学等を提唱する者が現れ，全体主義的・国家主

---

(1) 千葉正士著「戦前におけるわが国法哲学の法思想史的再検討」(上)『法学新報』第72巻第1・2・3号 (1965)，1頁以下；同 (下) 前掲，第5号 (1965)，1頁以下。

『法文化論の展開——法主体のダイナミクス』千葉正士先生追悼〔信山社，2015年5月〕　31

第1部　千葉正士先生の人と学問

義的な排外思想が闊歩していた時代であった。「そして，立法も裁判をふくめて，すべてが神としての天皇のカリスマ的権威に基礎付けられていた」のである[2]。しかし，当時とはいえ，まだ研究者には著書，論文を著さない自由，つまり消極的に抵抗する自由は保障されてはいた。国家ないし権力との明確な対決が研究者に迫られていたのである。千葉教授はいう。

「最後まで自覚的に対決し妥協しなかった者は，恒藤恭と田中耕太郎だけであった。高柳賢三と尾高朝雄は，これを積極的に承認はしなかったが，積極的に批判する態度をとらなかった。……そして小野清一郎と広浜嘉雄とは，積極的にこれを正当化しようとした」と[3]。

いま戦時期の諸著作を顧みて，当時の多くの法学者が社会的要請ひいては歴史的主体に対して無知であったのか，それを知って敢えて無視したのか，問責されなければならないように思う。ただ，後の時代に生きる我われは，大日本帝国憲法にいう「日本臣民」という条件の下で，もし自分がそこに居合わせたならば果たしてどのように行動したかを知ることができない以上，他の人がその時代に表した著作や為さなかった行動を，道徳的に評価することは控え目にした方がよいと思われる。しかし，戦後70年が経過した今日，「強い国家」を掲げ，日本復活を求める改憲志向には，我が平和憲法に乖離する新たな日本主義の萌芽がみられる。いま我われには，戦時期における日本法学の足跡を訪ね，その歩みを「歴史認識」することを通じて，戦争を忌避する法学とは何かを考えることが期待されているように思われる。歴史的な法主体であるという自覚が求められているのである[4]。

以下に，千葉正士教授の批判論に導かれて，小野清一郎と尾高朝雄が謳った法思想一面を素描し，その独善的な法学思想を白日の下におき，戦時期法学の実相を客観視したいと思う。

---

(2)　千葉正士著『法思想史要説』（日本評論社，1964）9頁，284頁〜85頁。

(3)　千葉「戦前におけるわが国法哲学の法思想史的再検討」（上）前掲，21頁。

(4)　千葉正士著『人間と法』（丁子屋書店，1949），とくに125頁以下；同著『法学の対象——法主体論序説』（文京書院，1950），とくに207頁以下。

〔鈴木敬夫〕　　　　　　　　　　　**2**　戦争犯罪を犯した法学について

Ⅱ　小野清一郎の法哲学

　小野清一郎（1891～1986）は，東京帝国大学刑法講座の主任であった。彼は，文部省が学問及び思想を国家統制するために設置した「日本諸学振興委員会」の委員として活躍したことで知られる。刑法解釈学にとどまらず法哲学に進み，その代表作として『日本法理の自覚的展開』（1942）があげられる。以下では，極めて多くの著作の中から特にこの著作に焦点を当て，「道義的自然法」を説いた戦時期における小野法哲学の特色を素描しようとするものである。

1　日本法理と道義刑法

　彼の代表作の主題にいう「日本法理とは何か」を説いて曰く，「其は日本精神であり，日本道義，日本倫理である。而して其れは即ち日本法理である」とする。それでは「日本法理自覚への途」は如何。それは「日本法の本質を主体的に意識することである。法を対照的に・客体的にみること，法において実践的な自己を見出すことである。そのとき客体が主体と為り，主体が客体と為る。其処には，日本臣民としての実践的体験に基づく直感が必要であり，同時にそれを総合する諦観が必要である。……経験的な歴史的事実の認識に即して，其の生きた精神の自覚への飛躍的直感が必要なのである」と述べている[5]。

　さらに「日本法の本質」では「皇国の道義を以って本質」とし，それは，真に「神ながらの道である。人間のはからいを超えた法爾自然」[6]であって，「日本道義的自然法」である。続けて「日本法理としての国体」とは何か。「聖徳太子の憲法十七条は日本国体の法理を闡明した」，「国体の精華」である，と記している[7]。

　主体と客体を一つにして，直感と諦観のうちに「日本法理」をとらえ，そこに「大日本帝国憲法」に対する絶対的遵奉を求める者を，他の法学文献で探す

---

(5)　小野清一郎著『日本法理の自覚的展開』（有斐閣，1942）58頁。同「道義的責任について」，同著『刑罰の本質について・その他』（有斐閣，1955，73頁以下。

(6)　小野は仏聖親鸞の「自然法爾」に則している。同著『歎異抄講話』（大法輪閣，1973）188頁；同『日本法理の自覚的展開』前掲，77頁。

(7)　小野は，文部省編纂『国体の本義』（初版，1937）に則している。57頁；小野「聖徳太子十七条憲法の国法性」『仏教学の諸問題』（岩波書店，1935）963頁；同「十七条憲法における国家と倫理」，小野著『法学評論』下（弘文堂書房，1939）193頁以下。

第1部　千葉正士先生の人と学問

ことは至難である。以下にみられるように，この「日本法理」の観念が，その
まま小野の刑法論の主柱に据えられたのである。

　当時，刑法学の重鎮であった小野の「刑法における道義的責任」論こそ，実
に彼の客観主義刑法思想の核心であって，それは学界および司法実務に大きな
影響を与えたといってよい。曰く，「日本刑法は皇国刑法であり，道義刑法で
ある。かかるものとして超個人的権威に基づくものであり，道義的厳粛性を持
つものである。」「国家的・国民道義を維持する厳粛性は，日本刑法にとってそ
の本質であり，生命である」と。この刑法観にとって，犯罪とは国民の道義に
違反する行為にほかならなかった。したがって「すべての国民は自己の行為に
責任を負わなければならない。自業自得は厳粛なる道義・倫理の法則である。」
「道義的責任の法たる日本刑法は亦自業自得の法であり，因果応報の法である
と謂へるであろう」[8]と説かれた。

　小野は主観主義・人格主義刑法を否定する。小野からみれば「国民は悉く国
家的道義の主体である。自由意思的な行為の主体であり，其の道義的責任の主
体である」以外のなにものでもない。道義刑法論は，個人主義から国家主義へ
の止揚にほかならず，従って刑法の解釈は，自ずと全体的な道義的判断，すな
わち日本的道義観念による価値合理性が最終的な基準とされる。こうした立場
は，終にはナチスの意思刑法観に繋がるものといえよう[9]。小野の説く「道義
的厳粛性」は，「治安維持法中改正ノ為ノ法律」（1941）の成立に影響を及ぼし，
その「目的遂行ノ為ニスル行為」処罰規定として現実味を帯びたのである。ほ
かに，小野刑法が罪刑法定主義の「一般条項化」や類推の自由を主張したこと
も忘れてはならない[10]。

---

(8)　小野『日本法理の自覚的展開』前掲，99頁～120頁。しかしこの観点には厳しい批
　　判がある。すなわち，国家的道義刑法を説く木村亀二は，その「寛恕」を理念とする教
　　育刑論の立場から，小野の「自業自得」を掲げる応報的教育論は「日本的刑罰の本質た
　　る教育とは根本的に異なり，価値的には甚だ低劣なるのみならず，道義国家としての日
　　本国家の観念とは全然一致し難いものなることを自覚せねばならぬ」と批判された。木
　　村「刑法と国家的道義――日本的刑罰の本質」（下）『法律時報』第15観第8号（1943）
　　46頁。だが木村の団体主義的，主観主義的刑法理論に対する鋭い批判として，西原春
　　夫「木村亀二の刑法理論」『法律時報』第53巻第11号（1981）81頁～82頁。
(9)　中山研一著『刑法の基本思想』（成文堂，2003）75頁；同著『佐伯・小野博士の「日
　　本法理」の研究』（成文堂，2011）189頁。
(10)　とくにこの点を強調して，『刑罰の本質について・その他』前掲，431頁以下に詳しい。

〔鈴木敬夫〕　　　　　　　　　　　　　*2*　戦争犯罪を犯した法学について

2　大東亜法秩序と「正しい戦争」

　多くの著作のなかで，小野の好戦的な思想が最もよく表れているのは1944年の論文「大東亜法秩序の基本構造」（1〜4）であろう。小野は「日本民族の本願」たるこの新秩序は「道義に基づく東亜の共存共栄の秩序」，「八紘為宇を現成する法秩序」[11]にほかならず，「大東亜法秩序は何処までも一つの防衛的な秩序」であって，まさに「防衛とは力を以って不義を撃つこと」[12]と主張している。いかに好戦的な「法秩序の基本構造」であろうか。そして「大東亜の宗家として其の全民族・全広域に対して指導権を有する」天皇は[13]，「大東亜の家族的共同体的道義」の中心に位していた。さらに秩序の根幹に「和」の精神を掲げ，その「国法性」が主張された[14]。そこでは，「十七条憲法」に規定されている「和」の道義的展開が，「上下和諧」[15]を求めるものと唱われたのである。

　ところが小野は断言する。「和を以って単なる平和主義と解してはならない」[16]と。それは何故か。曰く「聖徳太子は自ら一再ならず新羅征討の軍を出し給うた。戦争も亦人倫的事理の自己展開である。其れは武力による武力の否定として，諸民族の精神的和諧にいたる過程であらねばならぬ。其の限りに於いて戦争は其の正しき意義を有する」を引いている[17]。小野は十七条憲法に依拠して，「和」を捨てて交戦する「防衛秩序」を構想していたものといえよう。

3　戦後の到達点

　はたして戦後において，小野の思想はどのように変化したか。到達点はどこ

　これに反論して，木村亀二「言論統制と刑法──不穏言論取締を中心にして」『法律時報』第16巻第10号（1944）5頁。

[11]　小野「大東亜法秩序の基本構造」(4)『法律時報』第16巻第4号（1944）240頁。

[12]　小野「大東亜法秩序の基本構造」(3)『法律時報』第16巻第3号（1944）171頁，176頁。

[13]　小野「大東亜法秩序の日本法理的構想」『日本法理の自覚的展開』前掲，148頁〜149頁，150頁。

[14]　小野「憲法十七条の国法性について」『法学評論』下（1939），177頁以下。

[15]　小野「大東亜法秩序の基本構造」(2)『法律時報』第16巻2号（1944）109頁；同「和の倫理」『法学評論』下前掲，215頁。

[16]　小野「憲法十七条における国家と倫理」前掲，205頁，206頁。

[17]　小野「大東亜法秩序の基本構造」(3)前掲，171頁，176頁，178頁。

第1部　千葉正士先生の人と学問

か。少なくとも 1961 年に著した『法律思想史概説』を見る限り，その立場に激変がみられる。人がこれを以って「豹変」[18]と評するに相応しい。新憲法下の法実証主義者たる面目を如実に表している。

　まず，新たな情勢に追従して，「佛教の立場から新憲法9条は正しい法であると判断し，それ故にあくまでこれを維持することに努力すべきであると信ずる」[19]と述べている。かの聖戦論は跡形もなく消えている。

　ついで小野は，「ファシズム時代において日本の法律思想はどう動いたか」と自問し，「天皇を現人神とする家族的国家という古代的な観念が復帰し，明治憲法における天皇中心の集権主義が強調される。同時に，満州事変に始まる帝国主義的な侵略行動を，アジア民族解放という民族主義的観念によって正当化する。それが主な思想潮流であった」と自答している。さらに日本では「太平洋戦争が始まってからは，治安維持法の改正など……つぎつぎと刑罰の強化が行われた。……この間，なかんずく特高，および一般司法警察にも行き過ぎや権力の濫用があった」とも語っている。そればかりか自ら自画像を，同じ口から次のようにも述べた。「……歴史批判主義とも言うべき法理学を意図したのが小野清一郎であった。文化というものは歴史的なものであり，歴史的に与えられた文化の批判によって文化が再形成される。そういう意味の文化に奉仕するところに法実践の意義を認めようとするものである」と描いてみせた[20]。

　これらの言辞に，誰もが「日本法理」と「道義刑法」を説いた小野の姿を想像することすらできない。「刑罰の強化」や官憲による「権力の濫用」が吐露されてはいるものの，彼が積極的に主張した行為主義的，応報主義刑法論が「国体」を遵奉する司法実務に大きな影響を与えたことについて，およそ反省はおろか，いわば法「文化」史のひとこまに見ているにすぎない。また「大東亜共栄圏」に日本民族主導による「文化」の移植を試みた彼の構想は，はたし

---

(18)　船田享二は「日本法理」派を批評して，彼等は「いちはやく態度を豹変させ，新たな情勢に追従しようとした」と。それはまさに「迎合的に，政治的，社会的或いは軍事的情勢の転変に応じた，無反省な独善的国粋論の立場」以外のなにものでもなかった。船田享二著『法律思想史』（愛文館，1946）398 頁～399 頁；松尾敬一「戦中戦後の法思想に関する覚書」『神戸法学雑誌』第 25 巻第 3・4 号（1976），168 頁。

(19)　小野「国家——仏教的国家論への一つの試み」『現代仏教講座』上原専禄他編集，第 1 巻（角川書店，1955）175 頁。

(20)　小野著『法律思想史概説』（一粒社，1961）262 頁～264 頁。

〔鈴木敬夫〕　　　　　　　　　　　　　　*2*　戦争犯罪を犯した法学について

て彼の「歴史批判主義法理学」を以って正当化できるのであろうか。

4　批　判　論

　小野法哲学には，幾つかの批判がみられる。そのなかでも「日本法理」を全面的に批判したのは吾妻光俊である。吾妻は戦後まもなく「日本法理の探求──戦時法理論の回顧」を著して曰く，「日本法理は道義に外ならず，そこに到達すべき道は仏教にいわゆる＜さとり＞であり，主観的直感である」というのが小野の結論であった。まさに「道義にして法である」とは，不必要なまでに日本独自のものを強調する「国体尊厳に由来する独善主義」にほかならず，その原因は「日本国を特に選ばれたものとする神国意識」への固執であって，もっとも「戒心すべきものである」と批判した⑵。これは，『日本法理の自覚的展開』に対する全面的否定といってよい。

　つぎに，小野の高弟団藤重光による批判をみよう。小野の「大東亜法秩序構想」は，確かに「結果的に当時の政府・軍部の聖戦論を正当化し，戦争遂行を支持することになった。」そして小野が正当化した「第二次大戦は，……日本軍の大陸侵攻が帝国主義的侵略であったという事実は蔽うべくもない。」さらに主著『日本法理の自覚的発展』は，「先生が日本法理研究会を推進されたこととあいまって，先生の公職追放，教職追放の主たる理由になったものと想像されるが，それはやむをえないことであった」と⑵。ただ団藤には，肝心の「道義刑法」に対する批判はない。それでも団藤の記述からは，小野が「聖戦の正当化」や「日本の大陸侵攻」を容認していたことを読みとることができよう⑵。

　最後は，千葉正士教授による批判である。まず小野が「直観」でとらえる「文化の理念としての法」と「経験的文化としての法」⑵に対して，それらはい

⑵　吾妻光俊，「日本法理の探求──戦時法理論の回顧」『一橋論叢』第 16 巻第 3・4 号（1946）62 頁〜 63 頁，71 頁。

⑵　団藤重光「小野清一郎先生の人と学問」『ジュリスト』No. 861（1986）62 頁。ただ団藤は「道義刑法」に立脚して，国防保安法の改正（1941）の要である「検察権の強化」を是として解説し，戦時立法の一般法制に対するパイオニア的機能を指摘していた。同「国防保安法の若干の検討」『法律時報』第 13 巻第 5 号（1941）3 頁，10 頁。

⑵　この点を詳述して，白羽祐三『『日本法理研究会』の分析』（中央大学出版部，1998）303 頁参照。白羽祐三は，小野を「天皇制ファシズム法理の信奉者」と評して憚らない。332 頁。

第1部　千葉正士先生の人と学問

ずれも「正義という非経験的・非現実的観念を基準として構成されており，実証的考察ははじめから不可能な状態」におかれている。そこから導かれる「正義ひいては文化は，論者によってどのようにも構成されうるもの」と批判した。

さらに小野が多くの仏典を引用して，「十七条憲法は，国家の永遠性と全体性とを存在論的に，しかも同時に倫理的・政治的な実践において把握できる」[25]と述べ，その普遍性を強調したことについて，千葉教授はいう。「そのように高度に観念化した学説においては，現実の社会要請は空に帰し，権力の要請だけが合理化され」てしまう。このような「宗教的信念の演繹」は，結局のところ「権力を肯定する論理の展開を導く」ことになり，「むしろ，現実を逃避あるいは諦観させる思想として機能」するに過ぎない，と指摘する。千葉教授にとって，如上の小野が説く文化や国家の観念は，およそ「歴史的主体の存在を看過し，現実の実定法体系とその論理，あるいはその問題を無視もしくは軽視する可能性をはらんでいる」[26]ものと解されていたのである。小野には凡そ「理論と実践の混同」がみられ，詰まるところ彼は「実証主義的な法理論者たるをまぬがれない」と[27]。

Ⅲ　尾高朝雄の法哲学

戦前・戦後を通じ日本におけるラートブルフ（Gustav Radbruch）法哲学の研究に多大な貢献をした学者として，尾高朝雄（1899 ～ 1956）を挙げることには誰しも異論はないであろう。だが，彼が戦前，京城帝国大学法文学部教授時代（1930 ～ 1944）に，ラートブルフの価値相対主義法哲学とまったく反対の立場に立って，幾つかの論文を遺したことは殆ど知られていない。その主因は，一つには彼の著作が尾高朝雄教授追悼論文集『自由の法理』（有斐閣，1968）巻末の「主要著作目録」に絞られ，外地の大学で著された論文の一部が取捨選択のはざまで掲記されなかったこと，二つには当時の学界最大ともいわれる宮沢俊義教授との間で起きた所謂「主権論争」[28]のかげで，すでに過去のものとなっ

---

(24)　小野著『法理学と「文化」の概念』（有斐閣，1928）355 頁，363 頁，371 頁。

(25)　小野「憲法十七条における国家と倫理」前掲，198 頁。

(26)　千葉「戦前におけるわが国法哲学の法思想史的再検討」（上）前掲，24 ～ 25 頁。

(27)　千葉著『法学の対象──法主体論序説』前掲，89 頁。

(28)　この論争は，戦後における尾高の「主権」観念を知るうえで貴重なものである。井上茂「戦後の主権論争──論争回顧」『法学セミナー』（1959. 5）64 頁以下。

〔鈴 木 敬 夫〕　　　　　　　　　　　　　　　　 *2* 戦争犯罪を犯した法学について

てしまった植民地における尾高の諸論文は，およそ議論の対象にならなかった
ものと想像されよう。

　こうした経緯から，ながく日が当たらなかった彼の著作は，ほぼ以下の5篇
であろう。すなわち「国家目的と大陸経営」(1940) ①，『国体の本義と内鮮一
体』(1941) ②，「道義朝鮮と徴兵制」(1942) ③，「大東亜共栄圏と文化理念」
(1943) ④，「朝鮮教学論」Ⅰ.Ⅱ.(1944) ⑤がそれである[29]。戦時色の濃厚な
これらの著作は，いずれも「大日本帝国憲法」下の朝鮮植民地における尾高法
哲学の一側面を如実に象徴しているように思う。だが，彼は京城大学時代の留
学でフッサール（Husserl）とケルゼン（Kelsen）を訪ねているが，上掲の5文
献から，その影響を見ることは至難である[30]。以下では，彼の戦時期に限定し
て，上掲論文の特色を概観したい。

1 「信仰による政治」と「政治の矩」

　戦時期における尾高の法哲学の特色は，「信仰による政治」を実定法の秩序
として位置づけた点にある。当時，「日本法学界における最大の収穫」[31]と絶賛
された尾高の『実定法秩序論』(1942) は，第5章「国家と実定法」の最後の
箇所で，実定法秩序と君民一体の関係を明らかにしている。尾高はいう。「君
主と国民との間には，一方は統治の主体であり，他方は統治の客体であるとい
う絶対の関係がある。」「そこに立憲国家における法実定性の根拠がある。それ
が君主中心・君民一体の原理によって貫かれた立憲君主国家の実定法秩序であ
る」[32]と結論づける。

---

[29] ①京城帝国大学大陸文化研究会編（岩波書店，1940) 1頁〜37頁；②民総力朝鮮聯
　　盟防衛指導部編 (1941)，巻頭論文；③朝鮮総督『朝鮮』第326号 (1942) 18頁〜26
　　頁；④京城帝国大学大陸文化研究所編『続大陸文化研究』（岩波書店，1943) 1頁〜23
　　頁；⑤朝鮮教育会『文教の朝鮮』Ⅰ.第219号 (1944)，14頁〜17頁，同Ⅱ.第223号
　　(1944) 11頁〜20頁。

[30] ただ，戦時期における代表的著作の一つ尾高著『国家構造論』（岩波書店，1936) は，
　　ケルゼンを「法国家同一視」論者として批判し，フッサールの「現象学的実在論」を国
　　家学の態度として評価するなど，当時の尾高法哲学の一面をうかがい知ることができる。
　　たとえば，ケルゼンについて164頁以下に詳しい。尾高のフッサール観については，寧
　　ろこの翌年に著された尾高「現象学的実在論の立場と国家構造論」『国家学会雑誌』第
　　51巻第5号 (1937) 94頁〜113頁にその特色がみられる。

[31] 横田喜三郎「尾高朝雄『実定法秩序論』紹介」『法学協会雑誌』第16巻第9号 (1942)
　　108頁。

39

第1部　千葉正士先生の人と学問

　もし「主体」と「客体」が，そのような関係であるとすれば，具体的な秩序の内容は，はたして如何なるものか。尾高は「君主の統治は，決して単なる人の人に対する統治ではなく，君主の統治に随順する国民の態度は，もはや人の人に対する信頼ではない。「神格」を以って行われる統治は，すなわち信仰によって応えられる」ものでなければならぬ，という。明らかなことは，当時における尾高の「国体」と「秩序」の観念は，天皇を「神」とする「信仰による政治」によって支えられていたということである[33]。彼の「大日本帝国憲法」第3条に対する本質的な理解がここにある。『実定法秩序論』の前年に著された論文「国家哲学」においても，「統治は神の御業であり，政は祭である」として，すでに客体たる国民は，「天皇を仰ぎ奉る臣民，すなわち神を仰ぎまつる国民」[34]に位置づけられていたのである。このような見地は，「神ながらの道」を「道義」の核心に据えた小野清一郎の立場（前掲）と異なるところを知らない。

　『実定法秩序論』が世に出た一年後，突然「政治の矩」という観念が登場する。この新たな観念には，「法に対する政治の優位」ないし「実力としての政治」を牽制する意図が込められている[35]。当時，学界では帝国憲法第31条に定められていた天皇の「非常大権」を駆使して，憲法を「戦時憲法の規範体系」へと転換させようとする「企て」がみられた。尾高はこれに断固反対した。その根拠とするところは，「わが国の憲法が国家秩序の道義性の支柱であり，国家活動の準拠すべき『政治の矩』である以上，国家緊急権の概念，もしくはこれに類似する法破壊の企図の介入すべき余地はまったくない」[36]とするにあった。尾高は「政治の動向を規制する政治の矩としての根本法」を力説したのだった。彼にとって「政治の矩」とは，いかなる「政治」も神聖なる根本法に背くことはできないことを表す法の理念にほかならなかったといえよう。この

---

(32)　尾高朝雄著『実定法秩序論』（岩波書店，1952）560頁，574頁。

(33)　「天皇中心の政治が信仰の政治」であって，それが「国体の根本であり本義である」という。文部省の『国体の本義』（前掲）に依拠した尾高『国体の本義と内鮮一体』前掲，53頁。

(34)　尾高「国家哲学」『倫理学』第7冊（岩波書店，1941）87頁。

(35)　尾高「法における政治の契機」『法律時報』第15巻第10号（1943）2頁，7頁〜9頁，10頁〜11頁。

(36)　尾高「国家緊急権の問題」『法学協会雑誌』第62巻第9号（1944）928頁，930頁。

ことは，新憲法の下においてさえ，尾高が天皇を「政治の矩」に据えたことによっても明らかである[37]。しかし，多義にわたる「政治の矩」という観念[38]には，「自然法」を説く田中耕太郎から深刻な疑問が提起された[39]。

2 道義朝鮮と徴兵制

朝鮮総督府は，「朝鮮青年特別練成令」（1942年，制令第33号）を布き，その翌年には兵役の義務を定めた「兵役法ノ一部改正ノ件」（1943年，法律第4号附則）の実施に踏み切った[40]。京城大学で教鞭をとっていた尾高が，朝鮮青年に向かって声高に「道義朝鮮と兵役制度」論を力説したのは，実にこの時期であった。

「道義朝鮮を建設すること」に「徴兵制の施行の意義」を確信した尾高は，厚顔にも「兵役の勧め」を説いた。曰く，「道義朝鮮の建設とは，日本精神が朝鮮半島の隅々まで浸透し，半島2,400万の民衆が心の底から骨の髄まで完全な日本人になり切ることを意味する。それは必ず成し遂げられなければならぬ皇国の当面の課題であり，なせば成る為さねば為せぬところの日本精神の一試練である。徴兵制の根本義も，此の点から深く洞察しなければならない。……欽定憲法に規定する兵役の大義務は，道義人の担う無上の光栄として半島同胞の頭上に燦として輝く。此の光栄に感激し，道義練成の梯を黙々として昇り行く人々こそ，真に大東亜の道義的建設の指導者たるに値するであろう」と[41]。

---

(37) 尾高「国民主権と天皇」『国家学会雑誌』第60巻第10号（1946）38頁，42頁。なお戦後の「天皇」を「政治の矩」にみる立場を批判して，加藤新平「尾高朝雄著『法の究極に在るもの』」『季刊法律学』第3号第2年第1冊（1948）154頁。

(38) 「私は，かような正義の正しい筋道をば『政治の矩』と名付け，あるいは「ノモス」と呼んだ」という。尾高「ノモスの主権について──宮沢教授に答う」『国家学界雑誌』第62巻第11号（1948）576頁。多様な意味を包含する「政治の矩」という観念について，先進的な「言語哲学」的研究として，長谷川西涯「尾高朝雄と『政治の矩』──法の言語哲学前夜」『成城法学』第62号（2000）125頁以下がある。

(39) 田中耕太郎「尾高朝雄著『法の究極に在るもの』」『法学協会雑誌』第65巻第1号（1947）55頁。

(40) 1944年4月1日以降8月2日までの間に，206,057人の青年が第1回徴兵検査を受け，同年9月1日から「朝鮮軍」として入営させられたことが記録されている。「第85回帝国議会説明資料，財務局用」（朝鮮総督府，昭和19年8月）；なお，徴兵の経緯とその実態について，宮田節子著『朝鮮民衆と「皇民化」政策』（未来社，1985）94頁，120頁参照。

第1部　千葉正士先生の人と学問

植民地統治の「客体」とされた朝鮮青年には，「骨の髄まで」「道義人」になることが強要されていたといえよう。

それだけではない。黙々と練成の梯を昇った先に＜生命の飛躍＞が待ち受けていたのである。尾高は「朝鮮教学論」で曰く「戦争は生命を飛躍せしめる。この飛躍の目標は兵役制の実施によって示され，……いまや，ただ現実の飛躍あるのみである。」「朝鮮教学の要諦は人間的価値観の転換を図り……皇国臣民たる生き甲斐を体得せしめるよう指導すること」と[42]。朝鮮青年が臣民と化し，戦場で「生命を飛躍させる」よう「人間的価値観」の転換を迫ることが，「道義朝鮮と徴兵制」論の結論でもあったであろう。これこそ，天皇を仰ぎ奉る臣民に強いた滅私奉公の真相以外のなにものでもない。

3　戦後の到達点

1944 年 5 月，尾高は東京帝国大学に迎えられ朝鮮の地を離れた。いや実は「排斥された」という証言もある。（後述）戦後，尾高が新生日本で如何なる見解を表明したであろうか，以下にその一部を紹介しよう。

何よりもまず，過去の戦争に対して自ら「贖罪」という言葉を用いてその心情を表明していることが指摘されなければならない。はじめに，政府が受け入れた「憲法改正案が戦争の放棄と軍備の撤廃」をはっきりと規定したことに関して，「無法な戦争挑発者として額に罪の烙印を押された日本が，その罪の贖ひとして……非武装国家たることを決意した」ことは，「当然の措置」である，と述べたことである。だが，早くも 5 年後には本音を漏らしている[43]。

次いで，戦後の主著『法の究極に在るもの』（1946）の出版を契機に，突然，尾高は侵略戦争を犯した日本を真正面から批判することを始める。「立憲主義

⑷1　尾高「道義朝鮮と徴兵制度」前掲，18 頁，25 頁〜 26 頁。

⑷2　尾高「朝鮮教学論」Ⅰ. 前掲，14 頁〜 15 頁。ここで尾高は，戦時下の朝鮮総督府に「教育参謀本部」の設置を進言している。

⑷3　尾高「非武装平和主義国家の誕生」『世界文化』第 1 巻第 4 号（1946）83 頁，87 頁。しかし，1951 年には「憲法 9 条非武装平和主義」は「占領軍当局から与えられた」「高貴な理想」であって，「独立後の荒波の中で持ちつづけて行けると思うのは大きな錯覚である。」「日本としても……雨風を凌ぐ用意をしなければなるまい」という声が起きているのに，ただ「理想」のみを是とするのは「余りにも感傷的といわねばならぬ」と述べて再軍備すべきことを示唆している。尾高「法学の回顧と展望」『法律時報』第 23 巻第 12 号（1951）4 頁。

の軌道から逸脱した日本の政治も，……ファシズムやナチズム以上の無分別を
しめした。さうして，結局，ドイツおよびイタリイと結んで民主主義国家に挑
戦し，相共に惨憺たる敗北を喫した。法を破る政治がことごとく失敗に帰した
……日本の神がかり的国粋主義も，法に対してこれと同工異曲の態度を示し
た」とも記した[44]。ここでは「法に対する政治の優位」を非難しつつ，戦前の
政治姿勢を「神がかり的国粋主義」と切り捨てている。これはかつて彼が神格
による統治を掲げ，「信仰による政治」を主張して以後，わずか4年後にみる
思想の激変であった。

　戦時を回顧して尾高はいう。日本は「軍閥独裁政治の下に中国の侵略と真珠
湾の『騙まし討ち』とを敢えてして，ついに無条件降伏への道を歩んだ」，ま
たアジアの再編を謀って「『大東亜共栄圏』を建設するという野望をいだいた」
が，「そのような新秩序建設の試みは，結局惨憺たる戦争を不可避ならしめた」
だけであった，と。そして終に，憲法において「自然法思想を取り入れ」「詳
細な人権規定」を設けた，とも[45]。

　尾高は，かつて論文「国家目的と大陸経営」において積極的に日本軍の大陸
駐留を説き，また論文「大東亜共栄圏と文化理念」でも，日本道義文化の主導
による大東亜共栄圏の建設を力説してきた。はたして，彼の虚像と実像を判然
と区別できるであろうか。

4　批　判　論

　尾高の研究業績については，高い評価がみられる。尾高法哲学の研究を志す
者は，松尾敬一①，碧海純一②，稲垣良典③，矢崎光圀④など門人が著した精
緻な論考[46]を礎にすることが必須であろう。ただ読者にやや意外の感を起こさ

---

[44]　尾高『法の究極に在るもの』（有斐閣，1947）184頁，235頁。尾高には，末尾に「昭
　　和十九年十二月稿」と記した同じタイトルの論文「法の究極に在るもの」(1)『国家学会
　　雑誌』第60巻第1号（1944）1頁以下；同(2)第60巻第2号，34頁以下がある。「時局」
　　を意識してか，その記述には単行本と比べ幾多の相違がみられる。重要な転換期に，彼
　　がどこを残し，どこを削ったか精査すべきところ，いま紙幅に余裕がない。他日を期し
　　たい。

[45]　尾高「世界人権宣言と自然法」『田中先生還暦記念　自然法と世界法』（有斐閣，
　　1959）68頁，96頁。

[46]　①きわめて入念にまとめられた松尾敬一の三部作。すなわち「尾高法哲学の形成」
　　『神戸法学雑誌』第15巻第1号（1965）1頁〜47頁；「戦中の尾高法哲学」同第14巻

第1部　千葉正士先生の人と学問

せるかもしれないが，残念なことに先に掲記された「道義朝鮮と徴兵制度」など，尾高が植民地朝鮮で発表した諸論文については，誰一人としてこれを正面から取り上げた者はいない。わずかに井上茂による論評を除けば，そこには，原秀男がいう「日本法哲学の病理」がみられるのかも知れない[47]。

　しかし，門人の一人松尾敬一には，戦時期に尾高が著した論文「国家哲学」を踏まえて，これを間接的に批判した大部の論考がみられる。松尾はいう。確かに尾高が「国際社会の道義的構成の原理」を掲げて，「新たな世界秩序の構図をみたことは，より問題性を持っている」と。のみならず「強力な国家の指導」を説く尾高の文面には，「ひとは日本がアジアのヘゲモニイをにぎろうとする東亜新秩序論を看取るかもしれない。すくなくとも当時の読者たちは，抽象的なレベルで述べられた事柄を，具体的には東亜や日本のことがらとうけとったに違いないのである」[48]とも指摘する。これら慎重な言葉づかいには，恩師尾高の論考を評価するには一定の限界があったことを示している。

　長尾龍一による批判には鋭敏な視点が示されている。まず皇国臣民化と徴兵制度に迎合した尾高の姿勢に，長尾が「尾高のケルゼン批判の現実的意味」を直視した点である。つぎは『実定法秩序論』において，君主は「全体の部分ではなくして全体そのもの」であるとみて，「人格」ではなく「神格」を以って支配するもの」とする尾高を，「神話の園にも足を踏み入れている」[49]と論詰していることである。

　　第4号（1965）696頁〜739頁；「戦後の尾高法哲学」同第15巻第2号（1965）183頁
　　〜236頁；②碧海純一「経験主義の法思想」野田・碧海編『近代日本法思想史』（有斐閣，
　　1979）387頁〜426頁；③稲垣良典「経験主義と形而上学の間——尾高朝雄教授の法思
　　想についての一考察」『法哲学年報』（有斐閣，1970）39頁〜62頁；④矢崎光圀「尾高
　　朝雄の法哲学」『法哲学年報』（有斐閣，1979）61頁〜86頁。

(47)　原は指摘する。すなわち，「＜義理と人情＞に代表されるイラショナルにしてエモー
　　ショナルな要素が，学者間にも強く残存し，当然に論争へと発展すべき好機にさえ，師
　　弟，同門，友人関係というような異次元のものが，論争への指し止めをする例が余りに
　　も多いことである」と。原秀男「現代日本の法哲学」，井上茂・矢崎光圀編『法哲学講
　　義』（青林書房，1970）31頁〜32頁。その間，井上茂による評価は尾高法哲学の全体
　　に関わって的を得ている。いわく「純粋認識の操作をふみ，経験科学的個分析をおこな
　　うことによって解明されるべきことが，伝統的要素に特有な情緒意味をそのままにもち
　　こんだ概念規定のうえに，実践的意図に基づいて築き上げられた構想の形で提示される
　　ことは危険である」と。井上「戦後主権論争」『法学セミナー』1959・5，70頁。

(48)　松尾「戦中の尾高法哲学」前掲，715頁〜718頁。

(49)　長尾龍一著『法哲学批判』（信山社，1999）146頁，169頁。

〔鈴木敬夫〕　　　　　　　　　　　　　　*2*　戦争犯罪を犯した法学について

　大韓民国の法哲学者金昌禄による批判論文に触れよう。そこには「植民地朝鮮から排斥される」と題する一節がある。国立ソウル大学図書館等で収集された資料や尾高高弟の証言を基に綴られたものである。日本人には知りえなかった尾高の生の姿が描写されている。それによれば当時，尾高は「思想戦の前線にある部隊長として活発な講演活動を広げ……，特別な立憲君主国家である大日本帝国を朝鮮に押し付けた」と記されている。さらに陸軍少尉の軍服を着用して大学に登校した尾高は，徴兵に向けた断髪令の実施に抗議する学生に対して「無期停学を通告」している。そればかりか，「太平洋戦争勃発後は，尾高は相当反動的になり，朝鮮人学生たちに軍国主義の手先とまで批判された。そして朝鮮人学生たちはその尾高の講義には入らなくなった」とも記述された[50]。このような背景の下に書かれた尾高の論文「道義朝鮮と徴兵制度」について，市川訓敏は「権力を後ろ盾に，朝鮮青年を戦場においやることを美化した尾高の発言は，戦争犯罪と断定されるべきである」と論難している[51]。

　千葉正士教授は，皇国的な国家主義が跋扈していた当時，「尾高朝雄は，これを積極的に承認はしなかったが，積極的には批判する態度はとらなかった」（既述）という。ところが，上述された彼の著作を概観するかぎり，尾高には権力を批判するどころか，国策を積極的に受容し，推進した姿がみてとれる。ただ千葉教授は，尾高は「最後にひとつのあやまちをおかした」ともいう。すなわち，尾高が「国民の翼賛」による「君民一体」を説いた以上，「当時の日本の天皇制国家体制を正当化するものであると理解されてもやむを得ない。……しかし，最後には抗しきれずに権力の要求に妥協し，潜在的には権力の正当化をした結果におちいった」[52]との指摘がそれである。尾高があまりにも「実

---

(50)　金昌禄（韓国慶北大学法学専門大学院教授）「尾高朝雄と植民地朝鮮」（日本語），酒井哲哉他編『帝国日本と植民地大学』（ゆまに書房，2014）285頁～304頁，とくに「排斥」を証言して，294頁～296頁。この論文は公開されており，検索できる。

(51)　市川訓敏「戦時体制下における『道義練成』」『人権問題研究室紀要』（関西大学）第13号（1986），115頁。

(52)　千葉「戦後わが国法哲学の思想史的再検討」（上）前掲，21頁。；同（下）前掲，24頁～25頁。他方，千葉教授は「尾高朝雄は説得的に権力を批判したが，潜在的には権力と妥協する余地を残していた」ともされる。同（下）前掲，31頁。はたして「権力を批判した」のか，「批判する態度はとらなかった」のか，さらに検証することが求められよう。千葉教授も尾高の「主要著作目録」『自由の法理』（前掲）に掲記されたもの以外の資料に触れる機会がなかったものと思われる。

45

第1部　千葉正士先生の人と学問

証主義的な法理論」[53]に傾斜してしまったからであろう。

　如上にみられる内外の諸批判を勘案して，我われは戦時期における尾高法哲学の実像を読み取ることができるのではあるまいか。

Ⅳ　結び──認識される客体の主体性を認めること

　千葉正士教授は，戦時期の日本法哲学を客観視していう。要するに，それは国家体制や戦争突入に対しても何一つ有効な批判をすることもできず，その法哲学はまさに観念的な遊びに終始していた，と[54]。この法哲学を支えた日本の学者の姿勢は，まさにドイツの歴史学者ブラッハー（K. B. Bracher）が類似の証言をしているように，第三帝国の下でナチズムに「自発的に同化した」（Selbstgleichschaltung）[55]学者と，どれほどの違いがあるのであろうか。

　さらに指摘されなければならないことがある。すでに明らかなように，小野と尾高は，ともに大日本帝国下の「日本臣民」，日本国憲法下の「国民」という立場を使い分けているが，その新旧の論考には，水と油にも似た相違があるということである。戦時期の「臣民」的思想と，他律的に与えられた「国民」的思想の間で，その連続性が払拭されたのかどうか。二人の学者の真意はどこにあったのか，読者は彼らの仮面と素顔の真贋を区別することができない。その抜群の力筆からみて，戦前及び戦後の諸著作，いずれも「確信」を以って執筆された著作であると目されるからである。

　もとより戦時中の日本においても，「表現しない自由」はあった。しかし小野と尾高は，その「自由から逃避」[56]して「自発的に」多くの著作を著している。その結果，二人の著作は，日本法思想史の一時期に大きな禍難を残したといっても過言ではないであろう。既述したように，小野が主張した「道義刑法」の意思主義は，当時闊歩していた「治安維持法中改正法律」（1941年，法律第54号）

---

(53)　千葉著『法学の対象──法主体論序説』（文京書院，1950）89頁。

(54)　千葉「非西欧法理論研究の現代的意義」『北大法学論集』第44巻第4号（1993）896頁。

(55)　K. D. Bracher, *Die deutsche Diktatur*, 1969, Verlag Kiepenheuer & Witsch, Köln-Berlin, S. 275.

(56)　この「自由からの逃避」とは，「良心の自由」を捨てナチに迎合した者の姿を言い尽くしている。Erich Fromm, *Escape from Freedom*, 1941 New York（1950. Karl Mannheim）, p. 23-264. p. 199.

等の解釈と適用に弾みをつけ，一例をあげれば，「朝鮮語学会事件」(1942)[57]などにみられるように，多くの犠牲者を出した史実がある。被検者に対して，開かれた犯罪構成要件を備えた「目的遂行行為処罰規定」を駆使して，因果応報的刑事責任が追及されたのである。また「兵役法ノ一部改正ノ件」(1943年，法律第4号「附則」)を旗印にした尾高の「道義朝鮮と徴兵制」論は，同じ筆で書かれた「朝鮮教学論」と相まって，皇国臣民の義務を果たすよう出兵を奨励し，多くの朝鮮青年を戦場に送ることに力を貸し，いわば総力戦下の「人的資源の確保」に協力したといえよう[58]。このような史実に照らせば，二人が「自発的」に執筆した論考の意図が判然としないか。人間は自由の主体といわれる。時勢に阿って「良心の自由」を放棄し，戦争を鼓吹した学者ほど罪深いものはない。

　東アジアにおいて日本法哲学が刻んだ史実を掘り起こし，この地域の人々がもっている所謂「歴史認識」を重ね合わせることによって，はじめて戦時期に日本法学が犯した過誤の真相が明らかにされるにちがいない。今日においても，もし日本の「講壇法哲学が哲学の名に値する思想的主体をもたずに」「西欧法哲学の文献学ないし解釈学にとどまっている」[59]とすれば，「経験的現実に基づく理論を踏まえて湧き出る哲学的思想」とそれに依拠する「真に価値ある法哲学」[60]の展開は容易に期待できない。日本法思想の歩みを如何に「歴史認識」すべきかが問われよう。

　大学院時代における千葉正士教授の研究テーマは「大東亜共栄圏の慣習法」であったとされる[61]。しかし，まもなくこのテーマは変更に迫られた。既述されたように「大東亜共栄圏」は，すでに日本の自戒と贖罪の対象になったからである。日本民族主義に脅かされていた戦時下の所謂「大東亜共栄圏」は，まぎれもなく「不義を撃つ」「戦争」という「危機」の現場[62]であった。千葉教

---

(57)　「予審終結決定」(判決文)，『韓国』第6巻第8号（韓国研究院，1977）100頁～121頁。

(58)　鈴木敬夫『朝鮮植民地統治法の研究』（北海道大学図書出版会，1989）177頁以下。

(59)　長尾龍一「法哲学」『法律時報』第41巻第14号（1969）57頁。

(60)　千葉「非西欧法理論研究の現代的意義」前掲，896頁。なお，千葉法哲学における「根底的概念としての法主体──法哲学・法思想アプローチ」を考究した，角田猛之著『戦後日本の＜法文化の探求＞──法文化学構築にむけて』（関西大学出版部，2010）94頁～97頁がある。

(61)　千葉正士著『法文化のフロンティア』（成文堂，1991）序文，2頁。

第1部　千葉正士先生の人と学問

授が、「危機克服」と振興をめざして、文化不毛の荒野に鍬を打ち込むまでには時間はかからなかった。千葉正士教授は、いち早く日本が掲げた「東亜支配イデオロギー」[63]の残糟を一掃して、そこに「認識される客体自身の主体性を認める」ことを通じて、その地に固有な「民族社会の主体的立場」の存在を尊重し[64]、そこに育まれている「慣習法」文化を、そして法文化の多様性を認識したのだった。その地に文化を育む人間がいる。人間の営みが法文化を育てる。我われはこの研究の営みに、「真に価値ある法哲学」を垣間見ることができる。千葉正士教授の主著『法文化のフロンティア』の前庭には、法を実践する人間の自発的な主体意識が広がっている[65]。これは小野や尾高とは、およそ価値観を異にした真摯な研究者の、アジアに対する歴史認識の一面といえよう。

　早い時期に尾高は、政治におもねる「御用学としての法哲学」について記し、「政治の傀儡として生きる」ことは「法哲学の死」を意味する[66]、と述べたことがある。そうであるならば、時の政治権力に恭順を捧げ「戦争犯罪を犯した御用法学」は、「法学の死」とでも言えようか。千葉正士教授の批判は、小野と尾高の法哲学といわれるものが、人間をことごとく客体視してきたのではないか、と問罪したことにある。いま千葉法哲学が指し示す「法学の生」の営みとは、客体視され虐げられている人間の所在を世界に問い、その＜認識される客体に主体性を認める＞ことでなければならないだろう。それはまた、我われが法と文化を擁護する使命をもった「歴史の主体」であるという認識を共有する途でもあろう。

---

(62)　千葉「危機の理論構造」『思想』No. 350（1953）933頁以下参照。

(63)　千葉「東亜支配イデオロギーとしての神社政策」『日本法とアジア』仁井田陞博士追悼論文集・第2巻（勁草書房，1970）301頁。

(64)　いち早くこの点を指摘した先行的な論考として，角田猛之著『戦後日本の＜法文化の探求＞』前掲，95頁がみられる。；千葉正士著『スリランカの多元的法体制──西欧法の移植と固有法の対応』（成文堂，1988）7頁〜8頁。

(65)　「実践的主体と法主体」にふれて，千葉正士著『人間と法』前掲，158頁以下参照。

(66)　尾高「法哲学における人間の問題」『法律時報』第11巻第10号（1939）7頁。

3 法文化と非西欧法の法人類学へ[1]
——千葉正士博士の研究点描——

北 村 隆 憲

I　は じ め に　　　　　　　Ⅵ　多元的法体制の一般モデルに
Ⅱ　法研究の経緯　　　　　　　　　向かって
Ⅲ　法哲学から法社会学へ　　　Ⅶ　法における主体性と非西欧法
Ⅳ　法社会学から法人類学へ　　　　研究
Ⅴ　異なる法文化の媒介者として　Ⅷ　法終わりなき探求

I　は じ め に

　法人類学，法社会学，法哲学の分野で活躍された千葉正士博士が 2009 年 12 月 17 日享年 90 歳で亡くなられてからすでに 5 年が経過した。博士は，亡くなられる直前に体力が低下して執筆を断たれるまで，学術的な論考を書き続ける情熱を持たれていた。本稿は，90 年代初頭までの千葉博士の業績に触れながら，博士の学問の軌跡の概要と筆者から見た千葉像を紹介するものであるが，副題にもあるとおり，以下の記述はとうてい千葉博士の広大なインテレクチュアル・ヒストリーの全体像を示すものではなく，わずかにその点描に過ぎない。

　千葉正士博士は，法哲学の研究から出発されて，戦後できたばかりの東京都立大学に奉職され，学位論文「学区制度の研究——国家権力と村落共同体の再

---

[1]　本論文は，2000 年にベルギーの出版社からフランス語で *Une introduction aux cultures juridiques non-occidentales*, publié sous la direction de Wanda Capeller et Takanori Kitamura, LGDJ, Paris, 1997 として出版された原書に所収された仏語論文 "Ver anthropologie juridique sur le droit non-occiendental: dans un sillage"，及びその日本語翻訳（一部増補）「非西欧法の法人類学へ−ある軌跡（千葉正士博士の人と業績〈1〉）」『東海法学』45 号，2011 年を基礎として，加筆修正を行ったものである。また，本稿は「千葉正士博士との対話（千葉正士博士の人と業績〈2〉）」『東海法学』（46 号，2012 年）に掲載された千葉のインテレクチュアル・ヒストリーについてのインタビューに多くを負っている。

第1部　千葉正士先生の人と学問

編成」から，法社会学・法人類学的な観点を取り入れた法研究を展開した。こうした研究の過程で『現代・法人類学』（1969）や『祭りの法社会学』（1970）『アジア法の多元的構造』（1998）等の著作が生み出された。博士は，早い時期から，日本の学問のあり方が西欧からの輸入に偏る傾向があることを指摘され，海外の学問の輸入だけではなく海外へ向けて外国語で積極的に業績を発表することの重要性を力説された。こうした考え方は，*Asian Indigenous Law*（1986），*Legal Pluralism*（1989），*Legal Cultures in Human Society*（2002）等の英語の著作にも余すところなく示されている。また，先に言及したように，博士の海外での知名度と影響力の一端を示すように，千葉博士の法人類学上の研究を紹介する文献がフランスの出版社より刊行されている（*Une introduction aux cultures juridiques non-occidentales*, publié sous la direction de Wanda Capeller et Takanori Kitamura, LGDJ, Paris, 1997）。また，2003 年には，法社会学に関する国際的な学術活動を評価され，アメリカの Law & Society Association（アメリカ法社会学会）から，「アメリカ法社会学会国際賞（the LSA International Prize）」が授与された。このように博士は，積極的な外国語による著作の出版や海外学会での発表などを通じて，法社会学・法人類学・法哲学の領域で，世界と日本との媒介者であった。千葉博士は，研究上では，法の文化的側面に着目した日本の法人類学研究の体系的な基礎を築き，「法文化」概念を発展・展開させることで，法と文化の多元性を深く理解する異文化の媒介者であり，また教育においても，博士の学問を学ぶために博士の下に集まった学生や若い研究者らに自ら交流の場を提供し，彼らを心から支援する良き媒介者でもあった。こうした教育への情熱が，私財を投じて，スペインのオニャティ国際法社会学研究所（IISL）に，学生・若手研究者のための奨学金「千葉グラント」を創設させたものであったことは疑いない。このグラントから，アジア法研究を志すヨーロッパの大学院生に毎年奨学金が与えられてきている。また，法と異領域との媒介の学問的試みも，『スポーツ法学序説』（2001）や『法と時間』（2003）といった著作に結実していくことになる。法社会学・法人類学の分野では，千葉博士の名前は「法文化」や「法の多元的構造」といった概念と強く結びついている。近年，その業績は日本の内外で，法社会学にとどまらず法哲学や人類学分野の研究者の間でも活発に取り上げられている。千葉理論を基礎にして，新たな「法と文化」や「法の多元性」研究の展開の試みが行われている[2]。

〔北村隆憲〕　　　　　　　　　　　　　**3**　法文化と非西欧法の法人類学へ

　筆者が千葉正士の名を聞いて，真っ先に念頭に浮かぶのは，何十年にも及ぶ日本の法社会学・法哲学・法人類学・非西欧法研究に対する学問的・組織的な大きな貢献のことでもなければ，日本法社会学会理事長や国際法人類学会理事といった重責を歴任し，日本の法社会学・法人類学研究をリードするとともに日本と海外学界との間を長く媒介した功績，あるいはそこに現れた国際性やリーダーシップではない。筆者にとって，それは，背筋をいつでもピンと伸ばし，大正生まれの日本人としては長身の身体を神妙に折り曲げて椅子に座り，素朴で温かな笑顔を絶やさずにその両手の大きな掌をゆっくり胸の前で動かしながら話す真摯で愛情深い一人の教師の姿である。彼は，孫のような年齢差のある私に対して，自己の知識と見解を情熱的に提供し，未熟な議論にも熱心に耳を傾けてくれた。その瞳には，何よりも若い学生や研究者たちと議論することへの歓びがあふれていた。私は幸運なことに，千葉の長い教授生活の後半期において，大学院で直接指導を受ける機会を持つことができたもっとも若い世代に属する一人として，千葉博士を知っている。そして，多くの若い法社会学や法人類学を志す学生が，私と同じように，千葉の研究室に，講義室に，そして彼の自宅に，教えを請うために訪れ，そしてまた私と同様に，知識と激励と（そしてお手製のコーヒー）をおしげもなく与えられ，そこから自己の研究に対する新たな希望を見出したことを知っている。

　神奈川県海老名市の閑静な住宅街に千葉の自宅がある。その小さめの洋風の応接間に，毎年1月の初旬，年始を祝う日々に，千葉の同僚・友人たち，とりわけ多くの大学院生や若い研究者が訪れる。様々な声が飛び交う。博士のウイットに富んだ受け答えと適切な批評で，更に会話は展開し，議論は白熱する。千葉は婦人とともに手料理を作り自ら運び歓待してくれる。ただ残念なことに，皿を並べたりワインを皆のグラスに上手についだりするには，千葉の大きな掌はあまり器用ではなかったのだったけれど。

II　法研究の経緯

1919年（大正8年）に生まれた千葉が，法の研究を志したきっかけは，旧制

---

(2)　例えば，角田・石田編『グローバル世界の法文化──法学・人類学からのアプローチ』福村出版，2009年，あるいは，アジア法学会研究大会（2011年6月18日富山大学）におけるミニシンポジウム「千葉理論の到達点と課題」など。

第1部　千葉正士先生の人と学問

高校の3年間であったという。

　　私が法学を勉強しようと思い，又実務でなく研究をやっていこうと思いました
　のは，旧制高校である仙台の第二高等学校に入ってからです。3年間の高校生活
　のなかで，ある種の人生に対する見方が生まれていました。それは簡単にいえば，
　人間の生き方には「筋」というものがあるということと，社会の動き方には「決
　まり」があるということです。更に，そのような考えを抱くに至った背後には，
　それまで次のようないくつかの経験があったと思います。第一の要因は，小学
　校，中学校で学級委員になり学友の面倒を見るようになり人間関係を調整する
　という経験を得たことです。第二は，田舎に住んでいましたので，村人の生活
　が一年の生活を秩序だてて行なう，特に村の神社の祭をにぎやかに行うことが
　注目されました。第三に，高校で得た，弓道に関する経験が中でも決定的であっ
　たように思われます。余談になりますが，仙台には幸いにも，阿波研造という
　弓道の範士が居りました。彼は，日本一の誉高く人格も高潔な方でした。彼に
　ついて弓を勉強したドイツの哲学者にオイゲン・ヘリゲル（Eugen Herrigel）
　がいますが，彼は弓の精神を体得し，帰国してから『日本の弓術』と，さらに，
　『弓と禅』を著しました。これは，弓道は的に弓を当てるスポーツではなく，む
　しろ人間の心を鍛える一種の禅であるということを哲学的に解明したものです。
　阿波氏は，かねてより「弓は立って行う禅である」と語っておりましたが，ヘ
　リゲルのこの著書は，このことを哲学的に明確に捉えておりました。これは現
　在数か国語に訳されていますので，フランス語でも読めると思います。このよ
　うな背景の下に，社会の動き方には決まりがあるという認識から大学は法学部
　に進むことにしたのです。（北村 2013「千葉正士博士との対話」［以下，「対話」］
　91 頁）。

　法学へ進んだきっかけの一つは，日本の伝統的な地域共同体である「村」の
生活の中心的シンボルとなり生活を秩序立てている神社の祭りに対する好奇心
であった。「祭り」の問題は，千葉が研究生活の最初期に取り上げたテーマで
あり，下で述べるように，千葉を法社会学的なフィールドワークへと赴かせた
関心事であると同時に，後に，「法とシンボル」の問題へとも変奏されていく
ことになる重要なトピックである。
　もう一つ，千葉自身が決定的なものとして言及するのは，旧制高校における
弓道の師範，阿波研造との出会いである。千葉は旧制中学時代に弓道の修業を
始め，旧制高校入学の前後に阿波の道場に稽古に行き，阿波に指導を受けた。

52

〔北村隆憲〕　　　　　　　　　　　　　　　　**3**　法文化と非西欧法の法人類学へ

残念なことに，阿波は，師範を務める旧制高校に千葉が入学して弓道部にはい
る直前に亡くなるが，阿波の弓道と思想は千葉に大きな感銘を与えた。阿波の
弓道は，西欧的な意味におけるスポーツではない。つまり，ねらった的をいか
に上手に射止めるかは問題とならない。そうした作為は自我の欲望の現れで
あって否定さるべきものである。自己の備える全能力を一本の矢に傾け，自我
の利己性を超越した境地において，すなわち禅における「無」の境地と類似し
た場所において，心と体・道具と技とが一体となって，人間と自然（宇宙）の
一致の中に人間存在の精神的・自然的意義を発揮するとされる。西欧的合理的
思考の体現とも言える法哲学研究を始めていく千葉の精神生活の中に，こうし
た阿波哲学，ひいては伝統的な日本の芸道・武道が共有する固有文化への思い
がはじめから備わっていたことは，千葉のその後の学問的軌跡を理解する際に
重要な事であるように思われる。

　ドイツ哲学講義のため東北大学に招かれていたオイゲン・ヘリゲル（Eugen
Herrigel）は日本文化研究のため阿波の下で弓道を学び，この非言語的文化の
精神を『弓と禅』『日本の弓術』（岩波文庫）にまとめた。千葉は，彼の傾倒し
た阿波の思想に関して，普段多くを語ることはなかった。しかし，阿波の思想
が，千葉がその後の研究生活の中で日本では当初は本道とは目されなかった独
自の道を確固たる足取りで歩むことができた原動力となった。阿波にとって矢
を射ることは，迷いを離脱して人間の本然を理解する修養の旅である。人間の
生活もまた，弓の心でおこなうことができなければならない。その意味では，
矢を射るということは人生そのものであり，その弓の心を生活のあらゆる側面
において生かしていくべきとされる。少なくとも千葉は，こうした阿波の教え
を，研究生活を進めていく上でのひとつの指針として翻案・採択し自己の研究
態度に合理的に応用してきたように思われる。阿波の思想と生涯を特集したテ
レビ番組に招かれて，千葉は次のように語っている[3]。

　　事実，私は，学問の世界ではもう難問だらけですね。研究を進めて参りますと，
　　至る所で真っ暗闇にぶつかる。どうしていいかわからなくなる。もうこの辺で
　　投げ出したくなる。もっと明るい方に行って人がみんなやっているようなこと

---

(3)　千葉は，阿波の死後，遺族より遺稿を預かり阿波の遺稿集を刊行する実務を担当した。
　　また，NHK で放映された阿波研造を特集するテレビ番組に出演して，阿波の思想につ
　　いて語っている。（1996 年 2 月 4 日，NHK）

53

第1部　千葉正士先生の人と学問

を一緒にやりたくなるんですね。そういうときに，ここで逃げちゃいかん，やっぱり自分の欲望で逃げちゃいけないんで，自分のこざかしい欲望を超越しなければいかんとおもう。結果的にできたかどうかわかりませんが，苦しいことにぶつかると，やはりそういうように自分で自分を励ます。おまえはそれで阿波先生に弓を習ったと言って恥ずかしくないかという風に，声がかかる思いがしますね。(1996年2月4日，NHK)

このように語る千葉が，阿波師範に初めて会ったとき，彼から，何度失敗しても受け入れてくれる「限りのない温容」といかなるごまかしも自分に許さない「無限の峻厳さ」を感じたという。千葉の人格と研究業績に，直接間接に鼓舞されてきた若い研究者や学生は，千葉その人に対してこれと同様の印象を持っていたとおもう。

Ⅲ　法哲学から法社会学へ

千葉は，こうした青年時代の経験を経て，法の学問的研究を志すに至る。日本の当時の法哲学は，哲学プロパーの領域におけるドイツ観念論哲学重視の傾向と相まって，主としてドイツ的・概念的な性格を持っていた。千葉が1943年に東北大学の大学院へ進学して，法哲学を専攻して研究を始めた時代は，日本が中国と南アジアへの侵略を強化すると同時に，様々な法的統制によって経済と国民生活に規制と暴力とがはびこった戦火の時代であった。当時も，こうした傾向は強く残存しており，千葉は，一方で公的には法哲学を専攻しつつ，法哲学の正統的テーマからは一見程遠いアジアの慣習法を研究テーマとした。千葉は後年，当初の法哲学への志について次のように書いている。

人間というものの豊かさに比べて，意固地ともいうべき法律の堅さ・冷たさばかりが，私に感ぜられてならなかった。それにも関わらず「社会あるところ法あり」で，現に自分自身の日々刻々の生活も，実は法に取り囲まれてしかあり得ない。そう気がついたとき，躊躇なく，そういう法とはどういう正体のものなのか，確かめてみたいと考えるようになった。法哲学への道は，私にとって，自然に決められていた。(千葉 1980：2)

千葉は法哲学の古典を読みあさり大きな感銘を受けた。彼の法哲学研究期の重要な論文として「社会秩序としての法秩序」(千葉 1980：第8章［千葉

〔北村隆憲〕 **3 法文化と非西欧法の法人類学へ**

1952-53〕)がある。これは，従来法哲学で曖昧に使用されてきた「法秩序」「法体系」といった概念を，法を社会との関連において全体的に把握する目的で，諸家の理論の批判を通じて再構成するものだが，後述する，後年の「法体系，法秩序，法文化」の諸概念，「法の三重構造論」更に「法の三ダイコトミー」論へと展開されていく，法・社会・文化の全体を統一的に分析するための千葉の「法の文化的多元性モデル」の端緒となっている。

　千葉は，伝統的な法哲学研究を進めながらも，正統の法哲学に抜け落ちていたものを直感し，その概念的抽象性にあき足らなかった。そこから千葉は，中国・東南アジアの民俗資料を収集し始めると共に，東北地方の村落の実態調査を活発に進め，日本の農村の実態調査を行っていく。それは，高度に抽象化された法哲学的問題がそもそも成立する前提となる，法に固有のメカニズムを確認することと密接に関わる。ここにすでに，その後千葉が法社会学へと重心移動を進めていく必然性が存在する。千葉は，敗戦後すぐに設立されたばかりの東京都立大学——奇しくも，この大学に 1949 年日本で最初の法社会学講座が設けられたのだが——で研究・教育を開始した。この時期の千葉の法哲学を専攻しながらもそれに満足できない心の内は，彼の最初の 2 冊の法哲学の著作の中に，伝統的法哲学の意匠を身にまといながらも，明瞭に見て取ることができる。

　　法を生きた人間の社会生活の中において把握すること，これが著者が法学研究
　　を志した当初の意図であった。そしてその方法として，伝統的な法規解釈的も
　　しくは哲学的方法を排して，まず法の現実の存在態様を知る為に人間の社会生
　　活の一環として村落生活法の実態調査を始めた。(千葉 1950：2)

　千葉は，これらの著書の中で，法を，国家固有の形式的規範とも，事実的な社会生活そのものとも等置できないことを指摘する。法の真の所在は，具体的・歴史的な人間の主体的な社会生活において存在するというのである。

　　法は規範であるが，社会において人間の生活とともにある。新カント派の特に
　　強調したごとき形式的規範たるのみではなく，また，法社会学派の主張するよ
　　うな事実的なものだけでもない。理論的にはそれらのごとくに観察することも
　　できよう。けれども，それらは一面だけにすぎない。実践的にはむしろ法は人
　　間の社会のうちにあり，人間の実践を規律し社会を形成せしめている力として
　　把握される。(千葉 1949：2)

第1部　千葉正士先生の人と学問

　ここには，千葉の，法哲学の内部に居ながらそれを超越しようというまことに困難な欲望が表現されている。現実の歴史的社会に生きる存在としての人間の主体性に即した法概念，というテーゼは，現在の目からはまことに正統的で当然のものに思われるが，こうした見解は，当時の日本の法哲学界における，主としてドイツ観念論を下敷きとした形而上学的・概念的な主流を背景として見れば，きわめて異端的な志向であったといわざるを得ない。

　先の「対話」の引用でも言及されていたように，千葉は，少年・青年期の経験を通じて，人間の生き方には「筋」があり，社会には「決まり」があることに魅力と確信をもつにいたったという。「筋」とは元来筋肉（繊維）の意味であるが，転じて，つながりのある事柄や物語の骨格，あるいは道理，整合性を意味する。また，「きまり」とは結末，決着を意味し，そこから規則，秩序をも含意することばである。両者とも，人間の現実社会に生きて働く法則であると同時に行動を支持する準則（ルール）・規範を意味する点で，日本語の「法」「法律」と重なる意味空間を持つが，その発するニュアンスはかなり異なるだろう。後者は，より固定的，権威的，公式的，いわば規範を用いて支配する側の語彙であるのに対して，前者は，より広くニュアンスに富み，日常生活の中で「規範的なるもの」に出会う一般の民衆の感覚の側からの規範・法理解により親和的な言葉である。ドイツ的理性の学としての法哲学がいかに精緻で高尚な理論を構築していようと，そこでは，千葉の確信した「筋」「決まり」，すなわち，ふつうの民衆が現実の日常生活のなかで働いていることを感じるある種の力は，研究の対象として取り上げられることはなかった。また，西欧的学としての法学は，非西欧の社会の固有の法とそれが根差している生きた思想・文化の問題を考慮できない。既成の西欧的法学が見落としてきたこうした諸問題に対する強烈な批判的関心と情熱が，千葉の非西欧法研究を確実に推し進めてきた重要な動因であった。日本の他の法学者の目には，法哲学から法社会学へ，そして法人類学へと千葉の専門領域がその後いかに大きく転変していったように映るとしても，この千葉の研究活動の最初期の中にすでに，法文化論と非西欧法の法人類学へと結実する千葉の長い学問研究のなかのまことに一貫した課題が確実に宿されていたのである。

　このように，当時の千葉の法哲学の中で，「法を生きた人間の社会生活の中において把握する」という言葉で理論的に表明されていた立場は，実践的に

は，一見法哲学とは無関係のようにではあったが，村落の神社とその祭り，小学校の学区とその運営などのフィールドの観察を通じて，日本の村落における慣習法の実態調査として継続されていく。これらの村落研究の成果は，その後1962年に，教育行政制度としての学区を創設した政治権力とこれに反発する村落共同体の社会的対抗に関する『学区制度の研究——国家権力と村落共同体』として，更に，1970年には，村落の伝統文化であり同時に成員の行動を規律する社会制度としての祭りと神社がイデオロギー的に利用された「生きる法」であることを論証する『祭りの法社会学』として結実することになる。千葉は，自己の村落研究の焦点を，戦後の村落研究に抜け落ちていた「村落に住む人たちのはだに気もつかれずにしみこんでいる，おおらかではあるがそれでいて厳しい，村の伝統あるいは村人の気持ち」（千葉 1962：3，1970：1）と表現している。これもまた，「法を生きた人間の社会生活の中において把握」しようというテーゼの具体的な一表現であったと考えられる。

　自己のこのような村落慣行調査を，千葉は，少なくとも調査開始時には「法社会学」という名においては考えていなかった。戦中期におけるこの千葉の慣行調査は，当時日本の法哲学徒としては異例の研究方法であっただけでなく，当時の日本の法学界においても，末弘の中国慣行調査など若干の重要な例外を除いて，異例のものであった。第二次世界大戦における敗戦前の日本と法社会学との本格的な出会いは，「生ける法」の言葉で名高いオイゲン・エールリッヒ（Eugen Ehrlich）を媒介に行われたと考えるのが一般的である。第一次世界大戦の混乱の中で，ヨーロッパでは当時さほど大きな影響を持ち得なかったエールリッヒの法社会学理論が，西欧資本主義国の後を懸命に追っていた極東の島，日本にもたらされることになる。1920年代前半に東京帝国大学教授，末弘厳太郎等によってエールリッヒの法社会学理論に大きな影響を受けた新たな法学方法論が当時の法学界に波紋を引き起こす。引き続いてこの時期，西欧の法社会学がめざましく紹介された。それは，ちょうど，日本の資本主義の発展にともない，労働運動・農民運動をはじめとする多くの問題が表面化しはじめた大きな社会変動の時期における，意識され始めていた「法律と社会の乖離」に対する法学の側からの対応の模索であった。その後時代が戦時体制へと向かうなかで，社会科学としての法社会学的な指向は厳しい圧迫を受けて閉塞して行かざるを得なかった。そのような状況において1940年代前半末弘が

第1部　千葉正士先生の人と学問

中心となって中国農村の慣行調査が行われる。占領地の調査で客観的には占領地行政の一環としてではあったが，「その社会の特質をいけるがままに描き出す」ということを第一の目的として行われたものであり，戦後の法社会学研究への重要なステップとなった業績である。千葉の農村調査が行われていたのは，ちょうどこの直後の時期である。

　1945年，日本の敗戦は，日本の法学にとっては，長く戦時体制の下で圧殺されていた思想・言論の自由が与えられることによって，それまで天皇制国家体制を基礎とする官僚的・権力的支配手段としての法と法学の否定を意味した。アメリカ占領軍によって民主化への指令が示されていき，戦前の法令は，新たに制定された基本的人権と民主主義，戦争放棄を基本原則とする憲法の下で，次々と改正された。この大きな社会変動の中で，従来の概念法学的で天皇制国家擁護のための法解釈学に対する疑問と批判が噴出し始めた。

　1947年，こうした従来の法学のあり方を克服しようというこうした社会的背景の下で，日本法社会学会が設立された。メンバーは主として民法を中心とする法律学研究者であった。戦前の天皇制原理による法体制を民主主義的な原理に置き換え近代化するという実践的社会改革の国民的課題が，法社会学の課題ともなっていた。つまり，近代法の原理に照らして，「生ける法」つまり古い封建的・前近代的秩序原理（「封建遺制」）を分析，批判し，社会改革の方向性を明示することであった。「封建遺制」として，伝統的な慣行たる結婚・家族関係・相続関係，同族関係，村落の身分階層制，慣行的な漁業権，農業水利権，労働関係，入会権また，封建遺制を支える国民の法意識，などが取り上げられた。日本の家族秩序や地域共同体秩序を成立させる社会関係を，実態調査に基づき分析し，半封建的性格を抽出する研究が多く行われた。千葉は，法社会学の設立後，すぐさま学会の運営に参加する。千葉は，当時の自己の研究テーマを学会の異端と感じながらも，学会参加に前後して，『法社会学と村落構造論』を刊行する。それまでの日本の村落研究を整理し，村落共同体の支配関係を表す諸現象を法則として把握する必要を訴え，従来の村落の概念の再検討を迫るものであった。その後，千葉は，1987年から90年まで，日本法社会学会の理事長を務めるなど，日本の法社会学の確立と進展のために長く尽力することになる。

Ⅳ 法社会学から法人類学へ

　千葉が，東京都立大学から，当時法社会学の推進役の一人であったアーノルド・ローズ（Arnold M. Rose）と当時法人類学の世界的泰斗アダムソン・ホーベル（E. Adamson Hoebel）の指導を仰ぐためにアメリカ・ミネソタ大学へ1年間滞在して，ローズからは紛争の社会科学理論を，ホーベルからは法人類学の存在を教えられた。特に後者は千葉のその後の，法の文化理論へと至る学問的軌跡を決定づけるものであり，この経験と研究から，直ぐ後の法人類学の発展について回顧した『現代・法人類学』の一著や編集書『法人類学入門』の一著が生まれるとともに，法と紛争に関する諸論文が生み出された。

　千葉のこの留学経験は，1965年，千葉が46歳の時であった。この年齢は，その後法人類学の領域において国際的に活躍し，日本と西欧さらにはアジアの法社会学・法人類学を架橋することになる多くの著書・論文を執筆すると同時に，国際的な組織・研究集会の企画・運営に携わることとなる研究者の留学経験としては，実に遅いものと言わざるを得ないだろう。日本人は，謙遜と慎ましさと寡黙とによって，往々にして国際舞台では目立たぬ精彩を欠いた存在と見なされがちであると言われる。しかし，その後，千葉は，国際的な学会，シンポジウム，会議へ参加し，日本人法学者としては異例の国際的活動を成し遂げ，世界の学会で高い地位と輝かしい国際的認知を得ることになるわけで，千葉の立ち居振る舞いや考え方が国際的に洗練されていると千葉を知る人は誰でも感じている。しかし，留学を夢見ながらそれが困難な時代に青年期を過ごした当時の千葉にとって，初めての留学は大きな気負いと緊張を伴っていた。筆者が千葉から聞いた留学時代のエピソードとして印象に残るものがある。千葉がミネソタ大学で他のアメリカ人学生と会話しているときに場所を移動する必要があり，一人の女子学生が自分の車で千葉を乗せていくことを申し出た。それは，女子学生にしてみれば，地元の地理に疎い日本からの留学生（それもかなり年輩の）への若いアメリカ人としてありふれた親切であったろうが，千葉はいかにも日本的に，「男子たるものが女性，それも年下の女性の世話になっては名折れだ」と思い言下にそれを断ったという。（ただし，すぐに「ここはアメリカなのだ」と思い直し，思い切って彼女の言葉に率直に従うことにした。）当時の千葉にとって，かたくなにミネソタまで持参していた日本的な「侍」の規範

第1部　千葉正士先生の人と学問

文化とアメリカ文化とのこの小さな衝突の体験は，異文化に対する対応法として良い教訓になったという。

　私は，その後の千葉の外国語による著書出版や学会活動への参加や運営活動に現れた希有な国際性は，千葉の天性のものであったとは思わない。日本の外国語教育は，伝統的に外国語テキストの訳読と日本語による文法解析を中心に行われてきた。千葉の受けてきた外国語教育も，勿論同様であった。当初，千葉の外国語は，ドイツ語と英語を中心にした豊富な読書経験を積んでいたとはいえ，読むこと以外の実用という点においてはたいへん貧弱なものだった。筆者が千葉の下で大学院生であったころ，外国人研究者と知り合いになると同時に英語を鍛錬することができる方法として教えて頂いたことがある。それは，千葉自身が実際に何度も行ったことであった。学部の授業で使用する外国語論文の著者に，テキストとしての使用許可を得るための手紙を英語で書き送ることによって外国語の手紙の書き方を練習するとともに，その機会をとらえて，外国の研究者との知己を増やしていったという。このようにして，千葉は日常のあらゆる機会を利用して外国語のプラクティカルな能力の向上にも努力を傾注した。毎年の国際学会出席とペイパーの作成を自己に義務づけることによって，国際学会をはじめとする現在の国際活動の基礎となる「訓練」を行い，その後の国際的知名度と尊敬を得る基礎としたのである。しかし，それでも千葉は，国際活動における困難を問われて，言葉の問題を第一に挙げている（『対話』）。40代半ば過ぎに初めて外国語を話す必要性を感じた千葉にとっては，海外での学会参加と論文執筆のための英語の実践的運用能力の不十分さは，常に悩みの種となっていたのである。

　そうした千葉の直面した困難を念頭に置けば，千葉の古希記念に捧げられた論文集に寄稿したポーランドの法社会学者が述べている次のような言葉も，あながち誇張とはいえないであろう。

　　千葉教授の学問的地位は，アメリカや西ヨーロッパでの基準によって測定することが，ほとんど不可能である。言語及び制度の特性を含め，多くの理由によって，アメリカ・イギリスあるいはドイツの研究者は，日本・ポーランドあるいはアルゼンチン出身のいかに傑出した研究者よりも，いっそう容易に国際的認知を勝ち得ることができる。（コイデル 1992：253）

〔北村隆憲〕　　　　　　　　　　　　　　　　**3**　法文化と非西欧法の法人類学へ

　留学による異文化接触の経験とホーベルとローズの下での研究は，帰国後の千葉の研究活動の中心に大きな展開もたらした。一つは，「法と紛争」の研究である。千葉の目には，当時の日本の法社会学は，研究の「対象とする法的な権利ないし制度を，結局は，実定法上の，それも法律体系上重要とされているもの」に限定されたものであると感ぜられた。「だが，もし本当に法社会学ならば，人々の日常生活の中で重要な機能を営んでいる法的な権利・制度を，まず社会現象として把握し，これに社会科学的な観察・分析を施し，理論化を図るべきではないか。」（千葉 1980：4）つまり，社会現象としての紛争とその処理メカニズムを，法を窓口として，一般社会理論として構築することが課題として浮上したのである。この課題を，当時アメリカを中心として発展していた行動科学，とりわけ人類学と社会学の成果を吸収しつつ構築された成果の集大成が 1980 年に『法と紛争』（千葉 1980）として刊行された一著である。千葉は，ここで，法と紛争・秩序が連続して一体のものであるというテーゼを強力に論証した。

　もう一つは，人類学とりわけ非西欧の法人類学への方向であり，これが千葉の後半期の主要な研究テーマとなる。当時の法人類学は，未開社会の紛争研究に重心があったから，紛争研究と人類学は必然に結びつくことにもなった。当時の日本では，法の対象を人類学的事実に広げた研究も少数はあったものの，それらは法学的観点からのもので，人類学的な方法や文化理論に対する十分な理解のもとに研究されてはいなかった。すなわち，理論的には，マリノフスキー（B. Malinowski）以降の現代人類学の発展が十分に考慮されていなかった。千葉はそこで，とりわけイギリスとアメリカにおける大きな発展をみていた法人類学の展開を詳細に紹介検討すると同時に，現代の法人類学の課題を明確に提示する『現代・法人類学』（1969）を発表した。これは，法人類学の名を掲げた文献としては，1965 年に発表されていたローラ・ネーダー（Laura Nader）編集の *Ethnography of Law*（Nader 1965）に続く第二の文献であり，法人類学の体系書を目指したものとしては千葉の著書が世界の学界で初めてのものであった。これ以降の千葉の法人類学的研究は，文化の異なる諸社会の法を経験科学的に分析するための枠組みと方法を独自に模索することに向けられていくことになる。

　千葉にとっては，法を近代国家の法体系に限る国家法一元論と国家法の普遍

61

第1部　千葉正士先生の人と学問

的モデルとして西欧近代法を措定する西欧法普遍論を採用する法学に対して，法社会学は「生ける法」の重要性を認識するものの，それが基礎とする社会学自体の近代性の為に非西欧法とその文化性に関する関心が低いと感じられた。そこで，非西欧法を固有の「法文化」として把握する人類学が要請されることになるわけだが，千葉によれば，法人類学自体にも問題があった。

> 確かに，イギリスとアメリカそのほかの国の人類学者が提供した成果には目を見張るものがあった。しかしそれに一貫する国家法無視の方法が，……現に人類社会に生きている法を事実に忠実に把握したいと思う私には，納得できなかった。また日本という一つの非西欧文化を体得している私には，文化の専門研究と自認している人類学がなお西欧文化優越感を陰に陽に内在させていることに，反発の念を感ぜざるを得なかった。この二つの疑念は，一方では法学的国家法と人類学的未開法，他方では西欧文化と非西欧文化という，学問上の常識では相反するとして分離されていたものの間に，一つの基盤の上に立つ相関関係を発見する課題を課する難題であった。（千葉 1988b：158）

V　異なる法文化の媒介者として

こうして，法学と人類学，国家法と未開法，西欧文化と非西欧文化，これらの間を学問的に媒介し架橋すること，この困難な課題の追求が，以降の千葉の主要な学問的努力を構成することになる。しかし，この人類学的非西欧法研究への方向は，理論的に追い求められたのみでなく，実際的にも，海外への情報発信，国際学会への参加と関与及び国際的プロジェクト推進等によって，更に大きく進展した。そして，こうした活動を通じて，千葉の非西欧法に関する理論的認識も深まっていった。そのうち主要なものを紹介しておこう。

まず，西欧の紛争研究書の編訳（マックニール 1970）や法人類学文献（ロバーツ 1982［1979］，ホーベル 1984［1954］，千葉 1974）の翻訳・編集をはじめとする西欧の法社会学・法人類学研究の精力的な紹介がある。継続的なものとしては，千葉の都立大学時代の 1967 年から 1986 年にいたるまで約 20 年間にわたって『法律時報』に連載された「世界の法社会学」がある。この連載では，毎回 2，3 頁の頁が割かれて，当時都立大学での同僚であった法社会学者の石村善助博士と千葉とが中心となり，外国の様々な法社会学研究状況の情報を提供した。この企画は，世界の法社会学の動向について日本の法律学者に対する

62

〔北村隆憲〕　　　　　　　　　　　　　　*3*　法文化と非西欧法の法人類学へ

啓蒙に大きく貢献した。しかし，千葉は外国の情報を輸入することのみに飽き
たらなかった。日本から世界に情報を提供するべきであるという考えに基づき，
石村博士と共同して "News of the Study of Law and Society in Japan" を『東
京都立大学法学会雑誌』に 1967 年から 72 年にかけて 10 回にわたって掲載し
た。この連載は，日本の法と法社会学に関するニュースを英文で記載して世界
に届けることを目的としており，日本の法社会学関連の文献リストから，日本
の法システムの紹介，日本の司法制度に関する統計情報，水俣病事件 8 報告等
が取り上げられ西欧の法社会学者に発信された。

　国際学会とプロジェクトに関しては，1975 年に日本で開催された国際社会
学会法社会学部会（ISA Research Committee on Sociology of Law）の年次大会の
事務局長としてこの国際会議を取り仕切ったことがあげられる。日本で法学分
野の国際的な学会開催は初めてであった。これは西欧外で行われた ISA の最
初の年次大会であった。この大会では，千葉を中心とする日本側の提案が受け
入れられ，「開発途上国の法」のテーマで非西欧の法に関する部会がはじめて
設けられ，更にアジア・アフリカから研究者を招待した点で，本学会史上画期
的な大会となった。また，国際社会学会法社会学部会の 1978 年ウプサラでの
年次大会において「伝統法と現代法（traditional law versus modern law）」の
部会を組織して，その成果が世界の 2 雑誌[4]に掲載された。

　フランス語圏との媒介に関しては，千葉は，日本の法社会学をフランスに
紹介するとともに，フランスの法人類学を日本に紹介している。（千葉 1991b,
1987b, 1990）そのなかで，特筆すべきことの一つは，フランスの著名な法哲
学者であり法社会学者でもあるアンドレ・ジャン・アルノー（Andre-Jean
Arnaud）教授の編集による，法理論・法社会学理論に関する世界初の総合的
辞典『法社会学辞典（*Dictionnaire encyclopedique de theorie et de sociologie du
droit*）』に関するエピソードである。1990 年に刊行された本辞典を贈呈された
千葉は，本辞典を読んだのち編者のアルノー教授に対して私信を送り，本書に
非西欧法についての非西欧人の主体的立場からの記述が欠けているという批判
的な見解を表明した。アルノー教授はすぐさまこの批判を受け入れるとともに，
千葉に非西欧法関係の 19 項目の補遺の執筆と編集を求め，千葉による非西欧

---

(4)　三論文が *Verfassung und Recht in Übersee*, 12(2), 1979 及び，4 論文が *Law and
Development*, 1978/1979 issue, 1989. に掲載された。

第1部　千葉正士先生の人と学問

法に関する増補部分を含めた第2版（Arnaud 1993）が1993年に刊行されたのであった。

　また，千葉が，アルノー教授が所長であった，スペインの国際法社会学研究所の開所式の記念講演（Chiba 1989a）を行い，そのなかで非西欧法研究の意義を説いたことも，千葉のこの分野における貢献を世界の学界に強く印象づけるものであった。

　もうひとつ，異なる法文化・法学の媒介者としての特筆すべき活躍は，先述した1975年の日本で開催された国際社会学会法社会学部会の年次大会に招待されたインド，スリランカ，エジプト，イラン，タイ6カ国の学者とともに，アジア文化圏の諸国を対象とするアジアの固有法に関する共同研究をおこなったことがある。この共同研究は，最終的には，千葉の編集で，英語での論文集，*Asian Indigenous Law: In Interaction with Received Law* ［『アジアの固有法——その継受法との相互作用』］（Chiba 1986）として刊行されることになった。こうしたプロジェクトは，西欧の法理論を輸入して学ぶことは多くとも，法学の成果が海外に「輸出」されることの少なかった当時の日本の法学分野では，希有の例に属するプロジェクトであったといえる。こうした大規模な国際共同研究プロジェクトは，千葉にとってもこれが初めての経験であった。研究企画，原稿収集・編集，出版社との交渉，費用の調達など全過程を千葉の責任で行ったこのプロジェクトは，千葉にとっても未知の経験だったから，多くの困難に遭遇した。とりわけ出版のための原稿集めは困難を極めた。様々な文化的環境と，各人の性格により，直接千葉が執筆者の許に訪ねなければならなかったことも含めて原稿が全部集まるまで5年がかりであった。更にその後，郵便事情や，西欧の出版慣習との相違に悩まされた。1986年にようやく出版にこぎつけたが，この間実に10年にわたった。次代の若い法学者にその体験を伝達しより多くの日本からの学問の「輸出」を期待して，博士はその後感慨を込めて，この希望と困惑の経験をあるエッセイに次のように記している。

　　この十年の間に不慣れの私が投入したエネルギーと時間は多く，……その分で日本語の本が何冊かかけたという気もする。だがそれで得たものは日本語に集中した場合には得られないものがあった。／まず，協力の五君は，それぞれの個性とお国柄を通して，私のアジア文化理解に大きな無言の教えを与えてくれた。

〔北村隆憲〕　　　　　　　　　　　　　　3　法文化と非西欧法の法人類学へ

なかんずく，時間観念の相違と，それにも関わらず共通するルールと信頼感は，法文化論のテーマだと思われる。彼らが一日本人の呼びかけを評価して最後までつきあってくれたことには，日本人がアジア諸国の友人との関係で何をなさねばならぬか示唆してくれているように，私はうけとっている。(千葉 1987a：57)

Ⅵ　多元的法体制の一般モデルに向かって

　こうしてできた本書の目的は，非西欧諸国の法を正確に分析・比較できる道具概念を構成し，それを6カ国の実証研究によって検証することであった。そのために，2つの作業仮説が提出された。一つは，一民族社会の法の全体（working whole structure of law）を国家によって公式に承認された「公式法（official law）」，国家による公式の承認がないが特定集団の合意により権威あるものとして行われている「非公式法（unofficial law）」，そして，公式法・非公式法を貫徹する価値的な前提原理たる「法前提（legal postulate）」の三レベルよりなる複合体とする「法の三層構造（three level structure of law）」の仮説である。他は，特定の民族社会の法を，当該文化に固有の法として発達した「固有法（indigenous law）」と異文化から移植された「移植法（transplanted law）」との相互作用の結果とする仮説である。千葉の検討により，基本的な妥当性が確認されたこのモデルは，更にもう一つの，日本人研究者10人を構成員とするスリランカ固有法に関する共同研究でも再検証されることになる。このプロジェクトの成果は1988年に完成し日本語で出版された（千葉編 1988）。この研究書において，先の二仮説は，一つのモデル「法の三ダイコトミー（three dichotomies of law）」として再構成・統合され，一層洗練されることとなった。これに加えて，以降のそのほかの諸論文をあわせて，千葉の法・社会・文化の全体を統一的に分析するための道具概念がほぼ出揃うことになる。

　まず，現代社会における法の存在形態の分析的な記述のための諸概念である。第一は，「全体として統一ある法規の体系」としての「法体系（legal system）」であり法学的な意味の「法」はこれに当たる。法体系は，しかし，同調行動を規範的に要求すると同時に，逸脱行為を一種の通例的な許容範囲として前提もする。「法体系に同調する行動と部分的にこれに逸脱する行動とをあわせて成立している社会秩序」が「法秩序（socio-legal order）」と名付けられる。法秩

第1部　千葉正士先生の人と学問

序は社会秩序の一部として，法社会学的法概念と考えられる。千葉は更に，法
人類学的法概念として「法文化（legal culture）」を加える。これは，彼がルー
ス・ベネディクトの文化統合（cultural configurations）概念にならって定義した，
「法として現れた一社会に特有な文化統合」である。更に，法体系・法秩序・
法文化全体の社会的主体は，文化的な同一性を有する集団・組織であり，「法
主体（socio-legal entity）」と呼ばれる。(1985a, 1995：15-18) また，通常「多元
的法体制（legal pluralism）」は，国家法と国家内の非国家法との二次元構造と
されるが，千葉は，国家内諸法，国家法，世界法の三次元構造と考え，更に，
それぞれが多元的であると理解する。(千葉 1989b：207, 1988a：126-8)。

　千葉によれば，「法主体（socio-legal entity）」が保持している「法」は，先述
の「法の三層構造」仮説と「移植法・固有法」との概念対を再構成して，分
析的に三つのカテゴリーとして概念化できる。この三種類の概念対は「法の三
ダイコトミー」と呼ばれ，一つの文化統合を形成する法の全体像を分析する暫
定的な道具概念として提出される。第一に，公式法と非公式法の概念対である。
第二は，「一定の行動様式を指定する特定の法規制の明確に定式化された言語
的表現」である法規則（legal rules）と「特定の法規則の正当化あるいは批判
修正を理念的に根拠づける価値原理」である法前提（legal postulates）の概念
対である。第三に，固有法（indigenous law）と移植法（transplanted law）の概
念対である。こうして，国家的権威を体現する程度，法の定式化の程度，法の
社会・文化的起源の性質，という三つの軸に焦点を当て法を分析するためのモ
デルが生み出されたのである。(Chiba 1987, 千葉編 1988：411-414)

　また，法が現実の社会・文化的実在として機能しているとすれば，法は一
つの全体性として歴史的に実存しているのであるから，それぞれの概念対の
間の矛盾・対立が生じる場合にそれを調整・統合・選択する何らかの上位原
理が存在しているはずである。それが，「一法文化の文化的同一性を基礎づけ
る最終原理」としての「アイデンティティ法原理（identity postulate of a legal
culture）」である。例えば，日本の「アイデンティティ法原理」すなわち，日
本的法意識の原型は，「アメーバ性状況主義」(千葉 1991a：115-135) とされる。
つまり，「法」は，法の社会・文化的主体がその特有の文化的同一性において
創造・維持してきた一つの文化的形象であり，三つのダイコトミーで概念化さ
れる六類型の法が，アイデンティティ法原理により一つの法秩序に統合される，

〔北村隆憲〕　　　　　　　　　　　　　　*3*　法文化と非西欧法の法人類学へ

という考え方である。以上の諸概念・モデルは，当初，多元的法体制を分析的に把握するための分析道具概念（operational tool concept）として構想されたが，その後，法人類学的「法文化」概念の操作的定義，すなわち，客観的で経験的に測定可能な変数の組み合わせとして構成された科学的な法文化概念の諸変数としても利用できると考えられるに至っている。

> すなわち，法文化の操作的定義は，『アイデンティティ法原理によって統合される，公式法・非公式法，固有法・移植法，法規則・法前提それぞれのコンビネーションの全体，ならびに国家内諸法・国家法・世界法の多次元構造，及びそれらの文化的特徴』と規定される。（千葉 1996：18）

　これらの諸概念・モデルを適用して，主として日本の多元的法体制を題材として，多元的法体制［法の多元性］（legal pluralism）の分析的一般理論の構築を目指した千葉の主著の一つが，1989 年に英文で出版された *Legal Pluralism: Toward a General Theory through Japanese Legal Culture*（1989b）である。
　以上のような，千葉の非西欧法研究の要請に応じて，西欧と非西欧双方の研究者がオニャティ国際法社会学研究所（Oñati International Institute for the Sociology of Law）の研究集会に集い，非西欧法研究の材料と方法を持ち寄った。千葉の組織したこの研究集会では，非西欧法を代表するアジア，アフリカ，ラテンアメリカ，オセアニアの諸国の事例が取り上げられ，非西欧法分析のための方法が追求された。この国際的研究集会の成果は，千葉の編集により 1993 年に英文図書 *Sociology of Law in Non-Western Countries*［非西欧諸国における法社会学］（Chiba ed. 1993）として刊行され，その後，千葉の解説が付加されて日本語に翻訳出版（千葉編 1994）されることになる。

Ⅶ　法における主体性と非西欧法研究

　千葉の理論において，アイデンティティ法原理は，一法文化の文化的同一性を基礎づける最終原理である。それは，国家以外にも多様に存在するところの，諸社会組織・集団が変容していく中で同一性が保持される事実をも基礎づけている。千葉は，この社会集団を「社会的法主体（socio-legal entity）」と呼び，法を受け取り，選択・対処する個々の実践主体を「人間的法主体」と呼んだ。この「主体性」の問題こそ，千葉が，その最初期の著作以来，常に課題と

第1部　千葉正士先生の人と学問

して格闘してきたものであった。

　既にみたように，千葉の処女著作から明確に意識され，その後の非西欧法の法人類学に至る千葉の業績の根底に横たわる一貫した横軸は，「法を生きた人間の社会生活の中において把握」しようとする強靱な意志であった。そこで表現されようとしている人間とは，具体的な歴史的状況におけるローカルな実践を行う民衆である。しかし，法学の正統的な立場は，「個々の受範者すなわち行動の主体が判断に当たって経験する人間的な苦悩の内面には立ち入らない。」

> その心の軌跡には，例えば，法に関する文化の相違に直面して困惑し，その間の判断選択に悩み，しかし選択しては自己の文化を捨てて国家法に従うか，文化を維持して国家法の制裁圧迫に耐える苦い結果を甘受するかという，個人の生き様の問題があるにもかかわらず，これらは不問のままである。(千葉1995：22)。

　したがって，千葉が，「法を生きた人間の社会生活の中において把握」すると書くときに，「人」とは，法を単に外的なものとして経験する存在ではない。「規範としての法を外部的超越的な他者としてのみ受け取るのではなく，自らの生を遂げる過程においてこれを実践してゆくところに人間が主体的と把握される。」(千葉 1949：172)。これは，言い換えれば，個々の人間が日常的活動の中で法の実践を通じて法を把握したり（あるいは把握し損ねたり）する具体的経験を尊重し，その場所に於いて法を理解しようという宣言である。千葉は，主体性の概念により，人々の具体的経験に対してより敏感でより寛容な多元的法体制の確立の必要を訴える。そして，その確立のために日本人の果たすべき役割は重い，と千葉は確信する。この確信は，日本の戦争責任にたいする千葉の真摯な思考と密接に関連している。

　千葉は，日本の法哲学の戦争責任の問題について，法の基礎理論たる法哲学の使命を戦前の法哲学者達がどう果たしたかを，権力に対する態度を基準として検討して，残念ながらその多くが法哲学の使命を果たせなかったと考える(千葉 1965)。千葉によれば，戦前の日本はアジアの優等生とうぬぼれて，西欧からの借り物を正統・本道と思い，本道に乗れない他のアジア諸国に対してそれを押しつけようとして，結果としてアジアの「民族の心」を無視し踏みにじった。千葉は，日本の法学がまた本道に乗ることばかり追求すれば，その弊

害は再び大きなものとなると考えていた。そして，安易な固有法礼賛と自文化中心主義の危険に留意を促しながら，アジア諸国における固有法の研究推進とそこにおける日本の法学の重要な役割を強調したのであった。

> 日本が近代西欧をモデルとする法と法学に固執していては，インドの憲法学者がコモン・ローだけを法だと信じているのと同じことになる。その法と法学の形を通じて，八紘一宇の日本法の理念を大東亜共栄圏に広布するべきだと考え，アジアの諸民族・諸国家に対する干渉・侵害を合法化したことは勿論錯覚であったし，従ってその結果に対しては道義的にも法的にも責任を負わねばならない。そしてその後において，民族の心を生かす法と法学があることを幸いに知ったわが国は，そのことをまだ十分知っていない国々に対してできる力を持ってこれを助けてあげたいものと思う。これをしなければ，本道に乗ったものが優越感によって，乗りかねた者に屈辱を与えてゆくことになるであろう。（千葉 1985b：121）

千葉は，アジア諸国における非西欧法研究の発展を促進・援助するという日本の役割に対して確固たる信念をもっていた。千葉の非西欧法研究への情熱は，従って，学問的・論理的であると同時に，優れて倫理的なものである。民族の法のアイデンティティを論理的・倫理的に重視する，こうした千葉の議論は，「社会的法主体」の有する法を文化型の一部と見てグローバルな比較法学を可能にさせ，諸民族のアイデンティティ獲得とりわけ第三世界諸国の固有法の理解・尊重の重要性を我々に確信させてくれるものである。

他方で，こうした千葉の理論が，本質主義（essentialism）的な議論とみなされる危険を孕む，と批判する余地があるかもしれない。つまり，千葉の法のアイデンティティや法の主体性のモデルは，特定の集団，民族，社会に固有な法の喪失とその回復の物語を表象させるものであって，その物語りは固有法か西欧法かという二者択一を強化させ，その結果，特定の社会・文化集団のアイデンティティを本質化する事になる。そして，本質化とは，文化の外部に対しては差異の確認だが内部的には差異の消去を生み出すゆえに，結果的に，社会的に周辺化されている人々の主体的意味を，全体論的に統合された法文化アイデンティティのモデルが消去することになると。

しかし，千葉が人間的法主体の「困惑と苦悩」（人々の「心の軌跡には，例え

ば，法に関する文化の相違に直面して困惑し，その間の判断選択に悩み，しかし選択しては自己の文化を捨てて国家法に従うか，文化を維持して国家法の制裁圧迫に耐える苦い結果を甘受するかという，個人の生き様の問題がある……」（千葉 1995：22））について語るとき，こうした文化の本質主義には還元不可能な，法に面した人々の生活のリアリティーが念頭にある。ある集団あるいは個人は，一つの法文化に所属するかもしれないが，同時に他の文化とも多重・多層に交差しており，ひとびとはそのなかでときとして大きな困惑と苦悩を経験しながらも多元的な規範の間で，また他の法主体との間で，甘受や選択を含む複雑な調整プロセスに関わっているはずである。

千葉理論に本質主義的な読解は似合わない。むしろ，アイデンティティ法原理を担う法主体を，より多様な差異の場のなかで解明すること，そうした複雑で多元的な法と法文化の現実の解明に向けて，我々にその方向性を示してくれていると考えることが，より生産的に千葉が展開し提示した問題をさらに深く，そして遠くまで探求していくやり方だろう。それは，千葉自身が終生探求してきた課題であるとともに，千葉に続く我々に残された課題としても存在しているのである。

Ⅷ　終わりなき探求

千葉はスポーツ法学会の創始者の一人でもあった。「スポーツ法学」とは，一見千葉が追求してきたテーマとかけ離れているようにみなされがちだ。しかし，千葉は，スポーツと法との関係を，単にスポーツ事故から生じる法的責任といった法律学的な問題に限定することなく，近代法（国家法）と異なる原理を孕むスポーツ固有法を社会内の多元的な法体制の一部としてより深く探求するという独創的なアイデアとして発展させたのである。この千葉の探求を契機として，日本で「スポーツ法学会」が誕生するとともに，日本で初めてのスポーツ法学の体系的教科書が千葉の手によって編集・刊行された（千葉・濱野 1995）。

さらに，千葉は，法文化の一般理論の一環として，法と時間観念・時間制度との関係の探求を行っていた。今まで「法文化」の問題として「法と時間」を考察した研究はまったく存在しなかったといえる。この困難なテーマの研究は，まず千葉 1992, 1993 として，そしてその後，『法と時間』（2003）の一著として

〔北 村 隆 憲〕　　　　　　　　　　　　　**3**　法文化と非西欧法の法人類学へ

結実する。

　千葉は，スポーツや時間といった，「法と文化」の問題としてこれまで真剣に考察されてこなかった領域を新たに開拓することによっても，人類文化のあり方とその多様性に開かれた「文化としての法」の次元を法研究にもたらしたのである。

　千葉は，法哲学と法思想史の研究から出発し，研究生活の半ばに法社会学から法人類学へとその探求の中心を展開し，とりわけ非西欧の法を社会と文化の全体像のなかで把握しようと努力してきた。この研究領域の変遷は，「法を生きた人間の社会生活の中において把握」するという研究生活の初期から一貫していたものの様々な表現形態として理解できる。その意味で，千葉は，その遺著が『法文化への夢』と題されていたことからも分かるように，法哲学・法社会学・法人類学のなかで一貫して法を文化として研究する視点を発見し発展させていったのである。

　千葉の長い探求の基礎となっていた強靭な学問的な志は，千葉の法哲学・法思想史・法社会学・法人類学上の博学な知識と絶え間ない研究，独創的な構想力と学問的イニシアティブ，更に様々な文化の下で生活する民衆の心への共感に支えられながら，人類の文化のあり方とその多様性に開かれた「文化としての法」の複雑な存在形態の解明に向けて展開されてきたものである。千葉は，世界の法の多元的な存在をその文化に住まう民衆の心の観点からありのままに把握するというこの困難な課題を追求しつつ，常に若き学生や研究者同士を引き合わせて協同を媒介する愛すべき教師であるとともに，西欧・アジア・日本の文化・学問とを交流させる媒介者であり，その研究生活全体を通じて，諸文化間の正確な理解とコミュニケーションとを促進するための多元的な文化と法の学術的構想に大きく貢献した社会科学者であった。

【引用文献】

　Arnaud, Andre-Jean（1993）*Dictionnaire encyclopedique de theorie et de sociologie du droit*, LGDJ.

　千葉正士（1949）『人間と法──法主体の一考察』丁子屋書店。

　──（1950）『法学の対象──法主体論序説』文京書院。

　──（1952-1953）「法体系・法秩序と法の構造(1)(2)」季刊法律学 13 巻 27-51 頁,

第 1 部　千葉正士先生の人と学問

　　14 巻 29-38 頁。

——（1962）『学区制度の研究——国家権力と村落共同体』勁草書房。

——（1965）「戦前におけるわが国法哲学の法思想史的再検討（上）（下）」法学新
　　報 72 巻 1 号，2 号，3 号，5 号。

——（1969）『現代・法人類学』北望社。

——（1970）『祭りの法社会学』弘文堂。

——（1980）『法と紛争』三省堂。

——（1985a）「アイデンティティ法原理——法文化の法哲学的基礎を求めて」法の
　　理論 5 号 1-25 頁。

——（1985b）「個人的戦後責任感」『季刊三千里』41。

——（1987a）「小さな輸出」書斎の窓 362 号 52-57 頁。

——（1987b）「法人類学の発展」大森元吉編『法と政治の人類学』朝倉書店 18-37
　　頁。

——（1988a）『法社会学——課題を追う』成文堂（1994 年第 2 刷）。

——（1988b）「アジアにおける固有法と移植法：M. Chiba ed., *Asian Indigenous
　　Law*, 1986 より」東海法学 2 号 153-186 頁。

——（1990）「真の国際的法社会学のために多元的法体制の研究を」法社会学 42
　　号 177-183 頁。

——（1991a）『法文化のフロンティア』成文堂。

——（1991b）「フランス法人類学の近況」東海法学 6 号 205-218 頁。

——（1992）「時間の法文化的問題性——法と時間 1」東海法学 8 号 1-32 頁。

——（1993）「わが国現行時間制度の法律的起源——法と時間 2」東海法学 25-48
　　頁。

——（1995）「法の主体的意義——法主体論終章稿」法の理論 15 号 15-38 頁。

——（1996）「法文化の操作的定義」東海大学 16 号 1-27 頁。

——（1998）『アジア法の多元的構造』成文堂。

——（2001）『スポーツ法学序説——法社会学・法人類学からのアプローチ』信山社。

——（2003）『法と時間』信山社。

Chiba, Masaji（1987）"Three Dichotomies of Law: An Analytical Scheme of Legal
　　Culture," 東海法学 1 号 279-290 頁。

——（1989a）"Toward a Truly International Sociology of Law thorough the
　　Study of the Legal Pluralism Existing in the World," in Andre-Jean Arnaud,
　　Legal Culture and Everyday Life, International Institute for the Sociology of
　　Law.

——（1989b）*Legal Pluralism: Toward a General Theory through Japanese Legal*

〔北村隆憲〕　　　　　　　　　　　　　　**3**　法文化と非西欧法の法人類学へ

Culture, Tokai University Press.

—— (2002) *Legal Cultures in Human Society: A Collection of Articles and Essays*, Shinzansha International.

千葉正士編 (1974)『法人類学入門』(編訳) 弘文堂。

—— (1988)『スリランカの多元的法体制——西欧法の移植と固有法の対応』成文堂。

—— (1994)『アジア法の環境』成文堂。

Chiba, Masaji ed. (1986) *Asian Indigenous Law: In Interaction with Received Law*, London: Routledge & Kegan Paul.

—— (1993) *Sociology of Law in Non-Western Countries*, International Institute for the Sociology of Law.

ヘリゲル, オイゲン (1981)『弓と禅』(稲富栄次郎・上田武訳) 福村出版 (共同出版初版, 1956 年)。

—— (1982)『日本の弓術』(柴田治三郎訳) 岩波文庫 (岩波書店初版, 1941 年)。

ホーベル, E・アダムソン (1984)『法人類学の基礎理論——未開人の法』(千葉正士・中村孚美訳) 成文堂。

北村隆憲 (2011)「非西欧法の法人類学へ——ある軌跡 (千葉正士博士の人と業績〈1〉)」東海法学 45 号 180-159 頁 (1-22 頁)。

—— (2013)「千葉正士博士との対話 (千葉正士博士の人と業績〈2〉)」東海法学 46 号 92-72 頁 (79-99 頁)。

Kitamura, Takanori (1997) "Ver anthropologie juridique sur le droit non-occiendental: dans un sillage," *Une introduction aux cultures juridiques non-occidentales*, publié sous la direction de Wanda Capeller et Takanori Kitamura, LGDJ, Paris.

コイデル, アンジェイ (1992)「千葉正士教授の学問と人柄——海外から見る」(横山實訳) 湯浅道夫・小池正行・大塚滋編『法人類学の地平——千葉正士教授古希記念』成文堂 252-256 頁。

マックニール, エルトン・B編 (1970)『紛争の科学——社会的紛争の本質』(千葉正士編訳) 東京創元社。

Nader, Laura ed. (1965) *The Ethnography of Law, American Anthropologist* 67 (6).

ロバーツ, サイモン (1982)『秩序と紛争——人類学的考察』(千葉正士監訳) 西田書店。

角田猛之・石田慎一郎編 (2009)『グローバル世界の法文化——法学・人類学からのアプローチ』福村出版。

◆第2部◆
人間と法の探究：
法哲学・法社会学・法人類学

4 千葉正士の「総合比較法学」の構想と 法の多元性に着目した法学教育の提唱
―晩年のいくつかの日本語論文に依拠して―

角 田 猛 之

Ⅰ　はじめに	Ⅳ　総合比較法学構想における非
Ⅱ　非公式法と非西欧法の法文化	西洋法と非西洋法文化に依拠
Ⅲ　千葉の総合比較法学構想の概	した法学教育の重要性
要	Ⅴ　むすびにかえて

Ⅰ　は じ め に

　千葉正士は 1965 年から 1966 年にかけてミネソタ大学の人類学教授 E・アダムソン・ホーベル（Edward Adamson Hoebel）の下で法人類学を学んだことを起点として，その後 1970 年代から晩年にいたるまで，非西洋，とりわけアジアの多元的法体制と法文化に関する理論の展開に一貫して取り組んできた（本稿ではそれらに関する千葉の業績の全体を「千葉・法文化論」とよぶ）。かれはその間にさまざまな国際学会やシンポジウム，セミナーなどでその研究成果を精力的に発表するとともに，日本語のみならず英語，フランス語によっても，非西洋の非公式法や固有法，法文化に関するさまざまな論文や著書を刊行している。そして，研究人生の最晩年期の 2000 年以降に刊行したいくつかの日本語論文において，かれははじめて「総合比較法学」に言及している[1]。

---

(1)　長い研究人生を後進へのアドヴァイスという強い意図，意味をこめて振りかえりつつ連載した「夢の旅路の拾い物」シリーズは，2003 年 12 月刊行の「法学と法学部の行方――夢の旅路の拾い物 1 」（『東海法学』30 号）からスタートしている（このシリーズは，2007 年の「夢の旅路の拾い物 8 」「文化と人間を学ぶ」で一応のところ完結している。ただし，東京都立大学解体，再編（2005 年）を目の当たりにした千葉は，さらに 2008 年に「夢の旅路の拾い物・補遺」として「大学の存在意義を一大学の死に看る」を追加している）。おおよそ 2000 年以降を千葉の研究生活の最晩年期と位置づけうるが，2003 年以降では，シリーズの統一タイトルが示唆しているように，新たな研究成果の展開はなく，文字通りそれまでの業績と研究人生の回顧を専らとしている。

『法文化論の展開――法主体のダイナミクス』千葉正士先生追悼〔信山社，2015 年 5 月〕　*77*

第 2 部　人間と法の探究：法哲学・法社会学・法人類学

　千葉は総合比較法学を，比較法学や法社会学，法人類学，法哲学そして法理論などのさまざまな分野の研究者によって担われるべき学際的な学問分野として構想していた。しかし残念ながら 2009 年に，総合比較法学の構想に関する系統だった，さらなる詳細な記述を残さないままにこの世を去っている。ただしかれは，2002 年に総合比較法学という名称を冠した唯一の論文たる「総合比較法学の推進を願う」という論文を，大木雅夫の古稀記念論文集たる『比較法学の課題と展望』の巻頭論文として刊行している（千葉 2002）。そしてこの論文の結論部分において千葉は，総合比較法学の構想をつぎのように提示している。「総合比較法学は今後展開されるべき目標として［本稿において］提唱されたので，その対象は現在［比較法学として］通用のものを超え広義に拡大されており，実体としては，西欧社会については現に行われている多文化主義研究の，また非西欧社会については現行の多元的法体制研究の両アプローチを総合する意義を持つ。……そしてその実証的資料を蓄積するのは法社会学的および法人類学的調査の役であり，これを理論化するのはこの両学の協力による法哲学の任である。とすれば，これは，法学としては，法学の他の諸領域から孤立した個々の分野だけのことではなく，いわば総合法学の一つであり，端的に理論法学ないし法理論の一形態と言えよう。」（千葉 2002：22）

　そこで本稿ではまず最初に，千葉が 2000 年以降に刊行したいくつかの論稿に依拠して，かれの新たな総合比較法学に関する構想を概観する。ついで，千葉が総合比較法学の構想を踏まえて提示した，グローバル化にともなう法の多元性に着目した法学教育に関する構想を，ロンドン大学東洋アフリカ学院の南アジア法教授ヴェルナー・メンスキーの法学教育に関する見解を参照しつつ検討する。

II　非公式法と非西欧法の法文化
──総合比較法学の主軸としてのふたつの「法学の新方向」

　千葉は法文化へのアプローチをつぎの 3 つのタイプに分類している。すなわち，国家法の法文化（国家法文化論），非公式法の法文化（非公式法文化論），そ

　なお，「西欧」と「西洋」の使いわけについて一言しておく。千葉は一貫して「西欧」を用いている。したがって，千葉の言葉を引用したり，千葉の考えを祖述する，等の場合には「西欧」とするが，それ以外の場合には「欧米」という言意で「西洋」とする。

〔角田猛之〕*4* 千葉正士の「総合比較法学」の構想と法の多元性に着目した法学教育の提唱

して非西欧法の法文化（非西欧法文化論）である。（千葉 2003a：296-297）まず第一の国家法文化論についてはつぎのように批判的に論及している。「法文化の研究者は，同時に文化論として正面から現行の法と法理論を批判する課題に直面しているはずであるにもかかわらず，その圧倒的多数は実質的には国家法一元論を温存したまま法文化を扱うにとどまり，文化理論そのものに踏み込む科学性には欠けており聴くべき法理論を提案するものでもない。」（千葉 2003b：8）国家法文化論をこのように批判しつつ，他のふたつの法文化へのアプローチを総合比較法学の主軸として評価し，それらを「法学の新方向」と呼んでいる。

1　非公式法の法文化

「法文化がなぜ存立するのか」という問いに対して，千葉は明確に「一元的と信じられていた国家法に譲歩をやむなくさせるほど実効性のある社会規範があることを認めねばならない」からである，とのべている。（千葉 2003b：8）そのような社会規範は国家法による承認の如何に関わらず，さまざまな自立的法主体＝法の担い手が有する固有法に基づいて実効的に機能しているのである。千葉はこれらの社会規範を「非公式法」として概念化し，その概念と一対のものとして把握されている「公式法」とともに，かれの法の操作的定義の三ダイコトミー──すなわち，公式法・非公式法，固有法・移植法，法規則・法前提──の主軸として位置づけている。そして国際学界に目を転じるならば，以前は国家法一元論の観点から，そもそも法の範疇に入らないものとして無視されていたこれらの非公式法に関わるさまざまな問題が，主として 1980 年代以降の法社会学および法人類学の国際学界において，多元的法体制および法文化の基本的問題を表明するものとして論じられてきている。千葉は非公式法に焦点を合わせたそのような法文化研究を「非公式法の法文化」（論）とよび，第一の「法学の新方向」と位置づけている。そして千葉はこの「非公式法の法文化」を国家法の法文化（論）へのアンチテーゼとして提示しつつ，つぎのように指摘している。「［かりに］これら［非公式法］を一種の法として国家法と並べて相互の異同を理論として確かめ，それらすべての法を体系的に整理するならば，法学を超える社会科学としての法の理論が確立するであろう。その方途を封鎖したのが近代の法学である以上，それはその［近代法学の］罪であったと言われてもやむをえない。」（千葉 2005：19）

第２部　人間と法の探究：法哲学・法社会学・法人類学

2　非西欧の法文化

　さらに，非公式法の法文化について千葉はつぎのようにのべている。非公式法は西欧社会にも非西欧社会にも存在しているゆえに，非公式法の法文化（論）は西欧社会と非西欧社会のいずれにも適用されうる理論である。したがって，非公式法の法文化の概念は，基本的には西欧の法文化のなかから生まれた国家法に依拠している，と。というのは，千葉が提唱する三ダイコトミーの中軸たる「公式法 vs 非公式法」のダイコトミーは，国家法が何らかの規範あるいはルールを公式法として承認するか否かに依拠しているからである。（千葉2003b：10）[2]

　それに対して，非西欧法の法文化は非公式法の法文化と一部重複してはいるが，基本的にそれとは異なるものとして千葉は把握している。千葉・法文化論の中核をなす法文化の操作的定義，すなわち「アイデンティティ法原理下の三ダイコトミー」（千葉 1998）という分析的枠組は，西欧法，非西欧法にかかわらず多元的法体制の分析に適用可能である旨，確かにかれは繰り返し指摘している。しかしながら，千葉はこの指摘に続けてつぎのように言う。「だがそれは基本理論一般論のことで，現代世界に実在する現実の法体制と法学からすれば，これ［西欧法の法文化と非西欧法の法文化］を区別することがその現代における人間的意義を理解するために不可欠な前提をなす。［というのは］非西

---

(2)　「ただしこの概念枠組［つまり「アイデンティティ法原理下での三ダイコトミー」］にはまだ欠陥があることを私自身痛感している。たとえば，公式法と非公式法とは，両概念を区別する基準に国家法を用いているが本来は国家法ではなく客観的な基準によるべきであり，また両法の実態における交錯情況を整理できる下位概念を欲しい。固有法と移植法とにも，とくに相互のコンフリクトあるいは同化の諸過程を分別できる下位概念が要る。法規則と法前提とも，とくに非公式法における形態と相互関係を明確に分別できる下位概念を整理しないと応用しにくい。アイデンティティ法原理の概念はよしとしても，各法主体ごとの実体は私の表現だけでは不十分である。たとえば，アメーバ性情況主義は日本だけではなく東アジア諸国にも通ずるという批判（Tan 1997: 393[Poh-Ling Tan, ed. *Asian Legal Systems: Law, Society and Pluralism in East Asia*, Sydney: Butterworths]）には私自身も賛成であり，とくに欧米諸国のアイデンティティ法原理に関する私見は既知の観念の言い換えにすぎず新発見はないと自己批判している。それらの補正はすべて若い皆さんに託するほかはない。そのことを切望して私の報告を結びたい。」（千葉 2015: 242）三ダイコトミーに関して従来からなされてきた批判，とくに人類学者からの批判では，たとえば千葉は国家法を公式法・非公式法の区別のメルクマールとしており，人類学の基本スタンスとは相いれないという批判を受け入れるかたちで，「それらの補正はすべて若い皆さんに託する」旨表明している。

欧法は，現実に非西欧社会の住民を規律する効果的な法で，しかも移植された西欧法を変質させるか時に拒否さえする実効性を有するにもかかわらず，近代西欧法の移植とこれを正当化した近代法学はその法としての存在意義を原則として否定した。……したがって，過大評価を戒めつつ正当な評価を果たすために非西欧法を法として復権しひいて非西欧法の法文化を解明することが，総合比較法学を樹立するための要件したがって現代法学の喫緊の課題である。」（千葉 2003b：11）（傍点・千葉）

　すなわち総合比較法学の主たる課題は，すくなくとも現段階においては非西欧の法文化を分析することであって，それが千葉のいう「法学の新方向」の第二の部門なのである。

Ⅲ　千葉の総合比較法学構想の概要

1　総合比較法学構想にいたった経緯

　「総合比較法学の推進を願う」論文の冒頭で千葉は，「本稿の目的は，非西欧法研究ないし多元的法体制論を現行の比較法学と合わせて止揚し総合比較法学を推進するよう，一般的に有志に要請することである。」とのべている。（千葉 2002：5）そして千葉はかれの研究生活の最晩年期において，みずからの学問の総体を「非西欧法の観点に依拠する比較法学」と位置づけつつ，総合比較法学の構想にいたったひとつの経緯をつぎのように簡潔にのべている。「半世紀にわたった私の非西欧法研究を最近に総括したとき（千葉 1998［『アジア法の多元的構造』］；Capeller & Kitamura 1998［*Une Introduction aux cultures juridiques non occidentales: autour de Masaji Chiba*］)，新たな課題を知った。まずは非西欧法学を方法として確立すること，ついでこれを広い比較法学の傘下に組みこみいわば総合比較法学として発展させることであった。その後者を直接に刺激したのが，Capeller & Kitamura 1998 中に掲載された Gordon Woodman の論文（1998［Droit comparé général]）であった。」（千葉 2002：6-7）

　アフリカ慣習法研究の第一人者たるゴードン・ウッドマンはこの論文においていくつかの点で千葉を批判しつつも，非西洋法の視点からの優れた研究として高く評価しつつ結論部分においてつぎのように指摘している。「比較法学者はたんに西洋社会の法のみならず，世界中の法を視野に入れ，説明するための法理論を展開しなければならない。……しかしながらこれまでは，比較法学は

第 2 部　人間と法の探究：法哲学・法社会学・法人類学

普遍性を獲得することができなかっただけではなく，しばしばそれを希求することすらできなかった。しかし今日では，千葉正士のような非西洋の研究者の研究によって，以前よりもはるかに幅広くまた有用な情報を入手することが可能となっている。西洋中心主義は徐々に衰退しつつある。」（Woodman 1998）

　そして千葉は「法学と法学部の行方──夢の旅路の拾い物 1」において，2000 年頃から訪れた自身の研究環境の変化をもたらしたアカデミックな 4 つのことがらを指摘している。ここでは本稿のテーマに関連する最初のふたつのみを指摘しておく。第一は先に言及した Capeller & Kitamura 1998 の刊行で，千葉はこの書物の刊行によってみずからの「研究環境が変化した」と明言している。（千葉 2003b：6）千葉はこの書物を非西欧法文化研究，そしてみずからの総合比較法学構想の視点からつぎのように極めて高く評価している。「本書は……非西欧法文化をタイトルに掲げその非西欧性を明確にしようとするもので，それとしては世界で初，よってこれを非西欧法研究を非西欧法学に発展させる出発点とするにたりる業績と，私は受け取る。故にこれを検討することにより，世界の学界における非西欧法学の意義，その必要性とともに本書の限界を補って十全に発展させるための条件を考察し，進んで総合比較法学を発展させることができると，私は信ずる。」（千葉 2002：11）そして第二は，ヴェルナー・メンスキーが千葉の理論を非西洋法に関する適切なる分析的概念枠組として高く評価したことである。千葉はとくにメンスキーのふたつの著書，*Comparative Law in a Global Context: The Legal Systems of Asia and Africa*, 2000 と *Hindu Law: Beyond Tradition and Modernity*, 2003 に言及している。（2004a：5）そして千葉自身メンスキー理論を，「非西欧法学の全貌を看取るような実績と言えるものは世界のどこにもない」状況において，「最近全世界をグローバルに捉えるべき要請（を）唱えている」学者としてメンスキーに言及している。（千葉 2003b：12）

　以上の 2 つのことがらは，間接的もしくは直接的に，研究生活の最晩年期において一般法学もしくは法理論の一種としての総合比較法学構想を千葉が展開することに対して強く影響を与えたことは明らかである[3]。

――――――――――
(3)　そして，第三は，「国際法社会学会会長の Johannes Feest がその最近の会報〔RCSL NEWSLETTER Winter 2003：4〕で私の近著 *Legal Cultures in Human Society*, Tokyo: Shinzansha International, 2002 を書評し，私の I 原理〔千葉はアイデンティ法原理を I

〔角田猛之〕*4* 千葉正士の「総合比較法学」の構想と法の多元性に着目した法学教育の提唱

2 総合比較法学の基礎となる3つのアプローチ
——多文化主義，法文化論，比較法学

千葉は現行の国際学界に存在し，総合比較法学の基礎となるアプローチとして，多文化主義，法文化論そして比較法学の3部門を掲げている。多文化主義に関して千葉は，「非西欧の事態を直視することがなく西欧民主主義国内部の非西欧的因子として民族的マイノリティを問題とする」理論として，非西欧の視点から批判的に言及している。しかしながらこの文脈において，多文化主義の典型的な主張者としてウィル・キムリッカ（Wil Kymlicka）に言及しつつ，千葉は「［キムリッカは多文化主義を］アジアや中東，ラテンアメリカ，アフリカ，中東欧の諸国にも及ぼすべきだという趣旨を述べる（Kymlicka 1995; 日本語版への序文［角田猛之・石山文彦・山崎康仕監訳『多文化時代の市民権——マイノリティの権利と自由主義』晃洋書房，1998年]）から，実は非西欧法もその視野の一端に入れている」とのべている[4]。したがって千葉は，多文化主義は「多元的法体制論ひいて比較法学と協調できる，否すべきはずである」としている。（千葉 2002：20）

第二の法文化論に関しては，法哲学者によって論じられている法文化論を主として念頭に置きつつつぎのように指摘している。「法哲学者らの言う法文化論だが，これも多元的法体制論・比較法学と協調できるだけでなくすべきであることは，言うまでもない」，と（傍点・千葉）。ここでかれは特定の法哲学者に言及していないが，すくなくとも日本の法哲学者に関しては，法文化論においてわが国の学会でユニークな位置を有する，恒藤恭，矢崎光圀およびホセ・ヨンパルトなどを念頭に置いていることは明らかである。なかでも矢崎光圀は，とくに1990年代以降に，千葉と同様に近代法と近代の法哲学が有するヨーロッパ中心主義を批判している。そして矢崎は多元的な視点から法を把握する際のいわば複眼的な見方を提示しつつ，千葉の法文化論と多元的法体制論をポストモダンの法理論として高く評価しているのである[5]。

原理と略記している］をケルゼンの根本規範に比べて検討するように訴えたこと」，第四が，アメリカの法社会学会（LSA）が2003年の国際学術賞に千葉を選出したことである。

(4) ここで千葉は，*Multicultural Citizenship: A Liberal Theory of Minority Rights*, Oxford: Clarendon, 1995 の翻訳版の「まえがき」（角田猛之・石山文彦・山崎康士『多文化時代の市民権——マイノリティの権利と市民権』（晃洋書房，1998年）を参照している。

第2部　人間と法の探究：法哲学・法社会学・法人類学

　そして第三のアプローチが，かれの総合比較法学構想の基本的な理論的枠組たる比較法学である。千葉は国内外の総合比較法学に関わる近年の学問的動向についてつぎのように言及している。「比較法学界にも，従来の西欧法学本位の観点を脱却して全世界の法文化を公平に観察すべきだという主張がその試みとともに現れている…私が知ったところでは，ポー－リング・タンは東アジア法を正確に把握するのに伝統の法系論では不足だとしてそれ以外の観点を模索しとくに多元的法体制論ひいて私の概念枠組にも注目し（Tan 1997［Poh-Ling Tan, ed., *Asian Legal Systems: Law, Society and Pluralism*, Sydney: Butterworth]），木下毅は西欧と非西欧にわたる世界法文化圏の観察を展開した（木下1999［『比較法文化論』有斐閣]）。その方向は，西欧法と非西欧法とを共に視野に入れる観点である。」（2002：21）

　千葉は総合比較法学構想に関わる以上の3つのアプローチを前提として，かれの総合比較法学は，「西欧社会については現に行われている多文化主義研究の，また非西欧社会については現行の多元的法体制研究の両アプローチを総合する」意義を有した，新たな学際的分野として構想されているのである。

3　総合比較法学の展開を担う3つの担い手

　さらに千葉は，総合比較法学の展開という課題を担うべき異なったタイプの担い手として，一定の学問分野，学者そして研究機関の3つの担い手に言及している。

　まず，いかなる学問分野がこの課題を担うべきなのかということに関して，千葉は比較法学のみならず法社会学，法人類学および法哲学もまた各々のアプローチによって総合比較法学構想の展開という課題を担うべきである，としている。つまり，法社会学と法人類学の任務は経験的，分析的であり，法哲学の任務は理論的，総合的である。したがって総合比較法学の展開という課題は，比較法学者のみならず法理論に携わるすべての学者が共同で取り組むべき課題なのである。（千葉2002：23-24）

　第二に，いかなるタイプの学者がこの課題に取り組むべきかという問題に関しては，ここでも非西洋法の観点に依拠してつぎのように指摘している。「非

────────────

(5)　これらの法哲学者の法文化論，比較法文化論については，（角田2010）参照。

〔角田猛之〕 *4* 千葉正士の「総合比較法学」の構想と法の多元性に着目した法学教育の提唱

西欧人学者は，自文化の法を，主体の誇りを持ってこれに無知か誤解しか持てなかった西欧人法学者の前に自ら提示すべき任務を持つ。……そのゆえにこそ，非西欧法研究を独立の非西欧法学にまで発展させることが要請されるのであるが，その任を担う数多い非西欧人学者の中で，西欧法と西欧法学に，すなわち現実に世界の学界の第一線を成す法学の移植ひいて消化の点で最も進んでいるのが日本であることは，誰しも疑わないであろう。とすれば，日本の法学者こそ，西欧法と非西欧法と両世界の主体的経験者として2つの文化をともに理解できる条件を備えているはずであり，よって，非西欧人としての主体的発言を為すと同時に，両世界の総合を図る資格と責任があるはずである。」（千葉 2002：23-24）

　そして最後に，いかなるタイプの研究組織，機関が総合比較法学構想の展開という課題を担うべきであると千葉が考えたかである。かれはこの問題には直接的には言及していない。しかし千葉は，その課題の担い手は総合比較法学構想の展開という課題のみならず，かれの総合比較法学構想の中軸をなす「法学の新方向」をも展開すべきである旨，指摘している。すなわち，日本の現在の法学部体制のなかに，法学の新方向の研究を担うことを目的とする新たな部門を設けることを主張するのである。千葉は言う。「現に専門家も現れ始め名称も一部の大学で公認された法文化論ないし比較法文化論を拡充すること，実際には，非公式法を主とする法学には法文化に関する社会科学分野の専門家を集め，非西欧法を主とする法学には代表的な非西欧法文化の専門家を揃え，現行大学制度を活用して新二方向の研究体制を整備すればよい。」（千葉 2003：14）つまり現行の法学部，法学研究科の体制のもとで，西洋，非西洋の法文化研究に特化した研究機関あるいは研究所を設け，その体制のなかで総合比較法学構想を展開するのである。

Ⅳ　総合比較法学構想における非西洋法と非西洋法文化に依拠した法学教育の重要性——ヴェルナー・メンスキーとの比較をも交えて

1　ヴェルナー・メンスキーの多元性に着目するグローバルな法学教育の構想

Ⅲ1で指摘したように，千葉はメンスキーの「総合比較法学」（'general comparative law'）としての「グローバルなコンテクストにおける比較法学」（*Comparative Law in a Global Context: The Legal Systems of Asia and Africa,*

第 2 部　人間と法の探究：法哲学・法社会学・法人類学

Second Edition, Cambridge, 2006）構想を通じて，かれの研究生活の最終段階において総合比較法学構想の展開と精錬化を模索していた。また千葉は，多元的法体制に依拠してメンスキーが多元性に着目するグローバルな法学教育（plurality-conscious globalised legal education）の重要性を強調していることに着目している。メンスキーは上記の『グローバルなコンテクストにおける比較法学』をテキストとして，ロンドン大学東洋アフリカ学院において「アジア・アフリカの法体系」（'Legal Systems of Asia and Africa'）の講義を担当している[6]。そしてその著書のなかで千葉に言及しつつ，グローバル時代の法学教育における多元的法体制の重要性をつぎのように指摘している。「多元化というかたちで進展するグローバリゼーションによって，複雑な世界とその世界におけるさまざまなタイプの法に関する詳細な知識と明解なる理解を有することがますます必要となってきている。現代社会では多様性を無視することはまったく不可能である。このことはさまざま文化や権利に関する議論を検討するために必要な新たな方法を提起してきており，そのようなさまざまな方法やアイデア，そして国際的に著名な千葉正士のようなポストモダンの思想家の諸理論，そして千葉のきわめて有用な公式法，非公式法，法前提という概念上の区別を初年度学生に説明することは，決してそれほど困難なことでも混乱を引き起こすようなものでもない」と。（Menski 2006：3）そして千葉はメンスキーによるこのような千葉理論への評価に対応して，メンスキーは「非西欧法に関する私の新概念枠組を心に止め後に教授となってからこれを高く評価して世界から集まる学生たちにも［ロンドン大学において］教えて私論を普及してくれた」，とのべている。（千葉 2004b：14）

　メンスキーが多元性に着目するグローバルな法学教育の重要性を強調するのにはいくつかの理由がある。最も一般的な理由は，とくに 1990 年代から進行する大規模なグローバル化の展開である。しかしながら，この一般的理由に加えてメンスキーに固有の理由として重要なことは，かれが南アジア法（ヒンドゥー法とイスラーム法），すなわち非西洋法の専門家だということである。メンスキーは言う。「アジア・アフリカの法体系を内的な視点から研究する場合……ヨーロッパ中心主義的で国家法に特化した，かつ，いわゆる普遍的な法に

———————————
(6)　この講義の一端については（角田 2014a）参照。

86

〔角田 猛之〕 *4* 千葉正士の「総合比較法学」の構想と法の多元性に着目した法学教育の提唱

関する仮説を維持することは不可能である。おそらくはまさにそのゆえに多く
の研究者は，その仮説を踏み越えて進もうとはしないのである。ここに，まず
第一にグローバルな法学教育の分野における比較法の教師にとっての最も重要
な挑戦が存在する。」(Menski 2006：32)(傍点・角田)

　メンスキーの「出自」は千葉とは異なってはいる——すなわち，千葉は非西
洋であるのに対してメンスキーは西洋——が，メンスキーは非西洋法の専門家
として千葉と共通するものを多く有している。しかしながら，かれの上の見解
における「内的な視点から」という点がより重要である。メンスキーのような
非西洋法の専門家であったとしても，かりに「外的な視点」から非西洋法を
研究するとすれば，「ヨーロッパ中心主義的で国家法に特化した，かつ，いわ
ゆる普遍的な法に関する仮説を維持する」ことも可能である。メンスキーが
「ヨーロッパ中心主義の傲慢さ」('Eurocentric hubris') として強く批判してい
るのは，まさにそのような学問的な観点であり，かつそのような観点に固執し
続けている研究者なのである。(Menski 2010：5)このような非西洋法を対象と
する研究における「内的な視点」という点において，「出自」を異にしつつも，
メンスキーと千葉は共通の土俵に立っているのである。

　千葉は文字通り研究の最初期段階から最晩年にいたるまで一貫して，このよ
うな内的視点の重要性を主張し続けてきた。すなわち，われわれが生きた法の
全体を理解することを望むならば，各々の固有の法および法文化を担う法主体
の視点に立たなければならないということを，千葉は一貫して求めてきたので
ある。(角田 1999)たとえば，千葉は 1949 年に刊行した単著第一作目たる『人
間と法——法主體の一考察』においてつぎのように指摘している。「人間は，客
体的に見られるならば，いわば他者たる規範に服する服従の生を営んでいると
も解されることができる。けれども，主体的に把握されるならば，ひたすらに
自己の生を自己なりに進めているにほかならない。人間は，あるいは積極的に
法を意識し，これを利用し以て歓喜にひたる。またあるいは，法を知らざるも
自由なる自己の営為をなすことによって事実上法を享有する。さらにあるいは，
法の処断に服して無限の痛苦を味わう。人間の生は一瞬々々において法ととも
にある。」(千葉 1949：168)

　そしてメンスキーに固有のもうひとつの理由は，いわば地理的・地域的な理
由である。つまりそれは，かれがロンドンの中心に位置する東洋アフリカ学院

第2部　人間と法の探究：法哲学・法社会学・法人類学

で教鞭をとっていることである。東洋アフリカ学院とロンドンのいずれもが，とりわけ 1980 年代以降に，多文化的な諸々の要素，とくにメンスキーが最も関心を有している南アジア，アフリカからの急激な移民の増加に大きく影響を受けてきている（角田 2014b）。このような状況のなかでメンスキーは，近年「ポップ」('pop')（plurality of pluralities:「複層的多元性」：後者が複数形になっていることに注意）という独自の概念を提示している。メンスキーは言う。「法の実体はたんにファジーなものというだけではなく，さまざまな多元性を内に内包する多層化された多元性（'complex multilayered plurality of pluralities'）であって，つまり濃厚なる "pop" 構造を有している。［メンスキーが多元的法体制論の概念枠組みとして提示する「カイトモデル」（このカイトモデルの概要については［角田 2014a］参照）の］3 つのコーナーのいずれも，単独の一体化された実体あるいは理論を示すものではない。したがって各々のコーナーがそれ自体多元的であるがゆえに，3 コーナー全体としてさらなる 'pop' 構造が存在している。……以上のことから明確に言いうることは，法はさまざまなレベルにおいて内在的に多元的であり，高度に多様であり高度にファジーである（'super-diverse and super-fuzzy'）。(Menski 2010：6)

　法が有するこのような内在的な過度の多元性という認識に依拠して，かれは比較法の現状や比較法研究者をつぎのように厳しく批判している。「二，三十年前は比較法研究は，植民地での経験や世界中における英国法の影響に焦点を合わせて研究がなされていた。しかし今日ロンドンで教育，研究に携わり，グローバルなコンテクストで法について考察するならば，それはまったく異なった経験であり，かつそれはいまだに十分には比較法研究に反映されていない。おそらくは無知とともに恐れから，大半の法律家はそのような問題には関心がないように振舞っているのである。」(Menski 2006：65) このような現状を踏まえてメンスキーは，グローバル化に伴う法の多元化に着目した法学教育の改革を主張するのである。「ロンドンのような法学教育の中心における法学部生のあり方が，グローバル化の結果［さまざまな文化的背景を有する世界中の国から集うことによって］変化するにつれて，そのような新たな現実を考慮に入れて法学教育もそれに適合させなければならない」，と。(Menski 2006：70)

〔角田猛之〕 *4* 千葉正士の「総合比較法学」の構想と法の多元性に着目した法学教育の提唱

2 総合比較法学構想に依拠した千葉の多元性に着目するグローバルな
法学教育の構想

メンスキーと同様に千葉もまた，とりわけかれの新たな総合比較法学構想に
おいて，多元性に着目するグローバルな法学教育の重要性を強調している。千
葉は 19 世紀後半から現代のポストモダンの時代にいたるまでの，日本の法学
教育のあり方をつぎのように概観している。「［日本の近代以降の法学教育に
おいては］明治維新後に発足してから新しい国家法を基準とする法曹教育を主
とし，外国としては移植のモデルであった先の独仏英，後に米の国家法を参考
に学ぶことで済んだ。他の外国についてはごく少数の断片的な研究はあったが，
制度化されることは第二次大戦後に国ごとの講義が少数，そして 3 年前にアジ
ア法研究会の結成があっただけである。ロースクール計画もその延長を完成し
ようとしている。だが今は世界規模のグローバリセーションが進み，他面で異
文化ごとのローカリゼーションも叫ばれる。公人も私人もまた実務家は海外で
も国内でも，世界の諸国・諸民族の法に関する知見を要求される。［しかしな
がら］その基礎になる研究も教育も，最近一部の例外のほか大学法学部にはな
かった。」（千葉 2003a：298）

わが国の法学教育に関する千葉の議論の最大のポイントは，上で概観したメ
ンスキーの議論と同様であって，それはまさに，法学教育は世界規模でのグ
ローバル化に歩調を合わせなければならないということである。そしてⅣ 1 で
言及したように，メンスキーに固有な要素として重要なことは，地理的，地域
的な要因，すなわちメンスキーが教育，研究に従事しているのが著しく多元
化した＝超 多 元的なロンドンの東洋アフリカ学院であった，ということで
ある。すると千葉に関してはどうであろうか。千葉においても，メンスキーに
とっての「ロンドンの東洋アフリカ学院」と同様な，多元性に着目するグロー
バルな法学教育へと近年において駆り立てるような特殊な要因が存在したので
あろうか。

日本における近代的な法学教育の歴史に関して少なくとも 3 つの大きなター
ニングポイントが存在する。すなわち，主としてドイツの法制度をモデルとし
て構築された明治維新以降の近代的な法制度の導入，ついでアメリカの法を
モデルとする戦後のラディカルな法改革，そして 1990 年代以降のグローバル
化に伴う法の改革である。そして 1990 年代以降の一連の法改革の一部として，

89

第2部　人間と法の探究：法哲学・法社会学・法人類学

法学教育とりわけ法律家養成のための制度も大きく変革された。19世紀に起源を有するドイツ式の伝統的な法学部とは大きく異なる，アメリカをモデルとする日本式のロースクール制度が導入された。それは法学部からは独立しつつも，大学のなかでの実務法律家の養成を目的とするものである。千葉も指摘するようにこの新しいロースクールにおいては，西洋法体系をモデルとした国家法に全面的に依拠するのは当然のことである。

　このような，とりわけ2000年以降の新たな状況のなかで，実定法もしくは国家法に依拠し，したがって同時にヨーロッパ中心主義的で国家法中心主義の法学教育を体現する，法学部における伝統的な法学教育のあり方を見直し，新たな状況に適応しうるように改革せざるを得ないようになってきているのである。多くの法学部では，今日，必ずしも国家法のみには拘束されない新しい法学教育のあり方とはいかなるものであるのかを，模索しつつあるといえる。このような近年の状況を踏まえて，千葉は自らの「法学の新たな方向」という構想，したがってまた総合比較法学の構想の重要性についてつぎのように指摘しているのである。「三方向に向かう前述の法文化研究［すなわち，国家法文化，非公式法文化，非西欧法文化］は，広義の法学の一側面をなすが，見方を少し変えるとそれだけにとどまらない大きな意義を持つ。とくにロースクール問題に忙殺されている現代日本の大学法学部のために示唆するものが大と私は確信する」，と。（千葉2003a：298）

　千葉にとって，既存の法学部内において多元性に着目するグローバルな法の研究と法学教育を探求するという，新たな方法の導入を模索するにあたって重要な意味を持ったのは，まさに2000年あたり以降の以上のようなロースクール問題を契機とする，わが国における法学教育のあり方だったのである。そして同時に，総合比較法学に基礎おいた多元性に着目するグローバルな法学教育の構想を展開するにおいては，上で紹介したメンスキーの法学教育改革論が直接，間接に大きな影響を与えたことは明らかである。千葉は言う。「日本の大学法学部に，アメリカ法学はじめ外国法学があるならば，非西欧法学も並んであるのが当然ではなかろうか。それは時代の環境に応ずるとともに，ロースクールから切り離されて方向を見失う観のある法学部に新たな使命を与え，世界における専門機関のメッカとして非西欧のみならず西欧の諸国からもこれに学ぶ者が続出するに違いないと，私は夢みるのである。」（千葉2003a：300）

90

〔角田猛之〕 *4* 千葉正士の「総合比較法学」の構想と法の多元性に着目した法学教育の提唱

　千葉は国家法と西洋法に全面的に焦点を合わせた，法学部における伝統的な法学教育の改革に関するユニークなプランをつぎのように提示している。「変化した時代の環境に応ずる一つの確実な方策は，大学法学部の研究と教育における法の観念を国家法から法文化に拡げることである。上述した法文化の三方向……すなわち，現代法学の手法による国家法の法文化，社会科学の手法による日本の法文化，および総合的手法による世界諸国諸民族の法文化［である。］……当面はそれらのうちから可能なテーマを一つでも法学部の講座あるいは講義科目に加えて以後の充実を目指すほかはないとしても，その理論的および実践的重要性を思うと，法文化学部ないし法文化学科あるいは法文化研究所があってもよい。」（千葉 2003a：298）要するに，世界規模のグローバル化と日本における大規模な法学教育改革という現象に直面して，千葉はかれの多元的法体制の概念をベースとする法そのものの概念の拡大を通じて，さしあたっては現存する伝統的な法学部の枠内において多元性に着目するグローバルな法学教育の構想を提示しているのである。

　そして総合比較法学というコンテクストにおいて，多元性に着目するグローバルな法の研究と法学教育のガイドラインをこのように提示しつつ，千葉は世界規模でのグローバル時代における国際レベルでの法研究と法学教育の推進にとっての，わが国での研究の重要性を強調している。千葉は言う。「こうして，日本で起こったこの法文化研究を飛躍的に発展させるものとしてその研究機構が制度化され研究のみならず教育の実績も蓄積されるならば，日本の法学の国際的業績となることは確かであり，現状ではそのような発想は世界のどこにもないから他の諸国とくに非西欧諸社会からこれに学ぼうとする動きが出て日本が法文化学のメッカとされることも可能であろう。」（千葉 2003b：14）

　千葉の総合比較法学の構想は，法文化に関する研究機関のみならず研究プロジェクトにおいても広範なる国際的な広がりを有している。したがって，世界規模でのグローバル化の影響のなかで法学者や法人類学者による共同研究プロジェクトのみならず，多元的法体制論や法文化に関する研究と教育のための常設の機関の設立をも世界に向けても発信し提案しているのである。

V　むすびにかえて——千葉の法文化論と法哲学

　千葉に言及しつつメンスキーは，国家法一元論の危険性をつぎのように指摘

第2部　人間と法の探究：法哲学・法社会学・法人類学

している。「ナチス世代の孫の世代として，わたしはナチスのような極端な法の権威と力への訴えは非常に危険で，容易にきわめて問題を孕んだ逸脱へと導きうることを十分に承知している。法理論において，法の多元主義的なモデルを探求するなかで，千葉正士教授の著述のなかに大きなインスピレーションを得た。……法に内在する多元的性質についての千葉の，発展の可能性を秘めた業績は世界規模で極めて大きな含みを有している。」(Menski 2009：3)

　それに対して，戦前の日本の超国家主義のいわば「こども」である千葉もまた，国家法一元論を一貫して批判している。たとえば1994年に，第二次世界大戦直後の自らの精神的，知的状況を振り返って戦前の日本の法哲学の状況をつぎのように述懐している。「ショックは，日本の過去の法哲学が主としてドイツを中心とする西欧の成果に学んで壮大とも見える体系を持っておりましたのに，それが日本の国家体制と戦争突入に対しては適切有効な批判を何一つできなかったことで，要するに，法哲学は観念的な遊びにすぎなかったと言われても反論しきれないと思われました。」(千葉 1994：896) そしてこのような真摯な学問的反省のなかから，その後の千葉・法文化論が一貫して有してきた視点を提示しているのである。上の言につづけて千葉はつぎのように明言する。「真に価値ある法哲学は，経験的現実に基づく理論をふまえて湧き出る哲学的思想でなければならない。」

　ここで千葉が言及している「経験的事実に基づく理論」とは，明らかに戦後改革を通じて追求された，わが国の近代化，民主化という実践的課題を担って戦後に川島武宜や渡辺洋三などを中心に展開されたアメリカ流の法社会学と，そして70年代以降——正確にはミネソタ大学にて1965年から66年にかけE・アダムソン・ホーベルのもとで在外研究をおこなって以降——千葉がわが国の学会に精力的に紹介するとともに，自らもその研究を進めてきた法人類学であることはいうまでもない。(角田 1998)

　これらふたつのファクター——すなわち「真に価値ある法哲学」と「経験的事実に基づく理論」——は，一貫して千葉・法文化論の主軸でありしたがって総合比較法学構想の方法論的基礎でもある。(角田 1999) そして本稿冒頭でも指摘したように，総合比較法学の「実証的資料を蓄積するのは法社会学的および法人類学的調査の役であり，これを理論化するのはこの両学の協力による法哲学の任」にほかならない。そしてまた，法哲学のアプローチを通して抽出し，

〔角田猛之〕 *4* 千葉正士の「総合比較法学」の構想と法の多元性に着目した法学教育の提唱

理論的精錬を経て千葉・法文化論の中核に位置づけられているのが，「法主体」論と「法文化のアイデンティティ法原理」の概念である。そこで最後に，かれのアイデンティティ法原理の概念に依拠して，千葉・法文化論における法哲学の重要性について指摘しておきたい[7]。

2003年に国際法社会学会長のヨハネス・フィースト（Johannes Feest）は千葉の法文化に関する英文論文集たる *Legal Cultures in Human Society: A Collection of Essays* の書評を公刊した。（Feest 2003：4）この書評においてかれは，千葉の非西洋法と多元的法体制論に関する業績を極めて高く評価し，またアイデンティティ法原理に言及しつつつぎのように指摘している。「かれのもっともオリジナルな（かつなお完全には展開されていない）学界での議論への貢献は『法文化のアイデンティティ法原理』である。ケルゼンの根本規範に類するこの概念は法文化の体系の一体性を説明するものと考えられている」，と。

千葉は私宛の2003年2月21日付け私信において，フィーストの書評に対する感想をつぎのようにのべている。フィーストが書評において「これ［＝アイデンティティ法原理］をケルゼンと対照するとは私の思ってもみなかった評価です。ケルゼンは日本の法哲学では神様のような存在だから，自分がそれに近付けるとは考えてみませんでした。だが思えば，私の国家法一元論と西欧法普遍論の批判は根底ではケルゼン批判にあたるわけですから，それも一理あると，人から教えられることのありがたさをまた感じた次第です。」

このわたしへの私信における千葉の真意，とくに後半部分の真意は若干測り難いところがある。しかし少なくともかれの言葉，とりわけ「ケルゼンは日本の法哲学では神様のような存在だから，自分がそれに近付けるとは考えてみませんでした」という言葉から，千葉がその研究の最初期の段階から晩年にいたるまで，一貫して表明しつづけていた極めて強い法哲学への〈思い入れ〉を読み取ることができるであろう。

【引用文献】

Arnaud, Andre-Jean（1993）ed. *Dictionnaire encyclopedique de theorie et de sociologie du droit, 2me ed.*, Paris.

千葉正士（1949）『人間と法──法主體の一考察』丁子屋書店。

---

(7) 千葉のアイデンティティ法原理の再考については（角田 2009）参照。

第 2 部　人間と法の探究：法哲学・法社会学・法人類学

——（1969）『現代・法人類学』北望社。

——（1994）「報告　非西欧法理論研究の現代的意義」北大法学論集 44 巻 4 号。

——（1998）「法文化の操作的定義」『アジア法の多元的構造』成文堂。

——（2002）「総合比較法学の推進を願う」滝沢正編集代表『比較法学の課題と展望』信山社。

——（2003a）「法文化論争から新法学への期待」法の理論 22 号。

——（2003b）「法学と法学部の行方——夢の旅路の拾い物 1」東海法学 30 号。

——（2004a）「学問研究の評価——夢の旅路の拾い物 2」東海法学 31 号。

——（2004b）「研究作業の難所——夢の旅路の拾い物 3」東海法学 32 号。

——（2005）「近代の功？罪？——夢の旅路の拾い物 5」東海法学 34 号。

——（2015）『法文化への夢』信山社。

Feest, Johannes（2003）Book Review, Chiba, Masaji, *Legal Cultures in Human Society—A Collection of Essays*, Tokyo: Shinzansha International, 2002, the RCSL News Letter（Winter, 2003）.

木下毅（1999）『比較法文化論』有斐閣。

Menski, Werner（2006）*Comparative Law in a Global Context The Legal Systems of Asia and Africa*, second ed., Cambridge.

——（2009）"Flying kites in a global sky and dodgy weather forecasts: Accommodating ethnic minority in the UK", Paper for the International Symposium 2009 at TUFS, Crossing Borders and Boundaries: Towards Transnational/Transcultural Comparative Area Studies, 14/15 February 2009.

——（2010a）"Fuzzy Law and Boundaries of Secularism", RELIGARE Lecture, www.religareproject.eu

——（2010b）"Flying Kites in a Global Sky: New Models of Jurisprudence, AKU Lecture.

Tan, Pol-Ling（1997）ed. *Asian Legal Systems: Law, Society and Pluralism in East Asia*, Sydney: Butterworths.

角田猛之（1998）「法文化へのアプローチ——法文化論の概念の試論的提示」日本法社会学会編（責任編集・六本佳平）『法社会学の新地平』有斐閣。

——（1999）「千葉・法文化論における法哲学・法思想史ファクター——アイデンティティ法原理と法主体論をてがかりに」法の理論 18 号。

——（2009）「千葉・法文化論再考——アイデンティティ法原理を中心にして」角田猛之・石田慎一郎編著『グローバル世界の法文化——法学・人類学からのアプローチ』福村出版。

〔角田 猛 之〕　*4*　千葉正士の「総合比較法学」の構想と法の多元性に着目した法学教育の提唱

——（2010）『戦後日本の＜法文化の探求＞　法文化学構築にむけて』関西大学出版部。

——（2014a）「ロンドン大学東洋アフリカ学院ロースクールにおける「アジア・アフリカの法体系」講義（2011-2012 年）の紹介——ヴェルナー・メンスキー教授の講義資料を中心にして」関西大学法学論集 63 巻 6。

——（2014b）「ロンドン特別区・タワーハムレッツでの「コミュニィティ・リーダーシップ・プログラム」の紹介——ロンドン大学東洋アフリカ学院（SOAS）との連携でのロンドンに現出する超多元社会（plurality of pluralities: POP）への取り組み」関西大学法学論集 64 巻 2 号。

Woodman, Gordon（1998）"Droit comparé general,", in Capeller & Kitamura eds, *Une introduction aux cultures juridiques non occidentales: autour de Masaji Chiba*, Brussels: Bruylant.

5 千葉理論から Chiba Theories へ
——多元的法体制論を語りなおす——

石田慎一郎

Ⅰ　はじめに——千葉理論から
Chiba Theories へ
Ⅱ　法体系および法秩序における
二つの法主体の在り処を捉える
Ⅲ　三ダイコトミーを語りなおす
——法秩序の多元的・動態的構
造を捉える
Ⅳ　アイデンティティ法原理を語

りなおす——法体系・法秩序を
統べる理念として
Ⅴ　おわりに
補遺　千葉正士先生「発言要旨」
—— 2005 年日本法社会学会学
術大会ミニシンポジウム「千葉
理論再考——人類学的視点」

Ⅰ　はじめに——千葉理論から Chiba Theories へ

　すでに 10 年前のことだが，2005 年 5 月に専修大学で開催された 2005 年度
日本法社会学会学術大会において，同世代の仲間とともにミニシンポジウム
「千葉理論再考——人類学的視点」を組織した[1]。この企画について事前に私信
で報告したところ，無名の若手研究者グループの勝手な発案によるシンポジウ
ムにもかかわらず，千葉本人が当日わざわざ足を運んでくれることになった。
海老名の自宅から都心の会場までの長距離移動は，タクシーと車いすを使って，
まさに万難を排してのことだった。千葉は，予め用意した原稿（本稿末尾に転
載）を会場で配布し，また自身で読みあげるとともに，次のような趣旨の言葉
をかけてくれた。私の理論はすでに私の手を離れており，若手研究者有志はそ
れを組み替え，発展させていけばよいのだと。
　私事だが，1997 年に学部 4 年生当時の指導教員から，法人類学をやりたい

---

(1)　このミニシンポジウムでは，石田慎一郎，則竹賢，馬場淳，薗巳晴の四名が報告した。
また，報告論文をとりまとめて小冊子『千葉理論再考——人類学的視点』（法人類学勉強
会編，2005 年）を 100 部作成して会場で配布した。

第2部 人間と法の探究：法哲学・法社会学・法人類学

のであれば千葉の研究をきちんと学んでいきなさいという助言を得た[2]。そこで，ニューギニア高地の調停者の役割について考察した自分の卒論のなかで千葉論文を引用してみたり，大学院進学後もさらに何篇かの千葉論文を読んでみたりした。国家法一元論に対する批判をはじめ基本的姿勢については理解できた気がしたが，三ダイコトミーやアイデンティティ法原理といった概念を中核とする千葉の多元的法体制理論（以下，千葉理論とする）の具体的内容についてはその可能性を理解できないままにいた。それは，私自身が大学院生時代に着手した東アフリカ農村社会の紛争処理事例のミクロな分析にとって，千葉理論が抽象的すぎて役に立たないもののように感じてしまったためである。後述するが，とくにアイデンティティ法原理は，そのような原理の存在を仮定する必要性を理解することさえ難しい厄介な存在だった。そして，しばらくのあいだはその有用性を理解することができないままにいた。その可能性について私自身が最初の気づきを得たのは，その準備のための私的な読書会をふくめて，2005年5月のミニシンポジウムを通じてのことである。

　同世代の研究仲間と法人類学勉強会の名で私的な読書会を重ねるなかで，2005年5月の学術大会で，何らかのテーマでミニシンポジウムを組織しようという話になり，千葉理論再考をテーマとすることにした。千葉正士の法人類学は，法社会学と社会人類学とを架橋する重要な業績とみなされているので社会人類学者が法社会学会で検討するテーマとして適しているはずだという考えと，どのような意味で有用であるかをこの際きちんと理解しておきたいという思いから，この企画に着手した。そして，シンポジウムへの準備をかねて千葉論文を共同で読むことにした。何点かの論文を選んで読むのでなく，包括的に読む，千葉理論を表面的に引用するのではなく，内容に踏み込んで批判的に検討し，そうした作業をふまえて論文を書くという課題を自らに課した。

　そうした作業のなかで，とくに「国家法に対する固有法浸透の通路」（千葉1983）と「法文化の操作的定義」（千葉1996）の二論文から，千葉の三ダイコトミー論が東アフリカの草の根での紛争事例の分析にとって有用であることを学んだ。そうした気づきを得ることができたのは，上述のようなスタイルの読

---

[2]　この助言は慶應義塾大学文学部において当時の私の指導教員だった棚橋訓から得た。また，東京都立大学大学院進学後の千葉理論の探究においては，松園万亀雄，宮本勝，河合利光から数々の助言を得た。

書会に身をおいたことによるのだが，それと同時に，具体的事例の一次資料を分析する経験をすでに得たことで，理論の着地点を見定めることができるようになったためでもある。すなわち，以前にケニア西部グシイ社会における埋葬訴訟を分析した論文を，三ダイコトミーを用いた分析として再構成することが可能だということに気づいたためである。その具体的内容は後述するが，そうした気づきによって，ようやく千葉の三ダイコトミー論の有用性を自分なりに理解できるようになった。そして，ミニシンポジウムで発表した論文は『法社会学』に投稿し，掲載された。だが，その時点においてもなお千葉理論の全体像をつかみきれずにいた。アイデンティティ法原理についての考察を保留したままに，三ダイコトミーに限定して千葉の多元的法体制論を受け止めていたためである。アイデンティティ法原理を含む千葉理論全体を自分なりに理解できるようになったのは，その後，千葉スクールの指導的研究者である角田猛之とヴェルナー・メンスキーとに出会い[3]，直接に教示を得たことによってである。

　本論文の第一の目的は，以上のような経緯のなかで私なりに理解するようになった千葉理論の可能性を，私なりの方法で語りなおしてみることである。千葉理論の可能性を考えるうえで千葉の著作を熟読することが必要であることはいうまでもない。しかし，それだけでは，何かが足りない。千葉自身による千葉理論を様々な研究者の創意工夫による複数形の Chiba theories へと組み替えていくことが，同じくらいに，あるいはそれ以上に必要だと私は考える。今日の国内外の千葉スクールを見渡せば，まさにそうした意味での多様な Chiba theories の展開が，千葉理論それ自体の可能性を物語っているといってもよい。

　本論文では，以後Ⅱ節からⅣ節にかけて，千葉理論の全体像について，私自身がこの 10 年のあいだに得た理解をもとに語りなおす。とくに千葉のいう社会的法主体と人間的法主体の対比および法体系と法秩序の対比におけるそれぞれの後者において，三ダイコトミーとアイデンティティ法原理という二つの基本枠組みをどのように把握することができるのかという点が本論文での主な探究対象である。これらは千葉の著作で頻出する基本的概念だが，千葉自身が本

---

(3)　その経緯については，2008 年の日本法社会学会学術大会ミニシンポジウムとその経緯についての角田猛之による記録（角田 2008），関西大学・首都大学東京・ロンドン大学東洋アフリカ学院における一連の千葉追悼セミナーの記録（角田 2015），ならびに 2008 年 2 月にロンドン大学東洋アフリカ学院のヴェルナー・メンスキーを訪問したことについての記録（石田・河村 2009）を参照。

第2部　人間と法の探究：法哲学・法社会学・法人類学

論文のようなかたちでこれらの概念を編成したことはない。これは千葉自身が自らの著作で述べていることの要約というよりも，私自身の踏み込んだ読みに基づく，Chiba theories のひとつである。最終のⅤ節では，千葉理論をめぐる新しい問題意識について述べる。私は，現在は後述するような新しい問題意識をもっているので，そのことについても論じておきたい。

Ⅱ　法体系および法秩序における二つの法主体の在り処を捉える

　千葉は，固有の法を営む人間集団としての「社会的法主体」と法にむきあう個人としての「人間的法主体」との二つの法主体概念を用いるが，その対比において後者を明確に論じたのは，1995 年の論文「法の主体的意義——法主体論終章稿」(1998 年の著書『アジア法の多元的構造』2章に再録）である[4]。この論文では，「法理論の無主体性」に対する問題提起として，次のように述べている。

　　「法理論の無主体性」とは，現代法学の正統的理論が法における人間の主体性を認識するためにこれに権利主体の概念を与えるけれども，受範者と客体視するだけで，権利主体にとっての権利の主体的意義には実は無関心であることを，かりに表現したものである。(千葉 1998：42)

　ここでの千葉の関心は，「個々の受範者すなわち行動の主体が判断にあたって経験する人間的な苦悩の内面に立ち入らない」法理論を批判し（千葉 1998：45），権利主体の主体性を考慮することである[5]。人間的法主体は，多元的法体制において，「ある行動をするのに複数の法基準の中から一つを選択する資格がある」。そして「選択は自由なこともあるが，むしろ多くは条件があり最終決定までには大小の悩みをともなう」（千葉 1998：56）。

---

(4)　千葉は，角田論文（1999）に応答する論文において，「全体構造としての法の主体を社会的法主体，個人としての権利の主体を人間的法主体と言い，ただし間違う虞れのない場合は前者を単に法主体と表示してもよい」と述べている（千葉 1999：230-231)。

(5)　角田は，1999 年の論文「千葉・法文化論における法哲学・法思想史ファクター」(『戦後日本の〈法文化の探究〉』1部3章に再録）で，法主体概念の二面性が千葉・法文化論を特徴づけていることを指摘している（角田 2010：91)。すなわち，千葉のいう法主体は，多元的法体制を分析する際に法の担い手を見極めるための道具概念であると同時に，担い手の主体性を指示する点で「千葉・法文化論を根底において支える法哲学的立脚点」でもある（角田 2010：94)。

〔石田慎一郎〕　　　　　　　　　　　　　　　　　*5*　千葉理論から Chiba Theories へ

　それ以前の，例えば 1988 年の著書『法社会学──課題を追う』[6]（千葉 1988）
では，実質的には人間的法主体の存在を前提とする議論を展開しながらも，法
主体の概念説明においては社会的法主体のみに言及しているために，千葉の多
元的法体制論が，もっぱら社会的法主体がになう法の多元的構造を解き明かす
ものであるかのような印象を与えてしまう。だが，それは千葉自身の本来の意
図とは異なるはずである。薗巳晴（2009：50-53）が指摘したように，千葉の法
理論は，人間的法主体を基軸とした読み直しが可能である[7]。千葉が 1949 年
に刊行した最初の単著『人間と法』は，自らがそう認めていたとおり，このよ
うな意味での人間的法主体の姿を考察した萌芽的著作だった（薗 2009：50）。

　千葉は，研究開始の早い段階から一貫して，法体系と法秩序とを区別し，後
者において人間的法主体の在り処を求めていた。上記『法社会学』では，広義
の法システムを，「法体系」（legal system）・「法秩序」（socio-legal order）・「法
文化」（legal culture）の三概念あるいは三次元において区別しているが[8]，そ
のような区別は──千葉はそう明言していないけれども──法主体論およびア
イデンティティ法原理論と理論的に補強しあう関係にある。すなわち，「法体
系」は社会的法主体（集団）が法規の体系として構築する法であり，「法秩序」
は多様な人間的法主体（個人）の選択と苦悩が突き動かす現実の社会秩序とし
ての法である（千葉 1988：56-57）。そして，「法文化」は，二種の法主体がそ
れぞれに営む法体系・法秩序を，それぞれの社会文化的文脈において理解する
ものであり（千葉 1988：54），千葉はそのような営みのなかで固有の法を導く
理念を「アイデンティティ法原理」と呼んだ。踏み込んでいえば，法体系は社

---

(6)　既論文を集成した『法文化のフロンティア』『アジア法の多元的構造』と違って，
　　1988 年の著書『法社会学──課題を追う』は全編書下ろしの著作であり，1980 年代後半
　　の千葉の法理論を体系的に把握するうえで重要な著作である。

(7)　ブロニスラフ・マリノフスキー『未開社会における犯罪と慣習』は，苦悩する人間的
　　法主体の在処を考察した古典的作品と位置づけることができる。

(8)　千葉は，1952 年から 1953 年にかけて発表した論文「法体系・法秩序と法の構造」（千
　　葉 1980 の 8 章に再録）において，恒藤恭の 1951 年の論文「法体系と法体制と法秩序」
　　を手がかりに法体系と法秩序の区別を論じ，「法解釈学は主として法体系を対象とする
　　もの，法社会学は主として法秩序を対象とするもの，そして法哲学はこの両者を価値的
　　に批判するもの」と位置づけている（千葉 1980：105）。角田猛之『戦後日本の〈法文
　　化の探究〉』も同様に「法規範・体系」「法実態・秩序」「法文化」を法の三要素を区別
　　している（角田 2010：4-9）。

101

第 2 部　人間と法の探究：法哲学・法社会学・法人類学

会的法主体の働きを，法秩序は人間的法主体の働きを，法文化は法体系と法秩序におけるアイデンティティ法原理の働きを捉えるための次元である。千葉（1988：33）は，法体系が法の法学的概念に，法秩序が法の社会学的概念に，法文化が法の人類学的概念に相当するものと説き，後二者を法社会学固有の研究対象であると位置づけている。ただし，この三者は，全体に対する部分として別個に実在するわけではなく，ある法システムを三つの側面において捉える概念と理解すべきものである（千葉 1988：55）。

　千葉は，以上のように法体系と区別される法秩序の研究を重視する[9]。法秩序をめぐる千葉の研究は，(1)人間的法主体に着目する紛争理論の構築，(2)多様な社会統制手段の考察，(3)個人の多様な法選択や逸脱行動をも含む全体としての秩序の構造分析などを主題とする（千葉 1988：Ⅱ部；千葉 1980：8 章）。(1)については秩序と紛争の連続性を考察する紛争理論研究，(2)についてはサンクションを構造変数のひとつと位置づける法理論研究，(3)学区制，神社制度，反社会的職業等を事例とする日本の法秩序構造の研究，に結びついている。これらのテーマはいずれも人間的法主体の現実の姿についての経験的研究を求めるものである。

　以上のように，千葉は，研究開始の早い段階から，法体系および法秩序における二つの法主体の在り処を捉える視点を一貫して育んできた。千葉が 1970 年代末に本格的に着手した多元的法体制研究についても，法体系と法秩序，社会的法主体と人間的法主体，それぞれの両面に根差した理論構築を目指した。ところが，上述のように，1995 年の論文で明確に議論するまでは，それぞれの一方，すなわち社会的法主体になう法の多元的構造を解き明かすものであるかのような印象を与えてしまっていた。本論文は，多様な人間的法主体（個人）の選択と苦悩が突き動かす現実の社会秩序，すなわち法秩序としての多元的法体制の動態的側面を捉えるための若干の理論的補強について考える。次節では，社会的法主体から人間的法主体への視点の転換に伴う，法の多元的構造を捉える千葉の三ダイコトミーの組み替えについて議論するところから始めたい。

---

(9)　千葉は「法秩序の語は，法学で一般的には法体系と同義に用いられる。しかしここでは区別されている」とあえて補足説明をしている（千葉 1988：50）。

Ⅲ　三ダイコトミーを語りなおす
──法秩序の多元的・動態的構造を捉える

　千葉の多元的法体制論における三ダイコトミーの概要は次のとおりである（千葉 1988：41-45; 1991：268; 1998：75-78; Chiba 1989：177-180; 2002：16-20 & 234-236）。

　　　公式法・非公式法：公的権威・国家によって公認されているか否か
　　　移植法・固有法：当該社会の伝統文化に起源するか否か
　　　法規則・法前提：顕在的な規則か潜在的な理念か

　理論・方法論としての千葉の三ダイコトミー論の本質は，多様な社会規範が，これらのダイコトミーによって示された両極端の間で自在に変化しつつ，法システム全体における属性ないし位置づけを更新していく動態的過程を，三つの分析基準によって三次元的に捉えてみようとする着想にある。例えば，非公式法の位置づけにあったある社会規範が公式法の位置づけを得ていく過程は，別の側面から見れば，固有法の枠組において定式化されていた社会規範が移植法において定式化されうる社会規範へと加工される過程として特徴づけられる場合もある。このように，多元的法体制の動態的過程を多角的に捉えるうえで，三つのダイコトミーは有用である。

　千葉の多元的法体制論は，法の多元的構造を「三ダイコトミーそれぞれの変数の組み合わせ」（千葉 1998：79）として観察するところに特徴がある。社会的法主体についての理論モデルと位置づけるならば，それは特定の法システム全体の多元的構造を分析するためのマクロな動態モデルとなる。それに対して，私は，三ダイコトミーの道具概念を，そうしたマクロな分析よりも，人間的法主体の具体的な行為の次元，すなわち紛争あるいは裁判の過程──とりわけ当事者の意見表明を推力とするところの規範形成の過程──についてのミクロな分析のなかで活用することを試みている。そのような手法による方が，千葉理論の有用性を経験的に確認することができると考えたためである。少なくとも法人類学の実証研究の場合にはそういえると考え，個別法システムの多元的構造についてのマクロ分析ではなく，個別紛争の多元的構造についてのミクロ分析をもとに，多元的法体制の動態を明らかにすることにした。このような読み替えは，千葉の用語でいいかえるならば，社会的法主体から人間的法主体への

第2部　人間と法の探究：法哲学・法社会学・法人類学

視点の転換である。

　上述のとおり，千葉は，法の多元的構造は「三ダイコトミーそれぞれの変数の組み合せ」として観察できると述べている。この「組み合わせ」という表現に伴う独特の語感が，千葉理論を難解なものにしている理由の一つである。千葉自身は公式法／非公式法のダイコトミーに他の二つのダイコトミーの各項を一律に対応させることで，単一の二項対立に還元しようとしているわけではない（Chiba 1986 : 389; Rouland 1994 : 61-62）。千葉は，具体的には，国家法体系において移植法と固有法がそれぞれに公式法としての扱いを受ける場合や，国家法の中に非公式法が浸透していく場合などを想定している（Chiba 1989 : Chapter 7; 千葉 1991 : 8章）。

　紛争の多元的構造についての人間的法主体のいとなみをめぐるミクロ分析においても千葉理論は使えるというというのが私の理解するところである。ただし，千葉独自の分析概念は経験的研究にそのまま応用できるわけではない。若干の補正が必要である。じっさい，千葉は，2003年の『法の理論』22号に掲載された論文「法文化論争から新法学への期待」のなかで，次のとおり三ダイコトミーの一部を補正あるいは修正する必要性を認めている。

　　私が既発表の法文化理論をここで補正したい二点とは，三ダイコトミー中の法
　　規則・法前提の意義と，社会規範としての法の概念とくに要件とである。前者
　　については，従来の説明には不足があると私自身認めている。三ダイコトミー
　　中の公式法・非公式法と固有法・移植法の二組およびアイデンティティ法原理
　　（Ⅰ原理）については読者の理解が得られていると言ってよいであろうが，法規
　　則・法前提についてはそれがない。前の二ダイコトミーを応用して効果的だっ
　　たと報告してくれたトルコとタヒチの若い研究者も黙したままで，ほかにこれ
　　に注目まして応用した例も聞いていないからである。（千葉 2003 : 292）

　私は，2005年のミニシンポジウムで発表した論文に若干の加筆をしたうえで，『法社会学』64号に「紛争過程分析における千葉理論の所在——法規則・法前提のダイコトミーをめぐる方法論的提言」（石田 2006）と題する論考を投稿し，千葉の三ダイコトミー論を経験的な紛争過程分析に応用するための，若干の方法論的提言を行なった。そこで重点的に行なった作業は，千葉自身がその必要を認めた法規則・法前提のダイコトミーの「補正」である（千葉 2003 :

292)。千葉のいう法規則・法前提のダイコトミーは，法体系，とくに国家法に特有の二層構造をモデルとした概念枠組であり，定式化の様態において個別法規範の比較的特徴を把握するための枠組である。私は，上記論考のなかで，まず，三ダイコトミー全体を紛争過程の構造分析のための枠組として活用することを提案した。次に，規範形成の推力となる当事者の主張表明における定式化の比較的特徴を捉えるために，三ダイコトミーのうちのひとつ（法規則・法前提）を補正して得た新たなダイコトミー（形式的規定・実質的理解）を提案した。グシイ社会における，形式的指標（婚資支払いの有無など）から婚姻の法的意義を規定する観点と，実質的内容（同居・扶養の有無など）から婚姻の法的意義を理解する観点との対立として特徴づけられる紛争を分析したかぎりでは，新しい三ダイコトミーの用途を例証することができたと思う。

IV アイデンティティ法原理を語りなおす
——法体系・法秩序を統べる理念として

　『法社会学』64 号掲載の上記論考は，三ダイコトミーをつかった個別紛争の多元的構造のミクロ分析を実践したものであり，そこではアイデンティティ法原理の位置づけについて検討しなかった。それはアイデンティティ法原理という抽象度の高い概念を，経験的なデータの次元で議論することが困難だと考えたためである。けれども，その後，角田やメンスキーとの研究交流を通じて，千葉がアイデンティティ法原理を自らの多元的法体制の中核とした必然性を理解するようになった。すなわち，三ダイコトミーによる動態化側面の把握だけでは，千葉の多元的法体制論が法の理論として完結しないというところに，アイデンティティ法原理を求めた理由があると理解するようになった。

　2009 年刊行の『グローバル世界の法文化——法学・人類学からのアプローチ』に寄稿した論考では次のような論点を示した。三ダイコトミー分析の可能性について検討した『法社会学』64 号掲載の論考では，法の「多元化」の動態を分析するための理論としての千葉理論を積極的に評価することを目的としていた。だが，最終原理によって示されるような「規範化」の比較的特徴を明らかにすることはできなかった。要するに，上記論文は，法の「多元化」や「個別性」の局面を重視した一方で，法の「規範化」や「普遍性」に十分に目を配っていなかった。すると，法の「柔軟性」については実証レベルで明らかにする

第 2 部　人間と法の探究：法哲学・法社会学・法人類学

ことができるが，「確定性」については語る言葉を失ってしまう[10]。多元化・個別性・柔軟性を強調しながら，規範化・普遍性・確定性について考えようとしなかった上記論考は，千葉の多元的法体制理論（三ダイコトミーとアイデンティティ法原理からなる）の全体像を検討する論文としては足りなかった。

　私自身は，経験的実証研究をすすめる法人類学者として，個別法体系システムに関するマクロな理論モデルよりは，個別紛争過程に関するミクロな分析を中心に研究を進めている。もちろん法研究は紛争研究だけに還元できないので，より一般化していえば法運用過程に関するミクロ分析である。先に述べたとおり，具体的な法運用の過程分析に千葉の三ダイコトミー（本来は「個別法システムに関するマクロな理論モデル」）を応用した際は，「多元化・個別性⇒法の柔軟性」を明らかにすることに力を傾けたが，アイデンティティ法原理と法運用過程に関するミクロ分析との関係如何について検討する手がかりが見つからなかった。その後，思い至ったのは次の点である。世界各地の法システム（法文化）は，それぞれの様態で「多元化」しており，裁判過程であらわれる具体的な法の姿はそうした「多元化」を反映して「個別的」である。だが同時に，そのような法には，当該地域固有の「規範化」（または普遍化）の力も働く。このような多元化（個別性）と規範化（普遍性）の緊張関係のうえに実現される様態としての当該地域特有の「法の支配」の比較的特徴こそが，千葉のいう「アイデンティティ法原理」なのではないか[11]。

　千葉は，1988 年の著書『法社会学』のなかで，多様な法体系・法秩序・法文化は，それぞれがそれぞれの法主体の文化的アイデンティティを求める主体的な努力によって維持されてきたものだと述べている――「どの民族にとっても，自己が保持する法体系・法秩序・法文化は，自己の文化的アイデンティティを発展させつつ維持しようとして，主体的な努力をもって直面する困難と闘ってきた結果の現象にほかならない」。（千葉 1988：58）

　千葉は，その後の著作で「法主体」および「アイデンティティ法原理」の概

---

[10]　この点について，例えば，アフリカの法は，法典上にテキスト化＝固定化されておらず柔軟性に富むが，無限に柔軟ではないし，「何でもあり」（anything goes）ではないというヴェルナー・メンスキーの指摘（Menski 2006：396）は重要である。ゴードン・ウッドマンも同様の見解を述べている（ウッドマン 1994：161）。

[11]　角田論文（2009：35-36）は，このような視点について一定の妥当性を認めたうえで，法理論上の補足的説明を加えている。

〔石田慎一郎〕   *5*　千葉理論から Chiba Theories へ

念を用いて，こうした視点をより明確に表現している。千葉が最初にアイデン
ティティ法原理の着想を示したのは，1985 年の論文「多元的法体制における
フォークロー――法人類学の課題」においてである（千葉 1985a，千葉 1991 の付
論に再録）。同年に発表した別の論文「アイデンティティ法原理――法文化の
法哲学的基礎を求めて」（千葉 1985b，千葉 1991 の 9 章に再録）は，ハロルド・
バーマンの著書『法の革命』（Berman 1983）による「法的アイデンティティ」
概念から着想を得て，アイデンティティ法原理という新しい概念を生み出した
学術的背景を述べている。それ以来，千葉は「一法文化の文化的同一性を基礎
づける最終原理」と定義するアイデンティティ法原理を，自らの法理論および
多元的法体制理論の中核にすえてきた。これは固有の文化的アイデンティティ
の探究が固有の法システムの探究と結びつくような，あたらしい法と社会の姿
を導くための理念であり，もっぱら植民地支配を経験したアジア・アフリカ諸
国の法の姿についての議論と親和性が高い。

　千葉にとってアイデンティティ法原理は 1985 年以降の新しい概念ではある
が，研究開始の当初からこれに相当する「理念」の存在を仮定していた。千葉
の初期の論文における法を統べる「理念」をめぐる議論において私がとくに注
目するのは，千葉が法体系と法秩序とを区別したうえで，その両者についてそ
れぞれを統べる「理念」の存在を求めたことである。千葉が 1952 年から 1953
年にかけて発表した論文「法体系・法秩序と法の構造」（1980 年の著書『法と
紛争』8 章に再録）は，法体系と法秩序の概念区分を論じた初期の作品であり，
かつこの論点についての論文としては最も体系的な内容をもつものである。こ
の論文は，法体系と同様に法秩序にもそれぞれに全体をまとめる理念の存在が
あること，法秩序の理念は他の諸社会秩序および全体としての社会秩序の理念
と一致すべく調整が求められることを指摘している――「人間は，まず根本的
に全体としての社会秩序の理念をはじめ，法秩序その他の諸社会秩序の理念を，
正しい方向において一致させるべく，もし一致していない場合には，これを一
致するよう修正すべき課題を持つ」（千葉 1980：131）。「法社会学は，事実を忠
実に認識することを本旨とする。（中略）理念を論ずるものは，法哲学でなけ
ればならない」（千葉 1980：134）。この論文において千葉はそう述べていない
けれども，私は，ここでいう「全体としての社会秩序の理念」を「一法文化の
アイデンティティ法原理」に重ね合わせて理解することが可能だと考える。

107

第2部　人間と法の探究：法哲学・法社会学・法人類学

　千葉は，アイデンティティ法原理を identity postulate of a legal culture（一法文化のアイデンティティ法原理）と英訳したが，一法体系のアイデンティティ法原理（正確には，一法体系を導くアイデンティティ法原理）という言い回しも可能である（じっさい千葉自身の著作にも「一法体系のアイデンティティ法原理」という表現がみられる）。それは当該の法体系を法文化としてみるということでもあるが，踏み込んでいえば，社会的法主体による法の探究過程におけるアイデンティティ法原理の働きに着目するということを意味している（千葉 1991：272-273）。理念についての千葉の議論をふまえていうと，一法秩序のアイデンティティ法原理（正確には，一法秩序を統べるアイデンティティ法原理）もまた論点として妥当である。だとすれば，一法秩序のアイデンティティ法原理を考察の対象とする場合に，それはどのような議論になるか。法秩序を対象化する以上は，社会的法主体の次元のみならず，人間的法主体の次元においても法文化＝アイデンティティ法原理の働きを認めて考察の対象とすることになる⑿（千葉自身はそのような論じ方をしていない）。経験的研究においてそれはどのような手法をとることになるか。

　本節冒頭で，法における柔軟性（多元化・個別化による）と確定性（規範化・普遍化による）との緊張関係のうえに実現される様態としての当該地域固有の「法の支配」の有様を「アイデンティティ法原理」に相当するものとみなす視点を示した。これを人間的法主体の次元で把握するならば，こうした緊張関係において，当事者たちの視点でバランスのとれたジャスティスを追求する運動⒀を，アイデンティティ法原理の働きとして理解することになる。そうした視点は，次のような Chiba theories の展開に結びついている。

　Chiba theories を展開する複数の研究者の議論のなかでも，とくにヴェルナー・メンスキーによる法の三極モデル⒁は，法の三属性のあいだの緊張関

⑿　このような問題意識は，多様な法的アクターの主体的関与から新しい法の創発にいたるプロセスを考察する長谷川晃の法のクレオール論（長谷川 2012）にもつながる。長谷川は，このプロセスの特徴を「分散的収斂」の概念で表現し（長谷川 2012：17），主体的過程から超主体的過程へといたるプロセスにおいて，両者を架橋する間主体的過程の有り様を問うことがとくに重要であることを指摘している（長谷川 2012：11）。

⒀　私自身は，『グローバル世界の法文化』の掲載論文において，アフリカ慣習法成文化事業に対する不毛な本質主義批判を退けたうえで，固有法ならびに慣習法の記録を，参加型かつ一般公開性の高いかたちで積み上げていくことの意義を考えた（石田 2009）。

⒁　メンスキーの三極モデルは，リーガルプルーラリズムを法実証主義的思考・自然法的

係におけるバランスのとれたジャスティスを追求するものである（石田 2008）。メンスキーによれば，あらゆる社会に各々独自の様態で，法実証主義的思考・自然法的思考・個別社会規範の三者間の緊張関係が存在する。メンスキーがこのような議論をするのは，例えばアフリカの諸社会における「法の支配」，ジャスティス実現の方法，民主主義的な合意形成と法運用におけるアカウンタビリティの要請について考察する文脈においてである（Menski 2008：Chapter 6）。さらに，そうしたバランスを探究する法主体の存在を想定して，メンスキー（Menski 2006; 2009; 2011）は，そしてその弟子にあたるイフサン・イルマッツ（Yilmaz 2005）とプラカシュ・シャー（Shah 2005：9）は，千葉の法主体論（Chiba 1989：Chapter 8）にロジャー・バラードがいうところの「文化の巧みなナビゲーター」（skilled cultural navigators）を重ねて，それぞれリーガルプルーラリズムの「巧みなナビゲーター」，「法の巧みなナビゲーター」，「リーガルプルーラリズムを受容する側の主体的視点」について論じている。多様な人間的法主体によるナビゲーションは，民主的な，あるいは参加型の多元的法体制を構築していくために必要な存在である。

Ⅴ　おわりに

　以上で述べたことが，現時点での私自身の千葉理論の理解と，そこから私なりに考えるところのChiba theories の可能性のひとつである。最後に，本節では，Chiba theories のひとつを探究する私自身の今後の課題として，現時点で考えていることを簡潔に述べる。論点は二つある。第一は，法のプルーラリズムと，ジャスティスのプルーラリズムとは同じことなのか，両者の間に違いがあるとしたらどのようなものかということについてである。第二は，法主体のゆくえという問題についてである。もちろん，これら二つの論点は，これまでの法哲学・法社会学の研究蓄積を踏まえて議論を深める必要があるはずなので，ここでは簡単な覚書に留める。

　私は，ヴァルター・ベンヤミンの論文「暴力批判論」から，法のプルーラリ

思考・個別社会規範の三者間の緊張関係においてとらえ，それらの間のバランスの探究を法の課題とする理論である。メンスキーは2008年以降にこの三極に国際法の次元をつけくわえた新たな四極モデルを提示している。四極モデルについては角田（2014）を参照。

第2部　人間と法の探究：法哲学・法社会学・法人類学

ズムとジャスティスのプルーラリズムとを区別する視点，すなわち上述の第一
の論点を学んだ。法を独占しようとする国家にとって，自らの手中にない法措
定的暴力は「それが追求するかもしれぬ目的によってではなく，それが法の枠
外に存在することによって」法を脅かす（ベンヤミン 1994：35）。このような意
味での法のプルーラリズムは，法措定的暴力のあいだの永遠の競合状況として
の「呪縛圏」（ベンヤミン 1994：53）に相当する。このような呪縛圏を超越しう
るのは，法を破壊する神の暴力か，法を排除する非暴力的な紛争調停・和解か
のいずれかであるという。私は，ベンヤミンのこのような議論を，単なる諦念
ではなく，法のプルーラリズムではなく法のオルタナティブによって[15]，ジャ
スティスのプルーラリズムを議論する可能性を示唆するものと理解している。

　神の暴力ならびに非暴力的な紛争調停・和解を，呪縛圏を超越するジャス
ティスの姿として想定するならば，合理的・自律的な法主体の存在を前提とす
る立場とは異なるかたちで，あるいは人間の理性・知性・行為を法の根拠とす
る立場とは異なるかたちで，ジャスティスの有様を考えることになる。これ
は，上述のうちの第二の論点，法主体のゆくえを問う議論につながる論点であ
る。それは，合理的・自律的な法主体像を生身の個人に外側から貼り付けてし
まうことの問題点として，例えば『法社会学』64 号の特集「法主体のゆくえ」
においても検討されている（山本 2006）。本論文で論じたように，千葉は，自
らの法理論において二つの法主体の主体性に法創造における重要な役割を認め，
私自身もそのような立場からの語りなおしを試みてきた。だからこそ，このよ
うな意味で法主体のゆくえを問うならば，ここにも千葉理論を再考する余地が
あると思われる。

　顧みれば，私は，前述のように三ダイコトミー分析の着地点を見出したケニ
ア西部グシイ社会の事例研究では，当事者対抗的な裁判プロセスにおいて主張
表明する人びとの，まさに「主体的」な姿を観察していた。他方で，私が本節
で述べた点に興味を抱いたのは，ケニア中央高地イゲンベ社会の一農村におけ
る紛争処理についての，現在進行中の民族誌的研究を通じてのことである。イ

---

　(15)　アナリース・ライルズは，日本の金融取引市場についての民族誌のなかで，グローバ
　　ルな私法が国家法に対するオルタナティブとなるのは，それ自体に固有の規範を措定す
　　るという意味で国家法と機能的に類似／競合するからではなく，質的に国家法と異なる
　　からだと指摘する（Riles 2011）。

〔石田慎一郎〕　　　　　　　　　　　　　　　*5*　千葉理論から Chiba Theories へ

ゲンベの人びとは，プロセスとしては当事者対抗的な裁判よりもムーマ（自己呪詛の手法による当事者の「無罪宣誓」）に，決着としては第三者による判決よりも，虚偽のムーマをした結果として生じた災いの連鎖を断ち切るための当事者による事後的かつ自発的な告白（虚偽のムーマをしたことの告白）に，正しさを求めている（Ishida 2014）。

　こうした論点を千葉法文化論全体の文脈で考えてみる場合に，千葉が法文化の概念を，本稿2節で述べた意味に加えて，法の道具的機能に対置される法の象徴的機能（千葉 1988：166; 1991：17）の側面をとらえる概念として使用していた点をあわせて考慮すればよいのかもしれない。本書序論の4節で述べたように，そうした論点は，法主体論あるいは法秩序論が強調する人間（人間的法主体）の行為の側面のみに還元しえない法の内在的メカニズムを捉えるための手がかりとなる。千葉が，具体的な個人の行為を推力とする紛争調停のプロセスにおいてさえ，非人格的介入者の存在（千葉 1980：73）に着目したことは，この点に関連して重要である。

補遺　千葉正士先生「発言要旨」
──2005年日本法社会学会学術大会ミニシンポジウム
「千葉理論再考──人類学的視点」

　このシンポジウムは，ちょうど60年になる私の研究人生に一段落を示す特記すべきうれしい機会です。その理由は，私が近代法と近代法学の国家一元論と西欧法普遍論に疑問を抱き，それによって法の世界から疎外されていた非西欧法を復権しひいて全人類のあらゆる法を適切に観察・分析する操作的な概念枠組を試みた作業仮説が，なお多くの不備を残しながらも基本的な志向は有意義だと報告者と学会が認めたと私は受け取るからです。私の概念枠組は，過去にも少数ですが個々の研究者から注目されたことがあり私はこれをありがたいことと特記していましたが，今回のシンポジウムは学会が法社会学の一テーマとしていわば公認した初めての機会でそのことが私には重要ですし，また，報告者4名が研究生活に入ってまだ数年の若い人類学者でそろって非西欧の部族社会に生きて働く法を取り扱う観察眼も貴重です。ゆえに私からすれば，要するに法人類学の方法で世界の法文化を対象とし，その観察・分析に使用する概念枠組として私案が修正改良に値する妥当性を持つとしたと解され，当初は作

III

第 2 部　人間と法の探究：法哲学・法社会学・法人類学

業仮説であった試案が法人類学的理論に昇格する途を一歩進めたものです。その意味で私は報告者方と本学会に感謝し心の安堵を覚えます。

　同時に，報告者に加えて関心ある他の研究者が本日展開された議論を一層精錬して法理論として完成を図り，それをもって世界の学者が西欧と非西欧とに通ずる人類全体の法文化のあるがままを正確に観察かつ分析できるようになることを夢みる次第です。それには，本日以前にもこの概念枠組に関連して私の特記する機会が幸いにも数回あったことを付け加えてご参考に供したいと存じます。

　一つには日本で，安田信之君がアジア法理解の概念枠組を創案し（1987 年）私案を紹介（1997 年），角田猛之君が私案を詳しく解説した（1999 年）後に，青木人志君が私案の不可解な点を指摘しています（2002 年）。二つに外国で，ロンドン大学アジア・アフリカ研究所の Werner Menski 君が *Comparative Law in a Global Context: The Legal System of Asia and Africa*, London: Platinum, 2000 で私案を非西欧法に最適で有用と評価し，その理由で今秋 Cambridge UP からこれを再版するにあたり私に献呈すると最近通知がありました。三つに，国際法社会学会会長の Johannes Feest 君（ブレーメン大学）が私の *Legal Cultures in Human Society*, Tokyo: Shinzansha International, 2002 の書評で私案中のアイデンティティ法原理をケルゼンの根本原理に対比しました（2003 年）。他方，世紀交替のころには，青木君の紹介する Friedman や Cotterell 等の法文化論に，安田君の言及する Mattei, Hoecke & Warrington, Glenn, Berkowitz et al. 等の非西欧法論などがありますが，それらには私の検討が及んでいませんしそのほかにもあるだろう新研究とともにすべてを消化してくださることを私は願っています。

　ついでに関連する法理論上の問題点を二つ加えることをお許しいただきたいと思います。一は法主体で，このシンポジウムでは個人的法主体が問題ですが，私は伝統的な部族や親族組織，地方組織や宗教団体，それに現代的な任意集団から反社会集団までそれぞれ固有法を持つ社会組織を（社会的）法主体をなすと解しております。二に，紛争は法の敵であるというのが常識ですが，実際の社会では法と同時存在しているので秩序（法）と紛争の連続性理論が成り立つという作業仮説を私は提起しました（『法と紛争』三省堂，1980 年）。先の概念枠組とともに関心ある方が頭にとどめ折を見て検討してくだされば幸いです。

〔石田慎一郎〕　　　　　　　　　　　　**5**　千葉理論から Chiba Theories へ

【引用文献】[16]

青木人志（2002）『動物の比較法文化──動物保護法の日欧比較』有斐閣。

ベンヤミン，ヴォルター（1994）『暴力批判論　他十篇』（野村修編訳）岩波文庫。

千葉正士（1949）『人間と法──法主体の一考察』丁子屋書店。

──（1952-1953）「法体系・法秩序と法の構造(1)(2)」季刊法律学 13 巻 27-51 頁，14 巻 29-38 頁（標題変更して『法と紛争』8 章に再録）。

──（1980）『法と紛争』三省堂。

──（1983）「国家法体系に対する固有法浸透の通路」アジア経済 24 巻 2 号 2-12 頁（標題変更して『法文化のフロンティア』付論に再録）。

──（1985a）「多元的法体制におけるフォークロー──法人類学の課題」思想 727 号 104-124 頁（標題変更して『法文化のフロンティア』9 章に再録）。

──（1985b）「アイデンティティ法原理──法文化の法哲学的基礎を求めて」法の理論 5 号 1-25 頁（標題変更して『法文化のフロンティア』9 章に再録）。

──（1988）『法社会学──課題を追う』成文堂。

──（1991）『法文化のフロンティア』成文堂。

──（1995）「法の主体的意義──法主体論終章稿」法の理論 15 号 15-38 頁（標題変更して『アジア法の多元的構造』2 章に再録）。

──（1996）「法文化の操作的定義」東海法学 16 号 1-27 頁（標題変更して『アジア法の多元的構造』3 章に再録）。

──（1998）『アジア法の多元的構造』成文堂。

──（1999）「法文化論の前進のために──角田論文に応じて」法の理論 18 号 227-241 頁。

──（2003）「法文化論争から新法学への期待」法の理論 22 号 291-301 頁。

Chiba, Masaji（1986）"Conclusion," in Masaji Chiba ed., *Asian Indigenous Law: In Interaction with Received Law*, KPI, pp. 378-394.

──（1989）*Legal Pluralism: Toward a General Theory through Japanese Legal Culture*, Tokai University Press.

──（2002）*Legal Cultures in Human Society: A Collection of Articles and Essays*, Shinzansha International.

長谷川晃（2012）「法のクレオールと法的観念の翻訳」長谷川晃編『法のクレオール序説──異法融合の秩序学』北海道大学出版会，1-32 頁。

法人類学勉強会編（2005）『千葉理論再考──人類学的視点』日本法社会学会 2005 年学術大会ミニシンポジウム配布論文集。

石田慎一郎（2006）「紛争過程分析における千葉理論の所在──法規則・法前提の

---

(16)　補遺に挙げられている文献を含む。

第2部　人間と法の探究：法哲学・法社会学・法人類学

ダイコトミーをめぐる方法論的提言」法社会学 64 号 200-224 頁。

―― (2008)「書評 Werner Menski, *Comparative Law in a Global Context: The Legal Systems of Asia and Africa*, 2006」社会人類学年報 34 号 215-222 頁。

―― (2009)「法文化研究における社会人類学者の役割――アフリカ慣習法の柔軟性と確定性をめぐって」角田猛之・石田慎一郎編『グローバル世界の法文化――法学・人類学からのアプローチ』福村出版，155-177 頁。

――・河村有教 (2009)「ロンドン大学東洋アフリカ学院 (SOAS) におけるアジア・アフリカ法研究及び教育の動向――ヴェルナー・メンスキー教授との交流を中心に」コンフリクトの人文学 1 号 251-259 頁。

Ishida, Shin-ichiro (2014) "Egalitarian Conflict Management among the Îgembe of Kenya," *African Study Monographs*, Supplementary Issue 50, 73-102.

Menski, Werner (2006) *Comparative Law in a Global Context: The Legal Systems of Asia and Africa*, second edition, Cambridge University Press.

―― (2009) "Flying Kites in a Globalising Sky and Dodgy Weather Forecasts: Accommodating Ethnic Minority Laws in the UK," Paper for the International Symposium 2009 at Tokyo University of Foreign Studies, *Crossing Borders and Boundaries: Towards Transnational/Transcultural Comparative Area Studies*, 14/15 February 2009（柏崎正徳訳「グローバル化の空に揺れる凧，不安定な天気予報――エスニック・マイノリティの法をイギリスで適用する」多言語多文化 2 号 26-44 頁，2009 年）

―― (2011) "Islamic law in British courts: Do We not Know or Do We not Want to Know?" in Jane Mair and Esin Örücü eds. *The Place of Religion in Family Law: A Comparative Search*, Intersentia.（石田慎一郎訳「イギリスの裁判所におけるイスラーム法――法の多元性をめぐる無知と無視について」マイノリティ研究 6 号 27-40 頁，2012 年）

Riles, Annelise (2011) *Collateral Knowledge: Legal Reasoning in the Global Financial Market*, University of Chicago Press.

Rouland, Norbert (1994), *Legal Anthropology*, Athlone.

Shah, Prakash (2005) *Legal Pluralism in Conflict: Coping with Cultural Diversity in Law*, Glasshouse.

薗巳晴 (2009)「グローバルな状況下における法文化認識へ向けて――千葉正士と安田信之の法文化概念の再考と接合の模索」角田猛之・石田慎一郎編『グローバル世界の法文化――法学・人類学からのアプローチ』福村出版，47-64 頁。

角田猛之 (1999)「千葉・法文化論における法哲学・法思想史ファクター――法主体論とアイデンティティ法原理論を手がかりにして」法の理論 18 号 205-226

頁（標題変更して『戦後日本の〈法文化の探究〉──法文化学構築にむけて』の1部3章に再録）。

── （2008）「2008年度・日本法社会学会学術大会ミニシンポジウム④「法文化への学際的アプローチ──比較法文化学の構築にむけて」（2008年5月10日，神戸大学）紹介」関西大学法学論集58巻4号674-755頁。

── （2009）「千葉・法文化論再考──アイデンティティ法原理を中心として」角田猛之・石田慎一郎編『グローバル世界の法文化──法学・人類学からのアプローチ』福村出版，19-45頁。

── （2010）『戦後日本の〈法文化の探究〉──法文化学構築にむけて』関西大学出版部。

── （2014）「ロンドン大学東洋アフリカ学院ロースクールにおける「アジア・アフリカの法体系」講義（2011-2012年）の紹介──ヴェルナー・メンスキー教授の講義資料を中心にして」関西大学法学論集63巻6号310-479頁。

── （印刷中）「法文化のフロンティア・千葉正士──千葉正士先生追悼プロジェクト」関西大学法学論集。

安田信之（1997）「千葉正士の『3つのダイコトミー』と『アイデンティティ法原理』」法律時報69巻10号124-125頁。

ウッドマン，ゴードン（1994）「アフリカ固有法の非国家性・無境界性・反体系性」（大津亨訳）千葉正士編『アジア法の環境──非西欧法の法社会学』成文堂，149-163頁。

山本顯治（2006）「法主体のゆくえ」法社会学64号1-11頁。

Yilmaz, Ihsan（2005）*Muslim Laws, Politics and Society in Modern Nation States: Dynamic Legal Pluralism in England, Turkey and Pakistan*, Ashgate.

6 グローバル化のアジア法再考
――「アイデンティティ法原理」の再定位に向けて――

河 村 有 教

Ⅰ　は じ め に
Ⅱ　国家法一元論と西欧法普遍論
　　からの脱却
Ⅲ　「多元的法体制（Legal Plural-
　　ism）」論の展開
Ⅳ　グローバル化と「アイデン
　　ティティ法原理」の指向
Ⅴ　「アイデンティティ法原理」
　　の再定位
Ⅴ　結びに代えて

Ⅰ　は じ め に

　国連憲章（Charter of the United Nations）第51条は，「この憲章のいかなる規定も，国際連合加盟国に対して武力攻撃が発生した場合には，安全保障理事会が国際の平和及び安全の維持に必要な措置をとるまでの間，個別的又は集団的自衛の固有の権利を害するものではない。この自衛権の行使に当って加盟国がとった措置は，直ちに安全保障理事会に報告しなければならない。また，この措置は，安全保障理事会が国際の平和及び安全の維持又は回復のために必要と認める行動をいつでもとるこの憲章にもとづく権能及び責任に対しては，いかなる影響も及ぼすものではない。」と規定する。

　集団的自衛の権利，すなわち集団的自衛権が国連加盟国において国連憲章という「国際法」で保障された権利であることから，日本政府は，「日本国民は，正義と秩序を基調とする国際平和を誠実に希求し，国権の発動たる戦争と，武力による威嚇又は武力の行使は，国際紛争を解決する手段としては，永久にこれを放棄する。」という日本国憲法第9条の憲法解釈を変更し，集団的自衛権を行使できるという立場をとる閣議決定を行った。

　国際法とは二国間条約，多国間条約そして国際慣習法等，国家間関係を規律するルールを指すが，それを普遍的なものと解して，国内法の原理・原則，価

第2部　人間と法の探究：法哲学・法社会学・法人類学

値を是正する必要があるのか。「国際法がこうあるから日本法もこうあるべき」という国際法一元論，国際法普遍論にもとづく主張は，日本法のアイデンティティを蝕むのではないか。欧米の眼ないし西欧法の視座からして非西欧法を客体視するのではなく，非西欧法を主体的に把握し理論化する必要性を説いた千葉正士は，今日の国際法一元論，国際法普遍論の主張，さらにはグローバル化の日本法のありようについていかに考えられるのであろうか。

　2009年12月17日に逝去した（享年90歳）千葉は，1969年に『現代・法人類学』を出版して以来，西欧的科学の常識を超える法社会学，法人類学を開拓すべき「非西欧の法社会学（文化的遅滞ないし多元的法体制と言われる非西欧の社会科学）」を説いた稀有な存在であった。無視された非西欧法を復権して西欧法と並べ両法を合わせて人類の法を求めたことは，日本の近代国家法だけで満足する者には邪魔にもなり，また正統の解釈法学で身を立てようとする者には無用であったと自らを振り返られる（千葉2003：2）。

　著者は，これまで中国の刑事司法（刑事訴訟法）の研究を進めてきた。現在では，日本，台湾，中国，韓国の東アジア諸国の刑事司法の比較検討から日本の刑事司法についての問題（病）をあぶり出し我々の社会における「正しき法」を模索している。自ら慣れ親しんだ知識や価値観で中国の刑事司法を観察することによって見過ごされてしまうことに留意しながら，千葉が説いた主体的視座から中国法を観察することを重んじてきた。主体的視座からの非西欧法の研究アプローチは，時として，相手の発信する情報に何らの疑いもなく受け入れること，すなわちかえって偏狭な観察によって対象の真実を失ってしまうおそれもある。

　本稿では，千葉の研究における旅路の中から二つの「拾い物」，とりわけ千葉理論における「多元的法体制（Legal Pluralism）」と「アイデンティティ法原理」を中心に，グローバル化のアジア法について若干の考察を試みたい。先ず，非西欧法の研究から法とは国家法だけを指すのではなく多元的構造を有するものであるとする法の国家法一元論からの脱却と，非西欧法を分析するにあたって自らの偏狭な視点で観察をする（とりわけ西欧の研究者が非西欧法を研究する際に西欧法普遍論でもって分析を行う）ことからの脱却を説く千葉の理論について整理する。そして，「多元的法体制」は非西欧社会に限られることではなく，今日のグローバル化によってイギリスやアメリカ等の西欧社会においてもみら

118

れる現象であり，グローバル化の西欧法のあり方を考える上で千葉の「多元的
法体制」の理論は有用であるとするヴェルナー・メンスキーの理論について紹
介し，その上で，西欧法と非西欧法の異種混交によって何が問題となるのか，
グローバル化でのアジア法における「アイデンティティ法原理」を取り巻く課
題について述べる。

Ⅱ 国家法一元論と西欧法普遍論からの脱却

　アジア，アフリカの非西欧法，それぞれの性質・特徴は，西欧法を基準にし
てではなく，何かしらの客観的な基準によって，現実に存在するがままに，そ
の性質や特徴を明らかにし得るのであろうか。一般に，西欧においては，法と
は国家法が唯一の正統的権威を有するものとして，その裁量により他の一切の
諸法に対して，あるいはその権威に随順することを条件にして公式法の資格
を認め，あるいは法としての性質を拒否して単なる慣習に追いやり，非公式
法が存在する場合があってもこれを無視してきた（千葉 1988：45）。こうした
一元的国家法観に対して，千葉は，アジア，アフリカの多元的法体制（Legal
Pluralism）の現実を説き，それらの「法」の資質・特徴を解明する基準として，
三ダイコトミー六概念の組み合わせによる「法のダイコトミー」論を提示した。
千葉の「多元的法体制」論の核心でもあるので，長文であるが以下そのまま引
用したい。

　　　法は，まず公式法と非公式法とに分けられる。公式法（official law）は，「政
　　治的統合体である国家の正統的権威により公式的に承認されている法」である。
　　そのうち「国家がみずから定立・実施する法」が国家法（state law）で，一国
　　の公式法全体の秩序の中心をなし，他の諸法が公式法であるか否かを形式的名
　　義において公認する基準となる。それによって公式法として公認されるものに
　　は，宗教法・地方法・部族法・慣習法・その他諸種の名称でよばれるものがあり，
　　また公認の形式にも，その一部を国家法の内部に採用する，その全体としての
　　自主性と管轄権を尊重する，国家法上の理念・原理・制度の実現過程の一部と
　　解釈して黙認する等，いろいろのものがある。
　　　非公式法（unofficial law）は，「国家から公式的には承認されていないが特定
　　の社会集団の明示あるいは黙示の一般的合意により権威あるものとして行われ
　　ており，かつ，明確に国家法その他公式法の実効性を補充するかあるいはこれ

第2部　人間と法の探究：法哲学・法社会学・法人類学

に代替する効力を持つ法」である。人類学や社会学においては非公式法をこの概念規定の前段の意味だけでとりあげることが多いが，ここでは，それを法と認識するための条件として後段の意味を規定に加えてある。宗教法・地方法・部族法・慣習法その他の名でよばれる法は，通常は非公式法として取り扱われるが，前記のように公式法である部分あるいは側面も少なくない。ただしそれらが公式化される場合には，公式法がわの体系性を維持する必要によって，ある程度の取捨選択もしくは加工修正をうけ，その結果本来の物とはそれだけで異なるものとなり，ゆえに非公式法の分化とも言える現象を呈することが通例である。

　一国の内部に公式法と非公式法が複数ずつ存在するとすれば，その間に当然矛盾・対立が潜在しており，したがってそれが時に，いな場合によっては常時紛争として顕在することを避けえない。これを防止することそして紛争に至っても最小限度にこれを抑制処理することが，要請されるゆえんである。そこでその諸法のすべてに効果の及ぶ統合的原理が用意されねばならないこととなる。それがなければ一国全体の法秩序は成立しないのであるから，法秩序の主体である当該民族の主観的な意図や意識，あるいは文言的ないし形式的実現の如何にかかわらず，一国の法秩序があるところには，この統合的原理がかならず存在し機能しているはずである。

　法は，つぎに法規則と法前提とにわけられる。法規則（legal rules）は，「一定の行動様式を指定する特定の法規制の明確に定式化された言語的表現」である。明文と不文の場合があるが，明文でも概念・論理の不分明・混乱のことがあり，不文でも意味が明快に了解されていることもある。いずれにしてもこの法規則により，法は他の諸文化から区別して認識されることが比較的に容易である。これに対し法前提（legal postulates）は，「特定の法規則の正当化あるいは批判修正を理念的に根拠づける価値原理」である。これには，西欧法の罪刑法定主義や法の支配また正義や自然法，あるいはイスラーム法の六信五行の原理やヒンドゥー法のダルマなどのように，ある程度定式化ないし概念化されていることもあるが，強い観念はあってもそれが法前提をなすとは自覚されていないこともあるくらい，不定形のことが多い。それでも法規則を通じて，いなむしろ法規則があってもなくてもそれに超然として，機能を発揮することがまた多い。

　法規則と法前提とは，原則として相互に支持かつ依存しあう関係にあるが，その形態と機能の相違により相互に矛盾を来たすことも起こりうる。その場合にも，あいまって一つの法をなすべきであるかぎりは，調整作用が働きどちら

120

かあるいは双方が変化して支持依存の関係を回復する。近代西欧法は，法規則による法の支配を大原則としているから，法前提が働く余地は比較的小さいのに対し，非西欧法はそれと対照的で，法規則が不明確あるいは欠如していて法前提が直接に働く場合が多い。そこに全体としての調整原理が働いていることを，また認めなければならない。

　もう一つの区別は，固有法と移植法とである。固有法（indigenous law）は「固有文化として発達した法」，そして移植法（transplanted law）は「異文化から移植された法」である。しかし文化は常に伝播するから，純粋な固有法は現代ではごく例外的にしか存在しない。ゆえに現在の法はどの民族のものも，多かれ少なかれ固有法と移植法との共存，もっと正確に言えば固有法が移植法を吸収同化ないし対立拒否して自己発展してきた結果であるか，もしくはその過程にある。人類の歴史にそのような移植の例が無数にあるが，現代の世界にとり最も切実なものは，非西欧諸国が経験した近代西欧法の移植である。とくに移植法に，自発的意思による継受法（received law）と押付けによる強制法（imposed law）とがわけられる事情があるとすれば，概念を狭義に限定し，固有法を「近代西欧法移植以前の非西欧固有法」と，そして移植法を「非西欧国家に移植された近代西欧法」として使用することも，有意義である。そして，一国の法がそのように固有法と移植法の両因子からなっているとすると，両者の間に生ずる矛盾を調整して調和をもたらすために適切な取捨選択の原理が働く必要のあることが，ここでも認められる。

　以上三対の六概念は，法を構成する諸因子をそれぞれの性質にしたがってまず大分類するためのものであった。だがそれらの諸概念によって法の分析が可能であるとしても，それらの全体が一つの社会の一つの法をなすための条件としてある種の原理の必要なことが，統合的原理・調整原理・取捨選択原理として同時に指摘された。この観点をさらに発展させれば，それら三原理をまた調和的に統合する上位の原理，そして究極的にはそれだけでなく，文化としての法のすべての関係因子を統合させることのできる最上位の原理の存在を前提せざるをえない。かくてえられる概念がアイデンティティ法原理（identity postulates of a legal culture），すなわち「一法文化の文化的同一性を基礎づける最終原理」である。これは，一つの法文化が歴史的に存続するかぎり法の文化的アイデンティティを維持するために働くもので，公式法と非公式法，法規則と法前提，固有法と移植法のそれぞれの組み合わせと各因子の比重を，状況に応じて修正させる。現代の課題としてそこでとくに注目される機能は，それが固有法と移植法のそれぞれをどのように取捨選択し，選択するとしてもどう

第 2 部　人間と法の探究：法哲学・法社会学・法人類学

　　加工成形して統合するかである。その結果が歴史に実在したそして現在する法
　　文化だからである。（千葉 1988：41-44）

　千葉は，アジア，アフリカ諸社会の法は極めて多種多様で，それらの多元的
法体制を整理して観察する一つのアプローチとして，公式法，非公式法，法規
則，法前提，固有法，移植法の三ダイコトミー六概念の組み合わせ，さらには
それらの関係因子を統合しての原理である「アイデンティティ法原理」による
法の分析理論を提示した（千葉 1988：41-54）。

　今日の日本の「法」について考えるに，わが国における法とは国家の強制
によって実現されることが予定されている準則，すなわち国家法を指す。そし
て強制手段の行使において裁判所が中心的役割を演ずる。社会規範は，裁判官
にして裁判の準則を示すところの裁判規範と結びつくことによって，はじめて
はっきりした法の形を備えることになる。たとえば，「他人の財物を窃取した
者は，窃盗の罪とし，十年以下の懲役又は五十万円以下の罰金に処する。」（日
本国刑法第 235 条）と，裁判官に対して窃盗に対する処刑の限度と行為の標準
を示すことによる裁判規範となってはじめて法となる。

　国家法とは，一般に成文法と不文法に区分される。成文法は，国家の基本法
である憲法を頂点として，国家の議決を経て制定された法律，内閣その他の行
政官庁の一存でつくられる命令，さらには規則がある。また，憲法や法律に基
づく各地方自治体の自治法規（条例）も成文法に含まれる。不文法には，成文
法の法の欠缺の際の法的規準とされる司法による判例や学説等があげられる。
今日の日本において，「法」とは，アメリカやイギリスと同じように，ルソー
（Jean Jacques Rousseau）の考えを源にする。すなわち，いつ他人から侵害され
たり，財産を奪われたりするかわからないという，不安と危険とがともなう自
然状態で，人々はみんなの合意にもとづいて国家という制度を作り，国家の法
に服従することを約束し，それによって安全な生活の保障を確立した。そして，
国家は国民の安全と利益とのためにつくられたものであり，国家ができてから
のちも，法を定めたり，政治の方針をきめたりするのは当然国民である。国民
の意思によってつくられるという建前さえはっきりつらぬいていくならば，法
による規律や拘束が強められても，それは自分でつくった規則に自分が従うに
ほかならないから，人間本来の自由と少しも矛盾しない。

〔河村有教〕　　　　　　　　　　　　　　　**6**　グローバル化のアジア法再考

　しかし，ところ変われば「法」の中身は大きく異なる。例えばお隣の中国を例にあげるならば，わが国では慣習法は国家法の中に組み込まれて一元化されているが，中国ではいまだ不文法としての慣習法が存在し，「法」の一部となっている。また，成文法の中にも，憲法，法律，行政法規，地方性法規，自治条例・単行条例，行政規則のほかに「司法解釈」という中国特有の「法」が存在する。特定の法律等について最高人民法院や最高人民検察院が解釈を示したもの等で，文書として発せられる。下級の法院から上級の法院へ順次照会がなされることを契機として下されるものであり，全国の裁判官の判決規準を統一化するための仕組みであるとも解されるが，いずれにせよわれわれがいう「法」とは異質である。

　非西欧社会の「法」を観察するにおいて，われわれの「法」の常識では分析できない。刑事訴訟法学者の松尾浩也は，中国刑事訴訟法に精通するドイツの刑事訴訟法学者のヨアヒム・ヘルマン（Joahim Herrmann）の 2012 年の新刑事訴訟法についての批判において，「中国では，最高人民法院による『司法解釈』を始めとして，検察や公安からも規定が発布され，実定法の一部となっている」ことをあげ，「ヘルマン教授の提言の内，『法律の定め』が不充分との批判については，これらの下位法源が，ある程度までその空白を埋めている可能性を認めておかなければならないであろう」と指摘する（松尾 2013：7）。「司法解釈」という中国法の多元性を認識した上での主張と解される。

　非西欧社会の法の多元性を分析すること，さらには自国の法と他国の法とを比較してそれぞれの法の性質，特徴を分析することにおいて，千葉の「公式法，非公式法，法規則，法前提，固有法，移植法の三ダイコトミー」理論は非常に有効な分析ツールなのである。

　　社会学者・人類学者はもとより法学者の中からも，これまでの法学的常識では
　　包容できないほど広い法の実例が提出されている。その代表的な例が，法文化
　　そしてそれに基礎づけられた多元的法体制をなす法である。（千葉 1988：38）

　　多元的法体制は，国家法が継受法とともに固有法を包含している意味では国家
　　を法主体とすると言えるが，固有法が実は多数の部族法・宗教法・少数民族法・
　　地方法等々に分裂・併存している事実によると，国家の地域内に国家以外の多
　　種の法主体が存在することを示す。（千葉 1988：127）

123

第2部　人間と法の探究：法哲学・法社会学・法人類学

　千葉の分析理論には社会学や人類学の影響が大きい。非西欧の研究者が自己
の文化に立脚し自身の問題として世界に通用する非西欧法研究の展開が不可欠
であるとして，欧米の研究者いわゆる自法を主体とする観察では見過ごされて
しまうことに警鐘を鳴らし，西欧の眼を払い現地の感覚で看取して事実に基づ
いて非西欧社会の法を捉えることの意義を述べた。そうして非西欧法を観察し
て生まれた理論的枠組みが，国家法一元論，西欧法普遍論からの脱却であり，
また法の「多元的法体制」論である。

Ⅲ　「多元的法体制（Legal Pluralism）」論の展開

　ロンドン大学東洋アフリカ学院法学科のヴェルナー・メンスキー（Werner
Menski）は，法的な現象をとらえて，グローバル化は，法の統一化とは逆の方
向，すなわち多様化の方向へと動かし，千葉の「多元的法体制」論は，もはや
アジア，アフリカ等の非西欧社会における他人事ではなく，イギリス，アメリ
カ等の欧米社会においても無視できない現実であると指摘する（Menski 2012）。
そして，単一で一様な世界的な法システムへと導くものではなく，文化固有
的な法システムや様々な調整様式の多元化へと導き，多数のグローカル化に
行き着く環境において，さらに異種混交的な結合が起こり得るとする（Menski
2009：28）。そのプロセスにおいて，メンスキーは，法の多元性のみならず，
社会的・文化的多様性を認識し，尊重し，あらゆる差異に向けて感受性を豊か
にすべきであるという（Menski 2009：28）。

> 私の重要な論点は，理論的にも実践的にも，21世紀においては多元性をます
> ます意識せねばならなくなるだろうということである。法的な多元主義や社会
> 的・文化的な多様性，そして私たちが学び尊重しなければならないあらゆる差
> 異に向けて，感受性を豊かにしていかなければならない。さもなければ私たちは，
> 文明化の使命や上位にあるナショナリスト・イデオロギーといった名目によっ
> て，あるいは非常に容易に悪用されがちな「法の名において」という言葉によっ
> て，殺し合いという結果へと行き着いてしまうだろう。（Menski 2009：28）

> 法理論において多元主義的モデルを探求する過程で，私は千葉正士の著作から
> 大きなインスピレーションを与えられた。千葉は，いまや90歳近くのご年齢で，
> もちろんすでに退任なさっている。だが，法の内的多元性という本質に関する
> 彼の独創的な仕事は，世界的規模で大きな意味をもっている。私のみるところ，

千葉の多元主義的方法論は，トランスナショナルで文化横断的であり，法の多様な役割を射程に入れた地域研究がもつ領域横断的な本質を理解するうえで，まさに中心的なものである。(Menski 2009 : 31)

　メンスキーは，千葉の一元的国家法観の批判を通して，法は公式法と非公式法から成り立っており，「アイデンティティ法原理」と呼ぶ価値の束と常に結びついており，価値中立的な法や文化的影響を免れている法は決して存在せず，あらゆる法は文化的に固有であり，それゆえに内的多様性を備えているとする (Menski 2009 : 31)。メンスキーも，千葉と同じように，非公式法が系統的に低くみられ，またしばしば故意に見過ごされていることを強く批判しながら，多元的法体制を分析するツールである千葉の「公式法，非公式法，法規則，法前提，固有法，移植法の三ダイコトミー」理論を用いて，インドの家族法とは何か，法の実態がいかなるものかを描いた。その上で，法主体として，「社会」，「国家」，そして「宗教・倫理・道徳」と三つに分け，それらを結ぶ三角形の内側に多元的法体制を位置づける。法主体として「社会」，「国家」，「宗教・倫理・道徳」の三つのアクターを自らの多元的法体制の理論・モデルに取り込んだことは，非西欧社会には国家以外の法主体が存在するという千葉理論を継承したものである。その上で，メンスキーは，西欧社会，非西欧社会それぞれの社会における法とは，宗教，倫理，価値にもとづく自然法 (natural law) と社会・文化規範 (social norms) と国家法 (state-centric rules) というトライアングル (triangular structure) に，今日ではさらにグローバル化によって国際法や人権という新たなコーナー（角）を付け加えて四つのコーナー（角）＝凧による凧 (a kite of law) の内にある円 (laws as overlapping circles) を多元的法体制 (legal pluralism) として理解する。多元的法体制はイギリス社会においてもみられる現実であり，メンスキーは，移民による多民族国家のイギリスがかかえる私法分野における国家法の限界の問題を取り上げ，グローバル化のイギリス社会における法のあり方，法のナビゲーションについて分析する。

　　グローバルな空には，さまざまな形や大きさの凧が，そして多様な彩色や文化的に独特の装飾を施された凧がひしめいている。空には見えない境界線など存在しないと考えるならば，凧の大きな衝突や墜落を避けるためには，多元的法体制について非常に繊細な感受性をもたねばならず，また凧のそれぞれの

第2部　人間と法の探究：法哲学・法社会学・法人類学

角からくる糸の引っ張り合いの力を調節するために高度な技術が必要となる。
（Menski 2009：28）

　グローバル化は人々の移動を容易にした。それによって，イギリス社会の法
主体が多元化し，とりわけ家族法を中心とする私法分野においての国家法の役
割が減少し，紛争当事者である法主体に帰属する非公式法の役割が増大したと
する。そして非公式法，すなわち非国家的要素を内包する多元的な「法」が
膨張し，イギリスにおいて一元的な国家法システムでは対応できないことを説
く。

　国家法が，非公式法を取り込み，従属化しやがては統一化とするという主張
は，グローバル化の世界の多元的法体制の状況を適切に理解した上での主張で
はない。メンスキーは，せめぎあう多元的法体制下での世界の法秩序形成にお
いて，例外をおきつつ単一の法を維持する西欧社会と一般法（general law）と
属人法（personal law）が共存している非西欧社会とを対置して，グローバル
化において，一国の法のあり方において例外をもうけつつも国家法の統一をは
かり単一化しようとする実践を批判する。法は内部構造において多元的であり，
その多元性を重視して例外をもうけることは，結局のところ一元的国家法観は
フィクションにすぎないということを意味する（Menski 2012：41-42）。

Ⅳ　グローバル化と「アイデンティティ法原理」の指向

　21世紀のグローバル社会における中国法の秩序の行方として，法社会学者
の棚瀬孝雄は，法の進化は，欧米で既に実現している先進的な法を摂取すると
いう形でしか実現しないのであろうかと疑問を呈し，さらに外来の法を摂取し
つつも，社会の中でそれを独自に消化して，個性をもった法として発現すると
いう進化の形はないのだろうかと疑問を投げかけた（棚瀬 2003：45）。そのな
かで，棚瀬は，法を明確な評価基準を立てて相対化しつつ，ローカルな文化の
中から代替的法モデルを構想することを唱える（棚瀬 2003：47）。

　また，現代の法が引き受けなければならない社会の法的規律が，普遍的な法
の適用による自由と人権の保障といった題目ですまされないものを持ってき
ており，グローバル化に伴って市場主義の圧力が強まる中で行われている法整
備について，トランスナショナルな普遍性という面が強調されがちであること

〔河 村 有 教〕　　　　　　　　　　　　　　　　　　**6**　グローバル化のアジア法再考

に一定の留保が必要であることを指摘する（棚瀬 2003：56）。グローバル化に
よる異法融合によって，アジア，アフリカの非西欧社会の多元的法体制は国家
法一元論，西欧法普遍論に解消され得るのだろうか。

　長谷川晃の法のクレオール（the creole of law）論は，文化的背景や制度的機
制を異にする法どうしがともに関わる異法融合の過程を明らかにしようとする
試みであり，異なる法体系・法文化の遭遇と各社会内での法の相互浸透，さら
には法の変成という法の形成過程の動態を理解しようとするものである（長谷
川 2012）。長谷川の研究において興味深いことは，クレオール化（creolization）
やハイブリッド化・混成化（hybridzation）において，法の動態が生み出す法
の変成にはいかなる価値志向性が見出せるかという問題である（長谷川 2012：
7）。

> 法のクレオールとは，異なる法文化・社会の遭遇の際に生ずるさまざまな力の
> 関係の内で，複雑に重なり合う社会的関係を通じて人々のさまざまな法的活動
> が掛け合わされながら新たな法の創発へと向かって継続される，法秩序の形成
> と変容の普遍的動態である。（長谷川 2012：11）

　長谷川は，クレオール過程については，主体化，変成，文化混合という局面
に区別し，自己が遭遇した文化と一定の緊張関係のなかで自己のアイデンティ
ティが主体的に構築され（主体化），アイデンティティを再構築するにおいて
さまざまな活動主体が当該社会内において不断に相互の関係性を構築し（変成），
さらに主体化や変成の過程を通じて総体として，文化が混淆の様相を呈するよ
うになる（文化混合）という（長谷川 2012：7）。クレオールの基本的な問題は，
西洋の支配が他の社会・文化に及んだ時点で生じた法を含む諸規範の相互作
用にある（長谷川 2012：15）。長谷川は，主体化，変成，文化混合というクレ
オール過程には主軸となる作用が働いており，それを活動主体性（agency）に
よる創造的な判断作用であると分析する（長谷川 2012：8）。解釈的活動主体性
は，哲学的解釈学や解釈的法理論からの示唆に従いながら価値構成的で主体的
な解釈的営為として把握し，価値や規範，そして制度のなかで特定の実践的見
地にコミットしながら解釈的に説明や正当化を行う内的視点に立ち，さらにそ
れに対応するメタ・レヴェルの反省的視点をもった価値や規範の再構成を試み
る（長谷川 2012：8）。

127

第2部　人間と法の探究：法哲学・法社会学・法人類学

　　　クレオール過程を進め，深めるような人々の解釈的活動主体性それ自体は，何
　　　に起源を有しているのであろうか。ここでいう解釈的活動主体性とは人間の根
　　　元的な思考・判断・実行能力を指しており，そこでは特に，法や政治などさま
　　　ざまな領域での判断実践を支える社会の価値がいかなる内容のものであるかを
　　　不断に明確化し，再構成して，さらに当の社会の価値をさらに豊かに形成して
　　　ゆくという動態的な価値解釈が行われ，その営みを通じて人々は社会のなかで
　　　価値的な実践を不断に蓄積しつつ生きることになる。〔＿＿＿＿は著者によるもの〕
　　　（長谷川 2012：18）

　鯨肉食文化をめぐる捕鯨をめぐっては，グローバル化のなかで日本と他国と
の間で対立がある。犬肉食文化をめぐっても，オリンピックの開催にともなっ
てかつて韓国と欧米社会との間で対立がみられた。それぞれの文化における固
有の「アイデンティティ」は異種混交によって多元性を失い，他の一つの原
理・価値に普遍化されるのだろうか。
　千葉は，法における文化性を人類学者のルース・ベネディクト（Ruth
Benedict）が創案し日本文化の観察分析に用いた「文化統合」の概念をもとに
「法として現れた一社会に特有な文化統合」＝法文化として概念化し，人類学
の理論に依拠して法文化の実情を探ろうとした（千葉 1996：54）。そして第一
節で述べた三対のダイコトミーで概念化される六類型の法が「アイデンティ
ティ法原理」によって一法秩序に統合されるという理論を組み立てた。さら
に，その理論をもとに「法文化」を経験科学の道具概念とすべく，「アイデン
ティティ法原理によって統合される，公式法・非公式法，固有法・移植法，法
規則・法前提それぞれのコンビネーションの全体，ならびに国家内諸法・国家
法・世界法の多次元構造，およびそれらの文化的特徴」とする操作的定義を打
ち出した（千葉 1996：18）。
　グローバル化による非西欧法の多元性は，異法融合によって一元的に普遍化
されるのだろうか。また，法文化＝「アイデンティティ法原理」は失われるの
だろうか。最後に，グローバル化のアジア法を再考するにおいて，グローバル
化によってアジア法の「アイデンティティ法原理」に変化が生じるのか若干の
検討を加えたい。

V 「アイデンティティ法原理」の再定位

　法と開発〔法制度整備支援，開発法学〕（Law and Development）においては，移植法を基礎とする国家法（公式法）とそれ以前からその社会に存在する歴史や伝統に根ざした固有法である非国家法（非公式法）の間に大きな懸隔が存在することが問題とされてきた。アジア法学者の安田信之は，移植法と固有法の対抗関係が基本的には法文化の問題と深く関わっているとして，法と開発の対象国である非西欧諸国での法と文化の相克とは，移植法と固有法という二つの文化的に異なる法の対立であると主張する（安田 2013）。そして，非西欧社会の多元的法体制は，日本が慣習法を国家法（民法や商法）の中に取り込んでいったように，非国家法の国家法化の現実をあげる。とりわけ，パキスタンを例に，欧米の民主主義の影響を受けた世俗的憲法体制下において，ムスリムに適用される「属人法」として地域化（ローカル化）され，その解釈と運用は従来最終的に最高裁判所の監督に従うものとされてきたが，最近では，イスラム化の進行にともなって，法典化が行われるとともに，それを管轄する独自の国家裁判所としてシャリア裁判所等が設置され，ハイブリッドな「イスラム国家法システム」の形成のプロセスが進行中であると分析する（安田 2013：15-17）。

　多元的法体制における非国家法が国家法システムの中に取り込まれることに対して，他方には，法と開発においては，それぞれのケースによって適切な方法がなされるべきであり，非公式法を国家法の中に取り込むことは多元的法体制の無理解による失敗をもたらすとする見解もみられる（Tamanaha 2012）。法の多元性を認容しながら法の支配を貫徹するというのはいかなることかという疑問点が新たに生ずるが，アジアの多元的法体制における法の支配については別稿にてとりあげたい。

　インドネシアの陸上，海上の安全，治安の確保には，これまで軍隊がその役割を担ってきたが，民主化の動きにともない，軍と分離・独立して，文民を主体とする警察制度の構築，海上保安制度の構築が目指されてきている。わたしも，インドネシアの海上保安制度の構築における日本の海上保安庁の支援のケースをもとに，インドネシアにおける海上保安体制・制度（＝インドネシア・コースト・ガード）の構築において，既存の国家法上認められている海上保安に関わる関係諸機関の法執行権限をいかにして一元化していくか，すなわち国

第2部　人間と法の探究：法哲学・法社会学・法人類学

家法上の多元的法体制の問題が横たわっていることをあげた（河村 2012）。支援する側は，そうした状況を適切に認識，理解した上で，インドネシアの海上保安関係諸機関を一堂に集めて，継続的に討議をし，複眼的な視点から新たな正義の構想（新たな海上保安制度・体制構築）に向けて準備することが必要である（河村 2012）。

　アジア諸国の法及び法制度は，西欧諸国の法及び法制度にならいつつも，それぞれの国の型に変容し，それぞれの国のアイデンティティを有する法及び法制度をつくりだし，つくりかえることができる。アジア諸国の法整備において，西欧の法，法制度の影響は避けられないが，近代西洋の知的思考方法と，近代西洋がつくりあげてきた知の体系とは異質な原理・価値に立つ思考方法を享有することによって，西欧法の諸観念（原理・価値）を「脱西洋化」して，非西欧の異なる文化の接触・対話の共通基盤として普遍化していくだけでなく，非西欧の文化の原理的差異（＝アイデンティティ法原理）に配慮しつつも，相違を超えて差異を横断する法や正義が構築されるのではないだろうか（河村 2012：361）。

　法として現れた一社会に特有な文化統合として「アイデンティティ法原理」を言葉で表現することは果たして可能なのか（河村 2009：93-96）。千葉は，アジア法の「アイデンティティ法原理」について，例として，日本法の「アメーバ性情況主義」，韓国法の「ハヌニム性正統主義」，中国法の「天道性多元主義」，インド法の「ダールマ性多元主義」，イスラーム法の「ウンマ性多元主義」をあげた。千葉みずから「実態の分析になっていないと私自身思うが，有志の適切な修正を引き出す契機としてあえて記す次第である」と述べているとおり，「アイデンティティ法原理」の研究は不完全なものである（千葉 1996：22）。先にも述べたとおり，自法と他法の異法融合によって，「アイデンティティ法原理」は絶えず新しいものへと変容され得る。

　わたしは，移植法と固有法のそれぞれに「アイデンティティ法原理」は存在し，それが法と開発においては法文化の問題（移植法を基礎とする公式法と固有法である非公式法との間の懸隔の問題）としてあらわれると考える。法文化の問題（移植法を基礎とする公式法と固有法である非公式法との間の懸隔の問題）については，当事者の間で司法手続を経ずに解決する伝統的な和解の実践である中国の「私了」という人々の行動実践が，刑事事件の処理における犯罪被害

者・加害者・コミュニティの三者の関係修復を目指す修復的司法（restorative justice）と本質的には同じであるのか考察したことがある（河村 2011）。

人類学者の馬場淳は，パプアニューギニアにおいて伝統的な実践として刑事和解が日常生活の中で行われていることに対して，現代の修復的司法の理念がメラネシアの伝統（慣習）的実践の中に本質的に備わっていたのではなく，「今，ここ」の伝統が現在の観点や立場性から捉えられ，「創られた伝統」であることに留意すべきだとした（馬場 2011：273）。「創られた伝統」は，自法の「アイデンティティ法原理」と他法の「アイデンティティ法原理」の異法融合によって創られた「新たな」アイデンティティ法原理とも解されるのかもしれない。「アイデンティティ法原理」と法文化との関係も含めて，千葉の「アイデンティティ法原理」とは何かについて，後進の研究者であるわれわれがあらためて再定位する必要があるようにも思われる。

VI 結びに代えて

いまや日本の法社会学は，法と経済学（law and economics）の研究アプローチの影響が強く働き，「非西欧の学者が自己の文化に立脚し自身の問題として世界に通用する非西欧法研究を展開することが不可欠である」と千葉が夢見た非西欧研究者による非西欧的研究手法にもとづく非西欧法学の樹立とは遠い方向にある。ケニヤの首都ナイロビに移住した住民に混乱と見えても生き残る固有法および南アフリカ法の事例を中心に西欧的グローバル・スタンダードに対抗する小さな共同体の固有法を看取する松田素二らの人類学者の研究をとりあげ，千葉は，「西欧の学者がいわゆる客観的観察では見過ごされてしまう主体的観点に立っており，しかも日本が近代化をめざした歴史において犯した国家経営の過誤への反省がそこにある」と評価した（千葉 2003：12）。

最後に書き綴ったエッセイの中で，千葉は，人間性の論議における二分論として，人間の本性を善と観るか悪と観るか，性善説と性悪説とを対照とすることをとりあげて，観る側の主観的な見解であって客観的な事実そのものではないことを銘記すべきであるとして，問題は人間性の善か悪かだけにではなくこの視座の偏りにもあることを同時に考慮することが重要であることを説いている（千葉 2007：14-15）。そしてまた，法文化についても，人間的二分論から，「悪法」といわれるものとこれに対照される「良法」ないし「善法」という法

第 2 部　人間と法の探究：法哲学・法社会学・法人類学

の二分論があるが，悪法と言われる法や法案の一般論について悪法の意味を客
観的に論証する信頼できる議論はないし，まして良法だと論証する研究はほと
んどないと述べ，悪法なり良法なりについて「正面から科学的に論ずる機はま
だ熟していない」という（千葉 2007：17）。

　　両説のどちらにもそれぞれの真理はあるが私はその優劣の問題を考える前に，
　　これを論ずる観点むしろ視座を問題にしたい。要は，善と言い悪と言っても，
　　それは人間性の客観的な観察のつもりだが，これを観る第三者が自己の視座か
　　ら対象を性格づけた実は主観的な評価であって，人間性そのものに内在する客
　　観的な属性の相当部分を表現するではあろうが，属性のすべてとくにその評価
　　に反する事実までを公正に把握するものではない。だからこの二分論は，実は
　　第三者のいわば一方的一面的な評価を人間の属性の全体であるかのように扱っ
　　たり信じこんだりしている現象にほかならない。もちろん客観的な属性を大体
　　は把握しているからこそ同じ見解に立つ人の賛同を得て真理と信ぜられるよう
　　になるのだから，その説の真理性がそれだけあるには違いない。ただそれでも，
　　それは観る側の主観的な見解であって客観的な事実そのものではないことを銘
　　記すべきである。反対論が対立するのはその証である。ゆえに，問題は人間性
　　の善か悪かだけにではなくこの視座の偏りにもあることを同時に考慮しなけれ
　　ば，この二分論を正確に理解することにはならない。（千葉 2007：15）

　　法には悪法と言われるものがあり（中略）これに対照される概念の良法ないし
　　善法の法はそれほど使われないから，その両輪の対照が法律観の二分論だと言
　　うのは正確ではないが，悪法をこれだけ問題にするのは他方ではいわば良法が
　　対照してあることを論理的には前提するはずだから，広い意味でこれを法の二
　　分論と解することができる。そこで思うに，悪法があるということには二つの
　　意味がある。一つは文字どうりの悪法でその内容が正しく悪と言っていいもの
　　つまり法自体の属性が悪として問題であるもの，二つは悪が法に内在するので
　　はなくこれを観る人間の社会的態度の問題であるものである。世に言われるが
　　悪法がそのどちらであるかは判定が難しいし，前者の場合よりも後者の場合が
　　より深く法文化の問題にかかわるから，ここでは後者の問題を扱うことにする。
　　そこで法文化の二分論を人間の側から少々考えて見たい。ただし世に行われる
　　悪法論はかまびすしいが客観的事実としてこれを論証する研究は，たとえば戦
　　前の治安維持法についてのようにないことはないが，一般的に言うと悪法と言
　　われる法や法案の一般論について悪法の意味を真に客観的に論証する信頼でき

〔河村有教〕　　　　　　　　　　　　　　*6*　グローバル化のアジア法再考

る議論は少ない。まして良法だと論証する研究はほとんどない。したがってそれらに関する資料はどこかに眠っているであろうが，これを正面から科学的に論ずる機はまだ熟していない。だが社会には悪法観とととともに良法観もあるので，その意味を整理することはできる。そこで問題を整理してみると，人間の法ないし法文化の観念はもっと複雑で二分論では片付けられない多様な問題性を含むことが知られる。（千葉 2007：16-17）

「アイデンティティ法原理」の探求は，自法の「アイデンティティ法原理」と他法の「アイデンティティ法原理」の優劣や自法の「法文化」や他法の「法文化」の優劣を規準づけるためのものではなく，「良法」ないし「善法」と「悪法」を論ずる視座の偏りを自らが認識することにある。一国の「アイデンティティ法原理」は変容すると雖も，はじめにに述べた，国際法に内在する価値・原理が，法の属性の全体であると信じて普遍化を志向するのは，千葉からみれば愚かなことであるとも解されよう。

　法と開発によって生み出される正義の価値志向性に普遍性はあるのかという法哲学的命題とあわせて，今後のアジア法研究（アジア法学）は，「アイデンティティ法原理」について再定位した上でそれを不断に明確化していくと同時に，自法と他法の異法融合・異種混交によってクレオール化，ハイブリッド化・混成化する「正しき法」の所在について，視座の偏りを認識した上でのアジア法の価値の解釈を説明していくことが重要になってこよう。

　本論文集の編者である角田猛之先生と石田慎一郎さんとご一緒に，晩年，千葉先生と奥様がお暮しになっている施設を訪問した際に，千葉先生が若輩者の私にあたたかい言葉をかけて下さったことが今でも思い出されます。「実るほど頭を垂れる稲穂かな」というたとえのとおり，稲が実を熟すほど穂が垂れ下がるように，謙虚で真摯な千葉先生の研究者（教育者）としての姿勢を心から尊敬しています。敬愛する故千葉正士先生を偲んで本論文を執筆させていただくとともに，未熟な論文ではありますが，謹んで本論文をお捧げします。

第 2 部　人間と法の探究：法哲学・法社会学・法人類学

【引用文献】

浅野有紀（2010）「グローバル・リーガル・プルーラリズムにおける法と道徳」近
　　畿大学法科大学院論集第 6 号。

浅野有紀（2013）「法多元主義と私法」平野仁彦・亀本洋・川濱昇編『現代法の変
　　容』有斐閣。

井上達夫（2012）『世界正義論』筑摩書房。

河村有教（2009）「アジア法文化圏における比較法文化試論」角田猛之・石田慎一
　　郎『グローバル世界の法文化──法学・人類学からのアプローチ』福村出版。

──（2011）「伝統的刑事和解の実践と修復的司法」石田慎一郎編『オルタナティ
　　ブ・ジャスティス──新しい〈法と社会〉への批判的考察』大阪大学出版会。

──（2012）「法制度整備支援において何が重要か──インドネシア法執行機関の
　　制度構築支援から考えること」牟田和恵・平沢安政・石田慎一郎編『競合す
　　るジャスティス──ローカリティ・伝統・ジェンダー』大阪大学出版会。

竹沢尚一郎（2007）『人類学的思考の歴史』世界思想社。

棚瀬孝雄（2003）「グローバル市場と法の進化」ジュリスト第 1258 号。

千葉正士（1969）『現代・法人類学』北望社。

──（1988）『法社会学──課題を追う』成文堂。

──（1996）「法文化の操作的定義」東海法学第 16 号。

──（1998）『アジア法の多元的構造』成文堂。

──（2003）「法学と法学部の行方──夢の旅路の拾い物 1」東海法学第 30 号。

──（2004a）「学問研究の評価──夢の旅路の拾い物 2」東海法学第 31 号。

──（2004b）「研究作業の難所──夢の旅路の拾い物 3」東海法学第 32 号。

──（2005a）「スランプの克服──夢の旅路の拾い物 4」東海法学第 33 号。

──（2005b）「近代の功？罪？──夢の旅路の拾い物 5」東海法学第 34 号。

──（2006a）「研究方法を学ぶ──夢の旅路の拾い物 6」東海法学第 35 号。

──（2006b）「観察・分析の視座──夢の旅路の拾い物 7」東海法学第 36 号。

──（2007）「文化と人間を学ぶ──夢の旅路の拾い物 8」東海法学第 38 号。

長谷川晃（2012）「法のクレオールと法的観念の翻訳」長谷川晃編『法のクレオー
　　ル序説──異法融合の秩序学』北海道大学出版会。

馬場淳（2011）「パプアニューギニアにおけるオルタナティブ・ジャスティスの生
　　成」石田慎一郎編『オルタナティブ・ジャスティス──新しい〈法と社会〉へ
　　の批判的考察』大阪大学出版会。

松尾浩也（2013）「中華人民共和国刑事訴訟法の改正について」刑事法ジャーナル
　　第 35 号。

安田信之（2013）「開発法学と文化：多元的法体制論を軸として」アジア法研究

2013 第 7 号。

Merry, Sally Engel（1998）"Legal Pluralism", *Law and Society Review*, 22-5.

Menski, Werner（2009）「グローバル化の空に揺れる凧，不安的な天気予報──エスニック・マイノリティの法をイギリスで適用する」東京外国語大学多言語他文化──実践と研究第 2 号。

──（2012）「イギリスの裁判所におけるイスラーム法──法の多元性をめぐる無知と無視について」関西大学マイノリティ研究センターマイノリティ研究第 6 号。

──（2014）"Legal Simulation: Law as a Navigational Tool for Decision-Making", 海保大研究報告第 59 巻第 2 号。

Tamanaha, Brian Z.（2008）"Understanding Legal Pluralism: Past to Present, Local to Global", *Sydney Law Review*, Vol. 30: 375.

──（2012）"The Rule of Law and Legal Pluralism in Development", Edited by Tamanaha Brian A., Sage Caroline and Woolcock Michael, *Legal Pluralism and Development: Scholars and Practitioners in Dialogue*, Cambridge University Press.

7 千葉理論における人権と文化

馬 場 　 淳

Ⅰ　は じ め に　　　　　　Ⅳ　世界法文化への「夢」
Ⅱ　世界法文化としての人権　Ⅴ　お わ り に
Ⅲ　人権の媒介変数

Ⅰ　は じ め に

　人権は，今日においてもなお，このテーマをめぐって多くの学問分野が交差する，魅力的な論争のアリーナであり続けている。日本の法人類学のパイオニア的存在である千葉正士もまた，そのアリーナに一石を投じていたのだった。しかし多元的法体制に関する千葉の法文化学的理論がこれまで多くの研究者に検討・援用されてきたことに比べれば，人権に関する彼の理論的考察は十分に検討されてきたとは言い難い。千葉が「人権の媒介変数」（後述）を提唱したことは知られていても（樋口 1996：71），それがどのような理論的背景から生まれ，いかに法文化（論）と関連し，どのような重要性と可能性をもつのか，あるいはどのような問題を孕んでいるのかなど，ほとんど論じられていないのが現状である。実に，千葉の人権論は，人権に関する彼のテクスト[1]を法文化に関するいくつかの論考と照合し，つなぎ合わせることはもとより，千葉の学問的立場などその他の背景を考慮に入れてはじめて理解されるものなのである。
　本論の目的は，法文化論と関連付けながら，千葉の人権論を明確なヴィジョ

---

[1]　千葉が人権について著したテクストは，『アジア法の環境』所収の「アジア法の内部的外部的環境」（千葉 1994）と *Legal Cultures in Human Society* 所収の論文 "The Intermediate Variable of Human Rights"（Chiba 2002）の二論文のみである。後者の初出は，2000 年の *The International Journal of Humanities and Peace* Vol. 16 (1)だが，本論ではそれを採録した前掲の論文集 *Legal Cultures in Human Society* から引用する。

『法文化論の展開——法主体のダイナミクス』千葉正士先生追悼〔信山社, 2015年5月〕　*137*

第2部　人間と法の探究：法哲学・法社会学・法人類学

ンとして提示することである。後にみていくように，千葉は，法人類学を通じて，文化の相対性について鋭敏な感覚をもっており，世界の諸文化を考慮に入れた独自の人権論を展開しようとしたのだった。しかしその人権論は，「西洋の知」を無批判的に前提にしたり，人類共通の内在的本質を仮定するといった種々の根本的問題を抱えていたことも事実である。本論では，こうした理論的問題に言及することで，千葉の人権論について理解を深めていきたい。

II　世界法文化としての人権

　千葉によれば，法文化とは「法として現われた一社会に特有な文化統合」(cultural configuration in law) である[2]（千葉 1991：237）。周知のように，この法文化概念は千葉の多元的法体制論の中核的な概念である。というのも，多元的法体制は3ダイコトミー（①公式法と非公式法，②移植法と固有法，③法規則と法前提）の多元的な組み合わせからなるものとして分析的に記述されるのだが，法文化はそうした「多元的法体制の動態を成型するための統合原理」(Chiba 2002：195) となるものだからである。千葉は，この法文化の機能的局面を，アイデンティティ法原理と名付けた。そしてこうした枠組みから，国や地域ごとに異なる法文化の比較研究を提唱したのだった。

　法文化といっても，そのレベルはさまざまである。千葉の枠組みでは，国家内法文化（先住民やゲイ・レズビアンのようなマイノリティの法文化），国家の国民的法文化，そして世界法文化――これを「グローバルな法文化」と呼んでも意味するところは同じであろう――の三元構造が設定されている（千葉 1991：242）。

　1980年代後半，千葉は，世界の法文化間に相容れない対立があることを認めたうえで，「国際法で結ばれた国家集団のすべてが，一つの法主体として一つの法文化ましてアイデンティティ法原理を共有しているかと問われれば，今は否と答えざるをえないだろう。しかし……一つの国民的法文化を越えその

---

(2)　法文化の定義について，千葉はR・ベネディクトの「文化の型（パターン）」や「文化統合」を踏襲している（千葉 1991：235-237）。しかし，一社会の成員がある一定の思考と行動のパターンを共有するという古典的な考え方は，文化を本質主義的・静態的・無歴史的に捉えるものとして，今日の文化人類学では批判の対象となっていることに留意すべきである（e.g. クリフォード 1988＝2003; ワグナー 1975＝2000）。このことが，千葉理論に時代錯誤の印象を与える要因となっているように思える。

138

多数にまたがる法文化は，現在明らかに存在している」と述べ，「基本的人権はまさに世界法文化として片鱗を示している」と付け加えた（千葉 1991：242-243）。1990 年代に入ると，冷戦が終わり，世界人権会議（1993 年）のウィーン宣言と行動計画を経て，人権の普遍性は，人権なき世界が想像できないとすら言われるほど，より明白かつ自明となった（e.g. Goodale 2013：6）。

　このような世界状況に対応するかのように，1990 年代初頭，千葉は自らの人権論の構築に着手したのだった。人権の問題は，彼にとって，世界法文化を論じる格好の素材であり，レッスンでもあったと言えよう（e.g. 千葉 1994：175）。結果的に，彼の人権論は，世界法文化の問題と密接に結びつきながら，かつそれまで培ってきた思想を反映し，独特の展開を見せている。予め結論に触れておくと，千葉は，世界のあらゆる社会の人権概念を，文化的特殊性の部分と，国や地域を問わず人類すべてに共通する本質的な部分に分けたのである。そして後者が世界法文化を創造していく鍵だと考えたのであった。詳しい検討は次節以降に譲ることとして，ここでは世界法文化について若干の概念整理をしておきたい。

　千葉のいう世界法文化とは，多様な文化や宗教，政治的信条を越えて，人類全体が一つの法主体としてもつ法文化を意味する。後に述べるように，この世界法文化は，無から生じてくる（文字通りの）創造の産物ではなく，人類全体が本来的に有する共通の本質が実体化および全体化することによって達成されるものと考えられている。これは，いまだ実現していないものであり，どこかユートピア的ですらある。だから，千葉は人類全体の法文化（＝世界法文化）が創造される可能性や「夢」を語っていたのである（千葉 1991：242-244）。しかし，もし人類のあらゆる法文化が共通の本質（人権概念の核心）を具有しているとするならば，世界法文化は，可能性の問題ではなく，もうすでに存在していると言えないだろうか。実際，「基本的人権はまさに世界法文化として片鱗を示している」と述べていたように（千葉 1991：242-243），千葉はそれがもう現れているとも考えていた。このように，千葉は区別・明言していないが，世界法文化という表現には，矛盾ともとれる二つの意味が含まれているのである。そこで，筆者はこの点について，千葉になり代って区別・整理しておきたいと思う。すなわち，人類全体が具有する普遍的な内在的本質によってすでにある世界法文化（後者）を「本源的世界法文化」，内在的本質の顕在化・全体

第 2 部　人間と法の探究：法哲学・法社会学・法人類学

化によって創造される世界法文化（前者）を「派生的世界法文化」と呼んでおきたい。このように区別することによって，次節以降の千葉の議論をより明確に理解できるはずである。

Ⅲ　人権の媒介変数

まず千葉の人権論の出発点は，西洋と非西洋の法文化の対立——これは非西欧法学に向かった千葉の原初的な問題意識でもある——である。なぜなら，西洋と非西洋との社会・文化的差異は，非西洋社会内部の差異よりもはるかに本質的で顕著なものと考えられていたからである。

> 近代西欧法の文化的性格を象徴的に指摘すれば，宇宙論においてギリシャ＝ローマ的知性哲学に立ち，人間観においてはユダヤ＝キリスト教的伝統により絶対者の前ではいと弱くとも自然に対しては断然たる支配者であり，したがって，倫理観において人間の自由と責任を基礎とし，ひいて法観念においては個人の権利と義務を本旨とする。それは人類知性の賛嘆すべき一つの成果には違いない。だが他面で，西欧文化も文化としては特殊である。対して非西欧文化は，それとは異なる哲学を発展させていた。比較して一般的に言えば，宇宙観では自然宗教的宇宙秩序を思い，人間観では祖先・親族や近隣・村落の社会環境と動植物・海陸の自然環境の中で人間存在を位置づけ，したがって，倫理観も法観念もそのように複合して交錯しかつ変化生成する宇宙秩序に随順する役割を本旨とする（千葉 1994：176）。

そして，千葉は，西洋の人々が彼ら特有の哲学的土壌のうえで人権概念を発展させてきたのと同じように，非西洋の人々も明示的にも暗示的にもそれぞれの地域独自の人権概念を発展させてきたと述べる——「少数民族，とくに先住民には，理論化されることはなくとも彼らなりの人間観があって，それに基づく特有の人間としての権利意識を持つ」（千葉 1994：177）。西洋のそれと比べれば，理論的な洗練の度合いは低いものの，彼らなりの人権概念が「現に文化として存在する事実を否定するわけにはいかない」というのである（千葉 1994：177）。事実，非西洋の人々が彼ら自身の人権概念を発展させてきたという主張は，非西洋社会出身の知識人によって繰り返しなされてきた（e.g. プランティリア 2012; セン 2002）。

千葉は，こうした現状を「正確に認識するために適切な道具概念を必要とす

る」との認識から，二つの人権概念を提出する（千葉 1994：177; Chiba 2002：212-213）。一つは普遍的人権（universal human right）であり，どんな社会にも当てはまる理念としての人権概念を指す。もう一つは媒介的人権（intermediate human rights）であり，「世界の諸文化が固有価値として育んできた人間としての権利」を指す。

　媒介的人権が重要なのは，諸文化の価値，あるいは文化の多元性を認めるという点にある。法人類学を通して文化の相対性（文化相対主義）を思想化してきた千葉としては，媒介的人権を設定するのは，当然の帰結だったのだろう。ただそれだけではなく，こうした立場が当時の——今も続く——国際社会の要請であるとともに，グローバルな潮流でもあったという点にも留意しておく必要がある。例えば，国際人権規約は，少数民族の権利や「文化への権利」を保障している[3]。また，千葉が人権論を展開した 1990 年代初頭は，「国際先住民の年」や世界人権会議（いずれも 1993 年）など，先住民問題や人権に対する世界的な関心が高まっていた時期なのである。

　ここで，普遍的人権と媒介的人権がそれぞれ西洋社会と非西洋社会に属するものだと誤解してはならない。西洋と非西洋の社会・文化的対立はあくまでも洞察の出発点にすぎないからだ。確かに，千葉は普遍的人権の「基本的な観念と核心は近代西欧法が自覚的に顕在化させたものである」と認めている（千葉 1994：177）。その一方で，西洋で発展した人権概念は，まさにその哲学的伝統（前述）という……特殊性によって彩られているがゆえに，「まだ理念的とは言い難い」[4]（Chiba 2002：213）。やや長いが，千葉自身が論点を明確に言及している箇所を引用しておこう。

　　現在，法学界が常識とする人権の概念と制度の核心はたしかに普遍的人権に基づく。しかし，その内容には国による変異も時にしたがう変化もあり，その手続きにはまた時と所による精粗・実効の差があるのが事実である。人権概念の周辺には各国文化の特殊性に基づき相違があるわけである。これは，人権概念には，核心を占める普遍的部分とその周辺に可変的な特殊的な部分とがあるこ

---

(3)　「経済的，社会的および文化的権利に関する国際規約（社会権規約）」の 15 条や「市民的および政治的権利に関する国際規約（自由権規約）」の 27 条。

(4)　西欧法学の特殊性と普遍性に関する千葉の見解については，英文著作（Chiba 1989）の第 3 章で詳しく論じられている。

とを示す。非西欧諸国家の人権観念は，普遍的な核心がないのではなくその周辺との比率が西欧諸国家の場合と異なるだけなので，問題はこの相違をどう理解しどう処理するかにある（千葉 1994：178）。

このように，世界のさまざまな人権概念には，多かれ少なかれ，文化的差異を越えた理念的要素と文化による特殊要素のいずれもが含まれているというのが千葉の本意だったのである。ここには，西洋と非西洋の二元論とは異なる，新しい二元論――核心と周辺，あるいは理念的部分（the ideal part）と可変的な部分（the variable part）――が登場している。可変的な部分は，各社会の文化的特殊性を反映している。筆者はこの議論を明確にするためのモデル（人権概念の内部構成）を図に示しておく。なお本論では，人類共通の内在的本質――いかなる社会の人権概念も，程度の差はあれ，理念的部分を有する――を前提とする千葉の立場を「本質主義的普遍主義」と呼んでおくことにしたい[5]。

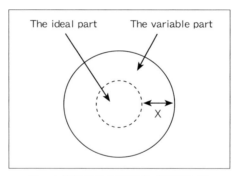

図　人権概念の内部構成（筆者作成）

ここに至ってもはや，彼が洞察の出発点とする西洋と非西洋の対立や差異は決して絶対的かつ本質的な問題ではなくなっている。むしろ問題になっているのは，一つの人権概念における X の振幅である。図の可変的部分 X が小さくなればなるほど，その概念は理念型に近づいていく。前述の普遍的人権とは，

---

[5] 筆者は，構築主義的普遍主義と対比させて，本質主義的普遍主義を用いている。本質主義的普遍主義とは，地域固有の環境や歴史的変動に左右されることのないある本質が，人類すべての文化に共通して（普遍的に）内在しているとみる考え方である。構築主義的普遍主義は，協議／対話によって普遍性を創造していく考え方であり，多くの現代人権論はこちらに属するだろう。

〔馬場　淳〕　　　　　　　　　　　　　　**7**　千葉理論における人権と文化

X＝0 まで純化された状態の人権概念を指す。近代西欧社会が成し遂げた「洗練さ」とは，このことである。また可変的な部分が肥大すればするほど，その人権概念はより文化的に特殊なものとして現れることになる。媒介的人権とは，X＝N の状態にある人権概念なのである。

　このことを踏まえて，千葉は，理念的部分を核としながらも，文化による特殊性をその周辺に帯びた人権の捉え方を，「人権の媒介変数」（intermediate variable of human rights）と呼ぶ（千葉 1994; Chiba 2002）。これにより，人権概念を動態的に――X の変差から――捉えることが可能となるものの，理念的部分を核として設定している点にも等しく注意を払う必要があろう。理念的部分は，千葉にとって，文化相対主義を踏まえながらもなお，人権の普遍性を展望するために必要な橋頭堡のようなものだったに違いない。というのも，文化相対主義は，人類の統合性や同一性を分解に導くとともに，「何でもあり」を正当化する論理となってしまう危険を孕んでいるからである。つまり文化相対主義は，法文化間に越え難い絶対的な――共約不可能な――差異を作り出し，ときに「アジア的価値」論のように，自己弁護や欧米への対抗言説といった政治的手段に資することがある。これは，規範性を重視する法学的思考に反するし，何より千葉の求める統合理論の障害ともなりうる。そこで千葉は，絶対的かつ理念的な基準を設定することで，「何でもあり」の事態に一定の制限を加えようとしたと考えられる。理念的部分が存在している限り，それぞれの法文化による人権概念の変差を認めていくというのが千葉の意図なのである。人権の媒介変数とは，単に法文化の相対性を認めるだけのものではなく，あくまでも人権の普遍性と個別性を同時に記述・分析するための道具概念なのである。

　ちなみに，千葉のこうした着想が，降って湧いたものではなく，同時代の法人類学的研究から引き出されたことを追記しておきたい。事実，人権の媒介変数を論じるにあたって，千葉が，当時，人権をめぐる普遍主義と相対主義を論じていたアリソン・D・レンテルン（Renteln 1990）らを導きの糸としていたことは明らかである。1990 年前後には，人権の普遍性と文化の相対性を，対立させるのではなく，止揚する別の枠組みの模索がすでにはじめられていた。そこでは，（西洋でも，非西洋でもない）「第三の基準」（third criterion）や「中間基準」（intermediate standard），「通文化的な中間領域」（cross-cultural intermediary space）といった，さまざまな概念が提唱されていたのである

143

第2部　人間と法の探究：法哲学・法社会学・法人類学

(Chiba 2002：212, 222)。人権の媒介変数は，こうした時代の趨勢を受けて導き出した千葉なりの解答だったと言えよう。

　以上，人権の媒介変数に関する千葉の議論を跡付けてみた。この議論を特色づけている本質主義的普遍主義は，普遍性を語る常套手段の一つであるが，千葉らしい発想とも言える。なぜなら，千葉の理論は常にある法文化を特徴づける内在的本質を想定することで成り立っているからである。議論のレベルが人類の法文化になれば，個別社会を越えた人類共通の内在的本質を想定しようとするのは，千葉にしてみれば，当然の成り行きだったと言えよう。本節の最後に，この本質主義的普遍主義が千葉の議論にどのような重要性や利点をもつのかを指摘しておきたい。まず，人類全体が共有する内在的本質（理念的部分）を想定することで，人権概念が（本源的）世界法文化であることを語れるようになったことである。次に，人権概念のグローバル化については，人権概念の道徳的基礎づけや植民地主義の問題がつきまとうが[6]，千葉は，あらゆる社会が人権概念の理念的部分を本源的に共有していると立論することで，「人権は果たして普遍的かどうか（人権の普遍性はいかに保障されるのか）」「西洋由来の人権を他文化に押し付けているのではないか」などといった，古くからあるややこしい問題を回避したわけである。

Ⅳ　世界法文化への「夢」

　（西洋社会を含め）世界の諸民族が育んできた人権概念は，多様だが，核心（理念的部分）を共有している。だからといって，それが即座に法文化間の調和的共存を導くわけではない。世界の現状では，むしろ，そのズレや対立の方が目立つ（例えば，アジア的価値をめぐる論争や虐殺を含む紛争など）。人類全体が一つの法主体であるような派生的世界法文化の創造には，さらなる「努力」が必要なのである。だから千葉は，次のように議論を続ける。

　　人権という現行の概念と制度につき，その諸因子のうちどれが核心の普遍的部分でありどれが周辺の可変的部分であるかを再検討し，自文化中心主義を客観的に批判しつつ，普遍的と媒介的と人権の両概念を構成しなおすよう，西欧人

---

(6)　もっとも人権概念を道徳的・哲学的に基礎づけることが果たして人権論の必須事項かどうかは議論のあるところである。プラグマティックな観点からすれば，人権概念の基礎付けは不必要である（e.g. ローティ 1993＝1998：Ignatieff 2001）。

〔馬場　淳〕　　　　　　　　　　　　　　　　　*7*　千葉理論における人権と文化

も非西欧人も協力することが要請される（千葉 1994：179）。

　かくして，千葉は，自らの人権論に，媒介変数とは異なる別の動態性——理念的部分と可変的部分の再検討・再構成——を組み込む。これは，人権概念を絶えざる（再）構築プロセスとして捉える見方である。「協力」を「対話」に置き換えれば，こうした千葉の主張は，今日の人権論の潮流と親和性をもっているようにみえる。例えば，政治学者のウィル・キムリッカ（1995＝1998）は，マイノリティの権利の理論によって伝統的な人権の原理を補完するべきだと主張している。また日本の法学者，大沼保昭は，人権概念を，文明間（西洋キリスト教文明，中華文明，イスラーム文明など）の対話を通して再構築し，洗練させていくべきだと述べ，「文際的人権」（inter-civilizational human rights）を提唱する（大沼 1998）。これらの論者も千葉も，人類のよりよき共存を目指して人権概念を鍛え直す必要性を訴えている点で，共通している。しかし両者には決定的な相違点があることに留意すべきであろう。それは，上記の論者が多様性（マイノリティや異文化の人々）に開かれた人権概念の再構築を目指したのに対して，千葉は，意外にも，その再構築を多様性の縮減に求めたことである。同じ再構築でも，その方向性は全く逆なのである。以下では，この点を確認していこう。

　千葉は，可変的部分が人権の概念領域の大部分を占める非西洋諸国に対して，彼らの人権概念が「文化として存在する事実を否定するわけにはいかない」と述べつつも，「普遍的人権を目指して改善されるべき」と強調する（千葉 1994：177）。ここから，再構築プロセスは，前述の図式でいえば，Xの距離（可変的部分）を縮めることだという千葉の意図が伺えよう。このことは，非西洋社会への警告を含んだ次の言葉に明確に示されている。

　　伝統には文化の健全な発展を阻害する要因も多く含まれることを考慮すると，当事者は，固有の媒介的人権を常に反省的に自己批判し普遍的人権への一層の接近と他とのよりよい共存に向けてその改善発展を努力する責任があり，媒介的人権と認められることをもってこの努力を怠ってもよい免罪符と考えるならばかえって自己破滅を招くであろう（傍点は筆者）（千葉 1994：178）。

　このように，文化相対主義の弊害に自覚的であった千葉は，それぞれの社会（とくに非西洋社会）が自らの人権概念を普遍的人権に近づけるよう——Xの縮

145

第2部　人間と法の探究：法哲学・法社会学・法人類学

減を──求めるのである。普遍的人権に向けた「改善」こそ，再構築／対話の目的なのである。あらゆる社会がそれぞれの人権概念を単一の普遍的人権へと収斂させたとき，そこには人類全体が単一の法主体となる状況が現れる──これが千葉のシナリオである。

　さて，こうしてみると，法文化間の共存や統合にあたって千葉が決定的な重要性を置いているのは，法文化の相対性を保障する媒介的人権よりも，普遍的人権の方だということがわかる。では，その普遍的人権とは具体的に何を指すのだろうか。「どんな社会にも当てはまる理念」とは一体何か。残念ながら，千葉は，これについて，「人間としての権利」などきわめて簡単な言及に留めるだけで，十分な考察を展開していない。千葉のテクストを好意的に解釈すれば，理念的部分＝内在的本質も再構築の対象であるから，今後の検討で同定されていくものだということなのかもしれない。とりわけ，人権概念の拡張という現状を考えると，テクストの「空白」──普遍的人権の内実を固定化しないこと──は決して欠点ではない。例えば，1993年のウィーン人権宣言で，人権に「第三世代の権利」──開発や平和への権利──が含まれるようになった。今や「権利のインフレ」などと揶揄されることもあるが，千葉の人権論は，伝統的な人権観では想定されていない，歴史的に新しい人権の要素を取り込む柔軟性を持っていると解釈できなくもない。

　ただそれは「深読み」なのかもしれない。実際のところ，千葉がそこまで考えていたかどうかは不明である。むしろ筆者には，普遍的人権の内実について千葉がほとんど明確にしていないのは，それがあえて検討するまでもないほど自明であったり，「常識」となっているからだという印象が拭えない。ある箇所では，「法学界が常識とする人権の概念と制度の核心はたしかに普遍的人権に基づく」と述べているし（千葉 1994：178），他の箇所では，次のようにも述べている。

　　　理念的概念の主要な要素は，世界人権宣言に代表されるような，広く流布した概念によって与えられている。それらは，西洋の知（western wisdom）の尊敬すべき産物である（Chiba 2002：213）。

「世界人権宣言に代表されるような，広く流布した概念」という表現には──国際権利章典のみを指すのか，その他の国際人権文書も含まれるのか，何がど

146

こまで含まれるのか——多分に曖昧さが残るが，結局のところ，千葉は普遍的人権を，人権についてすでに定式化・表明された国際文書や「法学界の常識」に求めていることになる。ここから，普遍的人権に対する千葉の思考は，きわめて保守的で「常識」的な思考の枠内に留まっていると言わざるをえないだろう。

　もちろん，世界人権宣言が高く評価されるべきものだということに，筆者も賛成する[7]。しかし着目すべきは，千葉がそうした国際人権文書や「法学界の常識」を「西洋の知」に無批判的に負うていることだ。他の箇所でも，同様に，千葉は，普遍的人権が近代西欧法によって具現されたと喝破している（千葉 1994：177; Chiba 1989：Chapter 3）。このことは，結果として，千葉に，西洋社会が西洋哲学の特殊性を修正しさえすれば，非西洋の国々にそれを普及させていく資格や正統性をもっているとまで言わしめてしまう（千葉 1994：179）。たとえもし彼がここに留保や条件[8]を付したとしても，この主張は文化帝国主義を容認するものだと誤解されてしまうかもしれない。

　筆者にしてみれば，すでに定式化・表明された人権の国際文書をあえて「西洋の知」の産物だなどと言う必要があったのか疑問である。例えば，世界人権宣言には，歴史的反省（ナチス・ドイツによるホロコースト）も含めて，広義の「西洋の知」が強く反映されていることは確かだとしても，その起草過程には，多くの非西洋諸国との意見交換・相互作用があったことに留意すべきだろう（e.g. Morsink 1999）。この点は，世界人権宣言とともに国際人権章典を構成する国際人権規約にも明確に現れている。樋口陽一が両条約の第1条で「＜people＞という集団を権利主体とする思考を打ち出している点で，第三世界の世界観を反映している」と指摘しているように（樋口 1996：20），国際人権文書には「西洋の知」以外の知が反映されているのである。その他，一つの国際的合意文書を生み出すのに，さまざまな立場と利害が衝突し，紛糾してい

---

(7)　この点については，人権概念をめぐる議論が累積的に進展するなかで，今もなお 1948 年の世界人権宣言に立ち返る論考が後を絶たないことにも現れていよう（e.g. Morsink 2009）。

(8)　「彼ら（西欧社会）の人権の概念と制度はたしかに普遍的な核心をめぐって形成されたのでこれを他とくに非西欧諸国に普及させる資格をもつとともに，その周辺には文化ごとの特殊な可変的な部分もあることを自覚し他に対して自己固有の特殊文化を強制することのないよう自制する責任がある」（千葉 1994：179）。

第2部　人間と法の探究：法哲学・法社会学・法人類学

る現状を鑑みれば，千葉が考えているほど単純ではないことは明らかであろう。逆に，このことから，西欧法学を相対化したはずの千葉の思考には，知らず知らずのうちに西欧法学の亡霊が取り憑いていたのではないかと考えてしまう。

　以上，（派生的）世界法文化がさまざまな社会の「努力」によって創造されるという千葉の筋書きを見てきた。その「努力」とは，各社会が多様な人権概念（媒介的人権）を同一の普遍的人権へと近づけるよう「改善」することを意味する。地域社会固有の文化的特殊性は人類の共存や統合を阻むものであるが，各社会が法文化の多様性を縮減し，媒介的人権から普遍的人権へ移行させていけば，法文化間の齟齬やコンフリクトは生じにくくなるばかりか，人類は普遍的人権のもとに単一の法主体となりえる。そして千葉にとって，これが可能なのは，すべての法文化は，本来的にその素質（理念的部分）を具有しているからである。本源的世界法文化は，派生的世界法文化の前提なのである。人類全体が一つの法主体となるような一枚岩の共同体は，しかし，未だ生成されていないし，今後も生まれるかどうかも疑問である。だから，千葉は（派生的）世界法文化を可能性や「夢」として語っていたのである。

V　おわりに

　千葉の理論には，法文化間の対立と統合，多様性と斉一性，特殊性と一般性が共在している。筆者は，千葉理論を特徴づけるのは弁証法だと思う。というのも，彼はいつも（法文化の）特殊性や対立から出発し，やがてその対立を越えた／統合した調和的な地平を志向したからだ。人権を論じるにあたっても，こうした千葉的思考が反映されていることは，本論で見てきたとおりである。以下では，千葉の人権論を，より広いコンテクストに照らして，総評してみたい。

　まず普遍的人権の内実（理念的部分）について考察を怠ったことは，人権論としては不十分のまま終わった感が否めない。千葉は「暫定的に」それを国際人権文書や「法学界の常識」に求めたわけだが，国際人権文書や「法学界の常識」そのものを検討することなく，すでに文書化・「常識」化されたものを単に普遍的人権とするのはいささか安直であったと言えよう。普遍的人権の定義や内的優先順序[9]——例えば，市民的・政治的権利と社会・経済権利の関係——は，まだまだ議論の余地のあるものである。多様な法文化に一貫して共通する

148

普遍的な因子（理念的部分）とはどのようなものなのかについて，自らの考察を進めていれば，人権議論における千葉のプレゼンスは今とは違ったものになっていたかもしれない。

　次に，千葉の人権論は，内在的本質から発想するゆえに，人権をめぐる政治的歴史的な諸力を軽視してしまっている。人権概念が，国際的な合意をえた価値原理として，相当数の国の司法制度に組み込まれた法前提となっていることは事実だ。ただこうした背景には，冷戦の終結——民主主義陣営の「勝利」——や人権をグローバルに貫徹させようとしてきた国際連合や国際 NGO の諸活動がある。これに関連して付け加えておきたいのは，国際人権レジーム[10]そのものがもつ監視体制であろう。多くの国々は人権に関する数々の条約を批准し，それによって人権理念に適合するような法制度を構築・修正する義務を負う。この国家活動は，定期的な国家報告（state report）とモニタリングを通じて監視されるのである。要するに，今や人権なき世界は想像できないとまで言われるようになった人権概念のグローバル化は，千葉の理論的枠組みとは異なる法－政治的次元を考慮に入れなければ，理解できないのである。

　なお人権概念のグローバル化と言っても，何も人類がみな同じ人権概念の現実を生きていることを意味するわけではない。国際人権レジームが生み出す現実は，決して一枚岩的なものではなく，むしろ多様である。実際，人権を対象とした人類学的研究の焦点の一つは，国際人権レジームのグローカル化[11]に向けられている（e.g. Goodale and Merry 2007; Merry 2006; 馬場 2012）。これはローカリティや差異を重視する人類学の性質にもよるだろうが，少なくとも人権概念が世界の至るところで見られることと人類が一つの法主体になっていること

---

(9)　これは，諸権利のなかで最も擁護されるべき核心部分（defensible core）は何かという問いである。例えば，マイケル・イグナティエフは「結果的に社会的および経済的保障を獲得するための必要条件」として市民的および政治的自由こそが核心部分にあたると述べている（Ignatieff 2001：90）。千葉はこの種の議論を展開しなかったが，筆者は理念的要素を考えるうえで，また「権利のインフレ」状況のなかで，人権の優先順位／階層構造は重要な問題意識であると考える。

(10)　国際人権レジームとは，人権に関する条約や宣言，および人権保護を実行するための諸制度・諸組織からなる複合的総体をさす。

(11)　グローカル化（グローカリゼーション）とは，グローバリゼーションとローカリゼーションを組み合わせた造語であり，グローバルなモノが現地社会に受け入れられるとき，そこには現地側の解釈や変形，つまりローカル化（土着化）が伴うことを指す。

第 2 部　人間と法の探究：法哲学・法社会学・法人類学

を同義とみなすことには注意が必要であろう。

　これらの諸問題の背景には，千葉の依拠する思想，概念や方法論の「古さ」があると考えられる。ベネディクトの文化統合の概念や方法論は，世界法文化を視野に入れた千葉の人権論——そして千葉の思想全体——の根幹であるが，今日の人類学ではすでに否定されている。より一般的に言うならば，ポストモダン的転回は，千葉が語るような「大きな物語」を終焉に導いたのである（e.g. リオタール 1979＝1986）。今日の人文・社会科学における思想潮流は，言語学（普遍文法）を除けば，普遍志向を避け——というよりも，普遍性の言説は脱構築の対象ですらある——不確定性・異種混淆・文脈主義・構築主義に傾いている[12]。グローカル化に焦点を当てる上述の法人類学的研究も，こうした流れのなかにあると言ってよい。逆に，人間本性の普遍的同一性をみる千葉の思考は，モダニズム／近代的ヒューマニズムの枠内に留まっていると言わざるをえないだろう。

　とはいえ，これらの問題は，千葉の仕事の価値を減じるものではない。まず千葉の人権論が，1990 年代の問題意識[13]に深く埋め込まれていることに留意すべきである。当時，千葉は，多元的で複雑な世界の統合がいかに可能かという実践的な問題に対する科学的な仮説[14]を提示しようとしていた。本論で見てきた千葉の人権論は，多様な法文化を認めつつ，まさに人類が一つ（単一の法主体）となる作法についての仮説なのである。この観点からすれば，千葉は，本質主義を戦略的に使ったと言えるだろう（戦略的本質主義）。

　また普遍性と個別性の問題に真摯に向き合い，そのはざまの理論（人権の媒

---

(12)　もちろんこのことは，普遍が語られないことを意味するものではない。例えば，井上達夫は，ポストモダン状況のなかにあって，普遍主義を語る日本の哲学者の一人である。井上は，「内発的普遍主義」を提唱し，覇権による恣意を抑止し，多様な文脈の相互承認を保障し，ローカルな文脈に意味を与えたり，その正当性を公正に根拠づけるうえで，普遍への志向は必要不可欠だと論じている（井上 2003）。

(13)　国際連合の悲観的な報告（「この困難な状況に対して，諸国家を導くための普遍的処方箋などない」）は，千葉の問題意識を形づくっている（千葉 1994：175; Chiba 2002：211-212）。

(14)　このあたりで筆者が千葉理論についてあえて「仮説」という言葉を使っているのは，角田猛之（2009）の議論に負っている。仮説という言葉の使用には，千葉への本質主義批判を緩衝化する効果が意図されている。千葉理論に深い理解を示す角田は，アイデンティティ法原理が「究極の法前提」として理論上仮説されたものであると論じている（角田 2009：39）。

〔馬場　淳〕　　　　　　　　　　　　　　　　　*7*　千葉理論における人権と文化

介変数）を構想した千葉の姿勢は，むしろ評価してよいだろう。今日の人類学
では，人類文化の普遍性を語ることが控えられる傾向があり[15]，たとえ仮説で
も，アクティヴィストでない限り，本質主義を声高に主張することは難しい現
状にある。この背景には，すでに指摘したポストモダニズムの「洗礼」だけで
はなく，もともと人類学者がオブセッションの如く抱懐するエスノセントリズ
ムへの極度の警戒がある。とはいえ，文化相対主義も，「我々」と「彼ら」の
絶対的な差異のみを浮き上がらせるだけなら，単なるニヒリズムに陥ってしま
う。よって，桑山敬己がいみじくも述べるように，普遍と個別のはざまに身を
置いて思考することこそ，本来の人類学的研究の態度というべきなのである
（桑山 1999）。その意味で，人権の媒介変数は，人類学が本来，発揮すべきリミ
ナルな思考の具体例だと言ってもよいだろう。

　以上，千葉の人権論が，たとえ多くの問題を含んでいるとしても，啓発的か
つ意義深いものであることは確かだ。彼の人権論の全体像をまとめることに傾
注してきた本論は，後続する研究への第一歩である。千葉の人権論がどのよう
な事例研究を導き，いかなる説明を可能にするのか，そして何に使えるのか
——それは次世代の手に委ねられている。晩年の千葉も，そう望んでいたでは
ないか。

【引用文献】

井上達夫（2003）『普遍の再生』岩波書店。

大沼保昭（1998）『人権，国家，文明——普遍主義的人権観から文際的人権観へ』
　　筑摩書房。

キムリッカ，ウィル（1995＝1998）『多文化時代の市民権——マイノリティの権利
　　と自由主義』（角田猛之・石山文彦・山崎康仕訳）晃洋書房。

クリフォード，ジェイムズ（1988＝2003）『文化の窮状——二十世紀の民族誌，文
　　学，芸術』（太田好信・廣田勝彦・清水展・浜本満・古谷嘉章・星埜守之訳）
　　人文書院。

桑山敬己（1999）「相対主義と普遍主義のはざまで——人権を通して見た文化人類
　　学的世界」中野毅編『比較文化とは何か——研究方法と課題』第三文明社。

---

[15]　もっとも，ドナルド・ブラウン（1991＝2002）のように，普遍性を積極的に論じる人
　　類学者がいることは，文化的差異（相対性）や部分的真実の解明・記述のみが人類学的
　　営為ではないことを思い出させてくれる。

第2部　人間と法の探究：法哲学・法社会学・法人類学

セン，アマルティア（1997＝2002）「人権とアジア的価値」『貧困の克服――アジア発展の鍵は何か』（大石りら訳）集英社新書。

千葉正士（1991）『法文化のフロンティア』成文堂。

――（1994）「アジア法の内部的外部的環境」千葉正士編『アジア法の環境――非西欧法の法社会学』成文堂。

角田猛之（2009）「千葉・法文化論再考――アイデンティティ法原理を中心として」角田猛之・石田慎一郎編『グローバル世界の法文化――法学・人類学からのアプローチ』福村出版。

馬場淳（2012）「国際人権レジームの功罪――パプアニューギニアにおける保護命令の「誤解」をめぐって」牟田和恵・平沢安政・石田慎一郎編『競合するジャスティス――ローカリティ・伝統・ジェンダー』大阪大学出版会。

樋口陽一（1996）『一語の辞典　人権』三省堂。

ブラウン，ドナルド・E（1991＝2002）『ヒューマン・ユニヴァーサルズ――文化相対主義から普遍性の認識へ』（鈴木光太郎・中村潔訳）新曜社。

プランティリア，ジェファーソン・R（2012）「アジア的価値をめぐる論争――文化と人権」牟田和恵・平沢安政・石田慎一郎編『競合するジャスティス――ローカリティ・伝統・ジェンダー』大阪大学出版会。

リオタール，ジャン＝フランソワ（1979＝1986）『ポスト・モダンの条件――知・社会・言語ゲーム』（小林康夫訳）水声社。

ローティ，リチャード（1993＝1998）「人権，理性，感情」シュート，スティーブン／スーザン・ハーリー編『人権について――オックスフォード・アムネスティ・レクチャーズ』（中島吉弘・松田まゆみ訳）みすず書房。

ワグナー，ロイ（1975＝2000）『文化のインベンション』（山﨑美惠・谷口佳子訳）玉川大学出版部。

Chiba, Masaji（1989）*Legal Pluralism: Toward a General Theory through Japanese Legal Culture*, Tokai University Press.

――（2002）*Legal Cultures in Human Society: A Collection of Articles and Essays*, Shinzansha International.

Goodale, Mark（2013）"Human Rights After the Post-Cold War." In Goodale, M. (ed.), *Human Rights at the crossroads*, Oxford University Press.

―― and Sally Engle Merry eds.（2007）*The Practice of Human Rights: Tracking Law Between the Global and the Local*, Cambridge University Press.

Ignatieff, Michael（2001）"Human Rights as Politics and Idolatry." In Gutmann, A., ed., *Human Rights as Politics and Idolatry*, Princeton University Press.（『人権の政治学』pp. 35-161, 添谷育志・金田耕一訳，風行社，2006 年）

〔馬 場　淳〕 　　　　　　　　　　　　　　*7*　千葉理論における人権と文化

Merry, Sally Engle（2006）*Human Rights & Gender Violence: Translating international law into local justice*, The University of Chicago Press.

Morsink, Johannes（1999）*The Universal Declaration of Human Rights: Origins, Drafting, and Intent*, University of Pennsylvania Press.

—— （2009）*Inherent Human Rights: Philosophical Roots of the Universal Declaration*, University of Pennsylvania Press.

Renteln, Alison Dundes（1990）*International Human Rights: Universalism versus Relativism*, Sage Publications.

8 グローバルな規模で最も妥当性を有する
刺激物としての多元的法体制
── *MM v. POP* ──

ヴェルナー・メンスキー（角田猛之・木村光豪訳）

I 序	III 大空を舞うカイトと POP と
II 概念的枠組をめぐる論争	しての法
── POP としての法をめざして	IV 解決に向かうのか？
	V 結　論

I 序

　この論文ではつぎのような確信を積極的に受け入れるために，地球法廷（global court）での架空の事例を手がかりとする[1]。すなわち，多様性と差異を論ずる場合にいずれにおいても見いだされる課題を巧みに処理しようとするならば，多くの［実証主義の立場に立つ］法学者を苛立たせている法多元主義が，今日ますます必要なツールとなってきているという確信である。法の是正，政策の改良，また権利と義務を法にかかわる生きた経験として，日常生活において強化するために必要とされる多様な技術は，多元性に着目する調整可能なレンズがなければひどい欠陥をはらむ危険性があるというのが，ここでの主たる論点である。古来より存在するこの論争では，法の世界から宗教と慣習を排除しようとすることが，「良き法」（'good law'）たることを保障するためには逆効果だということをも強調する。法と宗教を分離するならば，理論と実践のいずれにおいても耐え難いものとなるとわたしは主張する。固有の権威を有し，さまざまなかたちで存在する法に匹敵するもの（あるいは法の代替物）を，還

---

[1]　本論文は 2011 年にケープタウンで開催された多元的法体制に関する会議でパワーポイント形式で発表したもので，当初のタイトルは「多元的法体制と『正しい法』の探究──大空を舞うカイトとしての法」であった。オリジナルな発表内容をかなりに修正し最新情報を付加したが，当初の分析的概念である法の多元性に焦点を合わせることを維持しつつ，地球法廷での架空の事例とウブシトゥに関する検討を追加した。

『法文化論の展開──法主体のダイナミクス』千葉正士先生追悼〔信山社，2015年5月〕　*155*

第 2 部　人間と法の探究：法哲学・法社会学・法人類学

元主義的一元論に依拠して排除してしまうと，多様きわまりない「法の支配」
（'rule of law'）の観念／概念を誤った方向に作動させようとすることで，とき
には「モンスター」（'monsters'）と見なされうるような組織的暴力を生み出す
ことになる(2)。しかし，「正しい法」（'right law'）または「良き法」とはいかな
る法なのか？　南アフリカ人は魂の深奥にその問いに答えるための，文化に依
拠した鍵概念をもっているようである。そして複雑で人びとを苛立たせるこの
問題を処理するための方法を，かれらは他の誰よりもよく知っているようであ
る。

　2011 年の会議はじつに実り豊かな会議であったが，悲しいことにフランツ・
フォン・ベンダ−ベックマン（Franz von Benda-Beckmann）（1941-2013）の深
い学識から教えを受けることのできる，最後の大きな国際的イベントのひとつ
となってしまった(3)。ケープタウン大会は慣習法に関する小規模なセミナーを
組み入れていた。そして人権に言及することと国際レベルでの法的メカニズム
を通じて，「正しい法」を確保することができるのだという，ますます蔓延し
てきている主張が支配する昨今において，そのセミナーは慣習と慣習法の重要
性を明らかにしたのである。

　この会議を通じて，多元的法体制はさらなる研究に値するのだというメッ
セージに勇気づけられると同時に，多元的法体制について語ることは，端的に
「［法の概念に関して］散漫すぎる」という一連の敵意に満ちた主張に意気消沈
しながら，この会議から帰国したのである。多元主義者の方法論は要するにニ
ヒリスティックで，良くても，すべてのものを法と認めて［法の概念を］オー
プンのままにしているという見解と苛立ちを，そのような詰問調の主張はつね
に反映しているのである(4)。本稿は——南アフリカ人にとって親しみのあるイ

---

(2)　ナミビアにおけるフィールドワークにもとづくマンフッレッド・ヒンツ（Manfred
　　Hinz）教授の報告。つぎの文献を参照，W. Menski (2006) *Comparative Law in a
　　Global Context. The Legal Systems of Asia and Africa.* 2nd ed. Cambridge: Cambridge
　　University Press, p. 13.
(3)　多元的法体制研究への確固たる基盤に関してつぎの文献参照。W. Menski (2014)
　　'Plurality-Conscious Re-Balancing of Family Law Regulation in Europe'. In: Prakash
　　Shah, Marie-Claire Foblets and Matthias Rohe (eds.) *Family, Religion, and Law:
　　Cultural Encounters in Europe.* Farnham: Ashgate [forthcoming].
(4)　より洗練された専門用語を用いるならば，それらの主張は「根源的不確定性」につい
　　て語っている。つぎの文献を参照。Andrew Altman (1990) *Critical Legal Studies. A*

［ヴェルナー・メンスキー］　*8*　グローバルな規模で最も妥当性を有する刺激物としての多元的法体制
（角田猛之・木村光豪訳）

メージを用いるならば——牛の角をつかんで牛を取りおさえる［つまり，進ん
で難局に立ちむかう］ことで，そのような手ごわい批判に応えようとするもの
である[5]。定年退職が近づくにつれてわたしは，多元主義者の方法論より一元
的視点にたつ法理論の方がきわめて容易にさまざまな形態の権力濫用を支持し
てしまうのだという信念を強くしてきている[6]。したがって法律家を含むすべ
ての人びとは，複層的多元性（plurality of pluralities: POP）［以下，POP と略記］
からより多くのことを学ばねばならない。なぜならば，すべての一元論は「法」
（'law'）として議論されている複雑な構築物の内部における，重要なチェック・
アンド・バランスのさまざまな機能を，あまりにも安易に無力化してしまうか
らである。基本的には，［法実証主義者がそう考えるようには］いかなる法で
あれそれが法だということだけでは信頼できない[7]。したがって，法から慣習
と宗教だけを排除するのは，耐え難い偏見をあらわしている。多彩きわまり
ないこの地球上のいたることころに存在する，人間の境遇の多様性やさまざ
まな「生ける法」（'living law'）を尊重するような，権利に依拠した調整メカニ
ズムとプロセスの確立を望むのであれば[8]，わたしたちは早急につぎのことを
学ばねばならない。すなわち，多様きわまりない内的多元性とその結果生じる
法相互間の対立を，巧みにナビゲートする方法をである[9]。大きな内部対立と

Liberal Critique. Princeton: Princeton University Press, pp. 90-8.

(5)　つぎの文献を参照。*Stephanus Smit v King Goodwill Zwelethini Kabhekuzulu [2009]
ZAKZPHC 75* および Christa Rautenbach（2011）'Umkhosi Ukweshwama: Revival of
a Zulu Festival on Celebration of the Universe's Rites of Passage'. In T.W. Bennett（ed.）
Traditional African Religions in South Africa. Cape Town: UCT Press, pp. 63-89.

(6)　Jürgen Habermas（2008）*Between Naturalism and Religion*. Cambridge: Polity Press
は同じような反応を示している。ハーバーマスの「公共空間」の概念は多元化の必要性
を認めているが，それは人が歳をとれば宗教的になるということを意味しているのでは
ない。

(7)　私はここでドイツのことを念頭においている。なぜならば，南アフリカ人自身は，実
定法上欠陥のあるチェック・アンド・バランスが存在したということを記憶しているか
らである。

(8)　グローバルに妥当するこの観念とオイゲン・エールリッヒからの引用に関しては，つ
ぎの文献を参照。Menski（2006），as n. 2, pp. 92-8.

(9)　法の対立に関するアクティヴな実践の細部のことがらに焦点をあわせると，耐え難
いことについて決定するという倫理的課題を避けて通ることはできない。説得力に欠け
る提案についての詳細はつぎの文献を参照。Karen Knop, Ralf Michaels and Annelise
Riles（2012）'From Multiculturalism to Technique: Feminism, Culture, and the Conflict

第2部　人間と法の探究：法哲学・法社会学・法人類学

権力闘争をはらんだ多元的な統一体として法を認識することが，その第一歩である。多くのことがらとならんで良き法それ自体が，本件［つまり一元的方法論（monist methodology: MM）［以下，MM と略記］v. POP の事例ケース］の被告たる POP を意味しているのである。

　この POP アプローチは，一定のタイプの多元的法体制は有益でありうるという近年の指摘と合致している[10]。［多元的法体制の］概念にかかわるより大きな課題として，これはグリフィス（Griffiths）が「強い」（'strong'）多元的法体制と呼ぶものをともなっている[11]。さらに，あるタイプの一元論を他のタイプの一元論に置き換えるという［愚行］を避ける困難な課題は，国家法という法であってもその内実は多元的だ，ということを明示する課題を含意している。それはグリフィスの「弱い多元主義」（'weak pluralism'）を提起する。すなわち，法自体が相対立する下位の要素から成立していることを承認する，ハート（Hart）や他の主流をなす実証主義者にならうアプローチである[12]。そうした多元的手法による分析は人権法にも適用されなければならない[13]。しかしながら，統一的な構成要素では決してないが，宗教と慣習にももちろん適用されなければならない。したがって，現在手がかりとしている MM ——それはより優れた分析のツールでかつ良き法の守り手として自らの立場を保持しようとしている——の主張は堅固であるだろう。

　POP に関する若干の予備的説明と，わたし自身の多元的な法理論と POP と

---

of Laws Style', *Stanford Law Review, 64(3)(March)*: 589-656. 実践とかかわる未解決問題に関してはつぎの文献参照。Menski（2014), as n. 3.

(10)　Margaret Davies（2005）'The Ethos of Pluralism'. *Sydney Law Review*, 27: 87-112, とくに pp. 87-8 および 107-8. Brian Z. Tamanaha（2008）'Understanding Legal Pluralism: Past to Present, Local to Global'. *Sydney Law Review*, 30: 375-411. 専門家の法的活動領域への拡大については Valentino Cattelan（ed.)（2013）*Islamic Finance in Europe. Towards a Plural Financial System*. Cheltenham: Edward Elgar. 参照。

(11)　John Griffiths（1986）'What is Legal Pluralism?'. *Journal of Legal Pluralism and Unofficial Law, 24*, excerpted in Menski（2006), as n. 2, pp. 113-9.

(12)　法多元主義には躊躇していたハートに関してはつぎの文献を参照。Menski（2006), as n. 2, pp. 98-103.

(13)　「人権」の下に参加する多様な研究者についてはつぎの文献を参照。Peter Cane および，詳細については Joanne Conaghan（eds.)（2008）*The New Oxford Companion to Law*. Oxford: OUP and William Twining（ed.)（2009）*Human Rights, Southern Voices*. Cambridge: Cambridge University Press.

［ヴェルナー・メンスキー］　*8*　グローバルな規模で最も妥当性を有する刺激物としての多元的法体制
（角田猛之・木村光豪訳）

の関係を説明することが必要である。POP は従来の西洋法モデルよりも射程
範囲がはるかに広く，きわめて有用になってきたとわたしは主張する。包括的
に批判的なリーガル・リアリズムに焦点を合わせて[14]，わたしはあるタイプの
一元論を他のタイプの一元論に置き換えるという［愚行］を避けるべく努めて
きている[15]。まずはアフリカ［の慣習法］に着想を得たアロット（Allott）の法
の限界に関する作品を取り入れた後で[16]，わたしは千葉の法の三層構造が特に
説得的であることを見出した[17]。理論化にむけた千葉のこのアプローチは，さ
まざまなタイプの法を区別するよりはむしろ結びつけている。このアプローチ
に依拠してわたしは，まずはトライアングル［構造］として[18]法を描いた。そ
して後には，4つのコーナーを有するカイト［構造］として描くことで[19]，実
り豊かで洗練された［多元的な法把握のためのモデル］と法の鳥瞰図を提示し
たのである。法を概念化する［千葉の］非西洋の方法論から主として着想を得
ることで，「公平な国際秩序と健全なコスモポリタンの法学は，非西洋の人び
との視点や利益，関心，信念そして伝統を考慮することが必要である」[20]という，
最近提起された見解にわたしは完全に同意する。本稿においてこれは，究極的
には「われわれはみな共に生きている」ということを基本的に意味する，グ
ローバル化を盛りこんだウブントゥの言いかえとして読むことができる。

　その意味を明らかにし，多元化このうえないカイト・モデルの複雑な関係を
説明することをわたしは約束しつつ，ここで読者は，グローバルに合意された
法の定義などは存在しないのだということを想起してほしい[21]。「法」の基礎

---

(14)　参照，W. Menski (2013) 'Remembering and Applying Legal Pluralism: Law as Kite Flying'. In Lukas Heckendorn Urscheler and Séan Donlan (eds.) *Concepts of Law: Comparative, Jurisprudential, and Social Science Perspectives.* Farnham: Ashgate (forthcoming).

(15)　この危険は Davies (2005) as n. 10, p. 92. によって強く主張されている。

(16)　Anthony Allott (1980) *The Limits of Law*. London: Butterworths, discussed in Menski, as n. 2, pp. 108-13.

(17)　Masaji Chiba (ed.) (1986) *Asian Indigenous Law in Interaction with Received Law.* London and New York: KPI, excerpted in Menski, as n. 2, pp. 119-28. 参照

(18)　Menski (2006), as n. 2, p. 612.

(19)　W. Menski 'Fuzzy Law and the Boundaries of Secularism' (December 3, 2010) *Potchefstroom Electronic Law Journal*, 13(3) 2010. Available at SSRN: http://ssrn. com/abstract=1752910.

(20)　Twining (2009), as n. 13, p. 1.

159

第2部　人間と法の探究：法哲学・法社会学・法人類学

に関して合意することができないとすれば，わたしたちはいかにして法理論上のさまざまな一元論の見方によって，特定の還元主義的な倫理的前提と優越性を維持することができるのか？　これは，雑多な名称でよばれる政治上の正しさの背後に身を潜めている，学説による暴力であるのか？　ウペンドラ・バクシ（Upendra Baxi）は，法そのものを理論化するという困難な仕事に挑むことなしに，「統治における権利破壊的実践」[22]（'righicidal practices of management of *governance*'）という新たな言葉を造り出した。かれは法の世界から「慣習」と「宗教」を追い出すという提案は決してしなかった。指導的な他の思想家と同様に，かれは文化的多様性を尊重し寛容を評価しているが，「耐え難いことに寛容であること」[23]（'tolerating the intolerable'）を避けようとしつつも，行きすぎた文化相対主義に対しては周到な用心深さが必要であるとのべている。

　しかし，はたして「耐え難いこと」とは何であるのか？　古典的なこの難問の存在に気づいたとしても多元主義者のジレンマは解決しない。[ジレンマ解決への]プレッシャーを感じた学者たちは，信用を得ようとして，しばしば多くの場合に木を見て森を見ない些末な議論に首を突っ込むのである。悲しいことに，そうした大仰な言説は決着を見ないままに，現在のシリアの内乱におけるように公共の秩序（*ordre publique*）という大義名分のもと，法の名において繰りかえし残虐行為が行われている。南アフリカのように，荒廃した状態から新しい輝きの未来へ向上しようとする──「正道を歩む」ための困難な討議に直面したがゆえに，深い多元的法体制にむかおうとする国はほとんどない[24]。

　本稿執筆を引き受けたことで──望むらくは，思慮に富み専心的行動をとも

---

(21)　Menski (2006), as n. 2, p. 34. Tamanaha (2008), as n. 10, p. 391 and Brian Z. Tamanaha (2009), 'Law'. In S. N. Katz (ed.) *The Oxford International Encyclopedia of Legal History*. New York: OUP, Vol. 4, p. 17.

(22)　Upendra Baxi (2002) *The Future of Human Rights*. New Delhi: Oxford University Press, p. 143 (italics in the original).

(23)　以下でさらに議論されるこの鍵となる表現はつぎの文献においても見られる。Twining (2009), as n. 13, p. 218. Martha C. Nussbaum (2010) *Not for Profit. Why Democracy Needs the Humanities*. Princeton: Princeton University Press, p. 32 speaks of 'disgust'.

(24)　Christa Rautenbach (2010) 'Deep Legal Pluralism in South Africa: Judicial Accommodation of Non-State Law'. *Journal of Legal Pluralism and Unofficial Law, 60*, pp. 143-77. モザンビーク憲法（2004 年）は第 3 章で多元主義，第 4 章で多元的法体制に明確に言及している。

なった寛容の限界についての，さらなる議論なしには実現できないような——進歩への希望をわたしは抱くことができた。理論と実践は明確に結びついている。双方が法のダイナミックな性質に寄与するが，悲しいことには，進歩を実現する道は容易な単線的プロセスでは決してない。わたしはこれから，MMとPOPとの古来から存在する争いをしっかりと認識しつつ，両者の闘争の場（アリーナ）に踏みこもう。MMは法の世界から宗教と慣習を排除することを主張する。逆にPOPは，多元主義者の方法論を擁護するためにそれらを法に包摂することを提唱する。ヒューマニティ，つまりわれわれ一人ひとりが［*MM v. POP*の事例（ケース）の］裁判官である。

II　概念的枠組をめぐる論争—— POP としての法をめざして

　まずはじめにつぎのことが強調されなければならない。すなわち，アジアとアフリカの法体制は，数十年前に千葉が「西洋主流の法学」（'Western model jurisprudence'）と特徴づけたこと，すなわちもっぱら実定法に依拠するだけでは十分には分析することはできない，ということである[25]。還元主義者の目に余るMMアプローチは——文化を無視すると言いつつも，西洋中心の文化に基づく諸前提に依拠しつつ——すべての個人の自律を尊重することを要求しながら，合理的，開明的でもっぱら公共の利益に重点を置くとされた，国家法（そして，平等に利他的であると想定されている公務員とその他の強力な法的アクター）を特別扱いしているのである。それは一見素晴らしいように聞こえる。しかし仔細に検討してみると，多くの学者が唯一の宗教的真理のように扱うさまざまなフィクションに基づいて構築されたこのMMは，法の多元的分析，実務処理そして誤った方向へと展開した場合の方向転換などにとって有益な，発見的（ヒューリスティック）で実践的な価値を貶めている。（以下で見るように法のカイトの4つのコーナーすべてにおける）飽くなき権力の探求には一切限りがないゆえに，あらゆる点において重大な欠陥が生じている。

　説明責任とモラルが消失する一方で，国家中心主義的なアクターや行動様式，プロセスに無批判に焦点を合わせるので，MMによる実証主義のフィクションはまったく機能していない。エリート主義的できわめて利己的な主張や活動

---

[25]　つぎの文献を参照，Chiba (1986), as n. 17, p. 1.

第 2 部　人間と法の探究：法哲学・法社会学・法人類学

は，一般市民や特にさまざまな面で恵まれない状況にある貧困者の困難な状況
と生存戦略には，ほとんど注意を払わない傾向がある(26)。公平無私で価値中立
的だという［MM の］独りよがりな想定は，インフォーマルな法に関わる行
為者を排除し，選び出された一元的レンズを通して眺めることでかれらを不可
視にすることで，権力者を二重の意味で優遇しているのである。悲しいことに，
わたしたちはそうした問題について意見が一致したり，完全に受け入れるとい
うことは決してしないのである(27)。しかしながらこのことは，その結果として
ニヒリズムに陥ってしまうということを意味してはいない。

　千葉による［西洋の］「主流法学」('model jurisprudence') 批判は，MM によ
る実証主義的な国家中心主義的支配が深刻な問題を提起している，ということ
を認識するためには有益である。しかしながらこのアプローチは，著名なヨー
ロッパ（そして他の地域）の大半の法学者が著した法学文献において優位を占
めていることは明らかである。事実上いたるところで，法学教育は十分な反省
的思考を施すことなくほとんど宗教的な敬愛の念をもって，これらの法学文献
の内容をおうむ返しにしている(28)。千葉による体系的な批判は，法運用の社会
―法的そして道徳的側面に関する非西洋の法思想家からの批判であるが，1945
年以後の日本人として［戦前の日本の宗教政策等への反省から］かれは，「慣
習」と「宗教」の承認を明白に表明することができなかったのである。千葉，
トワイニングそして他の多くの学者(29)によって欠陥ありと認識された MM モ

---

(26)　人間の権利を尊重することは人間の苦難を尊重することであるというバクシの基本的
　　立場（注 22）を私は承認する。問題は苦難を定義する方法である。確かに，権利侵害
　　（または緊張を要する仕事量）について悩む学者の苦痛は，きれいな飲み水のない南ア
　　フリカ（またはその他の場所）において貧困状態にある個人の困難とは異なる。

(27)　たとえば，福祉国家と課税についての近年のイギリスの討論においてあるブロガーは，
　　今日労働者に現金を単に支払うだけでは不道徳であり，違法でさえあると言った。近年
　　の論文が多様なヨーロッパの言語で「空腹国家」と呼ぶことの漠然とした徴候は，後期
　　近代の国家中心性の状態について疑問を投げかけているが，これは耐え難いことについ
　　て語っているのではない。

(28)　これは東洋または西洋だけの問題ではない。ほとんどのインドのロースクールは今日，
　　事実上ハート主義者の理論に神聖な地位を与えているので，私は Twining (2009) にお
　　ける西洋法理論の偏狭性に対する批判（注 13, 1 頁）を再び強調する。近年の事例とし
　　て注 31 を参照。

(29)　特につぎの文献を参照。W. Twining (2000) *Globalisation and Legal Theory*. London:
　　Butterworths and references there to the work of Santos.

162

デルは，法における循環論法という問題，すなわち権威ある人が法だというからそれは法なのだという，根本的な問題をはらむ主張の連鎖を典型的に反映している。この呪文（マントラ）を繰りかえし唱える声は，実証主義者による洗脳が法律家のDNAに深く浸透していること，そしてかつてクリシュナ・ローテンバッハ（Christa Rautenbach）が鋭く指摘したように単純明確な思考には欠陥があることを確証している。

　しかし独りよがりなMMの戦略が乱用される可能性があるということは，あらゆる種類の法に悪影響を与える[30]。これはPOPと国家法，国際法および人権に対抗して，正当性を要求する競合者としての「宗教」と「慣習」を，注意深く綿密に調査することを正当化する。しかし多くの法学者がいまだに慣習および／または宗教だけは，討議の項目として受け入れることはできないと主張しているとすれば，かれらは（自ら語ることのできる）主観的な個人的見解をのべているのであるが，それは科学的根拠を有する事実ではない[31]。慣習および／または宗教を信用することができないという人がいるとすれば，歴史的経験からして，実定法と国際法／人権法についても同じことがいわれなければならない。MMはすべてのレベルにおいて，そして法のカイトの4つのコーナーすべてにおいて明らかに危険なグローバル・プレーヤーであるが，しかしそうであるとすればPOPもまた同様である。しかしながらたしかにこれは，わたしたちがすべての法を廃棄し，失意のうちに［MM v. POPという］いま論じている事例を取りさげてしまわなければならないということを意味してはいない。

---

[30]　恣意的選択により目隠しをするというやり方は弁護士に限ったことではないので，一元論の問題は学際的研究のなかにも広がっている。有害であり，還元主義者的でもある多くの社会科学者は，その分析から法を慎重に切り離し，法を別の存在として扱っているように思える。

[31]　残念なことに，近年の自己矛盾した文献は多元的法体制を単に「イギリスにおける宗教的慣行の，将来的な適合に対する青写真とし受け入れることができない」ものとして分類しているにもかかわらず，それに続けてイギリスにおけるイスラームの財政活動がどのようにして働いているのかについて説明している。この点についてはつぎの文献を参照。Ian Edge（2013）'Islamic Finance, Alternative Dispute Resolution and Family Law: Developments Towards Legal Pluralism?'. In Robin Griffith-Jones（ed.）*Islam and English Law. Rights, Responsibilities and the Place of Shari'a*. Cambridge: Cambridge University Press, pp. 116-43, at p. 119.

第2部　人間と法の探究：法哲学・法社会学・法人類学

さきにのべたように，さまざまな権威ある地位が，ますます強権的に語り，巧みに［法的テクニックを］を操る学者たちを含めた，貪欲に権力を求める法のアクターたちによって占有されてきたし，現在もそうなのである。ハンス・ケルゼン（Hans Kelsen）のようなすぐれた知的洞察力を有する偉大な学者は，総じて挑戦されることがないままであるが，かれらの理論の総体はテロと破壊を支援するかもしれない[32]。学者の自己批判は十分には実践されていないのである。

グリフィスはそのような規範的議論を行わずに，アンビバレントに利用可能な国家法中心的な MM を「フィクション」であると明言した[33]。この見解に基づいてわたしは POP の分析において，MM が乱用される可能性を強調しつつ［多元的な法のあり方を］救い出す戦略にさらに取り組んでいるのである。あらゆる法の形態を潜在的に危険なアクターと見なすことで[34]，「法の支配」と「グッド・ガバナンス」（‘good governance’）のような人口に膾炙した呪文（マントラ）に対して，わたしはますます懐疑的になった。しかし POP を支持することは無秩序な反―国家法を促進することではなく，「良き法」を探究することなのである。POP は当たり前のことを主張しているにすぎず，またそれは衡平の問題であるということがますます承認されてきている。そして「耐え難い」ことについての性急な結論を注意深く避けることを要求しているのである。

しかしほとんどの法律文献は，宗教と慣習を法によって承認することを巧みに回避もしくは曖昧にするか，あるいは見過ごしている[35]。そのようなだんま

---

[32]　ケルゼンがエールリッヒの「生ける法」概念に激しく反対したことは重要である。ケルゼンは，後に自分の法理論がパキスタンにおける軍事独裁制を正当化するために利用されたことにひどく動揺したことはよく知られている。しかし，かれは自分の立場を修正せず，ハートと同様に法は単に「純粋法」だけではあり得ないことを承認しているということを，死に至るまで秘匿していた。

[33]　Griffiths (1986), as n. 11. この点に関してかれ自身は厳しい，しばしば不公平な批判を受けた。

[34]　第二次世界大戦後のドイツ人としてのわたしの伝記は，ハーバーマスの家族ほど幸運ではなかったがこの点を扱っている。

[35]　セバスチャン・ポールター（Sebastian Poulter）が移民の法的地位に関する法律を「エスニック・マイノリティの慣習」として曖昧にしたときに，わたしの目を覚まさせてくれた。第一印象ではこれはリベラルで権利意識があるように見える。より詳しく調べると，イギリス法の概念的アリーナの内部で「法律」を宗教と慣習の拒絶として確定した。この点についてはつぎの文献を参照。Sebastian Poulter (1986) *English Law and*

〔ヴェルナー・メンスキー〕
〔角田猛之・木村光豪訳〕 **8** グローバルな規模で最も妥当性を有する刺激物としての多元的法体制

り戦術は，多数派の立ち位置，知的経験の欠如，あるいは潜在的に戦闘的な MM の文脈において「戦線」離脱に対する単なる恐怖を反映している[36]。「耐え難いこと」の意味を探るというこの基本的課題は決して消え去ることはなく，われわれに手ごわい課題を容赦なく課してきている。わたしたちの人生のあらゆる瞬間において，個人，社会集団の一員，市民そして国際共同体の一員として，人間はあらゆる種類の決定を行わなければならないのである。

しかしながら大方の人間は，怠慢あるいは故意のいずれかからそのような決断を下すという課題を回避する。そういった回避行動は「優柔不断な態度」に対するさまざまな言い訳と言い逃れであるが，相当のストレスと精神疾患をもあらわしてもいる。幸せなことにほとんどの人はそのようなプレッシャーに気づいていないように見える。より洗練された言い方をするならば，かれらは法意識を欠いているのかもしれない。かれらは［自らの心の平穏を得るために］いわば架空の保険として特定の宗教にしたがいつつ，自らが置かれている文化的文脈にのめりこんで自らの人生を歩んでいるのである。そのようなぼんやりとした法意識はいたるところに存在している。もっとも，学者の大半の著作では，例外主義者の立場や明確な意識の下でなされる法的行為の性質，そしてそれらにかかわる研究などは把握されていない。とくに財産問題と関連する階級にかかわる経験によってしばしば伝えられているように，これは隠された課題について腹立たしいほど口を閉ざしたままであり，あるいはおそらくは多くの研究者は単にその主張についてさほど深くは考えていないだけなのである[37]。

人びとが意識的に活発な法的アクターになろうとする場合，行動を誤る危険性が急速に増大し，力への願望が沸き起こる。人は暗黙のうちになにがしかの決定をしている場合があり，その場合には自らがその結果を引き受けなければならない[38]。さらにアクターの立場や（諸々の）役割に応じて，個人の決定は

Ethnic Minority Customs (London: Butterworths).

(36) ここで，世界中のムスリムにおけるサイレント・マジョリティは「原理主義者」の立場を共有していないが，あえてそれを公表しないというしばしばなされる主張を真剣に留意する必要がある。

(37) 簡単な事例。財産の平等な共有を主張することは，配分する財産が限りなくゼロに近づく場合，無意味となる。ゼロの共有は，無所有であり，空き腹である。

(38) これは法を心理学へと迷い込ませるが，犯罪と精神疾患との関係は常識でもあり，ダルマの最も秘められた最初の源泉である，インドの *atmanastushti*（「自我の幸福」の意味）の概念に反映されている。

第 2 部　人間と法の探究：法哲学・法社会学・法人類学

他者に対して瞬時かつ目に見えるさまざまな効果を発揮する。司法による決定はそうした明確な目に見える効果をもつことを要求する。多くの人権擁護論者は今日，一刻も早く地球全体を改善しようと努力している。その間，休むことなく時を刻む人生という時計は，われわれすべてを潜在的リスクをはらむエンジンもしくは「法」とよばれるモンスターという道へと追いやりながら，われわれにたえず決断を迫っているのである。

　時の経過のなかで人びとは悩み苦しみながら決断を行っている。南アフリカでは，自分たちは多数派ではないという白人の遅きに失した認識は，POP 理論をきわめて強く鼓舞するという効果を含めて，学問のあり方に対して重大な修正を行うように導いたことは疑いがない。しかしグローバルな視点にたてば，法の運用過程において宗教と慣習がどの程度考慮されなければならないのかという問題は，それほど活発に提起されていないことは明らかである。またそうした問題が提起される場合には，たちどころににネガティブな反応があらわれ，POP の提唱者は MM の支持者から悪態をつかれるであろう[39]。

　わたしは 2008 年よりもずっと以前に，［イングランド国教会のカンタベリー］大主教があえて話そうとしたことについてすでに書いていた[40]。しかしながらわれわれは，国家法はいかようにも容易に操作されうるのでいかなる形態の国家法も重要ではない，あるいは「死に体」（'dead'）であると論じているわけではない。大主教もわたしも——これらの主張が POP の敵対者によって一元的と曲解されていることを見出したので[41]—— MM の指針にしたがわずに POP 擁護を主張しただけである。このことは *MM v. POP* がたんなる架空の事例ではないことを確認させてくれる。それはさきに言及した，耐え難いことの評価に

---

[39]　ローワン・ウィリアムズ（Rowan Williams）博士すなわちカンタベリー大主教は，攻撃的ともいえるほどに世俗化された法実証主義に対して思慮深く挑戦した後に，無礼な扱いを受けた。かれの基調演説（2008 年 2 月 7 日）'Civil and Religious Law in England: A Religious Perspective' については現在つぎの文献に転載されている。Griffith-Jones (2013), as n. 31, pp. 20–33.

[40]　英国のイスラーム法（*angrezi shariat*）についてはつぎの文献を参照。David Pearl and W. Menski (1998) *Muslim Family Law*. Third ed. London: Sweet & Maxwell.

[41]　大主教は耐え難いイスラーム法をイギリスで認めることを批判されたので，エッジはイギリス式イスラーム法（*angrezi shariat*）との関連でイスラーム法に対する誤解の可能性を主張している。この点についてはつぎの文献を参照。Edge (2013), as n. 31, p. 140.

［ヴェルナー・メンスキー］　*8*　グローバルな規模で最も妥当性を有する刺激物としての多元的法体制
（角田猛之・木村光豪訳）

関して影響を与え続けているのである。

　［人種間の融和を掲げる］虹の国たる今日の南アフリカにおいて，そしてグローバル・サウスに属するすべての国においても，ハートが言及している［法の担い手としての］官僚が重要な役割を果たしていることを考えると，かれらがいずれの立場を取るのかについて不思議に思うに違いない[42]。人権も国際法も人びとが取り組むべき課題としてますます重要となり，地球規模においてきわめて強力な情報網と学者の強力なサポートを受けた，独自の官僚たちを生み出してきている。

　これはしばしば MM の立場を補強するが，他方では，あらゆるところで国家法と国際法が表明する具体的なかみは多様な姿を有しており，個々の法管轄内においてきわめて異なったかたちで機能している。そのようないわば多元性をもたらす DNA によって POP へと引き寄せられるので[43]，国家法と国際法はしばしばこれに抵抗するかもしくはその含意に気づかないままである。しかしいずれにしろ［POP］に対して苛立ちを覚え，攻撃的になるのである。それにもかかわらずここで注目すべきことは，裁判官のなかには POP のシナリオに精通したナビゲーターがおり，かれらはしばしば学者や活動家よりも［判決がむかうべき］方向性を打ち出すうえでより熟達しているということである[44]。

　これと関連するあることがらがつぎのことと関係している。すなわち国家とそのスタッフだけが法の唯一のにない手ではないということ，そして他面において，法理論内部における近年のパワー・シフトと国際法メカニズムにむけたグローバルな慣行は，旧来の法に取って代わってはいないということである。したがってグローバル化状況下でより多くの紛争が生じてきているがゆえに，多元的法体制がはたして何を意味しているのかについて，新たに理論化することが急務となっている。後期近代において，いわば法の歴史という調理鍋のなかにさまざまなタイプの法的権限を混ぜ合わせていくことを通じて，POP 自体がより多元化してきたのである。人権法は MM に鼓舞された多くの賢明

---

(42)　つぎの文献を参照。Waheeda Amien (2013) 'The Gendered Benefits and Costs of Legal Pluralism for Muslim Family Law in South Africa'. In Mavis Maclean and John Eekelaar (eds.) *Managing Family Justice in Diverse Societies*. Oxford: Hart Publishing, pp. 107-23. この内容が豊富な編著における他の論文は類似の問題を把握している。

(43)　この内部における多様性は Twining (2009) によって確認されている。注 13。

(44)　つぎの文献を参照。Menski (2013), as n. 3.

第2部　人間と法の探究：法哲学・法社会学・法人類学

な人びとの眼から見て「法」である。しかし多様な自然法，社会—法的アプローチそしてもちろん国家を中心とする実証主義などが，いまなおいわば法のPOPというごった煮の一部分をなしていることを，私たちは無視することはできない。さらなる多様化は新たな緊張をもたらし，またより複雑な経験を生みだす。したがって新たな法にかかわる仕事を生みだし，*MM v. POP* 事件を担当する究極の裁判官たるわたしたちに，たえず興味深い新たな課題を提供しているのである。

　インド共和国の法システムはそのような集団闘争のあり方を長年にわたって示している。独立を勝ちとり（1947年），インド人民の手で憲法を起草（1950年）するために，過去の歴史と世界中のさまざまな経験を利用することはじつに大きな課題である。そのような諸々の展開は実証主義者の大きな熱意によって達成されたが，課題がそれで終わったのではない[45]。最終的には，インドは［南アフリカとならぶ］もうひとつの虹の国として「多様性のなかの統一」（'unity in diversity'）[46]として特徴づけられている。初期のインドだけでなくアパルトヘイト後の南アフリカ憲法の起草者によっても一部予想されていたように，実現可能なセーフティ・ネットとして憲法を起草することは，前体制の抑圧者を武装解除させること以上に困難なPOPの任務であり続けた。新体制がこれまでの搾取のやり方を模倣しないことを担保するのは，はたして何であるのか？　アラブの春が現在おかれている困難な状況はこの問題の重大性を示しているが，他方でインドは，グッド・ガバナンスをめぐる長きにわたる困難な問題を抱えている。重大なる正義を保障することは法が担っている永遠の任務である[47]。*MM v. POP* の事例はインドでも激しく争われているにもかかわらず，オープンには議論されていない[48]。

　昨今インドは，洗練された空約束をなすことだけではなく[49]，国際人権規準

---

[45]　1970年代半ばまでにこれに，いわゆる非常事態という帰結を生み出した。この点についてはつぎの文献を参照。Menski (2006), as n. 2, pp. 259-78.

[46]　つぎの文献を参照。J.D.M. Derrett (1968) *Religion, Law and the State in India.* London: Faber & Faber and more recently W. Menski (2003) *Hindu Law: Beyond Tradition and Modernity.* New Delhi: Oxford University Press.

[47]　ジャック・デリダとアマルティア・センは両方ともこの点を強調してきた。

[48]　2015年にインドのムンバイにおいて多元的法体制に関する次回の会議が予定されているが，集まった多元的法体制の専門家の存在にインドの学者がどのように反応するかを観察することは非常に興味をそそるであろう。

〔ヴェルナー・メンスキー〕 *8* グローバルな規模で最も妥当性を有する刺激物としての多元的法体制
〔角田猛之・木村光豪訳〕

への確実なる移行を承認すべきだという，外部からの期待によってさらなる課題を負わされている。したがってインドにおいても，疑義が多くあいまいだというレッテルを張られた「宗教」と「慣習」は，インドで勢力を有する MM の立場からの集中攻撃にさらされている。静止した，イデオロギー的ないわば中生代の恐竜となるのではなく，たえず再構築，再－発明されることで「旧式」タイプの法は，新たな状況に適応する上で驚くべき俊敏さを時には示すことがある。したがってここでは POP という認識も高まるのである。これに関する新しい著作⁽⁵⁰⁾，そしてインドと南アフリカという虹の国からの非常に重要な事例は⁽⁵¹⁾，ポスト・モダンまたは後期近代の状況を提示している。インドにおける「共に生きる」（'live-in-partnerships'）や，南アフリカにおける「生ける慣習」（'living customary'）といった，人びとを苟立たせる概念を通して，「宗教」と「慣習」が法的討議の主要問題となっている。「生ける」要素にかかわるさまざまな用語を強調することは，POP が有するダイナミズムをさらに強固にしつつ，「グローバルなブコビナ」（'global Bukovina'）が新たに出現するという兆候を明確にあらわしている。

南アフリカにおける *MM v. POP* を議論する資格は［南アジア法を専門とする］わたしにはない。しかし多文化的なインドと同様に南アフリカは，千葉の「西洋主流の法学」を単純に適用できるような，西洋型国家であると確信をもって主張することはできないと考えている。アフリカに位置する南アフリカは，今日，ウブントゥのような古くからのローカルな概念の現代的適用をめざして，新たな息吹を吹きこもうとしている人びとによって統治されるように

⑷　1950年インド憲法における国家政策の指導原則は十分には充足されていない約束事として残されている。これはその原則が無用であることを意味するのではなく，まったくその正反対であるが，それらは法律問題がはらむ深刻な限界を示している。たとえば，第38条第1項は「国は，社会的，経済的および政治的正義が国民生活のすべての組織にいきわたるよう，社会秩序をできるかぎり［傍点は筆者による強調］に保障，保護することによって国民の福祉を増進することに努めなければならない」ことを約束している。インド人は百も承知しているように，そうした高い倫理原則にしたがって権力者は，一体何を保証するのであろうか？

⑸　特に，Gopika Solanki (2011) *Adjudication in Religious Family Laws.* Cambridge: CUP and Yüksel Sezgin (2013) *Human Rights under State-Enforced Religious Family Laws in Israel, Egypt and India.* Cambridge: CUP.

⑸　紙幅の関係でここでは詳細は省略する。

第 2 部　人間と法の探究：法哲学・法社会学・法人類学

なっている。MM が魅力あるものとして示したヨーロッパ中心主義的な先例に追従するならば，インドと南アフリカは直ちに自滅にいたるであろう。だからこそ，厳しい批判にさらされながらも中道路線を必死に模索しているのである。もっとも南アフリカは，インドがこの道を通過し，インド法という車輪を再発明したこと以上に，より成功裏にかつ誰もが納得がいくように，そのことを実行しているのだけれども[52]。文化の意味自体が非常に錯綜し，また「宗教」に関してのみならず文化をも「盲目的」と考えているゆえに，インド人はかれらの多様な文化遺産を恥じているようである[53]。

　インド法もまた大いに慣習と取り組んでいる。このような今日の多元主義者による闘争に際して，「西洋主流の法学」という MM 設計者の看板道具<ruby>看板道具<rt>ラベル・ツール</rt></ruby>をもちいるならば——あちらこちらで発生している，正義［実現］の失敗を固定してしまう下手な配管修理として——多くの，混乱した決定を生み出すことは間違いない[54]。POP はそれに代わる道具一式を提供するが，それはいわば無印で洗練さに欠け，使いこなしにくいものであることも間違いない。インドは不完全な国家だとするたえざる非難に苛立を覚える，威信を重んずる法的アクターにとって，そのような道具は関心をひかないかもしれない。つまり，さまざまな混乱が蔓延しているのである。

　わたしは以前に，ハート教授でさえ法多元主義者であることを発見したが，あえてこれを認めようとはしなかった[55]。今日，グローバル・サウスの多くの国々において，裁判で非国家法を適用することが[56]何億もの人びとの尊厳ある生を保障することに影響を与えている，ということを率直に認めなければならない。より強い国家を求めたり，了解済みとされた「法の支配」や「グッド・

---

[52]　特筆すべきことに，2004 年のモザンビーク憲法は第 3 章で多元主義，第 4 章で多元的法体制に明確に言及している。

[53]　つぎの文献を参照。Esther Bloch, Marianne Keppens and Rajaram Hegde (eds.) (2010) *Rethinking Religion in India. The Colonial Construction of Hinduism*. London and New York: Routledge.

[54]　この点についてはつぎの文献を参照。Menski (2003), as n. 46.

[55]　Menski (2006), as n. 2, pp. 98-103 マリアノ・クロチェ (Mariano Croche) はつぎの論文でその点を肯定した。(2011) 'Is there a Place for Legal Theory Today? The Distinctiveness of Law in the Age of Pluralism'. In U. de Vries and L. Francot (eds.) *Law's Environment: Critical Legal Perspectives*. The Hague: Eleven Publishers, pp. 19-44, at p. 26.

[56]　これについてはつぎの文献を参照。Rautenbach (2010), as n. 24.

〔ヴェルナー・メンスキー〕
〔（角田猛之・木村光豪訳）〕 **8** グローバルな規模で最も妥当性を有する刺激物としての多元的法体制

ガバナンス」の基準をグローバルな規模で保障するために，国際的介入や厳格な監視を求めたりすること以上の，より洗練されたアプローチが必要とされているのである。MMの戦略はしばしば生の現実が有する実際の複雑さに着目することなく，高尚な理想のために都合のよいラベルを利用しているにすぎない。夢を見ることは悪いことではないが，「耐え難いこと」の評価にともなう困難な問題はなくならないであろう。基礎的資源が限られていることから生じる正義実現への障害物を別とすれば，個人の権利の究極的尊重のためにはつぎのことが不可欠である。すなわち，耐え難いほどに悪いものとは何であるのかに関する評価に際して，その具体的な内容について自由に反対できなければならない，ということである。法といういわば大空に突き出す有刺鉄線のような，強い意味での文化相対主義と隣接しているので，より注意深いナビゲーションが必要である。

そのような難問に対する最終判断は後まわしにして，ここでは *MM v. POP* 事件の判決はさしあたり留保しておく。次節では，まずは私の提示している法のカイト・モデルについて若干説明したうえで，法多元主義の道具を増やしてナビゲーションのスキルを磨き，そしてより良き判決を促すために，これまでの議論とは異なった視点から議論を提示したい。

Ⅲ　大空を舞うカイトとPOPとしての法

人権について声高に語ることで時流に乗りたいという誘惑に抗いつつ，主として文化[57]，宗教[58]そして慣習[59]と関連させつつ，法について考えるという作業に従事してきたし，またそのような学者として分類されるものとわたしは自認している。これまでの研究とくに法のトライアングルは[60]，決して人権／国

---

[57]　つぎを参照。ボンにおける「文化としての法」に関する学際的プロジェクト（www.recht-als-kultur.de），W. Menski（2012）'Plural Worlds of Law and the Search for Living Law'. In Werner Gephart（ed.）*Rechtsanalyse als Kulturforschung*. Frankfurt: Vittorio Klostermann, pp. 71-88.

[58]　RELIGARE プロジェクトに関しては http://www.religareproject.eu を参照。ウプサラ大学宗教・社会研究センター（CRS）と宗教の影響に焦点を合わせた研究については www.crs.uu.se/ を参照。

[59]　ドイツのハレにあるマックス・プランク研究所の新しい法と人類学部門については www.eth.mpg.de/ を参照。

[60]　Menski（2006），as n. 2, p. 612.

第2部　人間と法の探究：法哲学・法社会学・法人類学

際法が重要でないとは主張してはいない。しかし［カイト・モデルとして］法のモデルに人権を第4のコーナーとして加えた結果，非常にダイナミックな構造をもたらし，今や大空に舞うカイトの役割を演じることになった（注57を参照）。

　4つのコーナーを持つまさに大空を舞うカイトを心に描いている。この構造において，それぞれ1，2，3，4という番号を付した4つの競合する法の要素を結びつけている。番号の順序は階層構造を意味するのではなく，より古いタイプの法がさきに来て，人権／国際法が最後に加わったことを意味しているにすぎない。頂上のコーナー1は自然法／倫理／道徳に相当し，明確に聖俗双方を含んでいる。このコーナーは（排他的にではないが）個人に焦点を合わせ，人の内面と強く結びついている。右側のコーナー2は経済にかかわることがらを含む，多様なレベルの社会−法的規範の領域である。これは個人というよりはむしろ，法を生みだす主な主体としての社会集団／コミュニティを内包した，社会と慣習のアリーナである。左側のコーナー3は政治と権力とに密接に結びついた多様な形態の国家法からなる。底辺のコーナー4は人権を支える「新しい自然法」という視点のみならず，国際関係における実証主義的な機構をも有する──それ自身が内部に多元的構造を持った──国際法／人権を付加している。

　カイトが大空を安全に舞うことができるためには，相互に結びついたこれら4つの法の源泉と，その結果競合するハイブリッドな諸規範が巧みにバランスをとる必要がある。多元性を考慮したナビゲーションの説明はこれで終わりではない。なぜならばより大きな多元性をもつ第2番目の層，すなわち法の超多様性(スーパーディバーシティ)がそれぞれのコーナーで働くからである。したがって今度は，それぞれのコーナーがミニ・カイトをあらわすであろう。POPのこの深層は［POPであるかどうかを］判断するためのPOPの必須の要素である。それはカイトのすべてのコーナー内部にも，競合するタイプの法の要素が存在することを含意している。競合と対立という多数の厳しいシナリオを生み出しつつ，明白なる議論を経て，［競合する諸要素を］いかにナビゲートするかについて戦略的な決定がなされるのである。その決定過程において個々の法的アクターは，突然に吹いてくる風やその他の影響に呼応して望ましい均衡にむけて微調整するため，カイト構造の周囲あるいはその内部から道具を取り出して，カイトの動きをナビゲートするのである。これらの一連の動きは法が有する非常に

172

〔ヴェルナー・メンスキー〕 *8* グローバルな規模で最も妥当性を有する刺激物としての多元的法体制
〔角田猛之・木村光豪訳〕

ダイナミックな性質を反映している。

人権を深く尊重するが慣習にはそれほど関心がなく，また宗教にもさほど愛着を有していないような国家中心主義のアクターは，3－4－2－1という優先順位を生みだすであろう。またカイトを大空に舞い上がらせているが，社会の規範に満足し，国家の権威を受け入れ，人権により疑いをもつとすれば，宗教的「原理主義者」のアプローチは，1－2－3－4という順序を生みだす。さらにまた，人権活動家であればコーナー4からはじめ，つぎにコーナー3に進み，そしてアクターが社会もしくは宗教をさほど好まないか否かに応じて，4－3－2－1もしくは4－3－1－2のどちらかを生みだす。法にかかわる決定が，はたしてどのように機能しているのかを以上のことは示しているのである。

操作ミスあるいは誤った選択は危険を伴い，場合によっては耐え難いあるいは壊滅的な不均衡を引き起こす。気に入らないというだけでナビゲーターが1つまたは2つのコーナーを切り捨ててしまうことは，危険きわまりなく，耐え難いこととも見なされるである。慣習と宗教を切り捨てることがなぜ暴力あるいはテロと考えられるかについての確証を，目の当たりにすることができる。〔つまりもしこれらをカイトから切り捨てるならば〕おそらくカイトは衝突しカオスを引き起こすだろう。これは国家の諸機構としてのカイトにだけあてはまるのではなくあらゆるレベルで働く。〔個人，集団，国家そして国際秩序に関していえば〕カイトを巧みに操ることができない個人は自殺し，集団内で紛争が起こり，国家は崩壊に向かい，そして国際秩序はカオスに陥るかもしれない。正しい均衡を見いだすことは明らかに生存のための重要なスキルとなり，あらゆる主体にとっての主要な任務は，法のにない手に対して正しい均衡を受け入れるように要求することである。

国家中心主義的な法システムにおける法実証主義の公の任務は，コーナー3からはじめてカイトのナビゲーションをコントロールすることである。しかしこのコーナー自体が他のコーナーの半ば隠された要素を含んでいる。したがってこのことは，MMはナビゲーション戦略として不十分であり，そしてPOPを決して無視することができないということを示しているのである。裁判官〔の判決〕か政策決定かのいずれかにかかわらず，決定という実践に関するこの驚くべき，多元的な法の多機能性についての実験から，良き実証主義は〔国

第2部　人間と法の探究：法哲学・法社会学・法人類学

家制定法］以外の類型の法からなにがしかのインプットを受けることなしには決して発展できない，ということを明確に示している。良き法とは，いまだにナビゲーションにおける権限と裁量に関することであるので，多元性に敏感な法律家たちは，絶えざる交渉の末に妥協を勝ちとろうとすることをつねに強いられているように思われる。このようなことが民主的寛容と「他者」への利他的配慮の精神の下で生じるならば，不快な罵りの言葉を口にする，我慢のならない「よそ者」が割り込んできて，なにがしかの和解を要求するようなことが起こるだろう。このような場合に，洗練された交渉のスキルが必要であることは疑いない。大空を舞うカイトとしての法は非常にダイナミックだという明快な表現は，複雑で息の長い，多元主義者の課題のほんの一面をあらわしているに過ぎない。それにもかかわらず，それは MM ではなく POP を支持しているのである。

　近年の徹底した人権言説の分析は，その究極の目的がおそらく「『耐え難いことに寛容』なことがらには手を貸さない」[61]ことの確保だということを明らかにしてきている。これはすべての人の忍耐力を伸長させるであろうが，寛容には限界がある。トワイニングの研究は，交渉によって一定のアクターがその自由の限界を受け入れるように促すことを示している。しかしこれはきわめて困難な仕事かもしれない。また他方で，われわれが世界中で目の当たりにしているように，カイトはそれでも衝突するかもしれないのである。

　ダイナミックで多元的な法のあいだの均衡に関するさらなる分析は，政治理論や社会理論において理想主義的に議論されてきた「民主主義」や「公共空間」のような概念は[62]，持続可能な法実践には翻訳されえないことがしばしばあるということを示している。法実践のプロセスは，文字通り［カイトの］コーナーを切り捨てて他者を排除し続けようとする。MM に味方しようとする誘惑はなお大きく，POP を巧みに操作するという面倒な課題は途方もなく大きい。絶え間のない戦いは法と人生との結びつきの一体的部分をなしてい

---

[61]　この点についてはつぎの文献がきわめて有益かつ重要である。Twining（2009），as n. 13, p. 218.

[62]　私はここでハーバーマスとかれのよく知られているがむしろお気に入りの，公共空間という重要な概念について考えている。それは今やこの市場という権力交渉の場において，「宗教」の声が決して現実にはなくならないことの明白な承認を含む，重大な修正を行っている最中である。上記注6を参照。

174

〔ヴェルナー・メンスキー〕
〔角田猛之・木村光豪訳〕 **8** グローバルな規模で最も妥当性を有する刺激物としての多元的法体制

る。正しい均衡やより公正で衡平な成果，そして最良の実践を見つけることが必要であると想起させるものは，空虚なレトリックなどではない。それらを想起させるものは，グローバルに法を運用するためのエンジンにとってのオイルであり，大空を舞うカイトにとっての風である。しかしながら，相互協力の不可欠性を想起させるそれらのものは，MM は友好的で多元性に敏感な［法の］主体であると主張する人びとを苛立たせる。これはほとんど架空の主張である。近年では，ハーバーマスでさえ自身の重要な理論のなかに，以前は沈黙していたさまざまな声とりわけ宗教を取りこみ，かれのアプローチに重大な修正を施して実効性あるかたちで多元化を行った。したがって POP は明らかにより幅広い支持を獲得しつつある。法学者は不可避の争点に建設的に取りくむよりも，本来的に結合しているさまざまな実体を区別することに貴重なエネルギーを浪費し続けているのである。

　したがって前進すべき道は，主要な 4 つの競合する実体すなわちカイトのコーナーをすべて取り除くことで，角を矯めて牛を殺すことではまったくない。なぜならばそれは災いをもたらすからである。より受け入れられやすい選択肢は，競合する各実体を多元化することであろう。これこそが，洗練された POP 擁護論が成し遂げることである。［法が本質的に有している］超多様性を明らかにすることで，POP は後期近代のグローバル化した状況下において重要なものとなり，地球法廷での事例で勝利するだけの価値がある。

　多元性に焦点を合わせたレンズを身に着け，新しい倫理的側面——それは MM の支持者を POP の支持者へと改宗させるであろう——を吹き込むことによって，これらの視点に再度焦点を合わせるかもしれない[63]。これを改宗の問題として表現することには，法律家たちがロースクールで教わったこと［すなわち法と宗教の分離］を捨て去る必要があることを示しているので慎重を要する。法学教育において *MM v. POP* を十分に教えることができない場合には，最良の実践的運用は進歩しないままに留まるであろう。MM は影響力を求めるだろう。しかしそれは「耐え難いこと」の限界に関する建設的協議にとって不可欠の，慎重な POP の方法論が有する倫理的かかわりを欠いている。塹壕

---

[63]　デイビスが説明するように，法そのものの概念の多元化を理論化することによって人は前進することができる，および／または人は法の一貫した多元性を強調することができる。この点についてはつぎの文献を参照。Davies (2005), as n. 10, pp. 107-8.

第 2 部　人間と法の探究：法哲学・法社会学・法人類学

の隅に身を隠し［安全を確保され］ている場合，指揮官は和解交渉に気を取られるより［戦いに関する］命令を下すだろう。あらゆる意見の相違が［交渉を通じて］解決されるか否かという難問がなお残されている。おそらくここでも法は限界を有しているのである。

　わたし自身の仕事を振り返ってみれば，上記で参照（注63）した，デイビス（Davies）が確認した法を多元化する 2 つの技術にわたしは同時に関与してきた。社会科学者としての学際的訓練を受けてきたことで，規範が表明しているものを評価するときには，法はただひとつしかない，あるいは法の性質をもつものは［国家法］ただひとつだという，MM の基本的立場にわたしはつねに疑問を抱いていた。わたしが［国家法という］主流の法を教えるよう命じられたときに[64]，わたしが受けた南アジアの文化的訓練はわたしが POP へと変身することに大いに役立った。ロースクールのベテラン教授陣が一体なぜそのこと［つまり法は国家法に限定されないということ］に同意できないのかを理解しようと努めていた時に，わたしはバリー・フーカー（Barry Hooker）の業績に遭遇したが，それはあまりにも国家中心主義であることを見出した[65]。国家法中心主義はフィクションにすぎないというグリフィスの記述は，わたしがヒンドゥー法とイスラーム法の地域研究を専門とするうえで強く影響を与えた[66]。千葉の法の三層構造に遭遇したことで，わたしはさまざまな法の表現形態を，相互に結び付いた統合体として研究することの決定的重要性に着目するようになった。したがって法を社会規範と密接に結びつけている，オイゲン・エールリッヒ（Eugen Ehrlich）[67]とサリー・フォーク・ムーア（Sally Falk Moore）[68]の見解を直ちに理解した[69]。エマニュエル・メリサリス（Emmanuel Melissaris）

---

[64]　1980 年代初頭において，管理者としての「上司」が誰がどの科目を教えるべきかを割り当てていた。そうした慈悲深い独裁権は今日おそらく人権侵害や「耐え難いこと」として見なされるだろう。それはわたしに，「講義を行なうなかで」，国家法がその内部では多元的であるが，そのことについてほとんど沈黙していることを即座に教えてくれた。

[65]　つぎの文献を参照。Menski (2006), as n. 2, pp. 82 and 103.

[66]　つぎの文献を参照。Menski (2003), as n. 46, and Pearl and Menski (1998), as n. 40.

[67]　つぎの文献を参照。Menski (2006), as n. 2, pp. 92-8.

[68]　Menski (2006), as n. 2, pp. 104-8.

[69]　より最近では注55の Mariano Croce (2011) が，英語以外のヨーロッパの言語で法文書にアクセスすることが，豊かさを生み出すことを確認している。しかし悲しいことに洗練された初期の多元的な法理論の文献はほとんど忘れ去られてしまった。

［ヴェルナー・メンスキー］　8　グローバルな規模で最も妥当性を有する刺激物としての多元的法体制
（角田猛之・木村光豪訳）

が，法はいたるところに存在すると書いたとき，わたしはまったく同感であっ
た。しかしながら，かれがいまだに一定の［法の］存在を排除していることを
見出した。多元化されたMMは幅広い視野を持つPOPと同じものではないの
である。

　さまざまな価値システムを明確に参照するとしても，必然的に「宗教にかか
わる」ものではないということを認識することで，分析に一定の趣が加わった。
古代のヒンドゥー法の重要な概念であるダルマ（dharma）は，「宗教」といわ
れているものが現実には宗教的でないかもしれないことを含意しており，植民
地下で［英国人によって西洋的な視点から「ダルマ」の概念に］貼られたレッ
テルと改ざんには気を使う必要はない⁽⁷⁰⁾。普遍的に存在する「法前提」という
千葉の理論は，いかなる行為も価値から自由ではないということ，また価値観
は宗教的および／または世俗的のいずれでもありうることを意味する⁽⁷¹⁾。これ
は「世俗」の意味をめぐる一連の重大な議論へと導くことになったが，その結
論はMM v. POPでの最終判決待ちである。

　POP［状況が存在すること示す］証拠がますますあらわれてくるにつれて，
法律家であろうとなかろうと，いかなるところにいるにしろ，すべての人間は
多元主義者のジレンマから逃れうる場所はどこにもない，ということが自覚
されはじめてきた。南アジア人はカルマ（karma）は不作為を含み，また特定
の必然的帰結の存在を信じることは文化的に構築されたもので，したがって主
観的なことがらだということを知っている。伝統的な自然法研究とその後のキ
リスト教による修正を想起するならば，人間は初期の時代の超人の存在を，宗
教的な表現では天国／地獄への究極の審判者，門番として，またより世俗的イ
メージにおいては雷の攻撃や不可解な病のような，人びとに危害を与えるも
のと見ているのである。キリスト教の自然法は，［キリスト教］文化に依拠し
ている点で固有性を有しているにすぎない。正しいことを行うことと真摯に向
き合うことで，すべての人間はあらゆる場所で，イスラーム教のシャリーア
（shari'a）の概念に完全なかたちで描かれているような，正しい道を見つけよ

⁽⁷⁰⁾　それと関連してイスラームのすべてを「宗教的なもの」として扱うことの概念的誤り
　　は，MMが基本的にどこか具合が悪いということのさらなる証拠である。

⁽⁷¹⁾　注2のMenski（2006）612頁は千葉の「法前提」をコーナー3として示しているが，
　　他方で，修正したカイトの番号は現在それをコーナー1と表している。

第2部　人間と法の探究：法哲学・法社会学・法人類学

という第一の義務に遭遇してきたのである。［人間が生きてきたあらゆる場で］適切なる行為を探求することで，さまざまな言語で見事に表現された各文化固有の，無数の生き方が生み出されている。神が［あらゆる人間の所業を］見ているということ／神がくだす審判には最終抗弁の機会が残されているが，ヒンドゥー法においてのみならず，自己統制による秩序づけが現在のところ大きな特徴をなしている[72]。人びとがMMのイデオロギーに追随して国家法のみが法だと主張しない限り，それが法の一形態なのかあるいは単に「文化」またはその他の何ものかであるか否かは，もはや重要な問題ではない。

　法と人生を決定を通して結びつけるプロセスは，あらゆる場所において文化的要素と文脈の特殊性によって制約されている。差異の存在はいずこにおいても観察可能だが，他方で非常に大きな収斂と同一性も存在している。人はこの世に生を受け，結婚し，子どもをもうけ，仕事やさまざまなことを行い，そして死を迎え，あの世へと旅立つ。明らかにかれらは自分たちの文化的，宗教的文脈においてこれらを行う。法律家，特に比較法学者は同一性または差異のいずれかに焦点を合わせてこれを理論化すべきであろうか？　いずれかの一方のみを優先すべしとする基本認識のあいだに倫理的緊張が存在するからといって，法的な理論化を免れさせるということは明らかにない[73]。今日でもMMに忠誠を誓っている法学者が大多数かもしれない。法多元主義は生成途上の分野であるが，POPが直面している困難な状況，すなわちその面倒くささによって汚染されていることが，人びとを苛立たせているのである。しかしこのことは，重要でないとしてPOPを無視する十分な理由として容認できるのか？

　カイト・モデルとさまざまな種類の法のあいだの強い相互関連性の視点から，この段階において *MM v. POP* 事件に対してMM勝訴判決を下すことは妥当ではない。反面に，つぎのことを直ちに拒否するゆえに，POP勝訴の拙速な判決を下すこともない。すなわち，あらゆるタイプの法を承認することで重大な権利侵害を許すこと，したがって「耐え難い」ことの構成要素の多元的法運用への流入を許容することである。この「耐え難い」といういわば有刺鉄線のような［強固に防衛するための］観念がはらんでいる罠をナビゲートするために，さらに綿密な検討が必要である。

[72]　つぎの文献を参照。Menski (2003), as n. 46, also Menski (2006), as n. 2, pp. 209-22.
[73]　再びつぎの文献を参照。Davies (2005), as n. 10.

Ⅳ　解決に向かうのか？

　より広範な歴史的コンテクストのなかでもう一歩踏み込んで検討してみよう。初期段階における法意識は，多様な文化的背景を持つ人びとを，時には驚くべきほど類似した結論へと導いてきた。さまざまな信念体系が古代から存在し，各々の信念体系の支持者たちが法についてもしばしば激論を戦わせてきたことは周知の事実である。*MM v. POP* はおそらく紀元前から激しく論争されてきた。「耐え難いこと」の評価についての昨今の精力的な議論の帰結を探究することで，一元論は長年自然法に焦点を合わせてきたが，今日の支配的一元論は［法］実証主義よりもむしろ，人権法となって姿をあらわしてきていることにわれわれは気づくだろう。

　超自然的な秩序に対して人びとが期待しているもののまわりに人間の活動を構築することが賢明であるということを，ひとたび人間が理論化することを通じて，各々の文化に固有の「自然法」の諸形態が展開してきたのである。理想的には，日々のミクロ・コスモスな人間の活動は，マクロ・コスモスな秩序パターンと調和するはずである[74]。人間の世俗的行為は，ヨーロッパにおいても聖トマス・アクィナス（Thomas Aquinas）の人定法（*lex humana*）に代表される，各文化に固有のハイブリッドな倫理的アプローチを直ちに導入した。しかし，神に代わって御言葉をのべているのだと主張する，権威ある宗教家たちの手によって過度に実定法化され，自然法の支配に対して異議が唱えられた。MM を選択することはここでは悪しきポリシーであった。その後の歴史は，宗教改革，未完の啓蒙の企て，国家を中心とする近代，そして今日わたしたちは再び「新しい自然法」として人権の価値観を強調しており，わたしたちがはたして現在，後期近代にいるのかあるいはポスト・モダンにいるのか探ろうとしているのである。

　近代はやがて——その影響力が知られていなかったというわけではないが，古代文化において賢明なる理想としては承認されることのなかった——［法］実証主義的な一元論によって絡めとられた。古代の中国人は，理（*li*）と法

---

(74)　これはダルマのようなマクロ・コスモスな秩序とミクロ・コスモスな秩序の連結についての，古代インド人の認識においてよく記録されている。その詳細についてはつぎの文献を参照。Menski (2003), as n. 46.

第 2 部　人間と法の探究：法哲学・法社会学・法人類学

(fa) をめぐる論争について多くのことを語り，法を儒教化するという洗練されたパターンに POP 的解決を見出していた[75]。その他のアジア／アフリカの法システムは，偶然にもすべて POP 構造を有する独自のハイブリッドな観念を創出している。

　今日のポスト・モダンな世界において自然法の概念はほとんど妥当性を有しないように思われる。しかし，どれだけ多くのインドの村落がいまだに電気を使用していないのか，そしてどれくらい広範囲にわたってアフリカが，いまなお「明かりを灯す」ことを必要としているのかにわれわれが思いを致すならば，自然［の概念］が現在でも重要な意義を有し続けていることを認識するであろう。アフリカの宗教と他の多神教的伝統が「未開」と扱われる一方で，際限のない消費が「文明」のもたらす新しい神なのである。貧困と文字が読めないことは異常な欠陥で犯罪同然であり，また怪物のような近代が持続させてはならない条件と見なされるようになったが，国家とそのエリートたちは基幹的な財産権を私物化している。貧困者はしばしば行く当てがない。他方で，貪欲な国の役人を養うためにますます重い税金が課されている。特権的地位にある学者たちは，何が耐えられることで何が耐えられないことなのかについて大仰かつ詳細に議論している。しかしながら MM の勝利は，世界中の貧困者が被っているそのような悲惨な現実と関係しているのである。

　　したがって POP 擁護の［MM v. POP 事件での］最終弁論では，さらに突っ込んだひとつの争点を提起する必要がある。その事件に判決を下すことがなぜそれほどに困難で，今日なお争われているのかという問題に再度立ち返るならば，合理的であることを理想とする事実の評価が，つねにきちんと検証されていないということを認めなければならない。「耐え難いこと」とは何かを評価する際に合理性それ自体が仇となり，かえって主観性が勝利する。ウェーバー（Weber）でさえ合理性にはさまざまなタイプがあることを認めていたということは，MM 支持者の助けとはならないのである。そうであるならば，わたしたちは MM v. POP の判決を回避するために，果てしない偽りのゲームを合理性とともに興じているのか？　ここでさらにいくつかの論点を取りあげることで，POP の勝訴判決を確実なものとしなければならない。

---

[75]　つぎの文献を参照。Menski (2006), as n. 2, pp. 531-4.

［ヴェルナー・メンスキー］
（角田猛之・木村光豪訳）　*8*　グローバルな規模で最も妥当性を有する刺激物としての多元的法体制

　まず第一に，屠畜は多くの人びとにとって悪であり耐え難いものとさえ見なされるかもしれないが，かれらはそれでも肉を食べるかもしれない。厳格なベジタリアンのなかには，自分たちが消費する木の実，自分たちが飲む牛乳さえも生命体であることに気づいて悩み続ける者もいる。第二に，人びとを大いに苛立たせる含みのあるより基本的な争点に着目する者もいる。すなわち，食物を摂取することは生きるために必要な一部であるが，その結果として生じる排せつ物とはどのようにかかわっているのか？　それは多くの人びとにとって明らかに耐え難いことであるが，その処理をめぐってさまざまな慣習を生み出してきた[76]。伝統的なシナリオでは，そうした不快なものを扱うのは特定の社会集団の仕事となり，その集団は直ちに汚れたカーストという身分となった。カーストの存在そのものが耐え難いことである点からしても，［汚物の処理をめぐるこのような慣習が］後世に大きな影響を与えたことは今日においても明らかである。法の歴史のそのような影［の部分］が，「インド人」［という言葉］が意味するすべてのことに対して，現存している危険な地域［というレッテル］を与えているという事実に，われわれは十分に気づいているだろうか？それは，インドにおける多元主義へのあらゆる言及を MM が論破するための，したがって現存する差異の有り様に対するあらゆる承認を，単に「耐え難いもの」として公然と非難するための武器として役に立ってもいる。法理論と人権保護に関する洗練された論争にとっては，そうした実例は，エリート主義をめぐる問題を提起するだけではない。それらは信念に関する問題へと波及するのである。

　宗教に着目するならば，このことはより明確となる。ラディカルな合理主義的世俗主義者にとっては，宗教についてのあらゆる語りは呪いであるだろう。しかしその人の隣人はきわめて敬虔なる信者であるかもしれない。そのために，リベラル（と思われている）諸国においてさえ，ミナレットの禁止やあるタイプのかぶりもの，そして宗教を明示するその他のものをめぐっていまだに苦闘している。MM 戦略はそうしたシナリオにおいて，耐え難い［ボールを互いに蹴り合う］フットボール・ゲームを行っている。POP が提示する証拠は容認しがたいとしばしばされているが，表面上は人権保護と国際法の尊重を要求

---

[76]　興味深いことにつぎの文献はこれを「不愉快なこと」として議論する。Nussbaum (2010), as n. 23, pp. 32-3.

第2部　人間と法の探究：法哲学・法社会学・法人類学

しつつも，真の意図は「他者」を排除することなのである。

　しかしあらゆる場面においてわれわれは「宗教」が完全には排除されえないことを見いだす。これはグローバルに歓迎される価値を獲得するかもしれない。チェコ共和国からの近年の新聞報道は，身分証明証として公式の宗教的意味を有するかぶりものを着用するのと同じように，台所用具（パスタのふるい）を頭につける権利を勝ち取った，［空飛ぶスパゲッティ・モンスター教の信者である］「パスタファリアン」（Pastafarian）に関心を寄せている[77]。マルコ・ベンチュラ（Marco Ventura）教授にとって，この事例は宗教と関連する今日のふたつの社会的流行，すなわち極端なまでの可視化と差異の探究，そして伝統的な宗教性や神聖さを標的とする反−宗教的感情を反映しているのである。日曜版の文芸特集において[78]，法的承認を得ようとするこの「宗教的」戦略は，この「運動」が非難しようとしているまさにその矛盾を巧みに隠ぺいしようとするものであることをかれは示唆している。公式の決定はより簡単になされたかもしれない。なぜならば，パスタファリアンが提起する論点は，宗教を問題とはしない中立と平等の前進を含意しているからである。この事例は，もっぱら宗教の承認を議論することではないので，それは宗教の承認プロセスそのものをまったく馬鹿げたものとしているのである。

　南アフリカの文脈においては，イスラーム法（および他のタイプの属人法）の承認を拒絶するという，長きにわたって確立されてきた戦略とその社会─法的諸帰結は，実行可能な解決策を提示しえないということをわれわれは見出す[79]。これは，法が宗教を禁止することは容易ではないが，社会的重要性を低減させる試みは可能だということを確認させてくれる。倫理／価値観／宗教のコーナーは法のカイトから暴力的に切り離すことはできないし，かりにそうしたならばカイトは墜落するだろう。慣習に関しては，耐え難いこととは何かを評価する際の主観性の問題ときわめて類似している。しかし（多数の学者の見解が支持する）法一元論は，進歩の名の下に人びとの慣習と伝統的規範を廃止する

---

[77]　つぎのウェブサイトを参照。http://praguemonitor.com/2013/08/05/czech-pastafarian-wins-right-wear-kitchen-utensil（Accessed 8 August 2013）.

[78]　Marco Ventura（2013）「頭にパスタのふるいを被ることに関する私の信念」Corriere della Sera, La Lettura, 18 August. At http://lettura.corriere.it/la-mia-fede-con-lo-scolapast-in-testa/.

[79]　この点を示す回りくどい討論についてはつぎの文献を参照。Amien（2013）, as n. 42.

182

［ヴェルナー・メンスキー］ *8* グローバルな規模で最も妥当性を有する刺激物としての多元的法体制
（角田猛之・木村光豪訳）

ための，実質的に無制限な権限を主張してきた。政治理論を手ぎわよくお手本
としたとしても，社会－法的な現実においてはうまく働かない。そのことは南
アフリカ，ナミビアそして「公式の慣習法」と「生きた慣習法」とのあいだに
生じる，二項対立の出現を証明する証拠によって明白に確証されている[80]。

　南アフリカで継続中の論争はつぎのことがらを明確に示している。すなわち，
憲法が国家法，人権原則の存在と宗教，慣習の承認という双方を，バランスよ
く共存させようとしているという点において正しいものだ，ということである。
これは POP が受け入れられているということを示しており，またこのような
多元的な法のあり方に巧みに対処するという現実的課題は，実践的で政策にか
かわるさまざまなレベルに存在するということを明確に示している。訴訟当事
者はルールとしての法よりはむしろ，特定の価値判断を操作することにかか
わっているように思われる。このようなナビゲーションに関する課題には決定
者のみならず原告も直面している。［宗教上の儀式として］芝生で雄牛を，あ
るいは浴室で鶏や子羊を殺す法的権利を要求することは耐え難いことであるよ
うに思えるが，そのような宗教活動に対する法的承認を主張するためのより洗
練された方法がある[81]。ズールー族の雄牛殺しのように，慣習の問題として訴
えを提起するならばその主張が承認されうるかもしれない[82]。多元的に法をう
まく差配するということが，すべての問題解決にうまくあてはまるということ
はないので，それは長い道のりを歩むかもしれない。

　論争中のこの問題は，ユクセル・セジン（Yüksel Sezgin）が「身分に関する
多元的な法システムは可能な限り強制されることができる」[83]と主張している
ように，近年の比較法学において明確に取り組まれている。これは最も寛容な
多元性を意識した POP の主張であり，属人法システムが将来も存続し，取り
決めを行う必要があるということを客観的事実として認めている。しかし属

---

[80]　つぎの初期の文献を参照。Jan C. Bekker and I. Papa Maithufi (1992) 'The Dichotomy
　　Between "Official Customary Law" および "Non-Official Customary Law"'. *Journal for
　　Juridical Science, 17*(1): 47-60.

[81]　2010 年 2 月 10 日，野外の火葬用のまきで火葬される権利を要求したダヴェンダー・
　　ガイ（Davender Ghai）に対して，ロンドンの控訴院はこの意思が火葬場と関連する建
　　築規制に関する既存の法律の下で同意できると判決した。

[82]　上記注 5 を参照。

[83]　Sezgin (2013), as n. 50, p. 11.

183

第 2 部　人間と法の探究：法哲学・法社会学・法人類学

人法システムは現在でも存続可能だとわたしが主張したのに対して，倫理上の責任が欠如していると最近の論文で批判されたときに[84]，MM は架空のことだということがいまだに想起される。時代遅れの解釈に基づき，イデオロギーによって導かれたそのような主張が，慣習，宗教そして伝統に言及することが，「正しい法」の探究にとって不可避的にわれわれの直観に反するものになる，と一貫して主張している。そのような敵意には，文化や宗教が女性や子どもたちにとってまさに「悪」なのだという，いまもなお蔓延している思い込みをも含むさまざまな理由がある。このことは，なぜフェミニストの学者が多元主義者の理論にほとんど関心を有していないのかを説明するだろう[85]。

　法学よりはむしろ政治科学の視点に基づくセジンの鋭い分析は，人権擁護グループが今日，慣習上，宗教上の抑圧的な規範への攻撃をさらに進めることに対して信頼を勝ち取ろうとして，誤った方法でいかにして争っているのかを示そうとしている[86]。特に，これらの改善を勝ち取りえたのは，インドの高等裁判所と最高裁判所の活動によるものであり，［その成果に対して］宗教と慣習の視点からも言うべきなにがしかのことがらがあるだろう，とセジンはその直後に記している。したがって，POP という方法論のより洗練された理解に基づいて，国家中心主義によって提起された良き法を育んでいけるという希望が存在するのである。

　しかし改善の場面において，「宗教」と「慣習」に正当な信頼が与えられることはまれである。最近の優れた調査によれば，インド政府は離婚女性を失望させていないという確たる証拠が存在する。しかしながら，公刊された判例法を無視するような多くの論文のなかで主張されているように，当該の学者たちはそのような法運用は女性には有利であっても，いまだに家父長的構造を永続化していると主張することで，おなじみのモラル・パニックに屈しているのである[87]。この悩ましい結論は，慣習と宗教がインドの法と社会の一部であり，

---

[84]　Archana Parashar (2013) 'Religious Personal Laws as Non-State Laws: Implications for Gender Justice'. *The Journal of Legal Pluralism and Unofficial Law, 45:1,* pp. 5-23.

[85]　この問題はつぎの文献において取り上げられている。Davies (2005), as n. 10, p. 106.

[86]　Sezgin (2013), as n. 50, p. 184.

[87]　Sushmita Nath (2013) 'Accommodating Religious Demands and Gender-Justice Concerns: Indian State Practices after the Shah Bano Judgment'. *Asien,* 126 (January), pp. 45-67.

[今後も］そのようであるということを受け入れるという，周知の失敗を反映している。MM は架空のことだと（ただし良い意味での）いうことに基づいてインドの家父長制の廃止を主張することは，南アフリカにおけるムスリム婚の法的承認を拒絶することと同じ種類［の主張］である。以上の問題は，ソランキ（Solanki）やセジンおよび他の学者が今日示しているような方法で，POPの方法論によって検討されることが必要である。MM の［知的］怠慢は，現在生み出されつつある，多元的な法に関する優れた分析から生み出された成果を掘り崩すように見える。法の諸形態は，法と関連する存在としてグローバルにあらわれている現象を，包括的に非難するよう要求もしくは期待するだけでは学者の戯言にすぎず，テロリズムに近づく危険があるように思われる。

V 結 論

古来から存在する *MM v. POP* の事例は，今では法理論という戸棚に置いてある骸骨のように見える。それは，法が一元的アプローチに依拠することで寛容に運用されることができるという眉唾物の主張と関係がある。法と同じく人生も決して一元的ではないのと同様に，決して存在しないような完全なる解決策の提示を，ある仮定にもとづいて MM は約束するのである。

本稿は，法の領域から宗教と慣習を排除することを主張する MM 戦略が，より良きハイブリッドな解決を探るための努力にとってしばしば逆効果であることを示してきた。法の全体図からコーナー1と2を排除した法のカイトを見たいと思っている人権活動家による熾烈な抵抗は，［MM がはらむ］危険なフィクションに依存している。一定の権利を保護し，「耐え難いこと」による汚染を回避することに大きな関心を持ちつつも，MM の戦略が有しているこの根本的な架空性自体が，まさに耐え難い要素に他ならない。この事実は，MM が批判的な合理性テストに失敗し，後退していると批判される立場に自らをおき，他方で，容認できる程度のハイブリッドな一時的和解を見いだすために，POP 自らが苦闘していることをも意味している。

ムスリム婚や他の属人法の承認と運用に関する南アフリカでの討議は，国家法が宗教や慣習を完全には排除しえないことを示している。何よりもまず，これらのふたつのものは法のアリーナにおいて自己主張しなければならず，そして当然のこととして，排除されるよりもむしろ疑いのある点に関しては有利に

第2部　人間と法の探究：法哲学・法社会学・法人類学

解釈されなければならない。南アフリカにおいてのみならず他の国ぐににおいても，ディープな多元的法体制の現実を監督し監視するために必要な複雑なメカニズムとプロセスを工夫するナビゲーションを含めて，法の真の任務はその時からはじまるのである。

　「伝統」の力が本当に耐え難いものであると主張し続けるのであれば，さらなるテストが必要である。そのテストとは，そうした［伝統の］力がMMの立ち位置に依拠してはいないが，特定の関心事の少なくとも一部を承認するという寛容な事例を有しているのだという議論を，他の論者に対して説得的に示すことができるか否か，というものであろう。良き慣習への反対（*contra bones mores*）としてムスリム婚を排除することはまさに耐え難いことなので，一夫多妻の承認は個別事例すべてにおいて，論争の全参加者が行っている主張の観点にたって審査されなければならない。交渉プロセスの全参加者によってはおそらく共有されないような，進歩の概念の背後にMM戦略が隠され，POPの討論に関与することを拒絶するならば，法の名の下におけるテロリズムとなるだろう。

　ウブントゥというスローガンは，「われわれはみなここで共に生きている」ことを意味する。しかしわたしはここで，POPがUM（普遍的方法論）と改名されるべきだとは示唆しない。南アフリカで巧みに機能する文化に独自な構成であるとすれば，ウブントゥの方法論は，その名の下であらゆる場において同じインパクトを有するということはないだろう。しかしわたしたちは，多元的法体制の現実を尊重するように要求できる，より強い責任を担うグローバルな法律学を必要としている。確認された4つの基礎的なタイプの法のひとつの側面だけを取り上げ，文脈の特殊性を無視し，そしてこのひとつのタイプの法を他のすべての法に優先させることは，直ちに法の名の下におけるテロリズムと見なされることになる。したがってPOPは明らかに勝利する。わたしは自分の事例［の紹介］を［ここで］終えるが，人びとを苛立たせる*MM v. POP*をめぐる討議はなお続いていくと考えている。

　＊本稿冒頭にメンスキーによる以下の「要約」が付されている。他の論文との関係上省略した。「要約　多元性に着目する理論と実践は厄介で人びとを苛立たせるかもしれない。しかしそれは，日常生活にかかわるさまざまな認識や評価，

〔ヴェルナー・メンスキー〕
（角田猛之・木村光豪訳） *8* グローバルな規模で最も妥当性を有する刺激物としての多元的法体制

経験などをうまく統御するために，複層的多元性としての法がいかに利用されうるのか，という問題を解決するためには避けて通れない。認識などの違いは決してなくなることはないので，一元的方法論に執心するという病に冒されている法理論においても，この点をより明確に認識しなければならない。これらふたつのアプローチは，古来より互いに争ってきたことが見て取れる。多様な文化，宗教を有する世界が今日ますます相互に結びついている状況の下で，国家を中核とする法そのものあるいは人権原則それ自体がつねに実現されないままであり，新たな人権侵害が生みだされるという危険にさらされている。きわめて多元的な規律として，法は導きの灯であると主張し，そのような課題を遂行するための適切なツールとして自らを表すのであれば，実際にも法のなかみが実現されなければならない。本論文で検討する *MM v. POP* の事例は，「正しい法」が決してひとつのタイプの法のみから構成されてはいないということを明らかにしている。このことは南アフリカにとっては，力強いウブントゥの観念が多元的法理論としっかり結びつく必要があることを意味するであろう。」

【引用文献】

Allott, Anthony（1980）The *Limits of Law*. London: Butterworths.

Altman, Andrew（1990）*Critical Legal Studies. A Liberal Critique*. Princeton: Princeton University Press.

Amien, Waheeda（2013）'The Gendered Benefits and Costs of Legal Pluralism for Muslim Family Law in South Africa'. In Maclean, Mavis and Eekelaar, John（eds.）*Managing Family Justice in Diverse Societies*. Oxford: Hart Publishing.

Baxi, Upendra（2002）*The Future of Human Rights*. New Delhi: Oxford University Press.

Bekker, Jan C and Maithufi, I. Papa（1992）'The Dichotomy Between "Official Customary Law" and "Non-Official Customary Law"'. *Journal for Juridical Science, 17(1)*.

Bloch, Esther, Keppens, Marianne and Hegde, Rajaram（eds.）（2010）*Rethinking Religion in India. The Colonial Construction of Hinduism*. London and New York: Routledge.

Cane, Peter and Conaghan, Joanne（eds.）（2008）*The New Oxford Companion to Law*. Oxford: OUP.

Cattelan, Valentino（ed.）（2013）*Islamic Finance in Europe. Towards a Plural Financial System*. Cheltenham: Edward Elgar.

第 2 部　人間と法の探究：法哲学・法社会学・法人類学

Chiba, Masaji (ed.) (1986) *Asian Indigenous Law in Interaction with Received Law*. London and New York: KPI.

Croce, Mariano (2011) 'Is there a Place for Legal Theory Today? The Distinctiveness of Law in the Age of Pluralism'. In de Vries, U and Francot, L (eds.) *Law's Environment: Critical Legal Perspectives*. The Hague: Eleven Publishers.

Davies, Margaret (2005) 'The Ethos of Pluralism'. Sydney Law Review, 27:

Derrett, J. D. M (1968) *Religion, Law and the State in India*. London: Faber & Faber.

Edge, Ian (2013) 'Islamic Finance, Alternative Dispute Resolution and Family Law: Developments Towards Legal Pluralism?'. In Griffith-Jones, Robin (ed.) *Islam and English Law. Rights, Responsibilities and the Place of Shari'a*. Cambridge: Cambridge University Press.

Griffiths, John (1986) 'What is Legal Pluralism?'. *Journal of Legal Pluralism and Unofficial Law, 24*.

Habermas, Jűrgen (2008) *Between Naturalism and Religion*. Cambridge: Polity Press.

Knop, Karen, Michaels, Ralf and Riles, Annelise (2012) 'From Multiculturalism to Technique: Feminism, Culture, and the Conflict of Laws Style', *Stanford Law Review, 64(3)(March)*.

Menski, Werner (2003) *Hindu Law: Beyond Tradition and Modernity*. New Delhi: Oxford University Press.

Menski, Werner (2006) *Comparative Law in a Global Context. The Legal Systems of Asia and Africa*. 2nd ed. Cambridge: Cambridge University Press.

Menski, Werner 'Fuzzy Law and the Boundaries of Secularism' (December 3, 2010) *Potchefstroom Electronic Law Journal*, 13(3) 2010. Available at SSRN: http://ssrn.com/abstract=1752910.

Menski, Werner (2012) 'Plural Worlds of Law and the Search for Living Law'. In Gephart, Werner (ed.) *Rechtsanalyse als Kulturforschung*. Frankfurt: Vittorio Klostermann.

Menski, Werner (2013) 'Remembering and Applying Legal Pluralism: Law as Kite Flying'. In Urscheler, Lukas Heckendorn and Donlan, Séan (eds.) *Concepts of Law: Comparative, Jurisprudential, and Social Science Perspectives*. Farnham: Ashgate.

Menski, Werner (2014) 'Plurality-Conscious Re-Balancing of Family Law Regulation in Europe'. In: Shah, Prakash, Foblets, Marie-Claire and Rohe,

Matthias (eds.) *Family, Religion, and Law: Cultural Encounters in Europe.* Farnham: Ashgate.

Nussbaum, Martha C (2010) *Not for Profit. Why Democracy Needs the Humanities.* Princeton: Princeton University Press.

Nath, Sushmita (2013) 'Accommodating Religious Demands and Gender-Justice Concerns: Indian State Practices after the Shah Bano Judgment'. *Asien,* 126 (January).

Parashar, Archana (2013) 'Religious Personal Laws as Non-State Laws: Implications for Gender Justice'. *The Journal of Legal Pluralism and Unofficial Law,* 45:1.

Pearl, David and Menski, Werner (1998) *Muslim Family Law.* Third ed. London: Sweet & Maxwell.

Poulter, Sebastian (1986) *English Law and Ethnic Minority Customs.* London: Butterworths.

Rautenbach, Christa (2010) 'Deep Legal Pluralism in South Africa: Judicial Accommodation of Non-State Law'. *Journal of Legal Pluralism and Unofficial Law, 60.*

Rautenbach, Christa (2011) 'Umkhosi Ukweshwama: Revival of a Zulu Festival on Celebration of the Universe's Rites of Passage'. In Bennett, T. W (ed.) *Traditional African Religions in South Africa.* Cape Town: UCT Press.

Sezgin, Yüksel (2013) *Human Rights under State-Enforced Religious Family Laws in Israel, Egypt and India.* Cambridge: CUP.

Solanki, Gopika (2011) *Adjudication in Religious Family Laws.* Cambridge: CUP.

Tamanaha, Brian Z (2008) 'Understanding Legal Pluralism: Past to Present, Local to Global'. *Sydney Law Review,* 30.

Tamanaha Brian Z (2009), 'Law'. In Katz, S. N(ed.) *The Oxford International Encyclopedia of Legal History.* New York: OUP, Vol. 4.

Twining, William (2000) *Globalisation and Legal Theory.* London: Butterworths

Twining, William (ed.) (2009) *Human Rights, Southern Voices.* Cambridge: Cambridge University Press.

9 宗教が生み出す差異

——西洋から日本・インドへの法概念の移植——

プラカシュ・シャー（森　正美訳）

I　は じ め に　　IV　イ ン ド
II　宗　　教　　　V　結　　語
III　日　　本

I　は じ め に

　千葉正士の法学研究への貢献は，きわめて重要である[1]。西欧の法理論家によって生み出された傲慢な不協和音の中で，アジアからの強力な発言力を持っていた。彼の見識は，西欧の法学者によって概ね看過されてきた。また，アジアの研究者[2]の中で千葉が最たる貢献者である多元的法体制理論の分野においてすら似たような状況である。これは，しばしば千葉が西欧の学問世界で発展してきた支配的な法学理論に内在する問題や概念定義を指摘していたからではないだろうか。そして，そのことを，彼自身の表現でいえば「遠慮なしに」[3]

---

(1)　本論文は，2012 年 3 月 26 日にロンドン大学 SOAS で開催された千葉追悼シンポジウム「Towards a General Theory of Legal Culture in a Global Context」において報告した内容に基づいている。

(2)　たとえば以下のような研究において，千葉の研究に言及していないことがその証左である。Martha-Marie Kleinhans & Roderick A. Macdonald, "What is a Critical Legal Pluralism?" (1997) 12 *Canadian Journal of Law & Society* 25; Franz von Benda-Beckman, "Who's Afraid of Legal Pluralism?" (2002) 47 *Journal of Legal Pluralism and Unofficial Law* 37; Brian Z. Tamanaha (2007): "Understanding Legal Pluralism: Past to Present, Local to Global" (2007) 29 *Sydney Law Review* 375; Emmanuel Melissaris, *Ubiquitous Law: Legal Theory and the Space for Legal Pluralism* (Aldershot: Ashgate, 2009).

(3)　西洋人研究者の間で一般的であり国家法的思考に支配されている「法文化」についての千葉の批判は，その一例である。Masaji Chiba, "Japan" in Poh-Ling Tan, ed, *Asian*

『法文化論の展開——法主体のダイナミクス』千葉正士先生追悼〔信山社，2015 年 5 月〕　*191*

第2部　人間と法の探究：法哲学・法社会学・法人類学

公言していた。この看過は，法学研究一般に対する損失である。私自身の経験では，繰り返し千葉の研究に立ち戻ることで，これまで見過ごされてきた見識を得ることができる。

　本書の編者でもあるヴェルナー・メンスキー教授によって，私は千葉理論と出会った。そして，私自身の研究であるイギリスにおける文化的多様性と多元的法体制の関係で，千葉理論に深い関心を抱くようになった（Shah 2005）。その当時はまだ，それほど宗教の問題については深く考えていなかった。しかし徐々に9・11の影響が私にも及んだ。私は2005年にスペインのオニャティで研究をするための千葉研究助成金（Beca Chiba）を受けた。その際の研究テーマは，イギリスの南アジア系住民の宗教的再構築であった（成果はShah 2006, 2008）。おそらく千葉は，非西欧法の研究は，西欧の法研究学界において軽視されていることに早くから気づいており，そのため途方もない可能性を秘めた研究分野の発展のために自らが投じた研究助成金が使われるようにと願った[4]。私と妻がオニャティに到着する数日前の7月7日にロンドンのテロが起きた。それ以来，私は宗教と法の問題に取り組んでいるし，研究をイギリス以外の地域にも広げようと考えている。

　千葉は，英文で発表した研究において，あまり宗教についての彼の考えを述べていないし，宗教について何らかの理論を提示しようともしていない。むしろ，彼の仕事全体を通して，多元的法体制の主たる特徴を描写するために，メタレベルの概念を発展精緻化しようとしている。とくに，法規則，法前提とアイデンティティ法原理，公式法と非公式法，固有法と移植法，超国家法などについてである。では千葉は，「宗教」についてどのように扱っているのだろうか？　千葉理論によると，宗教は多元的法体制の一側面である。そのため，宗教は一般的な「法前提」に属する（Chiba 1986：6-7）。法前提は，公式・非公式を基礎付け，正当化し影響を与える。また法前提は，宗教がすべてでもない。千葉の「法前提」という言葉の選択は，従来の「自然法」概念があまりに

　Legal Systems: Law, Society and Pluralism in East Asia（Sydney et al: Butterworths, 1997 83-86）Masaji Chiba, "Other Phases of Legal Pluralism in the Contemporary World"（1998）11 Ratio Juris 228. 参照のこと。
（4）もし千葉の援助がなければ，オニャティの修士プログラムは，明らかにこれだけ充実した非西欧法に関する幅広い授業を提供できていないだろう。

〔プラカシュ・シャー（森 正美訳）〕　　　　　　　　**9**　宗教が生み出す差異

も西洋文化的なものであり，多文化的な世界においてメタレベルの概念として
使用されているという事実を千葉が重視したことによるのではないか（Chiba
1989：134-8）。これは，千葉による興味深い選択であり，これ自体着目すべき
重要な点である。なぜなら，それは，ある特定の文化から生み出された概念の
限界を特定し，西欧中心主義的な殻に閉じこもる法理論に縛られている西洋的
な概念を超えようとする試みであったからだ[5]。

　日本文化の形態として，千葉は神道を宗教として捉え，「元々は土着の民俗
宗教」であり，「それがのちに国家宗教としてイデオロギー化されたもの」と
記述している（Chiba 1989：92）。また千葉は，ヒンドゥー法を「宗教法」とみ
なしている（Chiba 1986：385）。このような見方は千葉が例外というわけでは
なく，今日の一般的な理解では神道もヒンドゥーも宗教であるとされている。
ヒンドゥー教も神道も宗教ではなく，宗教的実在としての表現によって一般的
に示される統合的な言説でもないとみなすことの方が，ほとんどの人々にとっ
ては違和感がある。しかしアジアの法体系についての議論の深化を目指して，
本論文で扱うのは，まさにこのような問題についてである。

　法移植の可能性／不可能性についての議論が広くなされ，文化の継承や社会
の特質が法移植の質や成否に関わるということが議論されてきた。アラン・ワ
トソンやピエール・レグランなどが主たる提唱者である[6]。そしてこれらの
議論でも，千葉の洞察は見過ごされている。千葉は，彼が「外国の文化から継
受したり，外国によって押しつけられた」（Chiba 1998：241）と定義した「移
植法」の動態を深く考察するように促している。千葉は歴史的視点から社会的
法主体を全体的構造から捉えるよう，また移植の行方を見極めるためにアイデ
ンティティ法原理に注目するよう促している。千葉は以下のように述べている。

---

(5)　千葉は，「慣習法」（customary law），「実定法」（positive law）という概念からも距
　離を置いた。なぜなら，それらの概念も西洋文化に関係していると考えたからである。
　西洋法学でのより詳細な議論については，すでに研究が多数ある。同上書 27 – 56 頁参
　照のこと。
(6) Alan Watson, *Legal Transplants: An Approach to Comparative Law*, 2nd ed（Athens &
　London: The University of Georgia Press, 1993）; Alan Watson, "Legal Transplants and
　European Private Law"（2000）4 *Electronic Journal of Comparative Law* http://www.
　ejcl.org/ejcl/44/44-2.html; Pierre Legrand, "The Impossibility of Legal Transplants"
　（1997）4 *Maastricht Journal of European & Comparative Law* 111.

第 2 部　人間と法の探究：法哲学・法社会学・法人類学

　　全体の過程と結果は，他民族に対して法の文化的アイデンティティを維持しよ
　うと努力してきた民族の歴史全体に照らし合わせて捉えられるべきである。そう
　することで，多くの選択肢から意思決定するための基準を提供する機能を果た
　している各国の基礎的な法前提が仮定できる。また，人々がどのような法を選択
　的に発展させ，どの外国法をどの程度まで継受したり，法文化的アイデンティ
　ティを維持するために拒絶してきたかがわかる。このような前提は外部から
　継受できる性質のものではなく，各集団が歴史上のアイデンティティを維持す
　るために守ってきた固有的なものである。しかし一定は，継受法的な要素を内
　部に包含したり同化したりしている。「固有法のアイデンティティ法原理」が，
　このような理由から法前提にはふさわしい名称といえる（Chiba 1986：390）。

　千葉は，それぞれの国には，異なるアイデンティティ法原理があるとみていた。インドのダルマ，日本の神道，イランやエジプトのイスラームなど，どのような移植法が選択されどのように機能しているかを研究した。それゆえに，移植法の継受は，特定の法主体のアイデンティティ法原理について何らかの事実や移植法の行方についての更なる仮説を提示することを可能にする。千葉は「アイデンティティ原理」の表現を，時間的な法の変化や外部の影響を説明するために修正し，固有と移植の両方の要素を意味できる「法文化のアイデンティティ原理」と変更した（Chiba 1989：166-9）。彼は，わずかな，変質的，破壊的な影響の結果として，アイデンティティ法原理の競合，葛藤，変化が生じる可能性を指摘した。本論では，決定的ではないかもしれないが，そのような法主体内部の変化について扱う。

　本論での課題は，移植が，西洋文化のような単一の文化によって，また宗教的な文化から宗教をもたない文化にもたらされたときに，法移植の結果はいかなるものかを考えることである。継受法の行く末を検証するために，非セム系の「異教徒」的要素からアイデンティティ法原理を生み出している日本とインドという二つの固有法を対象とする。いずれの場合も，西洋文化に基づく宗教や概念が移植された際に何が起きるかを解明することをめざす。より詳細に言えば，キリスト教という宗教によって構成される西洋文化の規範に根ざした特定の法概念が，宗教を持たない非西洋文化に移植された際に，機能不全的影響が生じることを扱う。具体的には，非西洋諸国の法体系内部で制定されている信仰の自由や政教分離など宗教に関連した概念の行方について議論したい。ア

〔プラカシュ・シャー（森 正美訳）〕 **9** 宗教が生み出す差異

イデンティティ法原理が宗教的ではない文化に，西洋的な概念が移植されると，それらの概念は壊れ，歪み，不合理で本質的でなくなり，葛藤が生じるようにさえなることを論じる。千葉が論じたように，この過程は，法文化におけるアイデンティティ法原理が変わったり破壊されたりすることにつながる。このような事態は，世俗国家が，土着の人々が保持している文化を，間違った宗教や偶像崇拝的実践として抑圧する過程によって生じる。

Ⅱ 宗 教

比較宗教学や社会科学でより一般的に，宗教の類型として多くの研究者に議論されてきたのはキリスト教である。あるいは，そのような研究者は全ての文化に宗教が存在するということへの疑問を呈してきた[7]。そのような状況で宗教の普遍性についての最も有力な挑戦は，S. N. バラガンダーラと彼の比較文化研究プログラム[8]によって提示されている。バラガンダーラの研究は，研究者の間でいくつかの批判をよんでいる。ただ同時に，私がこれまで議論した西洋の研究者たちはきちんと彼の研究と向き合うつもりがない。このような一般的な損失は法学を含む人文科学の多くの分野に共通していることである[9]。法学と宗教研究は近年研究分野として注目されているが，残念なことにバラガンガンダーラの研究には真剣な注意が払われていない[10]。

バラガンガンダーラは，神，聖なる書，創始者，教義など，一神教を記述する際に不可欠な分類に関する矛盾について論じている。それらは別の伝統が自

---

(7) たとえば，Markus Dressler & Arvind Mandair, eds, *Secularism and Religion-Making* (Oxford: Oxford University Press, 2011 16-18) などの議論を参照のこと。

(8) バラガンガンダーラの以下の業績を特に参照のこと。S. N. Balagangadhara, *"The Heathen in his Blindness...": Asia, the West, and the Dynamic of Religion* (Leiden, New York: E. J. Brill, 1994; 2nd rev. ed, New Delhi, Manohar, 2005; reference here is to the 1st ed). For an abridged version, see S. N. Balagangadhara, *Do All Roads Lead to Jerusalem? The Making of Indian Religions* (New Delhi: Manohar, 2014).

(9) バラガンガンダーラの以下の論文を参照のこと。Balagangadhara, *The Heathen*, ibid, in the special issue (1996) 8(2) *Cultural Dynamics*. これまでこの研究に言及している研究者のほとんどは，誤解によってこの文献の価値を低く見ている。

(10) Ten (2010) は，バラガンガダーラとデ・ルーバーの論文に依拠して見解を述べているが，研究プログラムについては認識していなかった。Ten Chin Liew, "Secularism and its Limits" in Michael S. H. Heng & Ten Chin Liew (eds), *State and Secularism: Perspectives from Asia* (Singapore: World Scientific Publishing, 2010) 7.

第2部　人間と法の探究：法哲学・法社会学・法人類学

らが宗教であることを主張しつつも，特に必要としない分類でもある。彼はキリスト教的な資料（しかしそれらはイスラームやユダヤ教にも共有される）に依拠しながら，このような矛盾にも関わらず宗教が普遍性を主張するのは神学が理由であるとする。

バラガンガンダーラは，この理論以前で，実証的には未検証の神学的仮説が，世俗的形態の社会科学に滲みだしていると述べている。これが現在の社会科学がすべての文化が宗教を有すると主張する理由でもある。バラガンガンダーラは，史料に基づき，ヨーロッパ人がアジアに旅して異国の地で，異文化が前提とする宗教をいかに「発見した」か，また多様な「宗教」という看板の下，無関係の現象を持ち込んだかを示している。この点については，後に論じる。

バラガンガンダーラは，宗教の前提を示した。彼は宗教の存在を，たとえばヴィトケンシュタインやフーコーらが論じたように，単に言語や言説の問題としてだけ主張していない。宗教の定義を追求しているわけでもない[11]。彼は世界における現象としての宗教を考察し，宗教の前提を提示することで，宗教の特質を描写しようとしたのである[12]。バラガンガンダーラは，しかしながら，言語使用をあまり深刻に捉えてはいけないと言っているわけではない。ある文化について，個別で普遍的ではない伝統的な理解を提供するにとどまる。ユダヤ教，キリスト教，イスラームが自ら及び異文化を宗教と認識する用語についての検討することに探求を絞り込んでいる（Balagangadhara 1994：295-6）。用語は以下の通りである(a)自然や神の存在に関連する教義的側面に関する競合，(b)個人とコミュニティの差異を決定する信仰，(c)信心深い人々の行動はこのような信仰の体現であるので，宗教的実践や競合する宗教的信仰の表現に至る個人の様々な実践，(d)結果として，ある宗教から別の宗教への改宗は，元の宗教

---

(11)　アサドの以下の文献には注目。Talal Asad, *Genealogies of Religion: Discipline and Reasons of Power in Christianity and Islam* (Baltimore, Maryland: The Johns Hopkins University Press, 1993).

(12)　このように，バラガンガンダーラの役目はプラセンジット・ドゥアラとは異なる。Prasenjit Duara, "An East Asian Perspective on Religion and Secularism" in Michael S. H. Heng & Ten Chin Liew (eds), *State and Secularism: Perspectives from Asia* (Singapore: World Ten Chin Liew Scientific Publishing, 2010) バラガンガンダーラは，「歴史的に宗教が存在したかどうかを議論することには意味がない。どのように疑念を定義するか次第だからだ」と述べている。定義付けの作業では，理論構築が必要とされる現象についての知識生成が限定的なものとなる。

〔プラカシュ・シャー（森 正美訳）〕　　　　　　　　**9** 宗教が生み出す差異

の信仰や実践のセットを拒否し，別のセットのものを真実の根拠として受け入れるということであり，信者はその宗教における真実を信じる必要がある。この「セム的宗教概念」を用いて，バラガンガンダーラは，なぜユダヤ教，キリスト教，イスラームが一方で互いに認め合い，特定の条件下でいくつかの信仰を宗教と認めているのか，しかしローマやインドの偶像崇拝的伝統は互いに認め合わず，またユダヤ教，キリスト教，イスラームも認めないかを，単一の仮説で説明することを可能にした。このような理由で，これらの伝統の信者は，宗教的競合における特質の説明に対して，無視か無理解で対応するしかない。

　ユダヤ教，キリスト教，イスラームは，宗教の模範的な実例であり，バラガンガンダーラは，これら3つの宗教がそうであるように，宗教自体は「宇宙と宇宙そのものについてのわかりやすい説明」であると提案している（Balagangadhara 1994：298-318）。この説明は，宇宙は神の意志であり，過去も現在も未来も神の意志の表現であるとする。神の意図は，宇宙と神の啓示を学ぶことによって理解される。このような説明は，神の意図や行為の理由，神の行為の原因を単一の説明に融合する。つまり，神は完全な存在であり，神の創造物や神によってもたらされる啓示である神の行為にはすべて意味がある。信心深い者は，このように簡潔な説明で理解可能な存在である宇宙を経験する。これは，宗教を持たない人間には理解できない構造化された世界の体験である。人生はより大きな計画の一部であり，人の生死には意味と目的があり，宗教を持つことでその意味と目的を問い，その答えを探し求めることを可能にする。宗教の内部では，信仰が，真に信心深い者と神を宇宙の創造主として受け入れ倫理的規範に従おうとしない者を峻別する。信仰は，宗教的真実（唯一の真実）に従う者と従わない者を区別し，信仰を持つことと非寛容になることはコインの表裏である。なぜなら信仰を持つ者は，他者の信仰を「同様に真実である」と受け入れることはできないからである。バラガンガンダーラが述べたように，「非寛容は，宗教的な人間である上では必要なことである」（Balagangadhara 1994：312）。

　宗教を持つ文化に属する者は，他文化における宗教を「発見する」という認識的義務があるということは，スタールにも理解されている。

　　アジアの伝統に対しては，宗教についての西洋的観念を適用できず，いわゆる

197

第 2 部　人間と法の探究：法哲学・法社会学・法人類学

宗教の「創造」について，より説明が必要となる。このような説明は，初めは外部の者や外国人によって行われ，しばしば後になって伝統社会の構成員によっても受容される。理性は西洋的宗教に存在する。アジアのほとんどの地域で，そのような宗教は存在しない。しかし，研究者，一般市民，西洋の改宗者は，そのような宗教を求め続けてきた。そのような宗教が見つからない場合には，土着の分類に用いられてきた名称を使い，元の脈絡から借用し，現在「宗教的」伝統と呼ばれるようになったものの同定に用いることになる。このような事情から，ヴェーダ，ブラーマン，ヒンドゥー，仏教，凡教，タントラ密教，道教，儒教，神道など主要な宗教が生まれた。アジアでは，このような分類が興味深く有用な情報に富んでいる。しかしそれらは架空のものとかすかに混じり合っている（Staal 1989：393）。

　まず，西洋の宗教概念がアジア的伝統に適用できないというスタールの主張は，関一敏と阿満利麿に言及しながら[13]，磯前順一が，「西洋的な宗教概念は非西洋的宗教現象の分析には適していなかった」と述べたことと類似している（Isomae 2014：19）。実際，スタールも磯前も，アジアの宗教現象に適したより幅広い宗教の概念を必要としていると述べている[14]。この点において，バラガンガンダーラの理論の有効性がさらに明らかになる。バラガンガンダーラの例示は，セム系宗教の描写用語がローマ的偶像崇拝者やインド的伝統の信者には，いかに理解しがたいものであったかを示している。アジアの現実に合わせるために宗教概念を援用するのではなく，通常アジア的現象を説明するために行われてきたように，また宗教についての矛盾した考えに帰着することを示したように，磯前はなぜセム系の宗教概念がアジア文化の宗教を説明するのに役立たないかを説明し，アジア文化の宗教は知性で理解できる説明を欠いている，それ故に宗教ではない，といってしまうことは無意味であると述べている。彼の理論はそれゆえ，セム系宗教につながる教義的競合がなぜアジア宗教には不

⒀　【訳注】関一敏は，宗教史，比較宗教学が専門。研究テーマは近代日本宗教史の再構築やアジア型比較宗教論の構築などで，著書に『民俗のことば』（編著）（朝倉書店，1998）『新しい民俗学へ』（編著）（せりか書房，2002）などがある。阿満利麿は，宗教学，日本思想史が専門。『日本人はなぜ無宗教なのか』（ちくま新書，1996）『人はなぜ宗教を必要とするのか』（ちくま新書，1999）などの著書がある。

⒁　Staal（1989）は実は，西洋的一神教に「宗教」という用語をとくに限定するという矛盾した立場をとっている。Balagangadhara（1994：282-7）を参照。

198

〔プラカシュ・シャー（森 正美訳）〕　**9**　宗教が生み出す差異

可解なものなのか，また無関心なのかを説明している。「見えない存在のなせる業」として日本的な信仰が宗教的形態の証であることを説明しないで，「日本人は「宗教」という語を使用するのをあまり好まない，なぜならその語にキリスト教的な意味合いがあり，日本人は「単一の宗教」を信じているのではないということを主張したがる。さらにその違いを説明するために「日本人は宗教的でない」と表現することもある」という磯前の考察を，よりうまく説明しているバラガンガンダーラの説明を受け入れた方がうまくいくだろう（Isomae 2014：xiv）。

　スタールは，外部者や外国人によって構築された集団分類には「架空の」何かが含まれていることに気付いていた。バラガンガンダーラは，そのような「創造」について以下のように説明している。

　　西洋は二つのことをした。(a)「ヒンドゥー教」「仏教」などを，首尾一貫した構造化された単位として，(b)宗教として，生み出した。それは西洋文化が，「ヒンドゥー教」という看板の下に存在する理論や実践の多元性を認める代わりに，一枚岩的な宗教を生み出したかどうかということではない。また「ヒンドゥー教」を一枚岩的な主体として経験したかどうかでもない。むしろ実は，「ヒンドゥー教」が概念として経験的存在として，西洋人に首尾一貫した経験を提供したことによる。他のすべての概念のように，「ヒンドゥー教」も概念であり人間の構築物である。「ヒンドゥー教」は，経験的存在として構築物である。西洋の経験も一つに統合するからである。しかしながら，世界に参照するものがない。つまりインド文化には，宗教としても宗教の多様性としても「ヒンドゥー教」は存在しないのである。（Balagangadhara 2010：135-138）。

　バラガンガンダーラは，それ以上は「経験的存在」であるヒンドゥー教の存在論的状態について説明していない。

　　オリエンタリズム論で，サイードは，場所としての東方と，西洋の経験の中にのみ存在する「東洋」という存在を区別している。同様に，「ヒンドゥー教」はインドの現実と架空の存在の誤った描写であるということができるのではないだろうか。その描写が誤っているのは，西洋がいくつかの現実（この場合はヒンドゥー教）について誤った表現をしたからではなく，経験的存在も世界の実在だと誤って仮定したからである。西洋文化の経験の外部には存在を持たないという意味で，その描写は架空のものでしかない（Balagangadhara 2010）。

第2部　人間と法の探究：法哲学・法社会学・法人類学

　バラガンガンダーラは，ヒンドゥー教（さらに言うと，神道）のような実在を生み出す過程において，他の宗教と同様の要素であり，誤りを書き込むようになる「土台」を提供する（Balagangadhara 1994：329-31）。伝統は，祖先の実践や人間の知識に基づいているという伝統が有する他者性は，この説明において消滅する。「「他者」を持たないことで，宗教はめったに他の宗教の前提とはならない。インドが宗教を持たないということはあり得ない。ただ西洋が定義するものとは別の宗教を持つだけである」（Balagangadhara 1994：331）。おそらく，我々はこの過程を「他者化」の過程とよべるであろう。宗教が発見されたとき，ヨーロッパ人が持ち込んだ真実の考えには反していたし，間違った宗教としてヨーロッパ人からは一貫して捉えられてきた。地元民の実践が後進的で，ヨーロッパ的な倫理的価値観とは相容れないとして，修正されるべきだとされた。この課題は，今日も，世俗的な形で継続している。キリスト教が最も普及したアメリカとアフリカでは，先住民が人間であるのか，彼らはキリスト教的福音を受容できるのかという議論さえあった。

　宗教改革の後，プロテスタントに特有ではあるが，たとえば公共空間における世俗分離や，良心と宗教の個人化といった問題は，アジアにも持ち込まれた。宗教改革は，キリスト教運動同士を対抗させた。プロテスタントがカトリック（あるいは他のプロテスタントの宗派）は偶像崇拝的だと批判し，今日まで続く連鎖的反応を生み出した。デ・ルーバーが述べるように，「世俗」の領域が彼らが関心を払わないような滅菌された一連の実践を含んで概念化されている一方で，プロテスタントがカトリックや他のプロテスタントについて主に問題とすることは，実践のなかに偶像崇拝が存在するかどうかである（De Roover 2011b：43）。啓蒙は，宗教と良心の自由を保障する一方で，国家がどの宗教にも属さず，理想的に世俗化し，この過程を前進させた。この世俗化は暗黙に進められたが，これはプロテスタントの人々が，いかなる人造物の拡大も真の信仰に影響しないことを保証する方法として世俗国家を要求した結果であった。さもなければ結局，偶像崇拝と同じ結果になったであろう[15]。

---

(15)　このような主張は，有名な Lautsi のケースにも表れている（European Court of Human Rights, *Case of Lautsi and Others v. Italy*, Application no. 30814/06, judgment of 18 March 2011）。無神論者のイタリア人の両親が，自分の子どもたちが通学していた公立学校の教室に掲げられた十字架の取り外しを求めた。

〔プラカシュ・シャー（森 正美訳）〕　　　　　　　　　**9**　宗教が生み出す差異

　啓蒙倫理の積み上げや「知的理解が可能な状態」（De Roover 2011a：583）は，それらがキリスト教的人類学的枠組みに基づいているので，現代法と宗教の関連が否定され，法と宗教の分離が未完成であり，そのような分離そのものが批判されるようなレベルまで，西洋的支配の背景の中に消えていってしまっている。バラガンガンダーラは，以下のように指摘する。

> 「宗教的な」空間と「世俗の」空間の境界線は，宗教の内部にひかれるものである。歴史的にみても，この境界画定はキリスト教神学とキリスト教神学の姿を借りた政治学理論の賜物である（Balagangadhara 2010：143）。

　これは，バラガンガンダーラが「世俗化」と呼ぶ過程の一部であり，キリスト教神学の考えが広がり普遍化していった二つの方法のうちの一つである（もう一つの手法は改宗である）。世俗化はそれゆえ，特定のキリスト教的思考を社会の一般的で共有の概念枠組みに拡大することであると考えられ，理論の発達やそのような理論的要素を経験的に発見するツールであるトポスとして機能してきた（De Roover 2011a：35）。そのようなトポスが拡大するにつれ，建前上のキリスト教的性質を失い，特定の性質を想定する色々な方法で混ぜられている。重要なのは，キリスト教的に当たり前とされる考え方が，普遍的な枠組みと仮定され，他の社会にも拡大していることである。このような方法で，世俗化を進めている主体は他にもいくつもあるかもしれないが，「法移植」はキリスト教的なトポスを世俗的な姿を装って生成する鍵となるツールである。現代の西洋人は，今日の世俗化された枠組みと自らの神学的背景を関連付ける能力を失っている。アジア人にとっても同様であるが，多くのアジア人はアジア文化について西洋的に描写された内容を取り込んでいる。ではついで，アジア的な脈絡で，宗教が発見されたり「創造されたり」した事例とその過程について考えてみよう。

Ⅲ　日　　本

　千葉は，日本が，長い歴史の中で，とくに朝鮮や中国といった外部との強いつながりと法移植の経験を有していることを私たちに示してきた（Chiba 1998：89-94）。しかし，宗教的な問題は，西洋との接触が起こるまでは発生しなかった。カトリックのキリスト教が日本にもたらされたのは 16 世紀のこと

第2部　人間と法の探究：法哲学・法社会学・法人類学

だが，司法的な変革はもたらさなかった。そして17世紀にはカトリックは禁教となった。キリスト教の伝来は，日本語に「宗教」という語を生み出した。「宗教」という語は元々中国語由来で，現在はしばしば「仏教の原理と教え」と訳される。あるいは磯前が述べるように，「徳川期には，キリスト教はカトリックと同義として扱われた。このことは，カトリックの儀礼的性格のために日本の近世研究者に見過ごされてきた。」(Isomae 2005：235) 反対にこのことは，キリスト教徒が関心を持ったような宗教実践の教義的基盤には研究者はあまり関心がなかったことを示している。バラガンガンダーラがアジア人は宗教の性質を理解し，キリスト教的な実践を他の伝統のなかの一つの伝統とみなすことはできなかった，と述べていることを裏付けている。

　明治期には，西洋との接触が増え，プロテスタントが日本に伝来し，事態は変わり始めた。宗教に関する主要な論争では，それらに関係する発展が見られるようになった19世紀後半に，宗教学研究が東京大学で開始され広まった。仏教，神道，キリスト教などを含むいくつかの宗教が認知されるようになった。他者化の過程も始まり，日本で（また，インドでも同様に），たとえば仏教が「迷信的な要素」を取り除く努力をして再構築していくパターンに，その過程がよく反映されている (Isomae 2005：235)。大日本帝国憲法は，1889年に制定された。天皇主権と共に，神道が正式に国家宗教になり，同時に信教の自由の規定も盛り込まれた。ここですでに，言語の変質をみることができる。信教の自由という語が重要性を増す一方で，神道が国家宗教とみなされるようになった。同年の教育勅語の発布は，政府が国家教育，とくに国家道徳の規定を実施するのに神道を用いようとする意図を明確に示していた。

　西洋的な論理に従い，私的な空間と公共空間を分離しようとするに従い，日本の政治と法体系に緊張関係が生まれた。磯前が述べるように，

　　おおざっぱに言って，国家道徳に関する論争は，政府の政策と道徳的制度によって人々を啓蒙しようという保守的要素に及ぶ。信教の自由の条項は個人に委ねられた宗教の選択と一致することが意図されていた。しかし国家教育政策が憲法で保障されている信教の自由と矛盾していることが見受けられるようになってくると，提唱者たちは道徳教育の必要についての論争に移行していった。この時期になると，神道は二つの方向に分かれていった。宗派の教えに従おうとする「宗教としての神道」という方向と，天皇の肖像に敬意を払い天皇制度へ

〔プラカシュ・シャー（森 正美訳）〕　**9** 宗教が生み出す差異

の忠誠を示す道徳的義務として神社参拝を強調するようになった「国家神道」とにである。もちろんなかには，個人の信仰と矛盾して信教の自由を制限する宗教的行為の形であるとして，神社や天皇の肖像への敬意に対して不安を表明する人々もいた（Isomae 2002：21-29）。

　世俗化の主要な道筋は，このように 20 世紀初頭には明確になった。一方，宗教的神道と国家神道の乖離は，日本における宗教と国家の分離＝政教分離の試みであった。しかし神社や教育を通じての神道と国家の正式な活動の関連は，信教の自由の問題として批判されやすかった⒃。他方では，神道が「民俗宗教」という立場に貶められ，日本文化が自滅に向かっているという愛国主義的な空気もあり，キリスト教や仏教に対して，神道を保護しなければならないという認識もあった。第二次世界大戦以降，国家神道はナショナリズムや国家による神道の支持に反対する日本社会の特定集団と結びついていった。しかしながら，役人や国家組織は戦没兵士の慰霊祭や季節的な例祭などの神道行事を支援し，千葉が日本の固有の法原理の継続と呼んだ特徴を呈し続けた（Chiba 1997：82）。

　このある程度おおっぴらな神道への支持と，法体系内部の支持に反対する緊張感は同時に存在していた。第二次世界大戦後，アメリカの占領軍は国家神道の解体を命じた。日本国憲法は，第 20 条に信教の自由を謳っており，国家が特定の宗教組織に特典を与えたり，宗教行為，祝辞，儀礼，実践に参加したりすることを禁じ，政府が宗教教育や宗教活動に参加することも禁じた。これはまるでアメリカの宗教と国家の「分離の壁」をモデルにしているかのようであった。信教の自由という用語や，国家の宗教的中立性，国家の世俗的性質，教会と国家の分離といった表現も，国家の「宗教」支持に意義を申し立てたり否定したりする際の，日本の法廷での判決で不変の形式である。建物を建てる前におこなう地鎮祭や，護国神社での自衛隊の神格化，靖国神社における戦没者儀礼など，このような論争は，いつも神道儀礼と結びついていた（Port 2003：283-303）。

　本論の目的と関連して特筆すべきは，裁判官が神道行事への国家の関与を支持するのでもなく否定するのでもなかったということではなく，彼らが日本の伝統を理解するために，プロテスタントの枠組みに根ざした上記のような用語

⒃　とくに，Isomae（2014：28-30）。

第2部　人間と法の探究：法哲学・法社会学・法人類学

を用いていたということである。ここで生じる課題は，上記のような用語が全く別の秩序の認識枠組みの外部にいる日本の裁判官や役人，日本人にどのように理解されていたのか，また世界の経験とどのように結びついていたのか，さらにこのように移植された枠組みがいかに日本の法体系や社会にうまく浸透したとされるのかについてである。磯前は知識人や宗教研究者などの土着のエリートが，西洋社会の直接的影響を受けた概念言説を有していたことに注目している。日本と西洋の文化的差異の理解を超えて，磯前は「西洋の概念世界に触れていない一般大衆に対して，西洋的概念で教育された土着エリートの文化的覇権という，日本国内の権力関係を考慮せねばならない」と述べている（Isomae 2014：21）。このように千葉の主張を真摯に受け止めるなら，法移植の行く末は，法主体の固有のアイデンティティ法原理によって発展し，宗教を持った文化の内部で発達した枠組みがどのように変えられ，ばらばらにされたかについてや，西洋の「宗教」に基づく法が，宗教をもたないアジア文化の文脈に入ったときにどのような問題が生まれるかについてなどさらに明確な研究を必要としている。

Ⅳ　インド

ヨーロッパとインドの接触は，西洋におけるインドの実態についての理解と知識の蓄積を促進した[17]。インド人は，ブラーマンとよばれる狡猾な司祭によって支配される不幸な国に暮らし，無知で，偶像崇拝的で，非道徳的，異教の悪魔を信仰するような人々であるとみなされた[18]。長年のうちに，いくつも異なる「宗教」が構築された。それらはヒンドゥー教，仏教，ジャイナ教，シーク教などであり，カトリックに対するプロテスタントの宗教改革的な批判と同じように，ヒンドゥー教を除くすべての宗教が，ブラーマンの支配に対する異議申し立てや改革運動となってきた。オベロイが記したように，新たな境界が生み出されている[19]インドの伝統を一連の「宗教」に変換する作業が進行

---

[17]　詳細は，Balagangadhara（1994：65-140）参照のこと。

[18]　G. A. Oddie, *Imagined Hinduism: British Protestant Missionary Constructions of Hinduism, 1793-1900*（New Delhi: SAGE Publications, 2006）; R. Gelders & S. N. Balagangadhara, "Rethinking Orientalism: Colonialism and the Study of Indian Traditions"（2011）51 *History of Religions* 101. なども参照のこと。

〔プラカシュ・シャー（森 正美訳）〕　　　　　　　　**9**　宗教が生み出す差異

中であり，他者化の過程を再度すぐに実施することであった。

　デ・ルーバーとバラガンガンダーラが述べたように，イギリスの法的認識では，支配者はインド人の良心に関わることには立ち入ってはならないという理解が生まれた（De Roover at el. 2009：30）。イギリス人は自分たち自身の国家と宗教の関係に基づいてインド社会を読み解こうとしていたし，具体的には，プロテスタントの改革に基づく自由で寛容な姿勢により，固有の法伝統にも敬意をはらった。民衆の法的秩序は，たとえば，サティという習慣のように，文書資料や土着の慣習を保護するものでなければならなかったし，宗教実践はより文書的な起源に基づくようになった。この行動様式は，明らかに，実践の根拠となる信仰起源としての聖書を重んじるというキリスト教的な理解を反映している[20]。このようにして近代初期に，「世俗」国家がインドに誕生し，ポスト植民地期にも継続しているインド人の身分法には国家が介入をしないという基本的な形が出来上がった。固有の法の確認のための文書的資料は，現在はコモンローの枠組みの中でヒンドゥー法の適用することで廃止された習慣などは「経典」の専門家へのヒアリングで補完された。幼児婚などの根絶すべき習慣はそれが行われた場所に建てられた石碑などに示すことで改革が目指されたが，植民地の法制度に従事したインド人によってしばしば擁護された。

　しかしながら，デ・ルーバーが考察するように，人々によって増大したヒンドゥー法の浄化という考えは，決してなくならなかった（De Roover 2011：51-6）。デ・ルーバーは，「誤った宗教」「と「偶像崇拝」といった言語は，もはや19世紀の世俗国家の役人たちが頼るほど重要ではなく，世俗的なインドの植民地国家において「純粋な」ヒンドゥー法的な要素は洗浄され観察されなければならず，そうすることによってインドの伝統の多様性が弱体化できるのだという考えが，暗黙に存在していた。ヒンドゥー法をこのような方向に浄化

---

(19)　Harjot Oberoi, *The Construction of Religious Boundaries: Culture, Identity and Diversity in the Sikh Tradition* (Delhi: Oxford University Press, 1995). Roger Ballard, "Panth, Kismet, Dharm te Quam: Continuity and Change in Four Dimensions of Punjabi Religion" in Pritam Singh & Shinder S. Thandi, eds, *Globalisation and the Region: Explorations in Punjabi Identity* (Coventry: Association for Punjab Studies, 1996) 7. も参照のこと。

(20)　文書の重視は，エドワード・サイードによる「オリエンタリズム」の興隆のなかで繰り返し述べられていることである。Edward Said, *Orientalism* (New York：Pantheon Books, 1978).

第2部　人間と法の探究：法哲学・法社会学・法人類学

した法典の編纂が何度も試みられ，法が裁判官によって生み出されるというイギリス法的な考え方の下で，習慣の削減が進められた（Menski 2003：156-208）。デ・ルーバーは「誤った宗教の概念的範囲は，まるでそれがヒンドゥー教という宗教に内在するかのように示される暗黙の基準になることで，世俗化されてきた」（強調原著）と指摘する（De Roover 2011a：55）。

インドの伝統を押しやろうとする考えが，ヒンドゥーの身分法の大規模な改革が進められた独立初期にも復活した。少なくとも，文言上は，コミュニティからの要求がない限りはコミュニティの身分法には介入しないという原則は維持された。これが，ムスリムコミュニティを代表するとしたウラマーたちの要求によってムスリム法が作られる1930年代まで続いた。この改革では，ムスリムの慣習よりもイスラーム法が優先するという主張が継続的に訴えられた。植民地期と独立以降のインドの身分法に関する政策の継続性について見事に説明をしたリナ・ヴェルナ・ウィリアムズによると，

> 政府はコミュニティの意見に従うと決定したが，実際に何が意見なのかを決定するために系統立った試みがなされたことはない。コミュニティの意見の証拠があったとしても，分裂していたり結論のない意見だったりした。究極には政府の指導者たちは，政府の立場を支持するコミュニティの（宗教的あるいは政治的な）リーダーたちの派閥の見解に依拠していた（Williams 2006：83-88）。

ヒンドゥー制定法の改革は，独立の以前から支持されていたが，改革派のジャワハルラル・ネルーが首相になり，将来の統一民法典にむけて指導原則[21]として44条[22]を組み込むことに成功したB. R. アンベードカルが最初の法務大臣になってから前進した。ネルー首相は，ムスリムの指導者たちに，「身分法は宗教の一部である。国家のトップから変更を強要することはできない」と約束した（Williams 2006：102）。ヒンドゥー法の改革は，ヒンドゥー法の様々な側面を改革する「ヒンドゥー法法案」（その名称自体は植民地期の成文化の議論の際に用いられたもの）という4つの法律の制定に結びついた。これらの法律

---

(21)　【訳注】インド憲法第4編国家政策の指導原則第37条をさす。この編の規定は，裁判所による強制が保障されるものではないが，ここで定める原則は国の統治にとって基本的なものであり，立法にあたってこれらの原則を適用することは国の義務である。

(22)　【訳注】「国家は国民のために，インドの領土全域にわたる統一民法典を保障するよう努めなければならない。」

〔プラカシュ・シャー（森 正美訳）〕　　　　　　　　　**9**　宗教が生み出す差異

は,「宗教」によって「ヒンドゥー」とされる人々に適用され, 仏教徒, ジャイナ教と, シーク教徒も含んでいた。このことはヒンドゥー・マハーサバーとよばれるヒンドゥー政党や大統領ラジェンドラ・プラサードやヴァラブハイ・パテルを含む一部の与党議員の反発を受け, とくに慣習の承認などについて譲歩が求められた。またヒンドゥーの拡大家族制度が法制化の範囲から外れていた（Williams 2006：109-113）。

1950 年代のヒンドゥー教の法制化は, 色々な意味に解釈可能である。結局あまり成果の上がらなかった混乱した妥協だという者もいる。適切な内容が含まれておらず, 統一民法の達成に向けての第一歩になっているとも言いがたいという意見もある。というのはムスリムの身分法がほとんど司法改革の中に含まれないままだからである（Williams 2006：113-120）。1950 年代の改革は, それまでのイギリスが始めたことを継続しただけで,「固有の」政府が同じ仕事をしているだけなのかという疑問と反発が生まれた。ネルーを代表とする改革の旗手たちは, 世俗国家の考え方に共鳴し, 宗教は紛争の原因になる迷信的な教義であるとみなしていた。インド統一民法典の理想は, いかなる宗教にも縛られないことであり, その改革の最初の対象候補者はヒンドゥー教徒であった。メンスキーは, 植民地政府から引き継いだ法体系の全体的改革への熱意の欠如に注目し, その背景にある考え方と結果を以下のように整理している。

ヒンドゥー身分法に対するアプローチは, ポスト植民地期の近代国家が身分法改革をしたいという欲求と念願を強くしたのとは, 相当異なったものであった。イギリス流に「市民化するという使命」の一形態また社会改革運動の成果として, イギリス植民地期の終盤にその念願は強くなった。インドにおけるヒンドゥー法の近代化は,「伝統」を排除する歴史的な機会であり, アングロ・ヒンドゥー法の下で発展し守られてきた, ヒンドゥー身分法の伝統的形態の残存物を一掃する機会でもあると捉えられた。それは革命だったが, その性質は不完全なものであった。実際には, すべての仮説とは別に, 改革された法は, 進行する調和的な法と社会の過程の, どっちつかずの妥協の産物でしかなかった（Menski 2003：211）。

ここでメンスキーが指摘するのは, 1950 年代のヒンドゥー法の改革は, 伝統に対する敵意に基づき, イギリスによって開始された市民化の使命の継続だったのではないかということである。ここで触れた開発に関する文献による

207

第2部　人間と法の探究：法哲学・法社会学・法人類学

と，間違った宗教の偶像崇拝的な実践を排除するという仕事は，プロテスタント的背景をもった植民地統治者によって開始され，ポスト植民地期政府にも引き継がれた。しかしながらメンスキーが彼の主要著作の中で一貫して述べてきたように（Menski 2003：211），この不完全な過程は，主に多様な先祖伝来の実践によって構成されているヒンドゥー法やインドの伝統法一般の概念化を精緻化することを難しくするような継続的な問題化の過程であった。結果として，これらの法は千葉が言うところの，「非公式」な空間に押しやられ，そこでの実践を続けるにとどまってきたのである。

V　結　　語

　外国からの移植法に直面した際の，法における人々の文化的アイデンティティの維持は，その人々の固有法のアイデンティティ法原理に左右されるという，千葉の主張に戻ってみよう。この主張に沿って，我々は，日本やインドの人々が，プロテスタント的キリスト教の枠組みが支配的な法を取り入れたときに起きたことを，どのように評価すればよいのであろうか？　世俗分離という西洋的規範や，それに関連する信教の自由や政教分離などという概念を取り入れた例では，日本とインドの国家制度は，外来の「宗教的アイデンティティ」（強調原著）が国民の理解を形成すると仮定し，また両政府はこの外来の世俗化という枠組みに従って人々の法を改革しようとした。この過程で人々は，単なる「別の宗教」（強調原著）集団に属する民族にわかれ，「宗教的」民族主義や宗教紛争，宗教的権利を巡る闘争というものを経験するようになった。この経験はある部分，公式法体系の主体を通じて，歪められ狭い範囲に限定されるようになった。バラガンガンダーラは，「植民地意識」とは，インド文化に配慮せず宗教を限定するという経験を受け入れることであると述べている[23]。これと同じことを，直接に西洋との間に植民地支配関係がない日本についても当てはめられるだろうか？　千葉がいう，固有法のアイデンティティ原理が人々

---

[23]　S. N. Balagangadhara, "Secularism as the Harbinger of Religious Violence in India: Hybridisation, Hindutva and Post-Coloniality" in D. Schirmer, G. Saalmann, & C. Kessler, eds, *Hybridising East and West: Tales beyond Westernisation* (Berlin, LIT Verlag, 2006) 145; S. N. Balagangadhara, *Reconceptualizing India Studies* (New Delhi: Oxford University Press, 2012).

〔プラカシュ・シャー（森 正美訳）〕　**9**　宗教が生み出す差異

の文化的アイデンティティの維持機能を果たしているという仮説が当てはまるのだろうか？　本論で提示された考察は，アジア法文化研究の今後の進展のためにどのような意味を持ちうるであろうか。

　＊本稿冒頭に著者による以下の「要約」が付されている。他の論文との関係上省略した。
　　「要約　一つの文化，すなわち宗教を有する西洋文化に基づく法が，宗教をもたない別の文化に移植されたとき，法移植の運命はどのようなものになるであろうか？[24] 千葉正士が提唱した「法移植」理論の枠組みを適用し，西洋法文化が日本，インドなどにどのように移植されたかを考察する。キリスト教という一つの宗教によって構成される西洋文化内部の規範に根ざした特定の種類の法概念が，宗教[25]をもたない非西洋文化に移植される際に，機能不全が生じる。宗教の自由や政教分離といったような宗教に関連した概念は，機能停止し，ゆがめられ，不合理なものになる。また宗教のない文化の中に置かれたときには衝突がおきやすくなる。このようなことは，世俗国家が，土着文化の中に存在し国家によって間違った宗教や偶像崇拝的実践とみなされるものを抑圧するプロセスで生じる。千葉が早くに指摘したように，この過程は法文化のアイデンティティ原理を変化させたり破壊したりするような結果につながる。」

【引用文献】

Asad, Talal, (1993) *Genealogies of Religion: Discipline and Reasons of Power in Christianity and Islam* (Baltimore, Maryland: The Johns Hopkins University Press.

Balagangadhara, S. N. (1994) *"The Heathen in his Blindness...": Asia, the West, and the Dynamic of Religion* (Leiden, New York: E. J. Brill).

---

[24]　【訳注】筆者は，宗教，という語を，キリスト教的価値観を背景とする西洋文化にもとづくものという意味で，術語的に使用している。そのため，現在私たちが一般名詞として使用する宗教という語よりも，その指示範囲はせまいものとなっている。ただ，時に原文でreligionを斜体にしたり，括弧に入れて区別している部分もある。そのため，ここでは，筆者の限定的ニュアンスを含んだ宗教，という語をそのまま用いることにした。

[25]　【訳注】ここでの宗教という語は，一貫してキリスト教的宗教，というニュアンスで用いられており，宗教一般をさす用法ではない。そのため訳語として区別が若干わかりにくくなっている。キリスト教的な宗教があり，その立場から西洋の側がインドや日本のアジア的なものを宗教と名付け，それを当該のインドや日本社会のエリートが受容したという議論が，本章全体として展開されている。

第 2 部　人間と法の探究：法哲学・法社会学・法人類学

Balagangadhara, S. N., (2014) *Do All Roads Lead to Jerusalem? The Making of Indian Religions* (New Delhi: Manohar,).

Balagangadhara, (1996) *The Heathen*, 8(2) *Cultural Dynamics.*

Balagangadhar, S. N., (2006) "Secularism as the Harbinger of Religious Violence in India: Hybridisation, Hindutva and Post-Coloniality" in D. Schirmer, G. Saalmann, & C. Kessler, eds, *Hybridising East and West: Tales beyond Westernisation* (Berlin, LIT Verlag).

Balagangadhara, S. N., (2010) "Orientalism, Postcolonialism and the 'Construction' of Religion" in E. Bloch, M. Keppens & R. Hegde, eds, *Rethinking Religion in India: The Colonial Construction of Hinduism* (London, Routledge).

Balagangadhara, S. N., (2012) *Reconceptualizing India Studies* (New Delhi: Oxford University Press).

Ballard, Roger, (1996) "Panth, Kismet, Dharm te Quam: Continuity and Change in Four Dimensions of Punjabi Religion" in Pritam Singh & Shinder S. Thandi, eds, *Globalisation and the Region: Explorations in Punjabi Identity* (Coventry: Association for Punjab Studies).

Benda-Beckman , Franz von, (2002) "Who's Afraid of Legal Pluralism?" 47 *Journal of Legal Pluralism and Unofficial Law* 37.

Chiba, Masaji, ed, (1986) *Asian Indigenous Law in Interaction with Received Law* (London & New York: KPI,).

Chiba, Masaji (1989) *Legal Pluralism: Toward a General Theory through Japanese Legal Culture* (Tokyo: Tokai University Press,).

Chiba, Masaji, (1997) "Japan" in Poh-Ling Tan, ed, *Asian Legal Systems: Law, Society and Pluralism in East Asia* (Sydney et al: Butterworths,).

Chiba, Masaji, (1997) "Japan" in Poh-Ling Tan, ed, *Asian Legal Systems: Law, Society and Pluralism in East Asia* (Sydney et al: Butterworths,).

Chiba, Masaji, (1998) "Other Phases of Legal Pluralism in the Contemporary World" 11 *Ratio Juris* 228.

De Roover, Jakob & S. N. Balagangadhara, (2009) "Liberty, Tyranny and the Will of God: The Principle of Toleration in Early Modern Europe and Colonial India" 30 *History of Political Thought.*

De Roover, Jakob, Sarah Claerhout & S. N. Balagangadhara, (2011a) "Liberal Political Theory and the Cultural Migration of Ideas: The Case of Secularism in India" 39 *Political Theory.*

De Roover, Jakob (2011b) "Secular Law and the Realm of False Religion" in

Winnifred Fallers Sullivan, Robert A. Yelle & Mateo Tausig-Rubbo, eds, *After Secular Law* (Stanford: Stanford University Press).

Dressler, Markus & Arvind Mandair, eds, (2011) *Secularism and Religion-Making* (Oxford: Oxford University Press).

Duara Prasenjit, (2010) "An East Asian Perspective on Religion and Secularism" in Michael S. H. Heng & Ten Chin Liew (eds), *State and Secularism: Perspectives from Asia* (Singapore: World Ten Chin Liew Scientific Publishing).

European Court of Human Rights, (2011) *Case of Lautsi and Others v. Italy*, Application no. 30814/06, judgment of 18 March.

Gelders, R. & S. N. Balagangadhara, (2011) "Rethinking Orientalism: Colonialism and the Study of Indian Traditions" 51 *History of Religions*.

Isomae Jun'ichi, (2002) "The Discursive Position of Religious Studies in Japan: Masaharu Anesaki and the Origins of Religious Studies" 14 *Method & Theory in the Study of Religion* Isomae Jun'ichi, (2005) "Deconstructing 'Japanese Religion': A Historical Survey" 32 *Japanese Journal of Religious Studies*.

Isomae Jun'ichi, (2014) *Religious Discourse in Modern Japan: religion, State, and Shintō* (Leiden: Brill).

Josephson, Jason Ānanda, (2006) "When Buddhism became a 'Religion': Religion and Superstition in the Writings of Inoue Enryō" 33 *Japanese Journal of Religious Studies* Kleinhans, Martha-Marie & Roderick A. Macdonald, (1997) "What is a Critical Legal Pluralism?" 12 *Canadian Journal of Law & Society* 25.

Legrand, Pierre, (1997) "The Impossibility of Legal Transplants" 4 *Maastricht Journal of European & Comparative Law* 111.

Liew, Ten Chin, (2010) "Secularism and its Limits" in Michael S. H. Heng & Ten Chin Liew (eds), *State and Secularism: Perspectives from Asia* (Singapore: World Scientific Publishing).

Melissaris, Emmanuel, (2009) *Ubiquitous Law: Legal Theory and the Space for Legal Pluralism* (Aldershot: Ashgate.).

Menski, Werner F., (2003) *Hindu Law: Beyond Tradition and Modernity* (Delhi: Oxford University Press).

Oberoi, Harjot, (1995) *The Construction of Religious Boundaries: Culture, Identity and Diversity in the Sikh Tradition* (Delhi: Oxford University Press).

Oddie, G. A., (2006) *Imagined Hinduism: British Protestant Missionary Constructions of Hinduism, 1793-1900* (New Delhi: SAGE Publications).

第 2 部　人間と法の探究：法哲学・法社会学・法人類学

Port, Kenneth L. & Gerald Paul McAlinn, (2003) *Comparative law: Law and the Legal Process in Japan* (Durham, N. C.: Carolina Academic Press).

Said, Edward, (1978) *Orientalism* (New York: Pantheon Books).

Shah, Prakash, (2005) Legal Pluralism in Conflict: Coping with Cultural Diversity in Law (London: Glass House).

Shah, Prakash, (2006) "Thinking Beyond Religion: Legal Pluralism in Britain's South Asian Diaspora" 8 *Australian Journal of Asian law* 237.

Shah, Prakash "Religion in a Super-Diverse Legal Environment: Thoughts on the British Scene" in Rubya Mehdi et al, eds, (2008) *Religion and Law in Multicultural Societies* (Copenhagen: DJØF Publishing,).

Staal, Frits (1989), *Rules without Meaning: Ritual, Mantras and the Human Sciences* (New York: Peter Lang).

Tamanaha, Brian Z. (2007): "Understanding Legal Pluralism: Past to Present, Local to Global" (2007) 29 *Sydney Law Review* 375.

Watson , Alan, (1993) *Legal Transplants: An Approach to Comparative Law*, 2nd ed (Athens & London: The University of Georgia Press).

Watson, Alan (2000) "Legal Transplants and European Private Law" 4 *Electronic Journal of Comparative Law* http://www.ejcl.org/ejcl/44/44-2.html

Williams, Rina Verma, (2006) *Postcolonial Politics and Personal Laws: Colonial Legal Legacies and the Indian State* (New Delhi: Oxford University Press).

212

10 日本における多元的法体制とアイデンティティ
——「文化的景観」をめぐる法主体と葛藤——

森　　正美

Ⅰ　はじめに	Ⅳ　日本における文化財概念と法
Ⅱ　アイデンティティ法原理と多元的法体制	Ⅴ　文化的景観をめぐるまちづくりと多元的法体制
Ⅲ　千葉による日本法制史概観とアイデンティティ法原理	Ⅴ　おわりに

Ⅰ　は じ め に

　この論文は[1]，千葉が提唱した「アイデンティティ法原理」という概念，とくに「アメーバ的アイデンティティ」と名付けた日本のアイデンティティ法原理について，現代の「文化的景観」や「文化遺産」に関わる「まちづくり」の文脈で，日本のフィールドを主たる対象として検証し[2]，その有効性や限界を

---

(1)　本論文は，2012 年 3 月 26 日にロンドン大学 SOAS で開催された千葉追悼シンポジウム「Towards a General Theory of Legal Culture in a Global Context」において報告した内容に基づき，日本語での読者を想定し大幅に改訂したものである。

(2)　本書が追悼論集であるという性質を鑑みて，本注を設けたい。東南アジア研究を専門とする筆者が日本でのフィールドワークを開始したのは，私的なことではあるが，長女を出産した 1998 年以降のことである。初めての出産育児と大学校務で精一杯で，自らの法人類学的な研究が思うように進展しないことに悩んでいた。その悩みを吐露した私の年賀状でのメッセージに，後日千葉先生が「夢を追うこと」(1989) というご自身のエッセイを送ってくださった。想いをもって研究を続ければいつか夢は実現するという趣旨のものであったが，千葉先生のように世界的な研究者でも様々な葛藤と出会いの中で試行錯誤しながら研究を進めていらっしゃったことに深い感銘を覚え，私のような若輩の研究者に期待と励ましを下さる先生の言葉に背中を押して頂いた。フィリピンに行けなくても身近なところにも研究テーマはあり，回り道に見えてもいつか道は繋がるからと励まして頂き，現在の日本での研究テーマと出会うことができた。法主体の様々な場面での困惑と苦悩についてふれ，それを生活のリアリティとして捉えようとする千葉

第 2 部　人間と法の探究：法哲学・法社会学・法人類学

明らかにすることを目的とする。

　日本の法制度は，本論次節で千葉の概観を整理するように，固有法と移植法の相互関係によって生成されてきた。第二次世界大戦後にはアメリカ法の影響を受け，大きく変化を遂げ，近年では，グローバル化の影響でさらなる変容を遂げようとしている。商法取引等を巡る新たな法の生成についての関心も高いが，その影響分野は，文化の概念を規定することにも関わる文化政策や文化財・文化遺産に関わる現場にも及び，ローカルな概念，ナショナルな対応，グローバルな趨勢などが葛藤し合う様相が，日本国内および世界各地で見られる[3]。

　このような状況と，日本で現在注目されている地域コミュニティ再生の課題をつきあわせてみると，国家法的な枠組みを主とする法一元主義的な理解が主流の日本社会においても，実はミクロなコミュニティレベルでの社会変容の理解には，多元的法体制論的な視点が有効であるのではないかと考えられる。つまり，コミュニティの文化や景観に関して，その価値の理解，価値や財の所有，活用を巡って，公式法的な手続きや公式法的な手続きの変更に加えて，伝統的な価値観や法主体の存在が重要な意味を持つ局面が存在するからである。

　その意味では本論文は，コミュニティレベルの意志決定過程や参照される法の選択などの事例分析を通して，メンスキーが千葉の多元的法体制論理論を一歩進めて提唱した「複層的多元性 Plurality of Plurality（POP）」[4]の実証的研究としても，日本における事例を示すことになるのではないかと考えられる。

Ⅱ　アイデンティティ法原理と多元的法体制

　ここでは，千葉の提唱した「アイデンティティ法原理」と「多元的法体制」の概念についてまとめ，本論に関わる多元的法体制論のいくつかの理論を簡単

　　先生の学問的視点は，先生の温かな人柄とも一貫している。今回の論集に際し日本の
　　フィールドでの多元的法体制論の検証を論文テーマに選んだのは，とても十分とは言え
　　ないが，千葉先生の励ましに対する遅い返礼のような想いからである。
（3）Chechi, Alessandro（2014）*The Settlement of International Cultural Heritage Disputes*, Oxford University Press, 岩本通弥編（2013）『世界遺産時代の民俗学』風響社等を参照のこと。
（4）Menski, Werner（2011）Islamic Law in British Courts: Plural worlds of law, the search for 'the right law' and skilful legal navigation. A paper presented at Kansai University, June 2011.

214

に整理しておく。

1　アイデンティティ法原理とは

　千葉は，アイデンティティ法原理（the identity postulate of a legal culture）を，法人類学上の術語として紹介し，以下のように定義している。「一法文化の文化的同一性を基礎づける最終原理」を意味し，一法文化すなわち「一法主体の（三ダイコトミーの法の組み合わせとして分析される）多元的法体制の比較的特徴を象徴する基礎的概念である（千葉 1998：87）」ここでいう三つのダイコトミーとは，「公式法─非公式法」，「移植法─固有法」，「法規則─法前提」を指している。

　千葉は，法学者にとっては，一国の国家法も，各法体系のなかで多少の改正改革があっても同じ体系の法が維持されると解せられる事実，革命によって法体系が一新するようなことがあってもその国の法であることは変わらないと扱われる事実，同じ母法からの移植法でも移植国が違えば内容性質に多少の相違が生じている事実，移植の事実につき異なる書体景観の比較が可能でその結果法系論が成り立つ事実などに基づき，一国家の法は内容の変化変動にかかわらず文化的同一性を継続的に維持することが，法学の改めて問う必要もない前提となっていると述べている。それに対して法社会学・法人類学からすれば，法の文化的同一性維持はなぜ可能か，したがって同一性とは何を言うのか，その同様変化はどういう現象か，またなぜ起こるのか，等をめぐって多様な問題が浮かび，それらは国家法だけでなく，国内の多数の法主体の非公式法にも通じるという認識を示している（同上：87）。

　そしてこれらは，法文化論とくに非西欧法の法文化論としては法の本質に関わるテーマであり，これを解明する一つの手がかりがアイデンティティ法原理であるとしている。そしてアイデンティティ法原理は，それらが帰納的に事実から導かれる規則性であり例外が多い分析の道具概念であるとした上で，その性質と機能について検証すべき 5 点を示している。要約すると，第一に，他と区別される一定の固有の文化的特徴を歴史を通し一貫して維持すること，第二に一貫すべき原理の範囲内では法規則と法前提にも修正などを加えて発展すること，第三に異文法の採否，固有法との対立同化を決定する指導原理として働くこと，第四に人類社会としては多数のアイデンティティが接触・反発，交

第2部　人間と法の探究：法哲学・法社会学・法人類学

流する，最後に一貫するはずのアイデンティティ法原理も長期には変化することをあげている（同上：88）。

　さらに，アイデンティティ法原理を国民性優越論の根拠として過度に指導的原理が働く危険性についても指摘し，科学としての態度は，人がアイデンティティ法原理を自覚してその長所を伸長し短所を抑制して状況に応ずる賢明な判断を当事者に期待するにとどまる（同上：89）と述べている。このような千葉の指摘は，アイデンティティ法原理が基礎的な文化的特徴であると同時に可変であることを想定していること，またそれらの権利が理念として政治的に利用される可能性を示しており興味深い。

2　多元的法体制論の整理

　先に述べたように，千葉は，時代，場所を超えた分析ツールとして，「公式法―非公式法」「固有法―移植法」「法規則―法前提」の三ダイコトミーを提示した（同上）。

　これを踏まえて安田[5]は，「固有法，移入法，開発法」という「三法類型」と，「共同法理，指令法理，市場法理」という「三法理」を定義し，アジア法という対象エリアの特性をふまえた開発法学の立場から，発展途上国における法とは何かという問いと，アジア的共同体的な強固な共同法理の存在を認定する議論を展開した。安田も常に理論モデルを更新しており，国家の位置づけや「文化」の役割についても変更を加えている。たとえば安田（2012：123-124）では，「貧困者のエンパワメント」運動という貧困者が実際に生活している場における「法」のあり方を直視するという視点で，「国家法／公式法」の拡大による「法の支配」の達成というモデルに基づく世界銀行の施策方向転換についてふれている。その上で，「これまでの移入西欧近代と固有慣習法の対立という，多くの開発途上国の法システムが直面する多元的構造を超えて融合・統合する可能性を含意しており，この意味では両者の異質性を超える新しい法システムの創造を意味する」（同上：124），「慣習・非公式法が現地社会の「文化」と抜きがたく結合していることを考えれば，西欧から委嘱されたいわば普遍的

---

(5)　安田信之（1996）『ASEAN 法』日本評論社，（2005）『開発法学　アジア・ポスト開発国家の法システム』名古屋大学出版会，（2012）「開発法学における「法の支配」の位相」『関西大学法学論集』61（6）52-132 頁。

な法と現地の固有の法・文化との相互関連性をどのように包摂的に理解するのか，という課題に開発法学は直面しているのである」（同上：124-125）と述べ，法の三層構造のモデルにも修正を加えている。

　一方千葉は，アイデンティティ法原理は可変であると指摘しながらも，それらがどのように変容するのか，その動態を捉えるための明確なモデルを提示していたわけではない。それを補うアイデアを提案したのがメンスキーのカイトモデルである[6]。個人，社会・コミュニティ，国家，国際・グローバルという４極を想定し，多元的法体制が，特定の場所や時間の中で示す動態について考察可能なモデルを提案した。個人の極には，自然法的で，伝統的な諸価値や倫理，宗教的／世俗的な要素が配置され，社会・コミュニティの極には，社会経済的な要素，国家の極には実定法的な国家的規則，権力などが含まれる。国際・グローバルな極には，グローバルで近代的な諸価値を配置し，社会全体の法的動態を把握しようとするモデルである[7]。各極に存在する多元性にも注目するようにモデル化をすすめ，複層的多元性を提唱した。このモデルは国家を絶対的な枠組み前提として固定するのではなく，４極が柔軟に関係性を変えるという動態的モデルで，人類学者が社会で起きている現実を分析しようとする際にも有効なモデルであるといえる。そして，このモデルで，現在公式法とされていない非公式法も含めて，一つの社会内部での法の動態を捉えることが可能になる。

　もう一つは，長谷川（2012）が提示する「法のクレオールモデル」である。これは，複数の異なる法が出会う際に，相互変容がどのように生じるのか，またそれらの相互変容が生じる場，およびそこに存在するファクターの特性によって生成されるクレオール状況とその生成メカニズムが異なる点を，動態的にモデル化している。「クレオール」文化のような生成物としての「法」の説明的モデルとして用いることはもちろん可能だが，モデルの因子によって生み

---

(6)　Menski, Werner 2006 Comparative Law in a Global Context: The Legal Systems of Asia and Africa. Cambridge University Press, 2013 Globalizing development and legal theory: Are pluralist perspective irritants or useful tools? Tsukuba lecture, October 12, 2013 (Unpublished).

(7)　ここでの翻訳語は，角田猛之 2014「ロンドン大学東洋アフリカ学院ロースクールにおける「アジア・アフリカの法体系（2011-2012年）」の紹介——ヴェルナー・メンスキー教授の講義資料を中心にして」『関西大学法学論集』310-479 より借用した。

第 2 部　人間と法の探究：法哲学・法社会学・法人類学

出される歴史的なプロセスや実際に生じている「状況」の理解に大変有用なモデルであるといえる。

このようにみてくると，一口に多元的法体制論といっても，単に複数の法体系の併存状況を示すだけでなく，焦点はむしろ，それらの関係性のダイナミズムにあることがわかる。これをアイデンティティ法原理との関係性でみてみると，特定の法文化に対する固定的なアイデンティティ法原理を問題にするのではなく，むしろ可変的なアイデンティティ法原理を解明し，そのダイナミズムやそこで生じる葛藤などについて明らかにすることが必要であることがわかる。

Ⅲ　千葉による日本法制史概観とアイデンティティ法原理

具体的なアイデンティティの葛藤状況の検討に入る前に，ここではまず千葉のまとめに従って日本の法制史を概観し（千葉 1998：89-99），千葉が「アメーバ性情況主義」（同上：99）と名付けた概念の背景を探る。

1　日本における固有法と移植法

日本法の歴史は，いわば純粋な固有法に始まるが，これらを記した正確な文献はない。ただ古来の日本は，朝鮮や中国など近隣のアジア諸国からの影響を受けたと推察される。西暦 603, 604 年に聖徳太子の立法と律令制の導入によって，中国法が移植された。公式法として国家法が確立し非公式法と明確に区別されたのは，大宝律令（701）とそれを補訂した養老律令（718）であった（同上：90）。「憲法 17 条」（604）は，日本のアイデンティティ法原理を最初に具体化したものであり，氏族性社会から発展させた固有の天皇・家族・身分の制度を正当の構造的原理とし，これを生徒化する倫理を儒教と仏教に借りたものであった。その大綱は以後の日本法史において形を多少変えながらも確実に維持されてきた（同上：91）。

移入された律令制は，日本の社会と政治風土に浸透するにつれて現実からの反発が強まり，10 世紀前後には固有法として発達した諸制度にほとんどとって替えられた。公家法が成立し，地方では荘園法と社寺法を合わせた本所法が成立した。また武士階級が確立し公家に代わると，身分法と支配法との二面で武家法が発達した。民衆の間では町人法が発達し，中近世の日本法は，固有法の典型的な多元的法体制であった。（同上：91-93）同時に，法前提として家父

長制に基づく家族制度が確立し，本分家のヒエラルキーや家系による親族制度
は，身分階層制にもつながった。さらに，このような家族的諸集団の団結，地
域の共同生活に必要な村落の共同体性のような共同体原理は，古来の和の精神
の再現として存在した（同上：93）。そして法を実際に解釈運用するのに応用
可能な法前提として，「建前と本音」「義理と人情」「仲間の連帯」「偉い人に一
任」「玉虫色」「成行き上」など，現在でも日本法の解釈を微妙に左右するもの
が出現した。これらを千葉は法外の法理念とよんでいる（同上：94）。

　明治維新以降の近代になると，ドイツ，オーストリア，フランスなどの西欧
法が移入された。それらにもとづき，国家法や各種の公式法が制定され，明治
法体制は近代的な自由主義原理を西欧から移植し，固有法を再編成し強化し，
特有の法秩序を作りあげた。身分階層性と共同体原理，すなわち古代から中世
を通じ一貫していた身分秩序と和の精神との再編成がおこなわれ，それを権威
付けたのが神話を正統化した天皇制，国家理論として正当化したのが国体だっ
た（同上：95-96）。

　第二次大戦後はアメリカ法が日本法に影響を及ぼし，国民主権の法に替えら
れ，家制度は封建的として廃止された。しかし寺社組織，家元組織，林野・漁
場・温泉の入会慣行や講・連・中などでも，それぞれの組織と運営を規制する
固有法は伝統の法規則を維持し続けた。また法規則としては失われた場合にも，
メンバーとしての義務や伝統的方式などの形で法前提が働く。それらは国家法
上のものではないが，いざ事が起こった際には裁判所も尊重する意味では，国
家法を補充する効力を有する。その意味では，これらは非公式法として実効性
を有している（同上：97）。

2　日本的アイデンティティとアメーバ性情況主義

　千葉は，日本の法文化の特徴を「アメーバ性情況主義」あるいは「アメーバ
的法文化」と名付けた（同上：99）。アメーバは独立の個体ではあるが，形状
は一定せずに状況に応じて柔軟に変形し，また変形を繰り返して移動し食物を
摂取する。そのように不定形でありながら一個独立の生物体として個体と個性
を保持し種を存続させる。日本法がさまざまな歴史的情況に応じて形態はもと
より内容も変形しつつも，一貫する日本法でありえたのは，その変形自在なア
メーバ的性格によると比喩することができよう（同上：98-99）とし，アメーバ

第 2 部　人間と法の探究：法哲学・法社会学・法人類学

の特性と環境に適応し変形し続ける日本の法を比喩的イメージで捉えている。

　つまり日本のアイデンティティ法原理は，日本法の内部に選択的に特定の法体系を取り込もうとするとき，3 つのダイコトミーのバランスをとりながら，互いに排斥し合うだけでなく共存協調を模索するように柔軟に対応した。その対応を促したのが情況に柔軟に対応することを可能にするアメーバ的アイデンティティ法原理であるという議論である。

　ちなみに千葉は，インドではヒンドゥーや仏教的な性質のダルマ的原理，イスラーム社会ではウンマの原理など，アジアの他の社会には宗教的要素に基づくアイデンティティ法原理が存在するとしている（Chiba 2002）。

3　戦後日本の経済変化とアイデンティティ法原理

　第二次世界大戦後の日本は経済成長を遂げ，先進諸国の仲間入りをした。しかしその結果，地方の農村部での第一次産業の衰退を伴う経済構造の変化が起きた。昨今では，都市と農村部の経済格差は一層拡大し，集落の機能維持が難しいほどに過疎高齢化が進行した限界集落問題も生じている。これらの社会的な変容は，日本における社会関係の性質を変え，法主体のあり方，法前提や法原理を支える価値観を変えていった。

　千葉（1962, 1991）は，日本の伝統的な法主体と現代的な法主体の調和と葛藤について，ムラ（村）と学区の関係性に注目して法社会学的に研究している。学区は，明治の近代化過程において，各公立学校に適正な児童数を割り当てるために政府によって導入された。学区の住民は，コミュニティの紐帯は持たずに，一定の領域内に居住した。

　ムラは，共同体成員権に基づき，法規則と法秩序を有している。しばしば近親者で構成され，伝統と共同体儀礼を継承してきた。その内部で，氏子組織は神社の信者の組織として，檀家組織は寺の信徒の組織としてそれぞれ寺社を支えてきた。これらの組織は江戸期に確立し 1947 年に地方自治法が導入されるまで，日本の村落社会の基礎的な仕組みを担っていた。

　千葉は，日本人の日常生活において非公式法を維持するための社会制度についても述べている（Chiba1989：93）。家制度は家長に特別な権限を与え，家人には義務を課した。部落や同族など，家同士の階層関係を保つような制度もあり，これらの制度は併存していた。

220

〔森　　正美〕　　　　　　**10**　日本における多元的法体制とアイデンティティ

1889 年に近代的自治体制度が導入され，伝統的社会単位は自然村的な位置づけにされた。第二次世界大戦中の 1940 年には，部落会や町内会など近隣コミュニティの制度化がされた。これらの組織への加入は義務とされ，戦時体制を支えるものになった。1947 年にはそれらを解体する政令が出されたが，1952 年には，コミュニティ運営には不可欠だとして町内会制度が復活した（中田・山崎・小木曽 2009：21-22）。現在まで，町内会・自治会は近隣組織として最も有力なものとして継続しており，その活動領域は社会福祉的側面や近隣親睦などの様々な要素をカバーしている。ただし，このような地縁組織の活動は高齢化の進展や加入率の低下などによる難しい局面を迎えている。

日本の戦後の経済成長とグローバル化の進展は，人々の経済活動のあり方とそれに伴う社会関係を変質させた。同様の事態は発展途上国でも生じており，安田（1987）は法原理の三類型を「共同体」「国家」「市場」という分類で整理し，規範や規則よりも利益を優先し意志決定を行う主体の存在を提示している。また，そのような法主体の変化の過程に注目することも促している。また角田（2010）も，戦後の日本における宗教のあり方や国家との関係性について，天皇制やオウム真理教の出現などにも触れて論じている。これらの議論も日本の法文化のアイデンティティ法原理を検討する際に，どのような価値観を法前提とし共有し，また何を優先した選択が実際に行われていくのかを検討する上で重要な視点となる。なぜならば，日本の伝統的コミュニティとされるムラは，生産を協同する経済共同体であると同時に，神社や寺などに共属する宗教共同体としても機能してきた。戦中には国家制度によって法的にもその性質が強化された。しかし戦後の都市化の進展やコミュニティ社会単位の再編を経て，コミュニティの中核的紐帯原理は流動的になっており，そのことが本論で扱う，まちづくりの現場における法主体の競合の問題とも関係しているからである。

Ⅳ　日本における文化財概念と法

ここでは，日本における「文化財」「文化財保護」という概念がどのように変遷してきたかを，とくにその概念定義と法的位置づけに注目して整理する。

第2部　人間と法の探究：法哲学・法社会学・法人類学

1　文化財概念の法的変化

世界遺産の文化的景観評価を研究した垣内（2005）は，その背景となる日本の文化政策の変遷とそれに伴う文化財保護の歴史を簡潔にまとめている。

戦前の文化財保護は，有形文化財と記念物を対象としていた。日本最初の文化財保護に係る法は 1871 年「古器旧物保存方」で，欧化主義と廃仏毀釈が進む中での文化財保護を目的としていた。1897 年の「古社寺保存法」では財物や建造物などの価値のある社寺を対象となり，戦中の混乱での文化財散逸を防ぐため 1929 年には「国宝保存法」がつくられた。記念物については，1874 年に「古墳発見乃節届出方」による届出制度ができ 1919 年「史蹟名勝天然記念物保存法」の制定で体系的保護が可能になった（同上：22-23）。

戦後，文化国家としての国家建設を進めることになった日本では，1949 年の法隆寺金堂壁画焼失事件を契機として世論が高まり，1950 年にそれまでの文化財に関する法をまとめた文化財保護法が制定施行された。これは 1954 年に改正されるが，地方公共団体の役割が明確化され，都道府県教育委員会が国の保護行政の窓口となり，地方公共団体は自らの条例により文化財指定できることが示された。

1960 年代以降の経済成長期には，開発による様々な変化と課題が生じた。1966 年には文化局が設置され，1975 年には文化財保護法の大改正が行われた。そこでは古い町並みの保存や民俗文化財の概念定義，文化財保存技術保護制度，埋蔵文化財制度の整備が行われた。1980 年代は，1975 年の文化財保護法を受けて文化財の保護が進んだ。また 1990 年代には近代の遺産についても文化財指定が進んだ。1992 年に世界遺産条約に加盟し，日本の文化財保護制度と国際的仕組みが連携するようになった。1999 年には地方分権対応のために文化財保護法が改正された（同上：24-27）。

2　「文化的景観」と「歴史まちづくり法」の制定

一方 2004 年には，「景観法」が制定された。その背景には，戦後の急速な都市化の進展の中で，経済性や効率性，機能性が重視された結果，美しさへの配慮を欠いていたが，そのような都市化が終息し美しい町並みなど良好な景観に関する国民の関心が高まり価値観の転換点を迎えている。そして全国の地方自治体で景観に関する自主条例が制定され，景観に配慮した都市整備が実施され

〔森　正美〕　　　　　　*10*　日本における多元的法体制とアイデンティティ

てきた。また 2003 年には「美しい国づくり政策大綱」が定められた（景観法制研究会 2004：3-8）。

　景観法は，日本で初めての景観に関する総合的な法律であり，(1)良好な景観の形成に関する基本理念や，国，地方公共団体，事業者及び住民の責務を明らかにするとともに，(2)条例では限界のあった強制力を伴う法的規制の枠組みを用意する，こととしている（同上：9）。景観法では，「良好な景観は，現在及び将来における国民共通の資産」「良好な景観は，地域の自然，歴史，文化等と人々の生活，経済活動などとの調和により形成される」ものとしている。

　国際レベルでは，1948 年に自然遺産保護連合が結成され，1972 年には UNESCO によって自然遺産と文化遺産の両方を含む世界遺産条約が制定された。日本は先進国の中では最も遅く，1992 年に世界遺産条約に加盟した。この同じ年に文化財概念のなかに「文化的景観」という概念が含まれるようになった。

　国内外の保護に対する要請の高まりを受け，2005 年日本でも「文化的景観」「重要文化的景観」が文化財概念に追加され文化財保護法が改正施行された。文化的景観とは，「地域の自然環境や立地条件，および人々の生活や生業と一体となって形成された景観地」で，そのなかで「典型的」「独特」なものを対象としている。（金田 2012：31-37）この概念は，有形と無形の文化財概念を幅広く含み，言い換えれば当該地域の生ける文化を総合的に包含するものとなっている。このなかでも，自治体の申請に基づき認定されたものが「重要文化的景観」で，その申請に際しては当該景観の価値について研究調査がなされ，その文化的価値が審査される。

　そして，このような価値ある文化財を活用し，広くは当該地域の歴史的風致を維持向上させるために制定されたのが，2008 年「地域における歴史的風致の維持及び向上に関する法律（通称　歴史まちづくり法）」である[8]。この法律は，文部科学省，農林水産省，国土交通省の三省合同で制定され，景観法に基づく景観行政団体となった地方自治体が自らの歴史的風致維持を向上させる計画を策定し，それが認定されれば国からの補助を受けることができるようになり，文化的景観を活用した様々な事業を実施することができるというものであ

---

(8)　歴史まちづくり法研究会（2009）『歴史まちづくり法ハンドブック』ぎょうせい。

第2部　人間と法の探究：法哲学・法社会学・法人類学

る。

この法律の制定に関して特記すべき点がある。まずそれは文化財を所管する文部科学省，まちづくりや都市計画を扱う国土交通省，農林水産業など地域での生業である主に第1次産業を所管する農林水産省の三省合同で提案されたという点である。この合同提案という点は，もう一つの特筆すべき点と関係している。それは，文化財が保護の対象から活用する資源であり，そのことによって地域振興につながるという認識に転換した点である。

ただ，この活用，という視点が持ち込まれたことにより，従来の文化財保護行政の仕組みをより総合的な施策や事業への転換にする必要が生じている。そして，そのことで行政組織内部，まちづくりの現場における主体間の関係性などに様々な動態が生じているのである。

V　文化的景観をめぐるまちづくりと多元的法体制

上記に述べた文化財概念の転換は，地域再生や振興のために，歴史と文化のまちづくりを推進しようとする地域において，様々な挑戦と葛藤を生み出している。地域に暮らす人々だけでなく，そこに関わる主体間の関係の組み替え，意志決定の仕組みの選択，また意志決定の際の根拠となる規則や価値観，さらにはそれらを選択することによって生成される人々のアイデンティティや社会変容の方向性にまで波及的に影響関係をもたらしている。

ここでは，筆者が関わっている京都府宇治市の文化的景観やまちづくりに関する情況を[9]，本論の主題である多元的法体制における複層的多元性の事例として捉え，千葉が提示したアメーバ的アイデンティティ法原理の概念についての考察をおこなう。

1　京都府宇治市における歴史と文化のまちづくり

宇治市は，京都府南部に位置する人口約19万人の都市で，平安時代には貴族の別荘地であり，現在は平等院と宇治上神社という世界遺産の寺社を2カ所

---

[9]　筆者は，S区で2011，2012年と祭りや生業，まちづくりに関する調査を実施し，その後も区やまちづくり協議会の会合に参加など継続的に関わっている。また宇治市の都市計画審議会，歴史的風致維持向上協議会などの委員を務め，コミュニティの情況と法制度，施策の整合や方向性などを検討する立場にある。

有し，年間観光客が 400 万を超える観光都市となっている。また抹茶や玉露などの宇治茶の産地としても知られ，江戸時代には幕府に茶を献上する茶師の屋敷が建ち並んでいた。近代になると繊維産業で栄え，戦後は京都・大阪のベットタウンとして人口が増加した。

これらの歴史の重層性によって，現在の宇治の景観は形成されている。2008年に宇治市は景観計画を定めた。それは景観法の適用というだけではなく，駅前商業地域に建築された高層マンションが世界遺産の背景に入り，寺院が体現する浄土世界の景観を破壊してしまうという重大な景観問題が起きたことへの反省による対応であった。さらに 2009 年には文化的景観保存管理計画を策定し，2010 年に重要文化的景観の認定を受けた。さらに，歴史まちづくり法に基づく歴史的風致維持向上計画を作成し，2012 年に認定を受け，現在 10 カ年計画で具体的な取り組みが進められている。

また同時期に，地方分権化の進展および住民参加の潮流を受けて，宇治市は「まちづくり条例」を制定し，地域におけるまちづくり活動に住民が主体的に取り組む「まちづくり協議会」を，申請に基づき審議会で認定する仕組みを整備した。そしてその協議会に「まちづくり計画」を策定する権限を与え，それを行政がサポートすることにした。

2 調査地の概要と社会組織

本論で取り上げる S 区では，1994 年から 2000 年の発掘調査によって，平安時代から貴族の別院が建てられ，現在まで居住が継続している歴史ある地域だということがわかっている。また山間のこの地域は元々農業に従事する人が多く，現在も市街化調整区域で茶業を営む世帯が存在する。良質の宇治茶の産地として知られ，里山の雰囲気をたたえている。

区は 104 世帯（2012 年）で構成され，区長，副区長 2 名，8 人の役員が 3 年ごとの選挙で選ばれ，区の運営に携わっている。区の住民は，本家－分家関係の血縁関係にある者も多く，古くからのムラの特性を今も残している。神社を支える氏子組織には約 80 軒が加入している。氏子組織の代表や役員は区の役員とは別に選ばれ，日常の神社の維持管理や祭祀を司る宮司をサポートする。区内には寺院もあり，住民の多くは檀家として所属している。

2008 年に，区の総会で「まちづくり協議会」の設置が承認され，翌 2009 年

第2部　人間と法の探究：法哲学・法社会学・法人類学

には市の認定を受けた。本来まちづくり協議会は，まちづくり活動に賛同する
メンバーによって任意に構成されるものであるが，この区では区の総会で協議
会設置を審議しているので，メンバーは重なっている。

　このようにして，S区のなかには，従来のムラ的な性格を継承してきた区の
組織と，現代的な住民参加型組織の協議会，宗教的な側面に関わる氏子組織や
檀家組織などが併存することになった。また区のなかには，老人会⑽，婦人会，
子供会，青年団のような世代別の組織もある。全体としては，年配の人々が発
言権や決定権を担う調整型の旧来型ムラ組織であり，高齢化も進んでいる。

　地区には，平安時代から続くとされる年中行事の祭りがある。神輿が出るな
ど大勢が参加する賑やかな祭りではない。地域の安全と五穀豊穣を願う神饌を
輪番制で当家とよばれる担当世帯が作り神社に供え，真夜中の参拝を経て夜明
け前に川に流すという厳かな儀式である。しかし，数年前からそれらの神饌を
川に流す処分は河川法で認められないので別の処分法を考えなければならない
とか，神饌をすぐに処分しないで展示してより多くの人に見てもらい地域の魅
力を発信する方が良いのでないかなど，従来の神事を継承する以外の要素とそ
れらに対する様々な意見が出てきている。慣習的に守られてきた行事の執行を
巡り，何を優先し執行すべきかについて葛藤が生じている。ただそれらについ
てオープンに話し合うということはなく，前年までの申し送りに配慮しながら，
各年に当家を担当する世帯三軒の総意で実施されている。その際に，区の役員
や氏子総代の意向などを個別に配慮する場合もあり，併存している社会組織と
それぞれの規則をどのように参照するかはその年の当家に委ねられている。

　またまちづくり協議会ができて，外部のコーディネーターと呼ばれる人や大
学との連携事業なども生まれ，市の補助金を受けて今までとは違う新たなイベ
ントなども開催されるようになった。しかし区の住民の多くには，区とまちづ
くり協議会の差異が明確に意識されているかどうかは明白ではない。役員レベ
ルでは，従来は区で取り組んでいなかった新規性の高い事業や市の認定を受け
て予算化が必要な取組みなどは，協議会で計画し進めていくと理解されており，
今後の区の将来に関わる重要な組織であるという認識が共有されているように
思う。ただ実際に，どのような手法で，「まちづくり」という活動を進め，ま

⑽　老人会は5年ほど前に役員の負担が大きいということで解散してしまったが，それで
　　は寂しいという声が上がり，昨年度から有志のサロン的活動を再開している。

た新たに設定された市全体の様々な計画の中で，区がどのような方向を打ち出すべきかについては模索が続いている。

3　意志決定と法主体

　まちづくり協議会設置認定を受けて，2014年現在まで「まちづくり計画」策定の検討が続いている。S区も他の地域同様に少子高齢化が進み，様々な地域課題に直面している。とくに地域の中心的生業であった宇治茶の栽培は従事戸数の減少，従事者の高齢化・後継者不足が深刻化している。ただ同時に平安時代の寺院跡が大規模に発掘されるなど，宇治市における文化的景観を象徴するような地域の歴史文化を生かした地域活性化の可能性も出てきている。「まちづくり計画」の内容は全く協議会の任意であり，それが策定されたからといって行政からそれらの計画内容に予算的保障が与えられるわけではない。とはいえ，区の将来性を真剣に探ろうとする役員たちは，様々な手段を講じて住民の意見を聞き，行政の財政的支援も取り付けることのできる計画を組み立てようと苦労している。

　従来であれば，前例踏襲で年配者や役職者の提案とリーダーシップで，区の運営をすすめればよく，そこでは伝統的な秩序と規則が参照され，メンバー間の「和」が重んじられる。しかしまちづくり計画を策定するということは，広義の「開発」を考えるという行為であり，ものごとの優先順位の付け方に新たな規則や手続きが必要になる。まちづくりの現場では，しばしば新たな合意形成の手法として「住民参加」の必要性が問われるし，文化財行政の文脈でも，地元の同意を取り付けることが必須とされる。しかし旧来の地元の同意というのは，地域の代表が住民の総意を代表するという形式を採用しただけの同意であって，個人の意志を積み上げた総意ではなく，むしろ伝統的秩序と規則に則った方法を行政的手法に接合してきたといえる。そのためまちづくり計画を考える際にも，オープンな場所で自由に意見を述べて議論を経て結論を得るといったような個人主義に基づく手法ににわかに転換されるわけでない。

　S区でも，元行政マンの役員が中心になり住民のニーズ把握のアンケートを実施し，会合の場では前面に出にくい意見を反映させようと努力した。また同時に伝統的な方法ではあるが，役員が一人一人の住民と個別に話し理解を求めるという「根回し」という細やかな作業も実施されている。とくに今後のまち

第 2 部　人間と法の探究：法哲学・法社会学・法人類学

づくりの中核になる文化財の活用や，文化的景観を生かした観光振興の導入などのアイデアに関しては様々な意見が出ており，なかなか計画はまとまらない。また計画に盛り込むことはできても全ての住民の協力が得られる見通しはまだたっていない。

　藤井（2013）は，法廷闘争にまで至った広島県鞆の浦の景観問題についての経緯を議論した研究のなかで，リーダーシップの形態として 3 種類を上げている。この 3 人のリーダーの事例は伝統的秩序が力をもつ地域でのまちづくりの現場に共通してみられるパターンを示しているように思う。

　3 人のリーダーとは，地元出身で 1980 年代から「鞆を愛する会」代表幹事等を務め町民によるガイド活動などを展開し訴訟原告団団長となった大井氏，同じく地元出身の女性で「外部」の研究会などを通じ ICOMOS の「鞆の浦保存決議」を導き出し，NPO を設立し子どもたちに鞆の浦の価値を伝える活動を 1990 年代からしている松井氏，地元を愛し祭りの運営に携わり父の後を継いで町内会長になったあと，交通看板の設置など 2007 年から手作りのまちづくりを進める平井氏である（藤 2013：29-44）。大井氏は年配者の意見も尊重し伝統的社会秩序と調整を図りながらまちづくりを進めようとしたが，最終的には漁協メンバーなど年長者の反対で一定の限界に達した。松井氏は伝統的秩序と対立構造にありながらそれを意識せずに活動しているので，地域では辛い立場であるが，同志を得て自らの目指すまちづくり活動を続けている。平井氏は純粋に地元を愛する人物で伝統的秩序に軸足を置きつつ改善案を提案している。藤井は，平井氏は伝統的秩序を緩やかに新しい秩序へと変えていく立場に位置している人物（同上：44）と分析している。

　伝統的秩序が強固な地域社会において，まちづくりを進めるための方途に定型があるわけではなく，そこでのリーダーシップのあり方は S 区での住民の合意形成過程の紆余曲折のパターンと重なる。鞆の浦の住民の署名活動では，署名総数が住民の総数を超えるという事態が発生した。つまり住民は署名を集める相手に合わせて賛否の表明を変えていたのである（同上：39, 48）。合法か違法かの判断を表出しているわけでもなく，明確な理念に基づく賛否の表明でもなく，相手に合わせて対応を変えるのは伝統的な社会的紐帯が残る地域において調和を重んじる態度の表れともよめる。ただ 30 年以上の時間の経過を経て景観についての認識も変化し，現代的な法体系やグローバルな通念をローカ

〔森　正美〕　　　　　　**10**　日本における多元的法体制とアイデンティティ

ルな現象と接合するリーダーたちが現れ，鞆の浦の景観問題は非常に大きなうねりとなって行政の判断を覆す結果をもたらした。

4　景観をめぐる多元的法体制

　景観は，特定の個人の所有物ではなく，総体としての存在である。特定の建造物，土地や田畑などは登記に基づく個人の所有かもしれないが，それらが複数で織りなす風景が景観であり，コミュニティの共有財産であり，そこでの生活が継続されることによってその価値が維持される。たとえば特定の個人が個人の利益のために建物を改修しようとし周辺景観との連続性への配慮を欠く場合には，景観破壊が生じ結果として地域全体の景観価値が低下してしまう。その意味では，景観概念は，法的にも，近代的個人所有に基づく個人の権利の行使を一定の公共性の元で制限することも求めるものでもある。金田は，イギリスの石造りの家並みと美しい農村景観で知られるコッツウォルズの開発許認可委員会を傍聴した際，商店主が建物改修を申請して却下された事例を報告している。それは，文化的景観を保存し持続的に活用していくためには，一定の基準で管理活用する必要があるということを示す事例である（金田 2012：181-183）。

　重要文化的景観に指定され歴史文化のまちづくりを進める宇治市でも，その景観を構成する要素となっている建造物の維持管理には様々な課題を抱えている。さきほど景観は地域の共有財産として面的に守られる必要があると述べたが，実態としては重要構成要素として指定されている建造物であっても個人の所有物であり，その補修に際して補助金は出るが基本的には所有者の負担が大きい。景観法で外見上のデザインなどについての制限をかけることは可能でも，その建物の処分自体について制限を加えるだけの権限は行政にはない。所有者の権利が優先する。

　京都市内などでは多くの古い町家が改修され，レストランやショップ，ゲストハウスなどとして活用され町家の維持に貢献している。しかし実際にこのような町家に居住しようと思うと，居住快適性や耐震性確保のために相当の改修費用がかかってしまう。まちの景観を守る，あるいは文化財としての価値を維持するためには，一定の技術による修復が必要になるのでさらに費用はかさむ。その上，一般住宅の修景補助制度をもたない宇治市では，家屋修復にかかる費

229

第2部 人間と法の探究：法哲学・法社会学・法人類学

用は施主の全額負担であり，商業用の改修でなければその建物の活用による経済的利益も得られない。文化的景観を構成する建造物の居住価値と活用価値には大きな齟齬が生じているといわざるを得ない。かといって行政がすべての土地や家屋を買い取りテーマパークのように地域をまるごと保存活用することが可能かといえば，そんなことはむろんできない。そのように考えると，文化的景観の保全は，あくまでも動態保全が前提であるため，変化を許容しつつも文化的な価値を維持し続けるという「経済的価値」と「文化的価値」の均衡あるいは相乗効果の合点のいく形態を，「活用」という観点を導入することで模索しているといえる。

　では，宇治市の文化的景観を構成する「茶畑」ではどうであろうか。S区においても山林は共有林として認識されているが，茶畑は個人所有で，先ほど述べたように農家の高齢化で維持に労力がかかるようになっている。そしてそもそも茶農家にとっては，文化的景観ときけば，外見を守るためにいろいろとややこしい制限がかかるというイメージでしかないというのが一般的だろう。たとえば宇治茶の生産面積が減少する危機的状況で，新しい技術を積極的に取り入れ高品質の宇治茶を栽培し茶業の革新を図ろうとする若手農家にとっても，文化行政と茶業はなかなか結びつかない。

　さらに現在『宇治茶の生産景観を世界文化遺産に』という活動が，京都府主体で進められている。まさにグローバルな「世界文化遺産」という概念がローカルな文脈と接合されようとしている。そもそも文化的景観という概念も，UNESCOの世界遺産概念からの影響を受け国内の文化財概念に追加されている。つまり景観をめぐり，ローカル，ナショナル，グローバルな概念や法が，ローカルな場に接続されており，地域の住民の一つ一つの選択が多元的な情況の動態を左右することになる。ではこれらの概念は外来のものとして地域社会に浸透していないのかと言えばそうではなく，むしろ限界集落化している集落の農業などの産業を守り，観光事業などを通じて交流人口を増加させるなど，コミュニティ維持の希望の手がかりとして捉えられようとしている。宇治茶の世界遺産登録にむけての動きの中でも，グローバルな文脈を積極的に活用し地域振興に役立てようとしている自治体も出てきており，自治体ごとの対応によって差異が生じてきている。

　法人類学者のヴェイルンマンが提唱したプロジェクト法（Project Law）とい

230

う概念[11]では，開発の現場における国際援助組織とローカルな組織や人々との相互関係が議論されている。プロジェクト法は，開発計画を策定する際，またそれらを実行する際に地域の多様な利益保持者と法の関係性が組み替えられることを分析する視点であり，国際的なプロジェクトが持ち込まれることで新たなルールが生成されることを指摘している。

　文化的景観を巡っては，伝統的な合意形成の手法だけでなく，景観法，歴史まちづくり法，自治体のまちづくり条例，都市計画上の位置付けの中で農業について検討する際の都市計画法など様々な法が参照され，また UNESCO など国際機関の基準も共有されるなど多元的法体制情況が発生している。

　一方旧来ローカルに存在していた入会慣行は，山林や漁場を共有したり，共に利用したりすることによって，希少な資源を分け合い枯渇させないための自己規制の知恵であり，一定の自然環境の元で生業を維持させる持続性のための知恵であった。現在求められている発想も，コミュニティ存続のためのある種の持続性にむけたコモンズの思考の共有ではないだろうか。資源管理のためという目的よりも，むしろ個人所有や個人の経済では自立できない状況下で，コミュニティ全体で支え合い分け持ち，なんとか持続性を担保すべき段階になっている地域が少なからず存在する。そしてこのような状況下でコモンズの概念が再認識される時，それまで伝統的な旧習として退けられてきた慣行に再度光が当てられることもあり，グローバルなルールがローカルなルールの再考に影響を及ぼしていることもしばしばみられるのである。

Ⅵ　お わ り に

　これまでみてきたように，日本のコミュニティレベルにおいて，「文化的景観」や「文化遺産」を巡る多元的法体制状況が生じている。世界遺産や国際的な文化財概念の影響を受け，日本国内の法改正も進み，それらが地方に適用されている。また地域の側では，これらの新たな文化財概念や景観法や歴史まちづくり法などに代表される地域コミュニティの再生に繋がるような法規則を積極的に取り込み，コミュニティ再生に取り組もうとする動きがある。しかしそ

⑾　Weilenmann, Markus（2009）Project Law- A Power Instrument of Development Agencies, *The power of Law in a Transnational World: Anthropological Enquiries.* Benda-Beckmann, Franz & Keebet Von and Griffiths, Anne ed. Berghahn Books.

第 2 部　人間と法の探究：法哲学・法社会学・法人類学

れらの現場では，単に新たな法概念の導入と適用という一方的な移植過程が進行しているのではなく，公式に法制度化される以前から文化的に共有されてきた方法や仕組みがあり，人々はそれらも含んだ選択肢のなかから行動を選択している。そして具体的な意志決定の細部においては，参照法や参照する法前提をめぐって揺らぎがみられる。

　ただそのなかで一定保たれているのは，伝統的社会秩序を有していた社会の場合には，他の成員との関係性の維持であり和の精神の尊重である。本論で取り上げた事例でも公に対立化することを回避し調整しながら結果を出そうとする工夫がみられた。

　さらに千葉の提示したアメーバ性情況主義というアイデンティティ法原理の概念についてであるが，文化的景観概念を巡っても，その時々の社会環境に応じて情況に柔軟に対応しているということからアメーバ的という特性が当てはまるかもしれない。千葉が取り上げてきた他国の社会の法原理のように，宗教的な中心原理が強力なわけではなく，日本におけるアイデンティティ法原理は周囲との関係性の重視という点にあり，まさにこれが日本の法文化の基層にあるということになる。

　とはいえ，社会全体の指向が周囲との関係性の尊重にのみ収斂されているかといえば，そうでもない。メンスキーのいう「複層的多元性」がまちづくりの現場でも生じており，法主体間の葛藤が生じ，その葛藤調整のための交渉がなされ，時には法廷にまで問題が持ち込まれている。一つの社会の中での多様な主体の価値観，権力主体としての社会的位置付けが複雑に多元化している。つまり，このような状況下では，特定社会の人々のアイデンティティと法原理の関係を一元的な一対一関係で捉えようとすることそのものに困難が生じている。その意味では，日本のアイデンティティ法原理についてのみアメーバ性情況主義という特徴がみられると断定することは難しく，多元的主体を内包する社会のアイデンティティ法原理は，日本社会に限らず情況主義的で可変性を伴うアメーバ的な特徴を有するものになってきているともいえるのかもしれない。

【引用文献】

Chechi, Alessandro（2014）*The Settlement of International Cultural Heritage Disputes*, Oxford University Press.

千葉正士（1962）『学区制度の研究』勁草書房。

―― （1989）「夢を追うこと」文明 57 号 1-13 頁。

―― （1991）『法文化のフロンティア』成文堂。

―― （1998）『アジア法の多元的構造』成文堂。

Chiba, Masaji（1989）*Legal Pluralism: Toward a General Theory through Japanese Legal Culture*. Tokai University Press.

―― （2002）*Legal Cultures in Human Society- A Collection of Articles and Essays-* Shinzansha International. Tokyo.

藤井誠一郎（2013）『住民参加の現場と理論――鞆の浦，景観の未来』公人社。

長谷川晃編（2012）『法のクレオール序説――異法融合の秩序学』北海道大学出版会。

岩本通弥編（2013）『世界遺産時代の民俗学』風響社。

垣内恵美子（2005）『文化的景観を評価する――世界遺産富山県五箇山合掌造り集落の事例』水曜社。

景観法制研究会（2004）『逐条解説――景観法』ぎょうせい。

金田章裕（2012）『文化的景観――生活となりわいの物語』日本経済新聞社。

中田実・山崎丈夫・小木曽洋司（2009）『増補版地域再生と町内会・自治会』自治体研究社。

Menski, Werner（2006）*Comparative Law in a Global Context: The Legal Systems of Asia and Africa*, Cambridge University Press.

―― （2011）Islamic Law in British Courts: Plural worlds of law, the search for 'the right law' and skilful legal navigation. A paper presented at Kansai University, June 2011,

―― （2013）Globalizing development and legal theory: Are pluralist perspective irritants or useful tools? Tsukuba lecture, October 12, 2013（Unpublished）.

角田猛之（2010）『戦後日本の＜法文化の探求＞――法文化学構築にむけて』関西大学出版部。

―― （2014）「ロンドン大学東洋アフリカ学院ロースクールにおける「アジア・アフリカの法体系（2011 - 2012 年）」の紹介――ヴェルナー・メンスキー教授の講義資料を中心にして」関西大学法学論集 63 巻 6 号 310-479 頁。

歴史まちづくり法研究会（2009）『歴史まちづくり法ハンドブック』ぎょうせい。

Weilenmann, Markus（2009）"Project Law: A Power Instrument of Development Agencies," *The Power of Law in a Transnational World: Anthropological Enquiries*. Benda-Beckmann, Franz & Keebet Von and Griffiths, Anne ed. Berghahn Books.

安田信之（1996）『ASEAN 法』日本評論社。

第 2 部　人間と法の探究：法哲学・法社会学・法人類学

―― (1987)『アジアの法と社会』三省堂。

―― (2005)『開発法学――アジア・ポスト開発国家の法システム』名古屋大学出版会。

―― (2012)「開発法学における「法の支配」の位相」関西大学法学論集 61 (6)：52-132 頁。

11 アフリカの千葉正士

──アフリカ法の文脈における千葉法学の重要性──

クレヴァー・マパウレ（石田慎一郎訳）

Ⅰ　序　　論
Ⅱ　アフリカの慣習を解き明かす
　　──千葉を文脈化するための背
　　景的知識
Ⅲ　アフリカにダイコトミーを応
　　用する
Ⅳ　千葉が強調すると思われるこ
　　と──ひとつの仮定論
Ⅴ　結　　論

Ⅰ　序　　論

　アフリカ諸国では，植民地支配が終結した後も，その遺物としての多元法システムが引き継がれた。植民地時代の多元法システムにおいては，アフリカ人以外には非アフリカ法，とくにヨーロッパ法に由来する法律が適用され，他方でアフリカ人の大多数は「アフリカ慣習法」と呼ばれる法体制のもとにおかれるか，あるいは継受法とアフリカ法との両者によって支配されていた。当時必要視された法としてアフリカで適用されていたのは，そうした様々な法である。これまでに多くの研究者がこうした側面について議論してきたし，もっと最近の経験的研究では実社会で運用されているアフリカ法についての記述が蓄積を増している（Mapaure 2012a; Mapaure 2012b; Deshcamps 2012; Mapaure 2011; Hinz and Namwoonde 2011 を参照）。今日，それらの法は，また別の移植法および国際法と絡み合うようになっている。このことは，千葉（Chiba 1986：7）が「非西欧国家の法の全体構造は，文化論的視点からみれば，継受法と固有法とのあいだの交流関係（インタラクション）において形成されている」[(1)]と述べた理由をあらためてよく説明するものである。そして，このことは，もともとのアフリカ的システム

---

(1)　【訳注】本訳では，千葉の著作の引用箇所に限り千葉の用語法にならって「西欧」「非西欧」と表記し，それ以外の文脈では「西洋」「非西洋」と表記する。

『法文化論の展開──法主体のダイナミクス』千葉正士先生追悼〔信山社，2015年5月〕　235

第2部　人間と法の探究：法哲学・法社会学・法人類学

に備わる固有の多元性に加えて，アフリカ諸国には法の多元性が存在するという^{リーガルプルーラリズム}ことを意味している。

　本論文は，アフリカの文脈に千葉正士の思想を位置付ける試みである。筆者は，千葉の法社会学的思考について論じるうえで，さまざまな彼の着想のなかでも，とくに広く知られている法の三領域について考察を深めていきたい。そして本論文の後半では，求めても現実のものとはなりえない「仮定論的」な立場から，次のように問うことにしたい——「もし千葉がいま生きていれば次なるアイディアはどのようなものなのだろうか」と。これは，アフリカの文脈であれば千葉がどのように語ることになるかを考えようとする，千葉の研究をふまえた仮定論的な議論となる。本論文は，あらゆる法文化は社会的な組織体であり，あらゆる組織体と同様に自らを制御する規則をもつという点を結論において強調する。そして，アフリカ法学にとって妥当な視点で社会的な組織体の半自律的存在様式を考察するならば，組織体が独自の規則をもちながらも，様々な学習プロセスにも依拠しているといった論じ方になることを示すつもりである。

II　アフリカの慣習を解き明かす
——千葉を文脈化するための背景的知識

　千葉正士を理論の側面だけで理解しようとしてはならない。法の三ダイコトミーという着想は，それを応用する対象社会の文脈において理解する必要がある。そこで，本論文では，アフリカの他の多様な規範システムと繋がりあっている，法秩序としてのアフリカ慣習法の諸問題から議論を始めることにする。エクイティとしてのウブントゥをテーマとする会議での開会あいさつにて，南アフリカのイヴォンヌ・モコロ裁判官（元憲法裁判所裁判官）は，アフリカ慣習法は今日の憲法解釈における有用な道具だと述べた（Mokgoro 2011）。彼女が示唆しているのは，世界中どこでも慣習を法学の重要部門とみなすべきだということである。イギリス貴族院のヘイル裁判官は「南アフリカの憲法裁判所のいくつかの素晴らしい判決に感銘をうけた」と述べた[2]。南アフリカの憲法裁判所が，法とその解釈ならびに適用において西洋中心主義のアプローチをこ

---

(2)　2006年11月，ウェストミンスターでの私信。

236

〔クレヴァー・マパウレ（石田慎一郎訳）〕　　　　　**11**　アフリカの千葉正士

える手法をとったためである。

　アフリカにおける慣習の重要性をもはや無視することはできない。かつて
属人法（パーソナル・ロー）のみに限定されていたアフリカ慣習法の諸原理は，いまや経済と貿易
をふくむあらゆる法の領域に浸透しつつある（Dierdrich 2011）。アフリカにお
ける大陸規模，地域規模の統合論があるなかで（Mapaure 2010），アフリカ的
価値システムを統合するかたちでアフリカの商事法を改革すべきだとする声も
ある（Deschamps 2012 : 25）。イギリス式の教育をうけた裁判官でさえも認識
を改めつつある。たとえば，最近ジンバブエでは，裁判所が，届出をしない
慣習婚を民事婚と同等のものと認めた。すなわち，同国首相に対して，ロオラ
またはロボラ（いわゆる「花嫁代償」）の支払いを済ませて慣習法による結婚
をすませた後に，それとは別に民法による結婚をすることを禁止したのである
（BBC World News 2012; Gumbo 2012）[3]。首相の家庭事情にふみこんだ，ジンバ
ブエにおける婚姻に関する慣習法と継受法とのあいだの相互交渉は，公式法と
非公式法ならびに固有法と移植法とのあいだの興味深い相互交渉によって生じ
たものである[4]。

---

[3]　ジンバブエ法において，届出のない慣習婚は民事婚よりも下位の地位にある。しかし
　　ながら，成文法は，慣習婚を民事婚と同レベルの地位にまで押し上げた。この規定が参
　　照されることがほとんどなかったために，男性は自らが望むだけの女性と慣習法によっ
　　て結婚し，同時に「法的に認められた民事婚」をおこなうことがあった。地裁によっ
　　て導かれ，高裁が追認したこの重要な判決において民事婚は届出のない慣習婚と同一の
　　ものとみなされたため，すべての法律が無用のものとなった。ジンバブエにおける婚姻
　　はどの法によるかを問わず同一のものとなったためである。たいへん興味深いことだが，
　　ローマン・ダッチ共通法における重婚罪が，すでに慣習法において結婚しているうえに
　　民法による婚姻をおこなう場合にも適用されるにもかかわらず，慣習法的手法による第
　　二の婚姻には適用されない。この状況はたいへん興味深いものである。ジンバブエの裁
　　判所は，慣習婚に重婚概念を適用しようとするのではなく，民事婚が関与する限りにお
　　いて適用したという点で，リーガルプルーラリズムをうまく取り扱っている。本論文執
　　筆の時点では，この事件は最高裁への上訴中であり，民事婚と慣習婚との関係について
　　最終的な判決が導かれる予定である。この問題については，民法上の規定と慣習法上の
　　規定についてより詳しく解明するために別稿が必要である。

[4]　【訳注】2012 年 9 月に当時のジンバブエ首相モーガン・ツァアンギライが予定してい
　　た結婚式について，それ以前に慣習法による婚姻関係にあったと主張する女性がその無
　　効を訴えた。この女性がいうところの慣習婚には法律上の効力がないとする判決がすで
　　に導かれていたが，それに対する異議申し立てにあたる，あらたな婚姻許可証の無効を
　　求める第二の裁判では，予定されている結婚は重婚にあたり，民事婚としての法的効力
　　は認められないとの判断が示された。そのため，ツァアンギライは 2012 年の結婚を制

第2部　人間と法の探究：法哲学・法社会学・法人類学

　著名なアフリカ慣習法研究者であるロイ・ベネットによると，かつて無用物あるいは劣位のものとみなされていたアフリカ慣習法は，いまや「高度の法律英語に移行しており，そうしたなかで新たな意味を獲得しつつある」（Bennett 2011：3）。このことは，アフリカ法について考察する前に，アフリカの慣習の性質について理解することが必要だということを意味している。このような点でアフリカの慣習とはどのような事柄であるかを理解することが必要であり，またここではアフリカの文脈において千葉の着想を理解するために重要である。

　アジア法とアフリカ法とはたいへん似通っているため，千葉の所説がアフリカの文脈にあてはまることは偶然の一致ではない。だが，ある程度の文脈化と論点整理が必要である。以上のことからして重要なのは，歴史的，社会的に生成した観念としての法原理は，現実に見合うかたちで，政治的権威によって取り込まれる以前からすでに存在するものなのだということである。慣習法のもとでの自生的な統治は，国家法に先立って存在し，人間を効果的に統制するのである。

　アフリカ慣習法は自生的秩序として現れたものであり，制定されたものというよりも発見されたものというべきである。このような点で，アフリカ法とは，きわめて多数の多様な人びとの経験をまきこむ発展的・体系的なプロセスである。それゆえに，アフリカ法は，闘争・交渉・妥協・パワーダイナミクスの産物であり，ほかの多くの法システムと同様に，支配的な観点あるいは社会的妥協をあらわすものである。こうした視点からみると，人びとの本性的なふるまいを特徴づける，古くからある同質的な価値システムをあらわすものとして，慣習と慣習法をあつかう傾向がこれまで強すぎたともいえる（Chanock 1989：74）。結果的に，慣習的なものとは，どこか平等主義的で，すくなくともあらゆる人びとに受け入れられてきたものとみなされる一方で，逆に国家法は外部

　定法ではなく慣習法によるものと位置づけるかたちで，予定どおり結婚式披露宴をすませた。この事件は直接的には婚姻の法的効力を問うものだったが，次期大統領選をにらんでのツァンギライ（首相）とロバート・ムガベ（同国大統領）との政治対立を背景とした，ツァンギライに対するネガティブキャンペーンの一環だとする見方もある。同国首相就任後に巻き込まれた交通事故で，ツァンギライは同乗の妻を亡くしており，2012年9月の結婚は再婚にあたるものだったが，上述のほかにも，自らとツァンギライとの婚姻関係の存在を主張する別の女性が同時に現れて，ツァンギライの複数の女性関係が問題化されることとなった。

〔クレヴァー・マパウレ（石田慎一郎訳）〕　　　　　***11***　アフリカの千葉正士

からの抑圧的な強制として働くものとみなされてきた（Chanock 1985：Chapter 1)。

　以上の議論は，慣習の正統性について述べているが，慣習の本来的に柔軟な性質には触れていない。研究者がそのような視点のみで慣習を理解してしまうと，慣習に固有の多元性とダイナミズムを無視してしまう危険性がある。それに，各民族集団の内側にも慣習の多様性があるということを無視して，ショナ，オワンボあるいはズールーの慣習について語ることはできない。ひとつの社会のなかに複数のシステムが存在する，すなわち内在的多元性が存在する場合，ある人間集団における「慣習」が何を意味するかは，一筋縄ではいかない問いである。そして厳密な法学的分析においては，千葉が述べていた意味での価値の所在を見失ってしまうことがある。しかしながら，ここで重要なのは，共通要素を抽出し，それらをより一般的な枠組みで分析することである。そうではなければあまりにも個別的議論に尽きてしまって，無用な誤解を生みだしてしまう。というのも，アフリカのどのコミュニティについても，アフリカ法の普遍型といえるものを有しているわけではないためである。こうした観点は，非西洋法についての千葉の著作のいくつかにあらわれており，以下でこの世界的研究者のアイディアをアフリカの文脈で分析することで，より明らかになるだろう。

　以上のような総合的研究においては，慣習が社会規範に由来するものであり，そうした社会規範は，ある人間集団の適正かつ容認された行動を指導・管理・統制する規則あるいは基準となっているということを理解する必要がある。千葉は，まさにこの文脈において法前提という着想に至った。この文脈では，慣習は個人的な習慣の集合という以上のものである。慣習とは特定の状況あるいは出来事に対応するなかでの存在あるいは行動をめぐる規則的・定型的・後天的・伝統的な方法のことである。

　千葉の著作が述べているように，慣習は日常生活の制度化された実践としてもあらわれる。たとえば，ロン・フラーは慣習法を「相互行為のための言語」ととらえた（Winston 1981：213）。同様に，ウィリアム・グラハム・サムナー（Sumner 1967：96）は，慣習はフォークウェイズのうちに内在すると述べている。すなわち，フォークウェイズは，類似する社会状況あるいは個別の欲求に対する期待された行動の反復的・累積的パターンとして出現し，時を超えて持

第 2 部　人間と法の探究：法哲学・法社会学・法人類学

続するものである。最終的にそれらは伝統に統合され，形式的に適用されることになる。こうした文脈において慣習は規則の体系ならびに制度に埋め込まれており，社会集団の日常生活を支配する。そして，意味のシステムを維持・強化する。ここに，慣習の根源的性質（chthonic character）があらわれているといえるだろう。これは，千葉がオイゲン・エールリッヒ（Ehrlich 1936）をはじめとする古典的研究から着想を得て論じた生ける法，あるいは非公式法という観点を反映している。慣習法は常にフレキシブルだという事実のために，それを巧みに扱うことは不可能でないにしても困難なものとなっている（Maluleke 2012：3）。そのために，植民地支配者がそうしようとしても，それを排除することや，それを公式法に完全に従属させることはできなかった。ここに，千葉が提示した公式法と非公式法のダイコトミーならびに固有法と移植法のダイコトミーが姿をあらわすのである（Chiba 1986; Chiba 1989）。

　西洋人が理解するところとはちがって，アフリカでは慣習は法システムである。法システムとしての慣習，すなわち慣習法は，独特のニュアンスを含む包括的なシステムである。それは，個人間・世代間の権利と義務のシステム，資源管理をめぐる諸原則，社会階層の諸側面を反映する。そのため，全体的な社会システムであると同時に法システムでもある。このような文脈において，西洋式の裁判所にとって慣習法はとらえどころがなく，その内容を確定したり記録したりすることが困難なものであり，千葉がそうとらえたように，慣習は西洋の文化あるいは西洋の社会においてそれに相当するものが存在しないのである。それらがとらえどころのないものであるというのは，それらが「確立された法」（settled law）というよりも「慣習」を反映したものだからである（Okoth-Ogendo 2006：14）。それらの内容を確定することが難しいのは，その探究が高齢者の消えゆく記憶に依拠しており，その内容はどのようなものであれ，世界中でコミュニティごとに異なっているためである。

　これは，上述のような，よく理解されているとはいえない内在的な多元性と慣習のダイナミズムを反映するものであり，千葉の弟子にあたるヴェルナー・メンスキーによるアフリカ法についての論文でも一貫して述べられている（Menski 2006：380-492）。メンスキーは，とくにこの点に言及して，歴史的に，慣習はイギリス法において重要な原則とみなされることがなくなってしまい，それは過去のもの，法外のものとみなされていると結論している。メンスキー

〔クレヴァー・マパウレ（石田慎一郎訳）〕　　　　　　*11*　アフリカの千葉正士

は，慣習についてのこのような扱いを「グローバルな分析的視点からすると明らかに法中心主義的（legocentric）だ」として退けている（Menski 2006：519）。じっさい，慣習法のシステムが本当に必要としているのは，国家による権限の独占よりも，コミュニティの意思なのである。そして，ロン・フラー（Fuller 1964）は，現代の慣習法は次のようなものとして理解する必要があると述べた。

　〔様々な人間集団がいとなむ法は〕憲法の一部門であり，おおむね，そしてまた当然のことながら，わが成文憲法の枠の外で発達してきたものである。この法が憲法であるといわれるのは，それが社会内の種々の制度にたいして，法的権限——つまり規則を制定し，かつそれら規則の下にあるひとびとにたいして正当な拘束力を有するごとき決定を下す権威——をふりあてることに関わっている，という意味においてである。憲法のこの部門がわが成文憲法の枠の外で成長をとげてきた，ということについてとくにこだわる必要はない。〔ロン・L・フラー『法と道徳』（稲垣良典訳）有斐閣，1968年，171-172頁〕

　千葉が述べたアジアの慣習であれ，本論文で論述しているアフリカの慣習であれ，いずれもそれに従って生きている人びとにとって憲法となるものである。ここに，法システムとしての慣習の姿が明確にあらわれている。慣習の力は，それが人びとの行為のなかにあるという事実に依拠している。後述のとおり，アジアにおけるダルマ，アフリカにおけるウブントゥといった諸観念は，こうした理解から生まれるものである。これをリーガルプルーラリズムの文脈で理解すると，社会が慣習法システムとその内在的な統制メカニズムから乖離するほど，国家によって強制的に執行される法へのニーズが増していく。

Ⅲ　アフリカにダイコトミーを応用する

1　固有法と移植法

　アフリカ固有法は歴史上の概念ではなく，アフリカ人社会のあらゆる側面に妥当する，生ける現実である。しかしながら，それは継受法・移植法からの攻撃に常にさらされていて，アフリカにおいて固有法が妥当するあらゆる法の領域における改革プロセスは，絶え間なしに進行しつつあり，また常に変化しつつあるものである（Deshcamps 2012; Mapaure 2011; Bennett 2011）。千葉正士（Chiba 1989：8）は，次にように固有法と移植法とを区別した。「固有法」

241

第2部　人間と法の探究：法哲学・法社会学・法人類学

とは「ある人間集団の 固有文化 に起源し」，「それゆえに固有法は，はるか以前に継受して同化した法を含みつつも，西欧国家法の継受に先立って，ある人間集団の固有文化に固有のかたちで存在する法として定義することが可能である」。移植法は「ある人間集団が外国（法）文化から移植した法」のことである（Chiba 1989：179）。日本法の歴史についていえば，千葉は，三世紀に自分たちの法を日本に移植した朝鮮人に言及した（Chiba 2002：21）。その後，日本人が日本の法を台湾ならびに朝鮮半島に移植したことは興味深い点である（Dae Kya Youn 1997：131-132）。このように，千葉は，法移植がどのように生ずるのか，それが継受する側にどのような影響を与えるのかをよく理解し，自らの著作においても強調している（Chiba 1986：301-314）。

　以上のように慣習を考察すると固有法の起源が明らかになる。すなわち，他国から借用した法としての移植法とはちがって，固有法はホームで育まれるものである。千葉が論じた固有法と移植法とのダイコトミーは，アフリカにおいてはひとつの現実である（Mapaure 2010）。たとえばアフリカの家族法は，ローカルな固有法と，複数のプロセスを通じて他所から移入された法との混合物である（Hinz and Mapaure 2009）。南アフリカとナミビアでは，アパルトヘイト体制下の憲法とアパルトヘイト体制崩壊後の新憲法は，いずれも慣習法あるいは伝統法を併せ持ちつつも数々の法移植を主体とするもので，窮屈なプルーラリズムの枠内で家族法の様々な領域に影響を与えており，法移植が文化的主権を脅かしている。

　それを混合法システムと呼ぶ研究者もいるが，多元法システムを抜きにしてアフリカ国家について考えることは不可能である。そして，外国法が存在しない，あるいは外国法が移植されたことのない国家について考えることも不可能である。法は移植されるものであり，アフリカは法移植を受け入れてきた。そのために千葉の法のダイコトミー論はアフリカにあてはまるものであり，その後のさらなる経験的法研究に影響を与えてきた。そうした研究では，学際性と分野横断性が，多様な現象についての法学的分析の方向性を特徴づけている（Mapaure 2010）。

　移植された西洋法と，下位に位置づけられた固有法とを配合していく過程は，悲惨な結末をもたらしたとはいえないものの，複雑な結果を生み出している（Menski 2006：483）[5]。これまでの議論から明らかなように，アフリカの多

くの国が独立を勝ち取って長年が経つが，アフリカ諸国の法は，そのあいだに内側からの，そして外側からの様々な重大な影響を受けてきた。独立後，多くのアフリカ諸国は，独自の憲法のもとで，あいかわらず植民地時代の法律を使用しており，アフリカ法を取り入れたといっても制定法と憲法とを伝統法よりも上位のものと位置づけている。これによって，法移植がじっさいに異物のようなものであり続け，家族法改革に影響を与え，ナミビアと南アフリカにおいてはアパルトヘイト法と結びついたこの異物が法改革者と立法者にとって大きな課題になっているのである（Hinz and Mapaure 2009）。同様の変化は，日本法について千葉が考察している（Chiba 2002; Chiba 1986）。

　法の移植をもたらした過去の植民地支配の痕跡が現実として存在するという難題は，千葉が自らの考察においても強調している。アフリカの司法が直面している大きな課題は，固有法を植民地支配の影響から解放することであり，アフリカの新しい民主主義の理想を反映する法システムを発展させていくことである。しかしながら，困難をもたらしているのは植民地主義だけではない。今日の立法委員会や，法を移植しようとするその他様々な機関によってすすめられている改革プロセスもまた存在する。また，今日のアフリカでは裁判所もまた法を移植しつつある。こうして移植法と固有法とが併存せざるをえないというのが現実でありつづけている。このような論点に呼応するかたちで，ヴェルナー・メンスキー（Menski 2006）は，相互に影響しあう複数の法の領域が，アフリカにおける法改革者に影響を与えつつ，法改革分野の活動を維持し，活動し続なければならない状況に関係者を置くことで，法のバランスを維持し，そのことで改革プロセスが終わりなきものになると指摘している[6]。

　移植法が固有法に修正を迫る，あるいは逆に固有法が移植法に修正を迫る法改革プロセスが常に継続的なものであるのは，法が終わりなき変化を必要とすることによっていることを，千葉正士は認識していた（Chiba 2002）。移

---

(5)　ヴェルナー・メンスキーは，エチオピア民法典が「極端な法実証主義の古典的事例にあたる」と指摘している。

(6)　【訳注】ヴェルナー・メンスキーは，こうした役割をとらえて，法の改革者を「巧みな法のナビゲーター」と呼んでいる（ヴェルナー・メンスキー，石田慎一郎訳「イギリスの裁判所におけるイスラーム法——法の多元性をめぐる無知と無視について」マイノリティ研究6号，2012年）。本書所収のメンスキー論文（角田・木村訳）もあわせて参照。

第2部　人間と法の探究：法哲学・法社会学・法人類学

植法を法の異物とみなすのであれば，それ自体が不完全な法システムの移植^{インプランツ}と継受^{インヘリタンス}は，アフリカ諸国にとって，とくにそのプロセスが承認^{レコグニション}ではなく同化^{アシミレーション}を特徴とするような大陸法システムをもつ国にとっては常に乗り越えるべき困難な課題となる。だからこそ，アフリカ人研究者の多くが，西洋中心主義ではなく，多元性を考慮し，アフリカ人の法学的思考に向き合うような改革を支持してきたのだといえる（Deshcamps 2012：32; Mapaure 2011：158, 169; Menski 2006：611）。

　ただし，アフリカ大陸各地の西洋的な憲法においてアフリカ法を承認あるいは追認^{コンファメーション}することは，法改革者が継受法を固有法に調和^{ハーモニゼーション}させなければならないということを意味するわけではない。それはアフリカ人の理解するところとは異なるものであり，また千葉正士にしてもそれを予定していたわけではないだろう。アフリカ人の法律家にとって必要なことは，むしろグローバルなシステムとアフリカの固有法システムとのあいだのバランスをとることなのである。純粋に伝統的なアフリカ的価値に回帰するという単純な議論は幻想にすぎない（Mapaure 2011：173）。それゆえ，今日のアフリカ人立法者および法改革者が目を向けなければならないのは，東と西のいずれかということではなく，まさに自ら地に足を着けている当の現場であり，それはすなわち，アフリカ固有法が存在する地点，もっといえば以下で詳述する法前提，アイデンティティ法原理が存在する地点なのである。これは，アフリカの遺産および歴史と結びついており，アフリカの法哲学／法学の存在根拠の証明と結びついている。そのため，アフリカの遺産は決して失われることがないのである。

　法の多元性が生み出す複雑な事情は目に見えて明らかであり，重ねて強調する必要はない。だが，千葉が論じたいわゆる固有法はそれ自体が多元的であり，そうした意味での本来的な法の抵触は，多くのアフリカ諸国において，そうした抵触が生ずるたびに地ならしをするために改革者を仕事場に留め置いている。そのようなもっと複雑な問題について認識しておく必要がある。ナミビア大学における慣習法確定事業を例に挙げることもできるだろう。この事業では，同一の言語を用いるひとつの民族集団の内部においてさえ法の抵触が存在するということが明らかになった（Hinz and Namwoonde 2011）。これは，ナイジェリア，モザンビーク，ジンバブウェなど⁽⁷⁾他の国においてもいえることであり，単一の民族集団内部の複数の集団が，それぞれに異なる法を適用し，しばしば

〔クレヴァー・マパウレ（石田慎一郎訳）〕　　　　　　　***11*** アフリカの千葉正士

それらのあいだにコンフリクトが生じている。それゆえ，千葉がいうところの法のダイコトミーを表面的に理解してはならない。もっと複雑な諸問題が存在する。すなわち，グローバル化を媒介する国際法の影響によって，法のダイコトミーはさらに複雑なものになっているのである。

　以上の考察をふまえ，かつこの点についての千葉の所説を理解するならば，次の点が重要である。すなわち，改革プロセスが多元性（プルーラリティ）を考慮したものであること，不要な継受をしないように注意すること，そして法の伝播を無条件に受け入れず，最小限にとどめることで，アフリカ法を，すべての領域において異物を伴わない，どの集団にも不利益をもたらすことのない存在とすることができるのである。そこに完成品は存在しない。アフリカにおける様々な法システムは，千葉の弟子であるヴェルナー・メンスキーが述べたように，終わりなきダイナミズムにおいて相互交渉を続けるものである（Menski 2010; Menski 2008：611）。じっさい，この文脈では，アフリカの立法者ならびに政治的指導者は，それぞれ法改革ならびに統治において多元主義的な法の眼鏡をかけておく必要があるということに異論はないはずである。こうした立場は，千葉の着想をもとにして構築されたメンスキーの法の三極理論あるいは四極理論[8]によっても支持されるものであり，メンスキーのこの新しい法理論はアフリカにもあてはまるものである（Menski 2006：491ff をもとにした Mapaure 2011：169-172 を参照）。

2　公式法と非公式法

　公式法と非公式法のダイコトミーは，もともとは国家を法の創造者とする考え方から生じたものである。ただし，国家法と法へのトップダウン型のアプローチとを強調する法中心主義的アプローチあるいは法実証主義的アプローチ

---

(7)　たとえばイボ，ハウサ，ショナにおける集団内部の多様性を例に挙げてもよい。

(8)　【訳注】メンスキーの三極理論については，訳者による Menski 2006 の書評論文（社会人類学年報 34 号，2008 年）を参照のこと。四極理論は，メンスキーが 2008 年以降に三極理論にもうひとつの極を加えて提示したものであり，彼自身これを「凧モデル」と呼んでいる（角田猛之「ロンドン大学東洋アフリカ学院ロースクールにおける「アジア・アフリカの法体系」講義（2011-2012 年）の紹介──ヴェルナー・メンスキー教授の講義資料を中心にして」関西大学法学論集 63 巻 6 号，2014 年）。四極理論については本書所収のメンスキー論文（角田・木村訳）を参照。

245

第 2 部　人間と法の探究：法哲学・法社会学・法人類学

は，伝統的な法システムにおいて有力だけれども，そのようなトップダウン型のアプローチは既存の諸問題のあいだに対立を引き起こし，問題自体を悪化させることになる。これは，リーガルプルーラリズムが社会的事実であり，国家による承認に依存するものではないからである（Griffiths 1986：17）。ゴードン・ウッドマンは次のように述べている。

> 二つの種類のリーガルプルーラリズムのあいだの唯一の違いは，「国家法多元論」（state law pluralism）が様々な法を上位の規範体系の部分としてとらえる一方で，「深い法多元論」（deep legal pluralism）は国家法とその他の法または諸法をそれぞれ独自に内容と正当性をそなえているととらえる点である（Woodman 1999：10）。

以上を踏まえることで，草の根レベルでの問題解決または裁判が，アフリカの伝統的慣習を正しく理解すること，そしてソフトな改革アプローチをとることから始まることを理解することができる。それでもやはり，千葉が論じているように，公式法は，成文化されているか，少なくとも国家によって承認されているものであり，非公式法は，成文化され，国家に関する事柄のあらゆる側面において用いられることのないものである。このダイコトミーは多くの点でアフリカに妥当する。そこで，ナミビアならびに南アフリカのアパルトヘイト体制下における裁判所システム——とくに英語圏アフリカの植民地国家の特徴を如実に示している——について考察するところから始めることにしよう。

アパルトヘイト体制のもとでは，慣習法裁判所は，公式には司法制度の本流には組み込まれていなかった。1928 年に当時の南アフリカ政府は慣習法を公認し，原住民行政布告（Native Administration Proclamation）1928 年 15 号により様々な事柄に適用した。この法制定が興味深いのは，アフリカの事例のなかで，千葉のダイコトミーにおける二項対立を相互浸透的なものにしていることである。上記の布告は，原住民・アフリカ人・黒人に関する事件の処理に慣習法を適用する権限を原住民弁務官の法廷（Commissioner's Courts）に与えた。とくに原住民行政法（Native Administration Act）の 11 節 1 項は，原住民弁務官の法廷と原住民控訴院はアフリカ人慣習法をも適用できると規定した。

> 他のいかなる法規定にかかわりなく，原住民が従っている慣習に関わる事柄にかかわる原住民間のすべての裁判は，原住民弁務官の法廷の裁量において，法

〔クレヴァー・マパウレ（石田慎一郎訳）〕　　　**11**　アフリカの千葉正士

として無効となっていない，あるいは変形していない限りにおいて，そうした慣習に適用されている原住民の法に従い，そうした事柄について判決を導くこととする。

これによって，いわゆる非公式法が公式法化すると説明する人もいるだろう。じっさい，これは，公式法によって非公式法が公式法化する状況があるという千葉の観察を裏付けるものである。たしかに原住民むけの裁判所は，新しい原住民控訴院とともに，この権限を司法権として受けとめたのであり，恣意的に，あるいは実質的根拠なく行使される場合には上訴審において覆されるものだった（South African Law Commission 1999：12）[9]。それまで慣習法は厳密な定義においては公式法ではなかったが，国家法である上述の布告がそれを公式のものとした。つまり，非公式法は，千葉がそう述べているように，公式法となるには法の創造者としての国家を必要とするのである。さらにいえば，救済手段の有無は慣習法の適用にとって不可欠の条件ではないとして，二件の裁判において上訴審が，準拠法の選択において救済手段の存在を要件とみなす，それ以前のアプローチを覆したことは興味深い点である[10]。南アフリカ法律委員会（South African Law Commission）の報告書には次のとおり述べられている。

　　原住民控訴院は，準拠法の選択についての明確な規則がないままに，植民地時代に確立していた慣行に従うほかなかった。たとえばケープならびにオレンジ自由国を管轄する控訴院は，自らの裁量を 11 節 1 項の条文において理解し，慣習法は「ローマ・ダッチ法の諸原則の外にある原住民の慣習に特化した」事柄のみに適用されるととらえていた[11]。言い換えれば，裁判所の一般的義務は共通法（コモンロー）を適用することであり，慣習法の管轄権を行使するのは，例外としてのみだった。ナタールならびにトランスバールは別の立場をとっていた。つまり，慣習法が第一に適用されるものであり，共通法は例外的にのみ適用されるものだった[12]。

---

(9)　*Umvovo* 1950 NAC 190（S）and *Mtolo v Poswa* 1950 NAC 253（S）.

(10)　*Ex parte Minister of Native Affairs: In re Yako v Beyi* 1948（1）SA 388（A）at 399 and *Umvovo* 1953（1）SA 195（A）at 201.

(11)　*Nqanoyi v Njombeni* 1930 NAC（C&0）13.

(12)　*Matsheng v Dhlamini & another* 1937 NAC（N&T）89 at 92, *Kaula v Mtimkulu & another* 1938 NAC（N&T）68 at 71 and *Yako v Beyi* 1944 NAC（C&0）72 at 77.

第2部　人間と法の探究：法哲学・法社会学・法人類学

　これら公式の裁判所はこうした点で対応が分かれており，1948年の裁判（*Ex parte Minister of Native Affairs: In re Yako v Beyi*）[13]で決着するまで「非公式」法にどのように対処すべきかについて明確になっていなかった。この裁判では，上訴部は，共通法にしても慣習法にしても無条件で適用可能なものではないと判断した。よって，裁判所は，事件についてのすべての状況を考慮し，いずれかの法システムの適用可能性について先入観を抱くことなく，精査して適当な法を選択しなければならないとされた（South African Law Commission 1999：12）。今日に至るまで，この状況は流動的である。ナミビアでは，あるコミュニティの首長の地位継承をめぐる最近の裁判（*Mbanderu Traditional Authority & Another v Kahuure and others*（Case No 20/2007）[2008] NASC 7（14 July 2008））で，最高裁判所は，慣習法の適用を拒否して，ローマン・ダッチ共通法の規則を適用した。

　短い説明ながら明らかなことは，公式法が，社会と法の現実を考慮しない限定的な多文化論主義に立つよりも，むしろ比較文化的・法社会学的視点をとるならば，法は十分柔軟に譲歩することができるということである。慣習とは単なる人びとの慣行ではなく，秩序と権力関係を維持するひとつの方法だという上述の論点を思い出しておくことは重要である。だからこそ，マーティン・チャノックは次のように論じた。

> 　慣習が，国家法との対比，国家法への対抗，国家法に抗する結集点となることで自らのアイデンティティを獲得するような状況においては，このような方向性は忘れ去られてしまう。外来の，成文化され，官僚的で，強制力をもつ秩序は，ローカルな共同体の秩序を突き崩そうとするものである。慣習は，長く受け継がれてきた，それゆえに受容されている正しい慣行という意味で，あるいは文化のエッセンスを表現するものとして，ローカルな社会についての何事かを表すものとして自らを固めようとするものである（Chanock 1989：74）。

　南アフリカでは，カフィル委員会（1852-1853年）が，カフィル法と呼ぶところの法を法典化し，これによって人びとを支配することを求めた。これは原住民を支配するための植民地主義的企てだった。委員会は，複婚とロボラさえも非合法化するなど，原住民行政においてより法律的なアプローチが必要

---

[13]　1948（1）SA 388（A）at 397.

248

〔クレヴァー・マパウレ（石田慎一郎訳）〕　　　　　　**11**　アフリカの千葉正士

であるという提言をおこなった。だが，この提言は支持されることがなかった。それは，上述のとおり「文化のエッセンスを表現するもの」を脅かすものだったからである。いわゆる公式の制度が公式の手段を用いて非公式の制度を駆逐しようと求めても，それは果たしえない。これは生ける法を脅かすためである。だが，場合によっては，たとえばウガンダの憲法裁判所がロボラ（花嫁代償）の慣行を憲法違反とする判決を導いた裁判（*Mifumi (U) Ltd & 12 Others Attorney General, Kenneth Kakuru*（Constitutional Petition No.12 Of 2007）[2010]）のように，それが果たされてしまうこともある。この判決は，この文脈ではウガンダの公式法であるところの，国際人権法と人権条約において導かれたものである。だが，それは，ロボラがウガンダの生ける法の一部として存在しなくなるということを意味するわけではない。

　さらに，そして上記に関連するものとして，慣習的行為を犯罪化する，あるいはそれらを（普遍的な）人権規範の侵害とみなすという問題がある。たとえばアフリカ慣習法では配偶者間強姦に相当する概念は存在しないが，ナミビアでは慣習婚であるかを問わず配偶者の一方が他方を強姦する場合を想定した法案が可決された。だからといって，慣習法において夫権（marital power）を持つ男性は自分の妻を「強姦」しない，妻に性交を強いることはない，ということではない。この公式法は，女性に対する暴力を制限し，女性が自らの生殖の役割についてより自由に自己決定することができるという点で，人権活動家にとっては歓迎すべき前進である。こうした展開は，ナミビアが自らが批准する多種多様の国際協定のもとでの責務を果たすことになるのだとしても，やはり生ける法は存在する。公式法が非公式法による慣行の一部を犯罪とみなしている事実があるといっても，それらが非公式法のもとで有効とされている以上は，そうした慣行が存在しなくなり，保護されなくなるということを意味するものではない。このような非公式法は，多くの人びとが，いわゆる公式法以上に，それにしたがって生活を営み，遵守しているところの生ける法なのである。

　以上の議論は，この点についての千葉の中心的観点を明らかにするものである。すなわち，法実証主義は，それだけでは，あるいは自然法的アプローチと組み合わせただけでは，法の社会的現実を捉えることができないという観点である。法が社会的現実だとするならば，法に関わる社会文化的要素や価値を無視した法理論は，部分的な理解にほかならず，非現実的なものに留まってしま

第 2 部　人間と法の探究：法哲学・法社会学・法人類学

う[14]。混合体としての法（Santos 1995）の視点からすれば，千葉が論じたように，プルーラリズムは「西欧社会と非西欧社会の両者にあてはまる普遍的現象であり，同時に，国家法と『マイナー』な慣習法とのあいだの二元構造としてのみ現れるのではなく，慣習法・国家法・国際法の三元構造として現れるものとして」理解する必要がある（Chiba 2002：7-8; see also Chiba 1985：207-216）。

3　法規則と法前提

千葉は，法文化を追究し，法規則と法前提のダイコトミーを論じたことで，多くの法社会学的研究に影響を与えた。千葉（Chiba 1989：Chapter 12）によると，法文化は，アイデンティティ法原理によって統合される公式法・非公式法，固有法・移植法，法規則・法前提の組み合せの比較的特徴からなり，同じくアイデンティティ法原理によって統合される多面的な法体系と対比されるものである[15]。法前提は「当該の法を基礎づけ，正当化し，方向づけることで，公式法と非公式法に妥当する価値と観念のシステム」である（Chiba 1989：139）。法規則は「様式化された言語的表現をもって特定の行動様式を指示する」[16]ものである（Chiba 1989：178）。

千葉の見解は人類学的で，あまり法学的なものではないように聞こえるが，法学にとってきわめて妥当なものである。それは人類学あるいは社会学の要素を欠いた法学は存在しないし，またその逆についてもいえるためである。この文脈では，法前提は紛争処理プロセスにおいて理解できるものである。アフリカの文脈では，法前提はサリー・フォーク・ムーアがいうところの半自律的社会領域（Moore 1978）のうちに存在するものとして理解することができる。ムーアは，半自律的社会領域を「規則制定能力をもち，規則遵守を誘導あるいは強制する手段をもつが，構成員の要求あるいは要求の押しつけによって，そ

---

(14)　これは，ハンス・ケルゼンの純粋法学的アプローチに対する批判のひとつである。詳細については，Freeman & Lloyd 2001: 255ff。

(15)　【訳注】千葉は「法体系」を「全体として統一のある法規の体系」と定義し，「法体系に同調する行動と部分的にこれに逸脱する行動とをあわせて成立している社会秩序」としての法秩序，および「法として現れた一社会に特有な文化統合」としての法文化と区別している（千葉正士『法社会学』1988 年，45-54 頁；千葉正士『法文化のフロンティア』1991 年，207 頁；Chiba 1989：160-162）。本訳では文脈に応じて「法システム」と「法体系」を訳し分けている。

(16)　【訳注】訳文は千葉正士『法文化のフロンティア』1991 年，268 頁を参照した。

〔クレヴァー・マパウレ（石田慎一郎訳）〕　　　　**11**　アフリカの千葉正士

れに影響を与え，妨げることがあり，かつじっさいにそうしている，より大き
な社会基盤のなかに埋め込まれているもの」と定義した。半自律的社会領域の
境界は，当該プロセスの諸特徴によって，すなわち「それが諸規則を生みだし，
人びとに強制する，あるいはそのように導くという事実」によって形づくられ
るものである（Moore 1978：56）。

　アフリカにおける法前提が何であるのかを示す具体的事例にすすむ前に，次
のことを把握しておかなければならない。すなわち，地域コミュニティの規則
制定が草の根レベルでおこなわれる過程において，法の効力は社会的に管理さ
れるということである。この視点からすると，ジョン・グリフィスがいうよう
に，半自律的社会領域は「規則遵守の場であるのみならず，究極的に「法」規
則となるものが立ち現れるプロセスの場でもある」（Griffiths 2003：1）。こうし
たローカルな「法制定」プロセスは，それ自体もっぱら規則適用の問題である。
「法的」規則と「非法的」規則とのあいだの連続性は，それゆえに「そう考え
られている以上に複雑で深いものなのである」（Griffiths 2003：1）。

　こうした実践的視点からみると，伝 統 的 司 法という用語は誤った呼称で
ある。というのも，いわゆる国家（あるいは公式）司法システムにも伝統が存
在するからである。だからこそ，千葉は，法規則と法前提は相互交渉的に併
存し，同時に働くと述べたのである（Chiba 1989：178）。さらにここから明ら
かなのは，水の管理に加えて自然環境の神話的象徴としての人魚への畏怖が
関わる環境保護においての法規則と法前提の併存であり，これがナミビアと
アンゴラの境界域にあるオカヴァンゴ盆地の水利慣習法についての最近の経験
的研究のなかで明らかにされている点である（Hinz and Mapaure 2012; Mapaure
2012c）。多くの研究者が，法前提の重要性，そして固有法に由来する法前提が
アフリカにおける環境保護において有益であることを明らかにしてきた（Hinz
and Mapaure 2012a）。

　法前提の重要な一面は，アイデンティティ法原理である[17]。千葉によると，

⒄　【訳注】千葉理論の最重要概念のひとつである「アイデンティティ法原理」の英訳は
　　identity postulate of a legal culture であり，identity principle of a legal culture ではな
　　い。用語上，アイデンティティ法原理を「前提」ではなく「原理」とした理由について
　　千葉は明確に論じていない。だが，それは千葉のいう法前提が，三ダイコトミーにおい
　　て法規則と対置される一要素であると同時に，千葉の法の三層構造論においては公式法
　　と非公式法とならぶ第三の層として位置づけられていることによるものである。この点

第 2 部　人間と法の探究：法哲学・法社会学・法人類学

アイデンティティ法原理は「人びとが自らの個別性と同一性を維持しつつ変化する環境に適応するために公式法あるいは非公式法を選択することを可能にする」（Chiba 1986：43）。さらに，これは「文化的独立を維持しようとするあらゆる法システムにとって不可欠の態度」である（Chiba 1986：46）。じっさい，世界が変化しつつあるといっても文化的独立は可能である。たとえば，ウブントゥ（*ubuntu*：ズールー語）あるいはウヌ（*unhu*：ショナ語）という，よく知られている概念を例にとれば，そこに典型的なアフリカの人権法学的概念があることをみることができる。この概念は，国際的な人権概念に導かれつつも，アフリカにおいて育まれ，アフリカの伝統法に多くを拠っている。アフリカの諸社会は，法律制定プロセスと，自分たちの法を求めるプロセスにおいて多くの苦難を経験してきた経緯をもつ（Ramose 1999：7）。だが，ウヌ／ウブントゥに引き継がれている価値観は，アイデンティティ法原理を通じた 人 間 <small>ヒューマン・パーソン</small> をめぐる新しい概念を唱導するものとしてひとつのオルタナティブを提示しているのである。

> アフリカの哲学を体現するものとしてのウブントゥは，アフリカから世界への贈り物となりうるもの，贈り物と思われているもの，あるいはじっさいに贈り物となっているものによく溶け込んでいる。アフリカの音楽とダンス，声の文化<small>オラリティ</small>と口承文芸，王権，憑依と占いが重要な役割を果たす治療儀礼，特別な時間観念，存在と人格の観念など，これらすべては， 欧 米 <small>ノース・アトランティク</small> がそこから多くを学ぶことができる文化的偉業であり，20 世紀における欧米の大衆的な音楽とダンスの動向をみれば，すでに学ぶための土台があるといってよい。それは，経済的・技術的・政治的・軍事的な点での欧米の自己満足をみえなくしてしまうと思われるほどに，欧米人の精神と身体の限界と欲求不満を埋め合わせることに寄与している。（Binsbergen 2003：6）

倫理的・政治的訓戒およびよりよい未来への希望表明としてみれば，ウブントゥは，アフリカの伝統的宗教とキリスト教との混合物であり，ヒューマニズムの概念と同じく，道徳共同体を生み出すものである。そして，そこへの参加

をふまえて，角田はアイデンティティ法原理を「究極の法前提」ととらえうることを指摘している（角田猛之「千葉・法文化論再考——アイデンティティ法原理を中心として」角田猛之・石田慎一郎編『グローバル世界の法文化——法学・人類学からのアプローチ』福村出版，2009 年）。

〔クレヴァー・マパウレ（石田慎一郎訳）〕　　　*11*　アフリカの千葉正士

は生まれながらの出自，国籍，あるいは居所によってかならずしも限定される
ものではない（Ramose 1999：8）。この道徳共同体への参加は，狭い意味での，
生まれながらの権利ではない。もし，アフリカ人の生得的な権利ということに
なれば，それは人類のあらゆる者が関心を表明するはずの，そのもとにおいて
人びとが生活し，行動するような諸条件をめぐる，生まれながらの権利である。
この道徳共同体は，ある地域社会の現在と未来について関心を共有する人びと，
自分たちの社会がもつリソースを増やそうとする人びと，自分たちの社会がか
かえる病理を除去しようとする人びと，そして観念的・精神的なレパートリー
を探し求める人びとから成り立つものである（Mapaure 2010）。

　ウブントゥは，西洋の支配的な思考様式を形づくっている純粋な法実証主義
的原理によって導かれる社会には存在しないものである。アフリカにおいてウ
ブントゥが可能となるのは，アフリカの自然法の諸原理が維持される場合にお
いてのみであり，それゆえに千葉は，法規則と法前提の両者の併存と相関関係
とを仮定した（Chiba 1989：178）。じっさい，ウブントゥの観念は，アフリカ
の伝統的法原理を体現しており，アフリカ中心主義的^{アフロセントリック}視点では，植民地支配と
アパルトヘイトによって分断された社会の統合のために必須のものである。そ
れは，南アフリカでは，アフリカン・ルネッサンスのとりくみとして言及され
るものであり（Binsbergen 2003：8; cf. Mbeki 1999），ショナにおいては自分た
ちのアイデンティティを維持しつつクチンジャ・ネングワ（*kuchinja nenguva*
〔時とともに変化しつづけること〕）を求めるプロセスのことである。

　現在のジンバブエにおける憲法制定プロセスは，クチンジャ・ネングワに備
わる複雑な事情を反映している。というのも，人権の法原理がはるか昔から維
持されてきた「法文化」と矛盾するために，ジンバブエの人びとは人権のある
一面を拒絶しているためである。そこでいう人権の一面には，ゲイの権利を認
めることや，死刑制度の廃止が含まれる。じっさい，多くのアフリカ伝統社会
と同様に，ジンバブエの人びとはそうした外来の概念に賛同することがない。
このことは，同性愛行為を死刑の対象にしようとするウガンダの動向をも説明
するものである。南アフリカは同性愛者の権利を明確に法で認めた唯一のアフ
リカ国家であり，そのためにアフリカ人知識人・裁判官・研究者の多くが南ア
フリカの憲法裁判所判決を「アフリカ的ではない」とみなしている。このこと
から，いわゆる「ジンバブエにおける性アイデンティティの政治」をめぐる興

第 2 部　人間と法の探究：法哲学・法社会学・法人類学

味深い議論がおこっている（Mabvurira 2012：218-223）。アイデンティティ法原理は，アフリカにおいてそれがこうした問題につきあたり，政治と法を導く場合に，アフリカ人にとって非常に重要なものである。そしてアフリカ大陸全体の，あるいはそれをこえた世界の多様性に対してどの程度まで寛容になりうるかを決定づけるものである。

　ウブントゥはこのような議論に何か寄与しうるのだろうか。最初に述べなければならないのは次のことである。哲学的観念としてのウブントゥは，グローバルな法学のなかに居場所を得る場合に，アフリカあるいは別の地域において完全に受け入れられていない諸観念と混ぜ合わせてよいものではなく，アフリカ中心主義の中核となる思想によって補強されるべきものである。この思想は，アフリカ人の価値観を保護することで，アフリカの倫理と価値（法前提）を保護するための道徳共同体をつくりだしていくものである。そのため，ウブントゥといった観念を発展させていくことは，特定の地域のみの問題ではなく，アフリカ大陸全体の問題である（Binsbergen 2003：10）。こうして，アフリカ人は，アイデンティティ法原理を介して，互いに一体であることを確認し，結束して課題にとりくんでいくことが期待される場合がある（Asante 1987：24）。利用可能な観念的・精神的レパートリーを公然と解体しようとする者は，あるいはそれを虚像とみなして暴き出そうとさえする者は，こうした道徳共同体との関係を断ち，表面的にはクチンジャ・ネングワを通じたアフリカン・ルネッサンスを標榜しつつも，じっさいにはその取り組みを危険に陥れてしまうことがある。

　ウブントゥは法文化であり，「法において方向付けられた社会的な行動と態度の比較的安定したパターン」であり，アフリカ文化あるいは黒人文化という一般概念のサブカテゴリーとみなしうるものである（Nelken 2004：1）。それは比較的新しい概念であり，デービッド・ネルケンによれば，比較法学あるいは政治学において長い歴史をもつ「法伝統あるいは法様式のような用語」と結びつくものである（Nelken 2004：1）。それゆえに私たちは「紙の上の法」と「現実に営まれている法」の様々なパターンの多様性について，そして両者の相互関係について探究しようとする（Nelken 2004：1）。だが，ロジャー・コタレルは，法文化をそのように定式化することについて批判的な立場をとっている（Cotterrell 2006：Chapter 5）。

〔クレヴァー・マパウレ（石田慎一郎訳）〕 **11** アフリカの千葉正士

　千葉（Chiba 1986）は，現実の世界で公式法が発達する過程において法前提が影響を与えるという事実，そして法は発達する過程で多様化し，それぞれの文化に固有のものとなっている事実を強調した。千葉は，価値自由の法および普遍法という考え方と一線を画している。以上の文脈で，メンスキーはアフリカ法を拒絶しようという底流に対抗しつつ，アフリカ法がそれぞれの文化に固有の法学の発展に寄与しうることを考察している（Menski 2006）。メンスキーは，千葉（Chiba 1993：203）を継承して，アフリカ法のなかには様々なエスニック・マーカーが存在するという点について考察を深めている。さらに，メンスキーは，パトリック・グレンがいうところの根源論的視点（Glen 2004）をとりいれながら，アフリカ人の文化的観念を自然法の一形態ととらえる，アフリカ固有の法理論について論じている（Menski 2006）。彼が強調するのは，近代化によって脅かされつつも，アフリカ法は生ける現実であり，人びとにとって妥当な存在でありつづけるということであり，アフリカの連帯のための，そしてアフリカにおける経済的・社会的発展のための乗り物として，持続的な力と多大な可能性を維持し続けているということである。

　以上の点から，アフリカのあらゆる事柄を「とにかく迅速に」処理してしまうことは，メンスキーがいうところの法の四極理論における四つの立場のあいだの交渉プロセスを妨げてしまうということが理解できる。メンスキー（Menski 2010）によると，法から文化を差し引いてしまうと，良い法を得られるはずがない。それは，グローバルなリーガルプルーラリズムの事実的基礎を無視するものであり，現実を見る法改革者の目を塞いでしまうことになる。アフリカ法は，押し付けられた基準によってではなく，内在的な諸特徴にしたがって理解すべきものなのである。本論文以下では，千葉が既に述べていたこと，そして他の研究者が彼の着想を引き継いで，あるいは批判して述べてきたことについて，彼自身ならばどのように語ったであろうかということについて述べてみたい。

IV　千葉が強調すると思われること──ひとつの仮定論

1　グローバルな法のカクテルと歯車

　以上で述べたように，アフリカ国家はハイブリッドな存在であり，単純な法システムを営んでいるわけではない。明らかに複雑な法の混合が存在しており，

第2部　人間と法の探究：法哲学・法社会学・法人類学

アフリカ大陸における植民地主義とそれに関わる出来事の否定的側面についての古くからある議論ははるか昔のもので，今はそれだけに依拠することができない。アフリカ大陸において植民地主義が消去不能な破壊要因であることにはかわりない。だが，数多くのアフリカ諸国の法に影響を与える新しい要素が存在するため，千葉ならそれらを法のカクテルと呼んでいた可能性があると仮定してみてもよいだろう。カクテルは混合物であり，様々な飲み物の混ぜ合わせである。混合物には良き法と悪しき法，求められる法，必要とされる法と必要とされない法とが含まれるという意味において，千葉ならこれを法におけるカクテルと呼んでいたかもしれない。アイデンティティ法原理という概念をもちいることで，いまやアフリカ人がカクテルに混ぜる法をどれにするかを選択する時代になったといっていたかもしれない。

　さらにいえば，千葉なら，そうした良き法と悪しき法，求められる法，必要とされる法と必要とされない法とが国家法の歯車をなしており，アフリカの文脈ではこれこそが立法者が絶えず格闘している現実なのだと述べていたかもしれない。歯車を止めることはできないし，絶えず回転し続けるものである。南部アフリカの一国家の事例をあげて，図1のような図形を示して議論していたかもしれない。

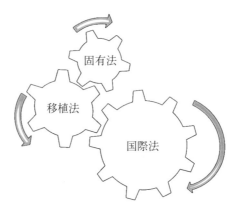

図1　グローバルな法における欠かすことのできない三つの**歯車**

　以上のような仮定上の千葉のアイディアでは，上記の図は国家法の新しい歯車ということができるだろう。この図式はアフリカおよび同様の歴史をもつ他

256

のアジア諸国にもあてはめることが可能である。千葉ならこの歯車を次のように説明するだろう。歯車の歯のサイズが重要で，それが当該の国家における法の重要性を表している。アフリカの国家法はしだいにグローバルな出来事と国際レベルの諸動向の影響を強く受けるようになっている。そのため，アフリカの国家は，適用可能なはずの他種の法をとりいれるよりも，国際法をとりいれる傾向がある。法改革プロセスに影響を与えるグローバル化要因を考慮すると，イングランドのコモンロー，ローマン・ダッチ共通法，ポルトガルおよびフランスの大陸法といった移植法はしだいに重要性を失いつつあるとみなされるだろう。

　同様に，植民地時代にすすんだ浸食を考慮したり，アフリカの新しい憲法が国際法にもとづいている点を考慮したりすると，固有法もまた消滅しつつあるとみなされるだろう。また，憲法が固有法よりも優位なものとされているという意味では，固有法は，さらに周辺に押しやられている。けれども，政治的にそう強いられるかたちでグローバルな思考をもつようになっている法のユーザーたちにとって，固有法はあいかわらず妥当なものでありつづけている

　上述の説明における実例として千葉が強調するだろうことは，いかにしてアフリカ諸国が人権法と取引法にあわせて自らの法を急速に変化させているかということについてであり，加えて，境界間統合と境界閉鎖とがあらゆる種類の経済的・政治的・法的接触における主要なテーマになっている地域的枠組の形成と再編についてである。そうした点を考えるうえで，法が全体的視点で取り扱われるべきだという点に千葉が異議を唱えることはないだろうし，複数の法どうしの動き方とそれらの相互関係の方向性を示す歯車に示した矢印について語るだろう。三種類の法は同時に動くものであり，一つの歯車の動きが他の歯車を動かすが，その歯車のサイズが全体のスピードを決定づけると説明することになるだろう。国際法の回転運動がゆっくりとしたものにみえるとしても，他の小さな歯車にあたる法は高速で動いているようにみえるだろう。じっさい，固有法と移植法とを比べると，国際法が国家レベルで両者に影響を与える場合，前者は後者よりも早いペースで変化しているようにみえるものである。一つの歯車の回転は，国家レベルにおいては二つあるいはそれ以上の歯車の回転を引き起こすことがある。これは，国際人権規定の批准が，固有法と移植法の両者に変化の連鎖をもたらすことがあるということを意味している。

第2部　人間と法の探究：法哲学・法社会学・法人類学

こうした相互関係は，ローカルな原理——すでに述べたように固有法的なものであっても移植法的なものであっても——に対する国際法の否定的あるいは肯定的な含意を説明するだろう。他方で，ローカルな法の，ローカルな法の動きが反対方向の回転を生み出すこすことがあり，その場合には国内環境の変化が国際レベルでの変化を引き起こすことになる。そうした文脈で，国内法を変化させることで，グローバルな法における新しいトレンドをつくりだしている多くのアフリカ諸国について，千葉は言及することになったであろう。

以上に加えて，一国家での出来事が国際法に変化をもたらしうることがある文脈のひとつとして，国連の動向についても言及することになったであろう。国家が固有法の承認を進めることで，地域に根ざした固有法が国際法に変化を引き起こす現実は，上述の事柄に関連している。さらには，完璧な正義の制度的な在り方を求める終わりなき交渉について考える点で千葉はメンスキー（Menski 2006; 2010）に同意するだろうが，そこから先のメンスキーの議論については同意することがないだろう。メンスキーは，かならずしも正義を求めるのみならず，不正を求めることにつながる法の分散がありうることをその次の論点として述べているからである。この点を考慮していれば，法は，正義のための，諸々の方向性をもつ社会工学的な道具であると同時に，不正義や搾取の道具にもなるととらえる立場と同じような意味で理論を提示していただろうし，他の研究者と同様に著書の一章をこの点の議論に割くことだろう。

このように理解すると，千葉が逆向きに矢印をおくことはないだろう。なぜなら，これの矢印は，法は正義を求めるべきものであってその逆ではないという彼自身の典型的な立場を示しているからである。仮に千葉がそうしていたとしても，歯車の動きはやがて元通りになるだろう。千葉はさらに図2のような図形を用いて議論していただろう。この図は，法の三領域[18]についての彼のかつての理論と考察を似たような形で，ただし，もう一つの法を加えてより混合的な方法で示したものである。

⒅ 【訳注】訳者の知る限り，千葉自身が「法の三領域」（three spheres of law）という表現を用いたことはない。本論文でいうところの「法の三領域」は「法の三層構造」（three-level structure of law）に由来している。マンフレッド・ヒンツもまた本論文著者と同様に「三領域」の用語を用いている（Manfred O. Hinz（2006）"Legal Pluralism in Jurisprudential Perspective," in Manfred O. Hinz ed., *The Shade of New Leaves - Governance in Traditional Authority: A Southern African Perspective*, LIT, p. 33.）。

〔クレヴァー・マパウレ（石田慎一郎訳）〕　　*11*　アフリカの千葉正士

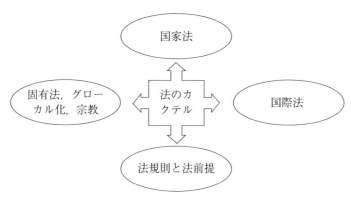

図2　法のカクテル

　この図は，彼のいう法の三領域がひきつづき妥当であることを示しているが，ここではカクテルという概念があらたに現れていて，それがいくつかの法についての理解をむつかしいものにしている。歯車は世界各地で生じているカクテルを説明するものである。カクテルがアフリカの社会に混乱をもたらす法の実験と実際の適用の状況を表現するものと千葉はいうかもしれない。そして，南アフリカのように，それ自体を「非アフリカ的」なものにしているアフリカにおける大規模な経済と混合法システムを一例として挙げていたかもしれない。

　千葉なら，この点を考察するために，西洋的な憲法の制定，すなわち国際法の承認に言及していたかもしれない。それは，人権法，取引法あるいはその他の法律および国際政治への参加によって，自らの法をサラダもしくはカクテルのようなものにすることである。こうした法を取り込むとすれば，もはやそれをアフリカ法と呼ぶことはないだろう。内容物を分解しなければ，アフリカ法的要素を見いだすことはできないだろう。ウブントゥの概念は，そのような要素として顕著なもののひとつであり，上記で検討したとおりである。そして，慣習婚の承認もまた同様に顕著な例のひとつである。しかしながら，性や性指向についての法，取引についての法，人権についての法はもっぱらヨーロッパ的もしくはアメリカ的なものであり，ゆえに何がカクテルに混じっているのかを明確に理解できていない者には混合物は分かりにくいものである。深い理解に基づく答えは，何が混じっているか，そしてどれだけの期間混じり合っているのかを明確にするものである。千葉なら，このような視点から法の混合と法

259

第2部　人間と法の探究：法哲学・法社会学・法人類学

の拡散についての理論を用いてさらに考察を深めていたことだろう。

2　千葉への応答としてアフリカ人研究者が語るであろうこと

アフリカ人研究者は，自分たちの問題について応答することに長けており，日本の研究者がアフリカ法学について語っているならば，当然のことながらこれを論評することを好むものである。筆者もその一人として，この文脈でどのような見解を示しうるかを考えてみたい。そのひとつは，アフリカの伝統法とその価値システムはアフリカ法学の一部でありその産物であるという，しばしば言及される論点である。何がアフリカの伝統法なのかを理解するうえで，広く了解されている出発点は，アフリカ的存在論を考慮すること，ならびにアフリカ的存在論に由来する社会制度の特徴を考慮することである。それは「アフリカの法伝統がアフリカ的存在論の直接的な産物にあたる」ためである（Okafor 1992：23）。ここでいう「アフリカ的存在論」とは，アフリカの民俗的宇宙観，すなわち宇宙の秩序とそこにおける人間の位置付けについてのアフリカの伝統的な考え方のことを意味している（Okafor 1992：28）。

よく引用されるアフリカ人研究者，たとえばF・U・オカフォーは，「アフリカの『現実』の形態と『存在』の概念は，存在物どうしのあいだに親密な存在論的関係があるということをあらわしている」と述べている点をとりあげることができるだろう（Okafor 1984：161）。いいかえると，アフリカ人の伝統的な世界観は，宇宙を構成する様々な実体のなかで「現実の相互関係，ある種の間主観的コミュニオン」が存在するということを認めている（Okafor 1992：28）。その前提となるのは，優れた法制度が，アフリカ法学，とくにアフリカ自然法の規範的概念を適用することである。

他の研究者と同様に，千葉も理論構築や調査研究を進めるうえで，誰が彼の論文に応答し，誰が彼の著書を（肯定的にあるいは否定的に）レビューするか，有益で建設的な批判を加えたり，修正を加えたりするかについて関知せずにいることはできない。このように考えると，以下で述べる事柄について考察することが必要となる。

〔クレヴァー・マパウレ（石田慎一郎訳）〕　　　　　　*11*　アフリカの千葉正士

V　結　論

　千葉正士の法学的思考はアフリカによく馴染むものである。そして，彼の法思想は，ひとつの理論というかたちだけで表現できるものではないということを，以上で述べてきたつもりである。古典的なブラック・レター・ローを営む法律家による一元論的で法実証主義的な思考は，アフリカおよび千葉の法の三ダイコトミーにおいては，法を適切に説明するものではない。固有法と移植法，公式法と非公式法，法規則と法前提のすべてが，複雑な多元的状況において相互関係をもっている。アフリカにおいては，これがアメーバ的状況によって生じており，アフリカの法システムにおいて適用される場合の慣習の柔軟性と適応性がそこに現れている。近代が私たちを飲み込んでいるにせよ，アメーバ的なアフリカは柔軟に時とともに変化しながらも，アイデンティティ法原理を失うことがないのである。

　アフリカ人は法の治療薬をもっており，多様なアフリカ人社会のなかに複数の法文化が存在している。ここでいう法文化は社会的な組織体であり，あらゆる組織体と同様に自らを支配する規則をもっている。アフリカの法学的知見からみると，社会的な組織体の半自律的存在様式は，次のようなかたちで成り立っている。すなわち，組織体はそれ自体の規則を持っているとしても，インターリーガリティの概念があらわすような相互依存と相互関係を学習し，際立たせるプロセスにも拠っている。そのために，複雑な法の混合，すなわちカクテルについて考察することになるのである。カクテルのなかには良いものもあれば悪いものもある。だがどちらも口にいれることは可能である。そのため，継受した法にせよ，ローカルに生み出された法にせよ，悪しき法となる場合があり，それでもやはり複数の法は互いに交渉関係をもつほかない。こうした文脈で，複数の法のうちのひとつに生じた変化が他の法の変化や歯車の逆転を引き起す場合がある。以上の点をふまえて本論文の結論を述べるならば，千葉が考えていたこと，そして今生きているとすれば強調するであろうと思われることを，一言で表現するならば，複数の法の歯車が存在するということである。

261

第2部　人間と法の探究：法哲学・法社会学・法人類学

【引用文献】

Asante, Molefi Kete (1987) *The Afrocentric Idea*, Temple University Press.

BBC World News, Africa (2012) "Zimbabwe PM Tsvangirai Marries despite Court Ban," 15 September 2012. Available at http://www.bbc.co.uk/news/world-africa-19613355, Last accessed 16 September 2012.

Bennet, Thomas (2011) "Ubuntu, an African Equity," in F. Diedrich ed., *Ubuntu, Good Faith and Equity: Flexible Legal Principles in Developing a Contemporary Jurisprudence*, Juta.

Binsbergen, Wim M. J. van (2003) "Ubuntu and the Globalisation of Southern African Thought and Society," in Wim M. J. van Binsbergen, *Intercultural Encounters African and Anthropological Lessons towards a Philosophy of Interculturality*, LIT.

Chanock, Martin (1989) "Neither Customary nor Legal: African Customary Law in an Era of Family Law Reform," 3 *International Journal of Law and the Family* 72-88.

Chiba, Masaji (1985) "The Channel of Official Law to Unofficial Law in Japan," in A. Allott and G. R. Goodman eds., *People's Law and State Law: The Bellagio papers*, Foris publications, pp. 207-216.

Chiba, Masaji (1986) "Three-Level Structure of Law in Contemporary Japan: The Shinto Society," in M. Chiba ed., *Asian Indigenous Law in Interaction with Received Law*, KPI, p. 301-313.

Chiba, Masaji (1989) *Legal Pluralism: Toward a General Theory through Japanese Legal Culture*, Tokai University Press.

Chiba, Masaji (1993) "Legal Pluralism in Sri Lankan Society: Toward a General Theory of Non-Western Law," 33 *Journal of Legal Pluralism and Unofficial Law* 197-212.

Chiba, Masaji (2002) *Legal Culture in Human Society: A Collection of Articles and Essays*, Shinzansha International.

Cotterrell, Roger (2006) *Law, Culture and Society: Legal Ideas in the Mirror of Social Theory*, Ashgate.

Santos, Boaventura de Sousa (1995) *Toward a New Common Sense: Law, Science and Politics in Paradigmatic Transition*, Routledge.

Deschamps, Isabelle (2012) "Commercial Law Reform in Africa: A Means of Socio-economic Development, but for whom? Perspectives of Women Enterpreneuers in Benin," in N. Madolo, *International Economic Law: The*

262

［クレヴァー・マパウレ（石田慎一郎訳）］　　　*11*　アフリカの千葉正士

Voices of Africa. Syber Inc.

Dierdrich, Frank（2011）"The Procedural Relationship between State Law and Customary Law in Civil and Commercial Matters," in F. Diedrich ed., *Ubuntu, Good Faith and Equity: Flexible Legal Principles in Developing a Contemporary Jurisprudence*, Juta.

Diop, Cheikh Anta（1948）"Quand pourra-t-on parler d'une Renaissance africaine?" Le Musee vivant, no. 36-37, novembre, pp. 57-65.（C. A. Diop（1996）*Towards the African Renaissance: Essays in African Culture and Development 1946-1960*, tr. by E. P. Modum trans., Karnak House, pp. 33-45.）

Ehrlich, Eugen（1936）*Fundamental Principles of the Sociology of Law*, Harvard University Press（orig. 1912 *Grundlegung der Soziologie des Recht*）.

Freeman, Michael D. A.（2001）*Lloyd's Introduction to Jurisprudence*, Seventh Edition, Sweet & Maxwell.

Fuller, Lon L.（1964）*The Morality of Law*, Yale University Press.

Glen, H. Patrick（2004）*Legal Traditions of the World: A Sustainable Diversity in Law*, Second Edition, Oxford University Press.

Griffiths, John（2003）"The Social Working of Rules," 48 *Journal of Legal Pluralism and Unofficial Law* 1-84.

Griffiths, John（1986）'What is Legal Pluralism?' 24 *Journal of Legal Pluralism and Unofficial Law* 1-55.

Gumbo, Lloyd（2012）"Tsvangirai to Share Property with Locardia," *The Herald* 17 September 2012.

Hinz Manfred O. ed., assisted by Ndateelela E Namwoonde（2010）*Customary Law Ascertained. Volume 1. The Customary Law of the Owambo, Kavango and Caprivi Communities of Namibia*, Namibia Scientific Society in association with the Human Rights and Documentation Centre.

Hinz Manfred O. and Clever Mapaure（2009）"Legal Pluralism and the Apartheid Past: Challenges to Namibian Family Law Reform and Development," *International Survey of Family Law*, 2009 Edition. Jordan Publishing, pp 301-327.

Hinz, Manfred O. and Clever Mapaure（2010）"Traditional and Modern Use of Biodiversity: Customary Law and Its Potential to Protect Biodiversity," in U. Schmiedel and N. Jürgens eds., *Biodiversity in Southern Africa, Volume 2, Patterns and Processes at Regional Scale*, Klaus Hess Publishers, pp. 195-199.

Hinz, Manfred O., Ruppel, Oliver C. and Clever Mapaure eds.（2012）*Knowledge*

263

第2部　人間と法の探究：法哲学・法社会学・法人類学

Lives in the Lake: Case Studies in Environmental and Customary law in Southern Africa, Namibia Scientific Society.

Hinz, Manfred O. and Clever Mapaure (2012) "Water is Life: Customary and Statutory Water Law, a Problematic Relationship – Ongoing Research in the Kavango River Basin," 4(1) *Namibia Law Journal* 189-196.

Maluleke, Mikateko Joyce (2012) "Culture, Tradition, Custom, Law and Gender Equality," 1 *Potchefstroom Electronic Law Journal* 1-22.

Mapaure, Clever (2011) "Reinvigorating African Values for SADC: The Relevance of Traditional African Philosophy of Law in a Globalizing World of Competing Perspectives," 1(1) *SADC Law Journal* 149-173.

Mapaure, Clever (2012a) "The Politics of Rural Water Supply in Namibia: Exploring the Dynamics of Multi-layered Institutional Interactions," in M. O. Hinz, O. C. Ruppel and C. Mapaure eds., *Knowledge Lives in the Lake: Case Studies in Environmental and Customary law in Southern Africa*, Namibia Scientific Society, pp. 233-258.

Mapaure, Clever (2012b) "Trees at Cross-roads: Internal Conflict of Laws in the Ownership of Forests in the Kavango, Namibia," in Hinz, M O Ruppel OC and Mapaure C. (Editors): 2012. Knowledge lives in the Lake: Case Studies in Environmental and Custmary law in Southern Africa. Namibia Scientific Society. Windhoek, pp. 131-148.

Mapaure, Clver (2012c) "Who Legally Owns Water in Namibia's Communal Areas? Critical Analyses of Observations from an Empirical Experience," in M. O. Hinz, O. C. Ruppel and C. Mapaure eds., *Knowledge Lives in the Lake: Case Studies in Environmental and Customary law in Southern Africa*, Namibia Scientific Society, pp. 207-232.

Mbeki, Thabo (1999) "Towards the African Renaissance," in A. Hadland and J. Rantao, *The Life and Times of Thabo Mbeki*, Struik.

Menski, Werner F. (2006) *Comparative Law in a Global Context: The Legal Systems of Asia and Africa*, Second Edition, Cambridge University Press.

Menski, Werner F. (2010) "Monsters, Legal pluralism and Human Rights in Africa," in M. O. Hinz and C. Mapaure eds., *In Search of Justice and Peace: Traditional and Informal Justice Systems in Africa*, Namibia Scientific Society.

Mokgoro, Yvonne (2011) "Ubuntu as a Legal Principle in an Ever Changing World," in F. Diedrich ed., *Ubuntu, Good Faith and Equity: Flexible Legal*

264

［クレヴァー・マパウレ（石田慎一郎訳）］　　　　　　　*11*　アフリカの千葉正士

Principles in Developing a Contemporary Jurisprudence, Juta.

Moore, Sally Falk (1978) "Law and Social Change: the Semi-autonomous Social Field as an Appropriate Subject of Study," *in Law as Process: An Anthropological Approach*, Routledge.

Nelken, David (2004) "Using the Concept of Legal Culture," 29 *Australian Journal of Legal Philosophy* 1–26.

Nelken, David (2007) "Culture, Legal," in D. S. Clark ed., *Encyclopedia of Law and Society: American and Global Perspectives*, Sage, pp. 369–70.

Okafor, F. U. (1984) "Legal Positivism and the African Legal Tradition," 24(2) *International Philosophical Quarterly* 157–164, 161.

Okafor, F. U. (1992) *Igbo Philosophy of Law*, Fourth Dimension Publishing.

Ramose, Mogobe B. (1999) *African Philosophy Through Ubuntu*, Mond Books.

South African Law Commission (1999) *The Harmonisation of the Common Law and the Indigenous Law Project 90: Report on Conflicts of Law*, September 1999, South African Law Commission.

Sumner, William Graham (1967 [1906]) "Folkways and Mores," in Ephraim H. Mizruchi ed., *The Substance of Sociology: Codes, Conduct and Consequences*, Appleton-Century-Crofts, pp. 90–100.

Winston, Kenneth I. (1981) *The Principles of Social Order: Selected Essays of Lon L. Fuller*, Duke University Press.

Woodman, Gordon (1999) "The Idea of Legal Pluralism," in B. Dupret, M. Berger and Laila al-Zwaini eds., *Legal Pluralism in the Arab World*, Kluwer Law International, pp. 3–20.

Yoon, Dae-Kyu (1997) "Korea," in Pho-Ling Tan ed., *Asian Legal Systems: Law, Society and Pluralism in East Asia*, Butterworths.

12 ムスリムが多数を占める国家におけるイスラーム法
──千葉正士の法の三ダイコトミー論をふまえた検討──

テイモア・L・ハーディン／ファーリス・ナスララ（荒木亮訳）

I　はじめに
II　先行研究の概観──歴史的アプローチの影響と批評
III　権威付与の原理としてのシャリーア──憲法についての概観
IV　リーガルプルーラリズムをとりいれる──千葉の三ダイコト

ミー論からみた「イスラーム法」
V　「通い婚」の事例──非公式法から公式法へのシャリーアの移行
V　結　語

I　は じ め に

　ムスリムが多数を占める国家におけるイスラーム法の研究が，近年，新たな関心を呼んでいる。2012 年の終わり，アラブ／ムスリム世界の諸地域における騒乱と革命によって，現代の法源としての「シャリーア」の位置付けや妥当性が注目されるようになった。たとえば，「アラブの春」による変革が生じた国々の憲法制定プロセスをめぐる意見対立について考えてみれば，それは行政権力に対する制約，法の支配ないしは市民的および政治的権利の拡大についての問いよりも，さらに大きな問題をめぐるものであることがわかる。それは，国家体制における「イスラーム」の役割とは何か，とりわけ新たな法システムにおけるその聖なる法〔Sacred Law〕の役割とは何かをめぐるものでもある。けれども，ムスリムが多数を占める国家における「イスラーム法」の本質と役割とをどのように説明すればよいのかはいまだ明らかになっていない。それを否定しようとする立場についてみても，現代国家におけるシャリーアの可能性について大胆に批判しようとするもの（An-Na'im 2000; 2008）から，一切の「イスラーム法の死」を宣告する（歓迎する？）極端な見解（Hamoudi 2010）まで，様々である。それでも，ムスリムが多数を占める国家の殆ど全てにおい

第 2 部　人間と法の探究：法哲学・法社会学・法人類学

て，今日の法システムとは，地域的な慣習を含みつつも，イスラーム法と，大陸法ないしは英米法の伝統から導出される規則およびその過程との混合体である。シャリーアは，実体法として，「個人の身分」（婚姻ならびに相続）の問題，民法ならびに契約法，そして宗教上の事柄（財産寄進や儀礼，等々）において，もっとも卓越したものである。全てではないものの幾つかの国家においては，シャリーアは刑法の一部であり，その原理が「イスラーム金融／銀行」という成長産業を形づくっている。シャリーアは，政治的象徴として，なんらかの形でムスリムが多数を占める国家の憲法に組み込まれている。それは「口先だけのお世辞」にすぎない場合もあれば，国家政策上の強力な原理となっている場合もある。後者の場合には，（少なくとも理論上は）規範にあわせて立法機関や裁判所を調整し，法律制定に対する助言権，審査権ないし拒否権を特別な政府機関に付与し，あるいは市民的および政治的権利の行使を制限することもある。

　本論文は，歴史および現代を対象としたイスラーム法研究についての批判的考察をもとにして，日本人の法学者である千葉正士の仕事（Chiba 1986; 1989; 1993）を中心に，リーガルプルーラリズム研究の再評価をおこなう。そして，現代アラブ／ムスリム世界のイスラーム法についての経験的かつ理論的な研究における千葉のアプローチの有用性，とくに「法の三ダイコトミー」論の有用性を主張する。千葉は，法実証主義による形式主義的な法概念（千葉はそれを「西洋の主流法学〔Western model jurisprudence〕」として批判的に言及している）から離れる必要性を強く認識し，非ヨーロッパ諸社会の法の研究にむけた青写真を示した（Woodman 1998; Menski 2006）。それは，比較法とリーガルプルーラリズムをめぐる革新的研究のための基礎づけとなるものだった（千葉の影響を受けた法学の教育についての主要な仕事としては，Menski 2006 を見よ）。千葉は多作家であり，1980 年代から 1990 年代にかけての比較法とその下位分野であるリーガルプルーラリズム研究に対する貢献は，疑いなく特筆すべきものである。けれども，どちらかというと西洋の法学界において正しく評価されているわけではなく，アラブ／ムスリム世界ではまったくといってよいほど知られていない。であるから，イスラーム法について比較的よく論じられてきた分野にしても，アラブ／ムスリム世界における法と法的プロセスをめぐる最近の研究においても，千葉の着想が適切なかたちで発展的に継承されなかったこと

268

は，驚くことではない。したがって，そのような研究が発展するならば，疑いなく千葉の仕事の理論的そして経験的な意義は大いに豊かになるだろう。そして，ムスリムが多数を占める国家における法についての現在の私たちの研究は，より研ぎ澄まされたものになるだろう。

本論文は，アラブ／中東の法という現在成長しつつある分野における批判的アプローチだけではなく，イスラーム法に対する歴史的なアプローチを概観するところから始める。これらのアプローチは，ムスリムが多数を占める国家は実際には多くの部分が「移植された」西洋の法と手続によって支配されていると主張し（Sfeir 1998; 2000; Abu-Odeh 2004; さらには Mallat 2007 を見よ），あるいはイスラーム法の発展に不可欠な法学者中心のシステム〔jurist-based system〕が，今日では現代国家に取って代わられていると主張して，今日のイスラーム法の妥当性に疑問を投げかけている。そこで，本論文はこのような立場による一連の研究を批判的に再考し，そうした立場が「イスラーム」法と「移植」法または「国家」法とのあいだの素朴なダイコトミーに依拠してしまったために，それより確かな概念分析を回避してきたことを指摘する。さらに，本論文では，社会学的そして人類学的な研究と幾つかの問題を共有しつつ，リーガルプルーラリズム研究（特に千葉正士）が提供する分析手段のすべてを適切に使い果たせていないということを主張する。最後の部分では，千葉のモデルがとりわけ有効であることを示す具体的事例として，サウディアラビアならびにそれを含む湾岸地域一帯における「通い婚〔ambulant marriage〕」という慣行[1]について述べる。

II　先行研究の概観——歴史的アプローチの影響と批評

現代国家における「イスラーム法」の役割について検討するには，なぜかしばしば見過ごされてきた問い，つまりこの用語が何を意味するのかという問いから始めなければならない。もし私たちがいかなる「法」も制度的プロセスによって定義されるという想定から出発するならば，そこでは現存する歴史文献は単純に次のように主張するだろう——つまり，イスラーム法とは，なによりもまず，シャリーア法学者が発展させた原理と規則の体系であると。そのもっ

---

(1)　【訳注】「通い婚」（ミスヤール婚）については後述する。

第2部　人間と法の探究：法哲学・法社会学・法人類学

とも基本的な形態において，シャリーアとは次の二つの最も重要な原典の明文を学んだ学者によって歳月を経て発展してきた法の集積（コーパス）である。その原典とは，クルアーン，および預言者ムハンマドの言行を集めた記録（ハディース）に伝えられている慣行（スンナ）である。それゆえに，イスラーム法の総合的研究は，すべてイスラーム法学者の規則や制度の考察に力を注いでいる。法源となる明文から法規則を導出する方法（「法学」（ジュリスプルーデンス）という学問），およびそのなかに含まれる実定法（「決定」（ルーリングス）の集積）の総体を発展させるのは，ほかならぬイスラーム法学者である。イスラームの法伝統自体は，第一次的な法源（それは本源的で不変である）とそこから導出される法の集積とをつねに区別してきた（この点については Weiss 1978; Hallaq 1997; Baderin 2009a; 2009b を見よ）。それゆえ，「シャリーア」がイスラームの聖なる法とその根拠たる法源を指示する一般的な用語とされる一方で，「フィクフ」（字義的には「知識」の意味）は，取決めごと・注釈・意見において世代をこえて発展し，記録されたものとしての，聖なる法における原理と実定規則についての学者の解釈のことを意味している(2)。フィクフの歴史とは，合意（イジュマー）による法律と学派の形成の歴史でもあり，法の方法論と法の実体的規則との両方に関する一致を見ない多様な意見（カーヌーン）（イフティラーフ）の歴史でもある(3)。それゆえにフィクフは，一方では集合的な法慣例による追従主義〔legal conformism〕と，他方では個別的な法解釈による多元主義〔legal pluralism〕という相対立する方向に開かれたシステムとして進化した。

---

(2)　さらにいえば，フィクフとは複合的な用語であり，異なるふたつの法学文献を指示している。第一は，法源学（あるいは「根茎」）についての理論的研究に関わること（ウスール・アル＝フィクフ）であり，第二は，法の実体的規則（あるいは「分枝」）に関わること（フルーウ・アル＝フィクフ）である。この実体法は，クルアーン／スンナがカテゴリー分類上明確でない問題についての決定（ルーリングス）から成り立っている。それらは，イスラーム法学の明確な用語によって分類されており，特定の行為／不作為は，「義務的なもの（ワージブ）」，「推奨されるもの（マンドゥーブ）」，「許容されるもの（ハラール／ムバーフ）」，「忌避されるもの（マクルーフ）」ないしは「禁止されるもの（ハラーム）」という分類に従う。図式的かつ非歴史な手法ではあるものの，イスラーム法学における決定（フクム）とそれらの下位区分の分類に関する網羅的な研究として，ムハンマド・ハーシム・カマリーの著書（Kamali 2003：410-454）を参照せよ。

(3)　【訳注】原文に記載されたイスラームに関するアラビア語の用語について，本翻訳では訳語の後ろに（　）を挿入し，カタカナ表記を載せた。なお，本翻訳におけるアラビア語のカタカナ表記は，概ね『岩波 イスラーム辞典』（大塚和夫，小杉泰，小松久男，東長靖，羽田正，山内昌之編，岩波書店，2002 年）に依拠した。

[テイモア・L・ハーディン／ファーリス・ナスララ（荒木亮訳）] **12** ムスリムが多数を占める国家におけるイスラーム法

　以上のような幾つかの考察は，いわゆる「イスラーム法」は，シャリーアとフィクフとを区別してきたにもかかわらず，後者が前者と同義であるとして誤解されてきたことを最初に強調しておくためにも重要である。じっさい，フィクフ（というカテゴリーと制度）をシャリーアの代替のように使用する例は，イスラーム法の歴史的研究のなかにも存在する。確かに，法学者（およびフィクフ）の歴史的役割をその伝統的な形態において過度に強調することをせずに，「イスラーム法」の重要性を現代的・同時代的な形態において理解することは一つの大きな課題である。初期の研究（Hurgronji 1882; 1898; Goldziher 1889-90; Margoliouth 1914，そして 20 世紀初頭におけるイスラーム法学についての初期の概説としては MacDonald 1903 を見よ，それから現代のレビューとしては Thielmann 1999; Motzki 2002 が挙げられる）を土台にして，歴史的なアプローチは，遅くとも 8 世紀ないし 9 世紀における原初期から中世を経て近代に至る，すなわち西洋植民地主義の到来とムスリム世界における法改革の拡大に至るまでのフィクフの原理ならびに学派の発展を歴史的に記述してきた。それらの研究の一つの特徴としては，フィクフについての論説から出発して，伝統的な法に新しいプロセスがどのような影響をもたらしたのかについての説明によって筆をおく（最終章あるいはエピローグとする）というものであり，そこでは伝統的な法がいかにして国家法により「統合」「修正」あるいは「廃止」されるかを大雑把なかたちで考察するのである（Liebesny and Khadduri 1955; Schacht 1960; 1964; Coulson 1969，そして近いところでは Hallaq 2009）。このような研究は，「個人の身分」の問題を含めて，フィクフの規則が特に支配的だった地域にみられるものである。そして，旧英領インドであれ，オスマン帝国崩壊後に近東で成立した国民国家であれ，イラン・中央アジア，さらには極東にかけての地域においてであれ，制定法の圧倒的な現実と集権的な国家司法が，「伝統的」形態にあったシャリーアを後戻りできないほどに破壊したと主張する。

　このように見てしまうと，19 世紀後半から 20 世紀初期・中葉にかけてのあいだのムスリム世界における植民地主義，国家建設そして近代化の到来によって，イスラーム法は分裂あるいは崩壊してしまったという印象から逃れることはできないであろう。少なくとも，今のシャリーアは「かつてのもの」ではない。シャリーアはもはや，各々の学派や制度という文脈における法学者によって発展された法システムではなく，制定法，規則あるいは命令において規

第2部　人間と法の探究：法哲学・法社会学・法人類学

定され，国家が管理する裁判所によって解釈され，「世俗」の法律家によって
争われ，そして国家の執行機関によって強制される（Mayer 1990; Brown 1997;
Zubaida 2003; Hallaq 2004）。すなわち，シャリーアはこのように「世俗化」ない
いしは「実定法化」されてきたというわけである。歴史的アプローチの典型例
としては，おそらくワーエル・ハッラーク（Hallaq 2004：25-26）[4]が挙げられる。

> 近代法典のなかに僅かばかりに残存しているシャリーアは，あまりにも断片的
> に扱われているために，伝統的な法と社会との有機的な結びつきを失っている。
> （中略）伝統的システムは，不適当で，無用で，風変わりな過去の事物とみなさ
> れていくほかにない。（中略）近代のムスリムの法律家や裁判官は，職業訓練を
> 受けるという事実そのものによって——それはムスリムの伝統からすると完全に
> 異質のものである——，先達の法学者（ファキーフ）の仕事の認識論的・解釈学
> 的な枠組みを失ってしまった。（Hallaq 2004：25-26）

　このような視座からすると，「イスラーム法」については，大まかな歴史的
趨勢のなかで緩やかな終焉と退行を描く，またはその厳格な「フィクフ」の起
源に抗う，ないしは保持するあり方を見極めるといったこと以外に述べること
はなにもないことになる。いうまでもなく，このアプローチによれば，「修正」
されて西洋化した法は，イスラーム法の専門研究にとっても，アラブ／ムスリ
ム世界諸国の法システムにとっても，適切なものではない。以上のような問題
点をとりあげる最近の研究は，イスラーム法をフィクフの次元において過度に
強調する立場を批判し，ムスリムが多数を占める国家の法システムの大部分
を「輸入」法が構成していることについて検証することを意図的に拒否するこ
とを批判する（Sfeir 1998; 2000，そしてより詳しくは Abu-Odeh 2004 を見よ）。そ
うした研究者が主張するところでは，イスラーム法は各国法における法規則全
体のうち，ごく一部のより修正された部分に留まる。フィクフによる諸規則が，
「個人の身分」（結婚／離婚，子どもの監護権，相続法など）に関する事柄におい
てもっとも顕著である。ごく一部の国家（サウディアラビア，湾岸諸国，イラン，
パキスタン，スーダンなど）では，それらが国家の成文刑法の一部になってい

---

(4)　【訳注】ワーエル・ハッラークの著書について，翻訳されたものとしては『イスラー
　　　ム法理論の歴史——スンニー法学入門』（Hallaq, Wael B. 1997 *A History of Islamic
　　　Legal Theories: an Introduction to Sunni Usul al-Fiqh*, Cambridge University Press）
　　　（黒田壽郎訳，書肆心水，2010 年）などがある。

［テイモア・L・ハーディン／
ファーリス・ナスララ（荒木亮訳）］**12**　ムスリムが多数を占める国家におけるイスラーム法

る（Lippman, McConville and Yerushalmi 1988; Peters 2005; Baderin 2006 を見よ）[5]。
そして，その他の点では，あたかもフィクフからなにも導出してないかのよう
な立法──例えば，行政法，租税法，仲裁，銀行法，著作権法，環境法，社会
保障法，等々──によって，それらが縮小させられている。そこで，アブー・オー
デ（Abu-Odeh 2004：823）は次のように述べる。

> イスラーム世界の法に対する私たちのアプローチにおいて，分析上，イスラー
> ム法に優越的な地位を与えると，それら国々における法現象の理解を歪めてし
> まう。イスラーム法は，移植法によって脱中心化させられただけではなく変形
> させられた法を構成する要素の一つ，単なる一つにすぎないものとして探究さ
> れるべきである。（Abu-Odeh 2004：823）

「フィクフ中心」アプローチに対する批判（ならびにアラブ／ムスリム世界
の法システムへの「ヨーロッパ」法の移植についての包括的研究に対する関心）は，
それ自体は正しいものだけれども，批判対象のアプローチと同じ罠に陥る危険
性がある。なによりまず，それは，（フィクフの規則や制度と結びついたものとみ
なす）「イスラーム法」と（そのような考え方は完全に時代遅れのものだが，近代
法・国家法と結びついたものとみなす）「法移植」とのあいだの素朴な二項対立
をこえることがない。言い換えるならば，それは，批判対象のアプローチと同
様に，もともと本質主義的なのである。より重要なことは，どちらのアプロー
チも──言説的，規範的そして制度的条件において──シャリーアの機能を「権
威付与〔authority-conferring〕」の原理として説明することができないことで
ある。単純化していうと，今日のシャリーアは，国家法化したものにしても
フィクフの書物にまとめられたものであるにしても，単なる残余的な規則の体
系という以上のものなのである。シャリーアは，聖なる法の視点から正統化で
きる（できない）特定の規則・規範・価値・行為／不作為を，守る，反対する，
維持する，あるいは排除する権限を職権者に付与するうえでの修辞的装置であ
る。それゆえ，それは単なる，自己言及的な意味における（あるいは法実証主
義の通念としての）「法源」ではない。シャリーアは，制度的な権威の源であり，

---

(5)　それらは，裁判官の裁量による矯正刑（タアズィール）に加えて，(1)クルアーンやス
　　ンナに明確に規定される刑罰（フドゥード），(2)殺人や傷害に対する同害報復／賠償金
　　に関する刑法（キサース／ディーヤ）がある。イスラームの犯罪と処罰に関する法学的
　　原理に関する的確な説明としてサリーム・エル＝アワーのもの（El-Awa 1981）がある。

273

第 2 部　人間と法の探究：法哲学・法社会学・法人類学

かつ潜在的に如何なる規範が価値づけられ，維持され，あるいは拒否されるの
かということの試金石でもあるのだ[6]。

Ⅲ　権威付与の原理としてのシャリーア──憲法についての概観

　ムスリムが多数を占める国家の多くの憲法は，以上の論点を証明している。
表 1 が示すように，表中の 18 か国（アフガニスタン，バーレーン，エジプト，イ
ラン，イラク，クウェート，リビア，モルディブ，モーリタニア，オマーン，パキ
スタン，パレスティナ，カタール，ソマリア，スーダン，シリア，アラブ首長国連
邦そしてイエメン）は，シャリーアに対して，ある種のあるいは唯一の「法源」
として，または国家制定法の法的効力の基準としての確固たる地位を与えてき
た。さらに，それらの国家のなかには，ごく少数ながらも，法律制定の実体と
プロセスに影響力を行使する権限を特別な機関（ならびに制度的エリート）に付
与してきた国もある。イラン憲法では，6 人のイスラーム法学者からなる監督
者評議会──国家の最高指導者によって任命される──に対して，「民法，刑法，
財政法，経済法，行政法，文化法，軍事法，政治法，そしてその他の法と規
制すべて」について「イスラームの基準」（第 4 条，より詳しくは第 72 条，91 条，
93 条，94 条，96 条を見よ）との整合性をチェックする権限を与えている。委員
会は，シャリーアに反するとみなしうる法を，過半数の賛成によって破棄する
権限を有する。一方で，司法は制定法に拘束されているけれども，妥当する法
律が見いだせない場合には，「権威あるイスラームの法源と 真 正 な法学裁定
　　　　　　　　　　　　　　　　　　　　　　　　　　オーセンティック　ファトワー
に基づいて」判決を導かなければならない（第 167 条）。それゆえ，（裁判官が
理解するところの）フィクフは，憲法に従って，司法的判断の手法で制定法を
補足し，制定法の代替となるといってよいのである。上述したことは，リーガ
ルプルーラリズム研究，とりわけ千葉による貢献の有用性について検討するに

---

(6)　これに関連して，ボードワン・デュプレ（Dupret 1999 : 39）は次のように述べる。
　「シャリーアは，その本性によって，コモンセンスと専門的知識との交差点に位置付け
　られるものである。（中略）シャリーアは，世界認識と価値システムを提示するととも
　に結びつけるものであり，またそうするものとして認識されているがゆえにこそ，イデ
　オロギー的に濫用されてしまうのである。シャリーアが何であるかについて，政治の場
　においてはそれが自明の事実であるかのように受けとめられているが，政治的指導者は
　（中略）誰しもが，政治の場においてシャリーアを自分流に表現し，自分流に使いこな
　そうとする。」

〔テイモア・L・ハーディン／
ファーリス・ナスララ（荒木亮訳）〕*12* ムスリムが多数を占める国家におけるイスラーム法

あたって，私たちが再び立ち返ってくる重要な点である。

　もう一つのモデルとは，法にシャリーアが貫徹していることをチェックする機能を最上位の裁判所に付与する権限として確立しつつ，立法プロセスにおいては立法府に対して助言／援助をする権限を中央の「イスラーム評議会」に付与するというものである。このモデルは，パキスタンにおいてのみ採用されている。憲法の規定では，「すべての現行法は聖典であるクルアーンやスンナにおいて規定されるイスラームの教えに適合的なものとして取り入れたものでなければならない」そして「そのような命令に矛盾するようないかなる法も制定されてはならない」とある（第227条）。立法府は，法を制定するにあたって唯一の責任を有しており，そして国会議員は「イスラームの教義に関する十分な知識」を有すること，「イスラームによって定められた職務義務」を実践し，そして「罪業を慎む」ことが求められる（第62条）。国会議員は，立法作業を行うにあたって，「イスラーム・イデオロギー委員会〔Council of Islamic Ideology：CII〕」からの援助を受ける。「イスラーム・イデオロギー委員会」は，大統領が任命する，裁判所ならびに宗教学校出身の8人から20人のメンバーで構成されており，「イスラームの原理と哲学に関する知識」を提供する（第228条）。けれども，当事者自身の行動によるもの〔suo-motu〕，すなわちパキスタン市民の請願によるものか，あるいは連邦政府もしくは地方政府によるものかを問わず，その法の規定がシャリーアと矛盾するか否かについて最終的に決定するのは「連邦シャリーア裁判所〔Federal Shariat Court：FSC〕」である（第203条D）。

　同様にエジプトでも，1971年憲法では「シャリーアの原則」を「立法の主要な源泉の一つである〔a principal source〕」と規定し，続く1980年の改正では「シャリーアの原則」を立法における主要な源泉である〔*the* principal source〕とした（第2条）(7)。この条項とその改正が含意することについての先

――――――――――
(7)　【訳注】この冠詞の違いの理解については，竹村和朗「エジプト2012年憲法の読解――過去憲法との比較考察（上）」（アジア・アフリカ言語文化研究87号，103-240頁，2014年）の150-151頁で解説がなされている。また，この箇所に関する本翻訳の表記についても，同論文の翻訳に倣った。なお，エジプトの新憲法の翻訳およびその解釈については，先述した竹村（2014）と併せて，竹村和朗「エジプト2012年憲法の読解――過去憲法との比較考察（下）」（アジア・アフリカ言語文化研究88号，91-284頁，2014年）を参照されたい。

第2部　人間と法の探究：法哲学・法社会学・法人類学

行研究には多大な蓄積があり，いまも発達しつつある（例えば，Botiveau 1993; Dupret 1996; Brown 1997; Bälz 1999; Arabi 2002; Bernard-Maugiron 2003; Brown and Lambardi 2006; Lambardi 2006 を見よ）。あえて言うなら，本論文執筆の時点でもエジプトでの憲法論争は現在も続いており，多くの重大な変化をもたらすかもしれない。1980 年の改正では，憲法は「立法権を超越する〔supra-legislative〕」評議会に対して第2条を強制する権限（上記イラン・モデルに相当する）を付与することはなかった。またその憲法は，その目的に特化したかたちでの権限を司法に付与することもなかったし，立法に対して助言を与える権限（上記パキスタン・モデルに相当する）を，いかなる政府機関，宗教機関に対しても付与することもなかった。立法府は，実際の法律制定において自由だった。最高憲法裁判所〔Supreme Constitutional Court：SCC〕による判断の積み重ねの末に，この規定の重要性が高まり，最高憲法裁判所は個々の法律がシャリーアに矛盾しないことを審査する権限を有する機関としての地位を確立することになった。2011 年のムバラク政権崩壊と，議会選挙と大統領選挙とによる新政権樹立の後に，憲法の文言は変更された。ムスリム同胞団の勢力拡大とともに，新憲法についての草案は第2条の文言を拡張し，シャリーアの原理には「その原理の全体的根拠として，根本的で教義的な法，ならびにスンニー派の学派見解についての信頼できる情報」が含まれるということを付け加えた。重要なことは，同草案は，アル・アズハル学院（エジプトで最も重要な宗教的拠点）が「シャリーアに関係する事柄について意見を求められる」と規定する点である（第4条）。この規定をなす文言は，長きに渡る世俗派とイスラミストの党派とのあいだでの激しい論争の結果であり，この論争の舞台となった憲法制定議会は，これに先立ってアル・アズハル学院に対して「シャリーアを解釈する唯一の権威である」ことを保障するという草案をまとめている（Human Rights Watch 2012）。そのような規定は完全に最高憲法裁判所の職権と独立を損ない，数十年来の司法政策の基本方針を覆すものだった。ここでも，上述の指摘が当てはまっていることがわかる。つまり，シャリーアは専門的な法知識の核心部分を予定するものであり，それ自体が，意見対立の的となる権利付与の原理なのである。国家がどのようにそしてどれほど「法源」としてのシャリーアに拘束されるのかは，結局のところは憲法制定権力が制度的な権限と資源をどのように分配するかによっている。このような国家において憲

276

［テイモア・L・ハーディン／ファーリス・ナスララ（荒木亮訳）］ *12* ムスリムが多数を占める国家におけるイスラーム法

法制定権力が，立法・司法機関に対する規範的制約となる地位をシャリーアに対して与えることを選択してきたことは明らかだけれども，プロセスと解釈に関するより詳細な議論は手つかずのままである。

　他のすべてのムスリムが多数を占める国家の憲法では，法プロセスにおけるシャリーアの影響力は，イランやパキスタン，エジプトとくらべると幾分か制度化されていない。モーリタニアでは，憲法序文で「イスラームの教訓」が「唯一の法源」であると規定している。しかしながら，（審査権あるいは助言権のいずれにしても）制定法とそれら教えとの符合をチェックする権限を特別な機関に付与しているわけではない。憲法は，要請に応じて大統領に助言する「最高イスラーム会議」の設置を規定するのみである（第94条）。同じように，行政的に任命された「評議会」は，アルジェリアの憲法（第171条と第172条），モロッコの憲法（第4条）そしてブルネイの憲法（第3条）でもみられるが，そこではシャリーアを「法源」として言及していない。シャリーアを「法源」として実際に位置付けているその他のアラブ／ムスリム世界における憲法でも，シャリーアに制度的な効力を与えてはいるわけではない。それゆえソマリアにおける2012年の憲法草案では，憲法は「聖典であるクルアーンと預言者ムハンマドのスンナに依拠している」こと（第3条），そして憲法は「シャリーアに次ぐ」国家の最高法規である（第4条）と述べる。しかしながら，シャリーアについても，法律上の諸規定を意味のあるかたちで実施するための制度的権限についても，詳細な定義はしていない。

　他方，ムスリムが多数を占める国家の多くでは，シャリーアは，特定の市民的および政治的権利を抑制するための憲法上の根拠となっている。ほんの少しの分かりやすい実例を挙げれば，アルジェリアの憲法は「イスラームの倫理に反する」いかなる行為も禁止する（第9条）。イランの憲法は，あらゆる憲法上の規定は「イスラームの基準」と合致することが条件であるということ（第4条）を述べたうえで，下記の条文でも，そのような条件に繰り返し言及している。その条文とは，法の前の平等（第20条），女性の権利（第21条），報道の自由（第24条），結社の自由（第26条），集会の自由（第27条），表現の自由（第175条）そして政治と報道の違反（第168条）である。ソマリアの憲法では，基本的な権利と「そのほか，慣習法ないしは制定法によって認められている，あるいは付与されている諸権利」は，それらが「シャリーアならびに憲法と一

277

第2部　人間と法の探究：法哲学・法社会学・法人類学

致する」ことを条件としており（第40条4項），後者が前者に対して優先する
地位にある。

　ムスリムが多数を占める国家における，これら多様な憲法について，そして
基本法の「法源」としてのシャリーアの役割について，私たちはいかに理解す
ることができるだろうか。「シャリーア」と「国家法」とのあいだの関係性に
ついて，どちらか一つを排除，補充，変形ないしは支配として無条件に特徴付
けることは間違いであろう。シャリーアは，国家の公的な（立法／司法）体制，
宗教的な教学拠点，そして社会の開かれた場に，戦略的に配置されるある種の
原理であり，政治的なるものと司法的なるものとの境界線を絶えず脅かす，そ
れぞれの集団にとっての，ありとあらゆる価値なのである。

Ⅳ　リーガルプルーラリズムをとりいれる
——千葉の三ダイコトミー論からみた「イスラーム法」

　以上の考察は，三つの重要な論点に光をあてるものである。第一に，概念上
の複雑さがイスラーム法には元々に備わっているということであり，それは千
葉正士による法規則〔legal rules〕と法前提〔legal postulates〕との区別に依
拠することを求めるものである——というのも，フィクフの伝統的なプロセス
は，近代国家という枠組みのなかで（完全にではないにしても）著しく衰退して
きたことが事実だとしても，このことは，実体法としてのフィクフの放棄，あ
るいは権威付与原理としてのシャリーアの放棄を意味するものではない。「シャ
リーア」の権威によってどのような権限を（いかなる機関によって，いかなる意
味で，そしていかなる状況で）要求するのかということは，純粋に政治的な問題
というよりは，むしろ明らかに法的な問題なのである。第二に，それぞれの法
と社会におけるイスラーム法の制度的役割，言説面での役割，実体面での役割
は，ムスリムが多数を占める国々の間でも多様である。「イスラーム法」につ
いての考察は，それをとりまく国家法あるいは「地方自治体」法についての特
異性を考慮しなくても可能だと考えるのは賢明でない。第三に，国家と社会の
両方のレベルで，どのようにしてどれほどイスラーム法が働いているのか
（たとえば，それが国家の立法／司法機関あるいはコミュニティの代表者によってい
かにして調整されてきたのか）という点で，アラブ／ムスリム世界の法と社会と
いっても多様である。そのため，この分野は，様々な法学理論のなかでも，と

278

〔テイモア・L・ハーディン／ファーリス・ナスララ（荒木亮訳）〕 *12* ムスリムが多数を占める国家におけるイスラーム法

くにリーガルプルーラリズム研究の道具概念による分析に開かれているのである。

　にもかかわらず，リーガルプルーラリズムはアラブ／ムスリム世界の法と法的プロセスについての研究に深く浸透しているわけではない（Dupret 1999, そして先駆的かつ画期的な論文集として Dupret, Berger and Al-Zwaini eds. 1999 を見よ）。その研究の内容のかぎりでは，リーガルプルーラリズムは，前向きに洗練されられるないしは調整されるというよりも，より検討するに値するものである（例えば Ferrié 1999; Dupret 1999; 2005 を見よ）。それゆえにアラブ世界の法についての論集のなかで，ボードワン・デュプレ（Dupret 1999）は「法の多元性についての理論」というよりは「規範の多元性についての社会学」を提起し，そして後者は，アプリオリに法を理論化するより「規範の行為者」に着目する必要性を反映したものだと述べている。かれが指摘するには，規範秩序の多様性という考え方（たとえば，現実は，それぞれ独自の規則と規範を有する様々な社会領域によって構成されていると想定すること）は，しばしば誤解を与えるものである。というのも，そのような秩序にいかにして「人びとが自ら向きあっている」のかを曖昧にしてしまうためである。デュプレにとっては，人びとの「状況依存的な実践」こそが，経験的観察を導くうえでの最も確かな手がかりとなる。「『イスラーム法とはなにか』と問う」には，「その問いにかえて，私たちは『イスラーム法を話題にするときに人びとはなにを行なうのか』と問うべきなのだ」（Dupret 2007）。それゆえデュプレは，イスラーム法に対するエスノメソドロジー的（行動学的）アプローチを提唱し[8]，エジプトにおける裁判実務の研究（Dupret 2005; 2011），および数多くのムスリムが多数を占める国家における国会審議に関する研究（Ferrié and Dupret 2004; 2008）のなかでこれを発展させた[9]。

---

(8)　【訳注】原著者は「民族——言語学的アプローチ〔ethno-linguistic approach〕」という呼称を用いているが，本訳では著者の議論の文脈を踏まえてエスノメソドロジーの訳語を当てる。

(9)　【訳注】ボードワン・デュプレの論文について，翻訳されたものとしては「実践における「意図（故意）」——エジプト刑事裁判のエスノメソドロジー」（北村隆憲・イザンベールまみ訳，東海法学 47 号，21-58 頁，2013 年），「人類学，エスノグラフィー，法実践——実践的達成としての法」（黒嶋智美・小宮友根・北村隆憲訳，東海法学 48 号，13-58 頁，2014 年）などがある。

279

第 2 部　人間と法の探究：法哲学・法社会学・法人類学

　このアプローチは，さまざまな制度的状況におけるシャリーアの様相や扱い方に光をあてるにあたって有益である。人類学的方法をつかいながら，そうしなければ届かなかったであろう，諸制度のなかでのイスラーム法に向き合うアクターの相互行為についての経験的データを明るみに出すことができる。だが，このアプローチにも欠点がないというわけではない。もともとデュプレは，リーガルプルーラリズム研究に伴うものとみなした理論的混乱を克服するものとして，自らの方法論を示そうとしている。だが，かれはリーガルプルーラリズムについていささか型にはまりすぎた理解，すなわち個々に独立した併存する複数の法秩序という視点をとっている（Dupret 1999; 2005 を見よ）。そのような視点は，リーガルプルーラリズムの標題のもとで提出されてきたあらゆる仮説を十分に汲んだものではない。エスノメソドロジーの方法論についても多くの点で批判が可能だろう。もちろん，「社会に生きている」規則／規範についての人びとの直接的な制度的経験を記録することを重視することは妥当である（リーガルプルーラリズムにも同様にかかわる関心事である）。会話分析をもとにしてもっぱら実践に着目する必要性を主張する一方で，自らの基本的概念について批判的に理解しようとすることはなかった。そのような概念のうちの一つは（個々人の発話と結びついたものとみなす）「実践」である。もう一つは，「人びと」であり，それはイスラーム法について論じる場合にはとくに明確化する必要のあるカテゴリーなのである。

　シャリーアは専門的な法知識の核心部分を予定するものであると先に述べたが，シャリーアは歴史的に「イジュティハードの資格を有する 法 学 者（ムジュタヒド）」そして／あるいは「法裁定を下す法学者（ムフティー）」と「追従する者：素人（ムカッリド）」とを区別し，現在でも宗教的な教学拠点ならびに国家の司法／立法機関と，社会一般との間の制度的な緊張関係を生み出している。それゆえに，公的に認知を得た「専門家」による 規 範 の提供と，素人による 事 実 の提供との区別を認識しておくことは有益である（この点の詳細は Croce 2012 を見よ）。最後に，規範（この場合には「イスラーム法」）の役割についての探究が，規範についての「人びとの」状況依存的な解釈の分析に陥ってしまうという危険がある。それらは二つの異なる関心事であり，研究上の優先事項ともいえるものである。ムスリムが多数を占める国家のイスラーム法に対するエスノメソドロジー的アプローチの長所について注意をはらってお

280

くことは妥当である[10]。

エジプト憲法における「主要な源泉」としてシャリーアの役割を研究したキリアン・ベルツは，別のアプローチを提示する。ベルツは，システム論という視点からリーガルプルーラリズムを再考し，今日のシャリーアは，近代国家の「世俗的復元物」だと主張する。かれはグンター・トイプナー（Teubner 1989; 1992）およびニクラス・ルーマン（Luhman 1993）による「オートポエシス」の理論をもちいているが，それによれば法とは，規則と意味範疇の自己充足的かつ自己再生産的なシステムである。それゆえに，ベルツは，シャリーアと国家実定法をそれぞれに適用条件をもつ，二つの「自律的」かつ内的一貫性をもつ法システムと位置づける。しかしながら，かれは，シャリーアが「立法権を超越する」規範として国家実定法に対して直接的な影響を有すること（Botiveau 1993），あるいは実定法を外側から制約するものとして「実定法と共存する」（Rigaux 1985 を見よ）といった考え方を退けている。むしろ，立法府が制定する法律を最高憲法裁判所が事後遡及的〔ex post facto〕に審査することから，ベルツはシャリーアが国家の内側での造形物にすぎないと主張する——つまり，（エジプトでは）第2条によって自らの権限において裁定することで，最高憲法裁判所〔SCC〕は通常の範囲と条件でシャリーアを「流用してい

---

[10]　方法論的には，録音された発話の一次資料（たとえば裁判手続き，国会審議等のトランスクリプト）には必ず欠点が伴うという問題がある。そして，そうした一次資料は，作成者自身が選択しているにもかかわらず，社会的実践に部分的に光を当てているだけだという事実もある。それがどのようにして生み出され，再配置されているのかということをも含めて，一次資料に内在している不完全性を考慮する必要がある。理論的には，ある具体的なやりとりにおいて録音された行為者（アクター）の発話の範囲は，それに関わる「実践」の性質ならびに様式と一致するものではない。またそれは，（理論的にも「実際に」も）それをとりまく制度的プロセスに必ずしも一致するわけではないし，それだけに尽きるわけでもない。当の一次資料そして／あるいは行為者に固有の様々な理由から，それを分かりにくくすることもある。「行為者たち」は，自分たちが何を言おうとしているのか，または自分たちの発言が何を意味するのかを常に理解しているとは限らないし，あることを言って別のことを言おうとしているかもしれないのである。何を言おうとしているかといっても，結局のところ，はっきりと何かを言おうとしていたわけではないということさえある。つまり，より正確にいうならば，録音された発話は，プロセスあるいは「実践」のある側面についての部分的で状況依存存的な（そして偽装的な）エビデンスなのである。エスノメソドロジーの手法には，どのような研究でも避けることのできない理論的議論の不完結性がないといった見解があるとすれば，それを疑ってみたほうがよいだろう。

第2部　人間と法の探究：法哲学・法社会学・法人類学

る」。シャリーアが実定法に影響を与えるのか否か，与えるとしたらなぜ，いかに，どのように与えるのかは，解釈方法と優先順位にしたがって最高憲法裁判所が単独で決定する。

　しかし，その主張は，部分的にしか説得力がない。第一に，シャリーアの規範を確定する際の最高憲法裁判所の権限が排他的ではないという事実を無視していることである。新憲法の草案をめぐる，とくにシャリーアの事柄についての最終的な管轄権に関する，アル・アズハル最高評議会〔Al-Azhar's Council of Senior Scholars〕と最高憲法裁判所との間での最近の対立では，そのことがこれまでにないほど明らかになった。同じような制度的緊張関係は，ムスリム世界の他の地域にも見られる。たとえばイランでは，「最高指導者」は，シャリーアの事柄についての究極の法学的見解の源泉と見なされている。けれども，最高指導者は，周知のこととして，シーア派の中心的地域における数多くの卓越したウラマーたるアーヤトッラーと比べれば，それほど権威的ではない——なお，そのような中心地域であるナジャフやゴムの神学校では，法学裁定を出すにあたって，それぞれが独立した権威を発揮している。それゆえ，国家レベルでのシャリーアの規範の確定に対する統制権をめぐって競合する多くの制度について理解する必要がある。さらに，ベルツのアプローチについての第二の問題は，社会的な力の役割を軽視している点である（Bernard-Maugiron and Dupret 1999）。もしあるコミュニティが，国家の公認を受けていないイスラーム法学派の見解によって実践や用法を発展させたらどうなるだろうか。そのような状況では，「イスラーム法」とは，確立した法学派において事前に承認された法学的見解に沿った，当該コミュニティの内側での造形物であると言った方がより正確である。以下では，私たちはアラビア半島と広く湾岸地域における「通い婚」（ザワージュ・ミスヤール〔*zawaj al-misyar*〕）を事例として挙げたい。もちろん，私たちは通い婚（ミスヤール婚）についての簡潔な所見をアラブ／ムスリム世界の他の法システムにおけるイスラーム法に関する一般的な議論に結びつけたかたちで多くのことを推定しすぎることはしないように意識的でなければならない。つまり，サウディアラビアの法システム（制定法化されておらず，成文化されていないフィクフに基づく）は，湾岸地域のかなかでは独特なものである。とはいえ，この事例では，国家による承認を伴わずに特定の法規則・法前提を導出するコミュニティの能力が，顕著にあらわれてい

る。ここでは「国家」は，慣行を是認する，あるいはシャリーアの立場からそれを無効とするというかたちで二次的に介入しているにすぎないのである。

　つまり，イスラーム法は，基礎的なレベルにおいては，確立された学派（スンナ派の伝統におけるハナフィー学派，ハンバル学派，ハンバル学派，シャーフィイー学派；シーア派の伝統におけるジャアファル学派，ザイド学派，イスマーイール学派；イバディ学派）ならびにそこにおける法学的見解の法であり続けている。それら学派における法とは，フィクフの書物に見られる理論的構築物（様々な行政上／制度上のユニットならびにサブユニット——各種立法委員会，裁判官，法律家，地域評議会，婚姻仲介人／立会人，法学生，等々——になんらかのかたちで役立つものである）であると同時に，多かれ少なかれ国家統制の外部にある，宗教学習のために確立された中心的施設の「生ける」法でもあるのだ。国家の立法／司法機関と宗教の／聖職者の中核ないしは権力とのあいだの結びつきについて把握されなければならないことが数多くある。ムスリムが多数を占める国家におけるイスラーム法についてのいかなる研究においても，それらはこのうえなく重要である。というのも，どの時代においてもあらゆる問題について法学裁定を提出するだけではなく，かれらは，法の知識を伝達し，証明していくことにおいて権威を及ぼすからである。つまり，ヨルダン国王アブドッゥラーⅡ世によって2004年に下され，2005年にイスラーム協力機構（OIC）の支援のもとで承認された「アンマン・メッセージ」は，スンナ派，シーア派ならびにイバディ派の伝統をもつ八つの主要学派を認め，学派間協調の必要性と法学裁定の厳格な統制・使用を強調した——「イスラーム法学各学派がそれぞれに定める個人資格をもたない者は，何人も法学裁定を下すことはできない」。ここで問われているのは，どの程度まで国家の立法機関と裁判所がシャリーアの規則についての決定権を独占しているのかということである。千葉正士の貢献は，この部分を検討するにあたってとくに有益である。

　千葉の初期の研究は，法の「並列的」，「統合的」，「（半）自律的」ないしはオートポエティックな特質を主張するというよりは，相互に関連しあう法の諸属性について，より一般的な議論をするものであった。それらは固定されているわけではないが，まず(1)「公式法」は「国家の正統的権威により公式に認められている法」として定義される（Chiba 1987：173）。次に(2)「非公式法」は「公的権威によって公式には認められていないが，特定の人間集団の一般的合

第2部　人間と法の探究：法哲学・法社会学・法人類学

意によって現実的に権威あるものとして認められている法」（同書同頁）であり、「公式法の実効性に明確な影響を与える」ものでもある。そして(3)「法前提」（千葉はこれを法規則と区別している）は「公式法と非公式法の両方について基礎づけと方向づけをするうえでとくに有為な価値や観念のシステム」である（同書同頁）。とりわけイスラーム法との関わりでは、千葉は、「国家法」が「それ以外の法よりも支配的な地位にあるようにみえるとしても、あくまでも様々な公式法のなかのひとつにすぎないものである」こと、そして「宗教法は国家法によって部分的に包括される、ないしは包摂されることもあるが、部分的に国家の管轄外で機能することもあり、それゆえに宗教法は国家法とは異なる独自のシステムを形成している」（Chiba 1986：5-6）。イスラーム法は、国家が認めた法でもありうると同時に、それぞれの学派における正統な法だと定義できることから、このとらえ方がイスラーム法に適していることが分かる。

　千葉のその後の仕事（Chiba 1989; 1993）は、このモデルを三ダイコトミー──「公式法と非公式法」「法前提と法規則」「固有法と移植法」──からなる統合的全体のなかで展開している。それゆえ、千葉は次のように述べている。

> 各国の法の正確な観察が可能となるのは（中略）そのような作業仮説においてであり（中略）異なるタイプの公式法と非公式法から成るものとしてである。それら個々の法は、法規則と法前提、固有法と（継受法あるいは強制法としての）移植法から成り立っている。現実には、三ダイコトミーの組み合わせは、国によって異なる。そのような多様性は、それぞれのダイコトミーにおける二つの変数の相関関係の多様性として現れており、そうした組み合わせと相関関係は時間的に変化するものでもある。（Chiba 1993：210）

　このような法の構造がどのように発展するかは、それが個々の人間集団の文化的理解による場合には、千葉がいうところの「アイデンティティ法原理」によって決定される。アイデンティティ法原理とは、法システムをその文化的同一性において維持あるいは改革するように人びとを動かす中核的な価値のことである。千葉はさほどこの概念を敷衍したり理論化したりすることがなかったけれども、ムスリムが多数を占める国家におけるイスラーム法の研究にとって妥当なものである。千葉の第一のダイコトミー（公式法と非公式法）について考えてみれば、シャリーアは、それを国家が制定し適用するとしても、公的権

力の外部にある宗教機関や聖職者集団の関与に比較的開かれている。それらは
イスラーム法に基づいて本来インフォーマルな慣習（ウルフ／アダット）に承
認を与えるが，そうした慣習は「非公式法」であるとも見なされている。千葉
による第二のダイコトミー（法規則と法前提）について考えてみれば，今日の
意味でのシャリーアは実体的規則群という以上のものであるといって間違いで
はない。アラブ／ムスリム世界の憲法についての本論文での概説をつうじて明
らかにしたように，シャリーアとは，明らかに政治的かつ戦略的用途という点
できわめて意味のあるものである。ここでは，シャリーアとは，権力を配分す
る原理であり，上位法にあたるものとして市民的および政治的権利を制限する
原理でもある。

　最後に，法移植を優先してフィクフが放棄されてきたのかという問いは，各
国国内法〔municipal law〕についての経験的研究の対象となる。ひとついえ
ることは，ムスリムが多数を占める国家において大陸法／コモンローを採用す
ることによって，イスラーム法の用途あるいは妥当性が完全に失われるわけで
はないということである。むしろ問うべきは，どれほど，どのように，どの部
分に変化が現れているかということである。千葉の第三のダイコトミー（固有
法と移植法）は，それゆえ，ムスリムが多数を占める国家における法の比較研
究および分野横断的研究において有用である。

V　「通い婚」の事例――非公式法から公式法へのシャリーアの移行

　千葉のモデルによって得られたものを説明するための一つの事例が，サウ
ディアラビアと湾岸地域における「通い婚」である。通い婚（ミスヤール婚）
とは，婚姻居住形態についての次のような契約上の取決めを特徴とする。つま
り，妻が，夫とともに婚家で生活するのではなく，彼女の両親と生活し続ける
こと，そして夫は彼女のもとを特別な時だけ訪れるということに配偶者間で合
意することである（それゆえ，「ミスヤール」という用語は，歩くこと，旅行する
こと，そして特定の行き先に到着することを意味するアラビア語の口語表現である）
(Arabi 2001; Van Eijk 2011)。そのような取決めは，一見すると，伝統的なイス
ラーム法による婚姻の二つの重要な義務と矛盾する。つまり，(1)夫は妻に対し
て独立した住居を与える義務があること，(2)妻には同居する義務があることで
ある。この婚姻の主たる目的は，それ以外の婚姻形態に伴う負担の大きい様々

第 2 部　人間と法の探究：法哲学・法社会学・法人類学

な要件を抜きにして，自分たちの性関係を合法化することにあるかのようである。ウサーマ・アラビーは次のように述べている（Arabi 2001：155）。

> それは，法の素人からの要求による新しい法的構築物である。そうした要求をする人びとは，このような新しい家族構成をつくりだす異例な経済的取決めが様々な点で好都合だと考えている。よって，現存する法の知識をそのままに履行しているようにみえるとしても，実際にはそれは独自のブリコラージュであり，特定のサウディアラビア人の中産階級のニーズにあわせてイスラームの婚姻契約を柔軟な手段として使用した，法のパッチワークの所産なのである。（Arabi 2001：155）

　ここで特筆すべき重要な点は，この契約，とりわけ「結婚仲介人（マリッジ・ブローカーズ）」が発達するなかでの社会的行為者（エージェント）の明確な役割である。最近の研究では，結婚仲介人が，イスラーム法において効力をもつ婚姻の重要要件についての豊富な専門的知識を提供してきた，そして，自らのクライアントのニーズにあわせて婚姻契約を仕立ててきた，と述べているようである。確固たる地位を有するハンバル学派（サウディアラビアが当てはまる）において，法的に効力をもつ結婚の重要要件は，二人の成人男性が契約の証人として同席することに加えて，結婚の申込み／承諾（イジャブ／カブル）が適格な当事者（花婿と花嫁の後見人（ガーディアン））によってなされることである（Ibn Qudama 2009：201，または El Alami and Hinchcliffe 1996：5）。またハンバル学派の法は，結婚契約をふくめて契約上の合意一般に対してリベラルなアプローチをとる点で，そのような発展に対して独特のかたちで好都合でもある——つまり，それは，契約の根本的目的を損なうことや明確にシャリーアの原理に違反することがない限り，シャリーアの権利／義務を部分的に修正する合意をおこなうことを契約当事者に対して認めている（この点については，Musa 1955; Arabi 2001 を見よ）。それゆえに，サウディアラビア人の結婚仲介人（公式の結婚「立会人」をひきうける者）は，一般的な法知識を通い婚という婚姻契約に適用してきたようにみえる。アラビー（Arabi 2001：149）が述べているように，それは「法的に効力をもつ婚姻の宗教的・法的諸要件についての，サウディアラビアの法の素人による現代的理解を自然なかたちで実践したもの」なのである。

　この種の非公式な実践が本来的に混乱を生みだす可能性をもつために，サ

286

ウディアラビアの大ムフティー——アブド・アル＝アズィーズ・ビン・バーズ——が法学裁定（ファトワー）を提出して，最終的には1996年にミスヤール婚が認められることになった。メディアや中心的な宗教施設において多くの議論がなされた後にビン・バーズが介入し，通い婚に対して最終的に公式の認可を与えた。だが，ビン・バーズは，立会人の存在だけでなく，十分な社会的認知（パブリシティ）がある場合に限り，そのような結婚が法的に効力をもつという裁定をおこなった。かれがこのような点を加えたのは，ハンバル学派（この点に関して意見が一致しているわけではない）における多数派の見解に基づくのではなく，むしろ学派の創始者——アフマド・イブン・ハンバル（西暦855年没）——による少数派の見解に基づいている（Arabi 2001：166）。こうして立会人という重要要件が，十分な社会的要件という要件に「格上げ（アップグレード）」されたのは，シャリーアの精神を保持しつつ，そのような結婚の潜在的な秘密性を禁止するためであった。

　広くリーガルプルーラリストのアプローチにおいて千葉モデルの有用性に光をあてることで，幾つかの結論がこの事例から導きだされる。通い婚は，イスラーム法における典型的な契約ではない。かといって，それは単にシャリーアあるいは国家の承認がない社会規範といってよいものでもない——結婚仲介人と両配偶者は，慎重に，ハンバル学派に共通するフィクフの規則に基づいて，シャリーアによる結婚の法的効力を求めているのである（たとえば，それは，契約における立会人の存在，自由な合意の容認可能性〔acceptability of permissive stipulations〕である）。むしろ，契約は，現行のシャリーアの規則を社会的に調節することによってイスラーム法の資質と，国家のムフティーによるそれら諸規則の正統な承認（クオリファイド・サンクショニング）を「身につけた」のである。それゆえ，「通い婚」は，国家が承認したハンバル派法学の解釈のなかで完全に法で認められた婚姻の地位を与えられたのであり，それは法学裁定（ファトワー）の方法によって部分的に非公式的なものから完全に公式的なものへと移行したのである。今日のイスラーム法研究におけるリーガルプルーラリズムの可能性について，以上の知見は何を物語っているのだろうか。

　千葉のモデルは，第一に，「イスラーム法」と「国家法」とを各々に自律的ないしは並列的な規範秩序として考える（あるいは，オートポエティックなアプローチによってシャリーアを事実上の国家の構成体として定義する）というよりは，次のように異なるレベルにおいてのイスラーム法の考察を可能とする。つまり，

第2部　人間と法の探究：法哲学・法社会学・法人類学

(1)「正統」法（すなわち法学派によって多様な法），(2)制定法，裁判所の判決，国家のムフティーならびに主要な宗教的拠点による法学裁定など，国家が是認する規範ないしは規範のシステム（公式法），(3)確立した規則と／あるいはシャリーアの原理を必要としつつも，公認されてはいないコミュナルな実践（非公式法），(4)社会と国家の行為者を法規範の使用と順守に向かわせる法的に妥当な認識と価値（法前提）である。「通い婚」は，それぞれの領域で同時にないしは並行に作動しているイスラーム法の実例とみなすべきではないという立場もありうるが，各々の規範的秩序のあいだの相互的な説明要求を通じて，イスラーム法が自らを定式化しつづけていることを示す実例とみることはできるだろう。

Ⅵ　結　　論

　本論文は，広い意味でのリーガルプルーラリズム研究の視点，とくに千葉正士の学術的貢献に関連づけながら，イスラーム法をめぐる様々なアプローチについて批判的な検討を試みた。これまでのイスラーム法研究は，大まかにいえば，歴史的なものであった。イスラーム法学（フィクフ）の発展——昔からの制度，方法論，カテゴリー——に着目すると，最近の文献は，イスラーム法の死を告げるための鐘を鳴らすことに少し熱心になり過ぎている。地域研究あるいは国家研究では，シャリーアの妥当性を考察しつつも，移植法，西洋法，国家法との関係においては，あまり重要ではない存在で，大きく修正された存在だと決めてかかっている。だが，本論文では，そのような視点は不十分なものだということを指摘した。というのも，それが，単純化した，しかも正反対の結論に留まっているためである。さらにいえば，シャリーア——そのフィクフの規則以上に——は権威付与原理であり，そのようなものとして基本法や憲法に組み込まれていることを無視している。シャリーアは，規範力の配分，政府による自由裁量の拡張，公的資源の分配，そして特定の市民的および政治的権利を享受することの制限ないしはその資格の付与において，多様なかたちで多かれ少なかれ重要な影響力を有している。それによって，さまざまな社会集団が自分たちの要求を国家の統制の外部で実現することが可能となるのであり，それが国家の公式法において重大な影響を及ぼすのである。

　これらをふまえたうえで，本論文では，ムスリムが多数を占める国家におけ

〔テイモア・L・ハーディン／〕
〔ファーリス・ナスララ（荒木亮訳）〕 *12* ムスリムが多数を占める国家におけるイスラーム法

る「イスラーム法」の重要性と役割を見極めるための，より正確な論拠を千葉
による法の三ダイコトミーが提供してくれることを述べた。もちろん，このモ
デルは，文化を実体化して捉えている点で時代遅れな面もあり，理論上の欠
陥が皆無というわけではない（千葉モデルの「国家中心的」な仮定についての適
切な批判について，詳しくは Menski 2006 を見よ）。千葉の業績が高く評価されて
いるのは，他のあらゆる主要な法圏と同様に，「イスラーム法」がいかにして
リーガリティの独自の変動条件——フィクフという規則からシャリーアという
前提へ——において働いているかを見極めることを可能とする，分析上の三つ
の主要な極を提示したことによるのだろう。公的に承認されているものであれ，
あるいは単に社会的に遵守されるものであれ，その伝統的な形態に忠実であれ，
あるいは西洋的規範の世俗的採用によって裏切られるものであれ，このような
問いは妥当なものであり，この論点に特化した研究をすすめる価値がある。サ
ウディアラビアの「通い婚」という制度についてみることで明らかになったの
は，「イスラーム法」とは，正統な典拠に由来しつつも，互いに競合し合う諸
規則と諸前提を基盤としつつ，国家・宗教エリート制度・社会制度のあいだの
相互応答によって形づくられるオープンリソースだということである。

　アラブ／ムスリム世界の法についての批判的研究が，人類学と社会学を基盤
としつつある一方で，千葉の仕事にむきあっていないことは驚くべきことであ
る。私たちは，（キリアン・ベルツによる）システム理論アプローチと（ボード
ワン・デュプレらによる）エスノメソドロジカルなアプローチに言及した。両
者とも，現在のイスラーム法研究におけるリーガルプルーラリズムの発見的価
値については懐疑的である。前者は，歴史的アプローチの影響を帯びており，
シャリーアは，「併存」ないしは「外在」する法システムというよりも実際に
は国家による再構築物にほかならないと主張している。それは，リーガルプ
ルーラリストが適用しようとすることのない観点である。後者は，おもに，特
定の社会的状況において個々人がどのようにしてシャリーアを動員するかとい
うことに関心を寄せており，そこではイスラーム法についてのアプリオリな説
明は，どのようなものでも適切ではないということを主張する——それは，人
びとがいかにそしてどのような目的でシャリーアを参照するのかという点につ
いての実証研究を深めることはないし，目の前のリアリティを誤ったかたちで
描いてしまうことさえある。それゆえ，第一のアプローチは，イスラーム法の

289

第 2 部　人間と法の探究：法哲学・法社会学・法人類学

定式化において，社会的な力や準国家機関（たとえば，宗教的拠点／宗教エリート拠点^{エージェンシー}）をめぐる規範的な行為者を把握することができないのに対して，第二のアプローチは，近代のイスラーム法に関する研究の理論的枠組みを発展させるつとめを完全に放棄してきた。本論文は，まさにそれを試みるために，ゴードン・ウッドマン（Woodman 1998：41）が次のように述べることをもって，その結論とする。すなわち，千葉の主要な功績とは「リーガルプルーラリズムの定義を改良し，明確化したということよりも，リーガルプルーラリズムの具体的事実について理解する方法を改良し，明確化したことにある」。本論文では，以上のとおり，ムスリムが多数を占める国家におけるイスラーム法の理論研究において明晰さを確保するための道具類を千葉が整えてくれたこと，そしてそれらは，今後さらに改良させられることが期待されていることを論じた。

【引用文献】

Abu-Odeh, Lama (2004) "The Politics of (Mis)recognition: Islamic Law Pedagogy in American Academia," 52 *The American Journal of Comparative Law* 789-824.

An-Na'im, Abdullahi A. (2008) *Islam and the Secular State: negotiating the Future of Shari'a*, Cambridge; Mass: Harvard University Press.

—— (2000) "*Shari'a* and Positive Legislation: is an Islamic State Possible or Viable?," 5 *Yearbook of Islamic and Middle Eastern Law* 29-41.

Arabi, Oussama (2002) "Beyond Power: Neo-Shafiism or the Islamic constructive metaphor in Egypt's High Constitutional Court Policy," 17(4) *Arab Law Quarterly* 323-354.

—— (2001) "The Itinerary of a *Fatwa*: Ambulant Marriage(*al-zawaj al-misyar*), or Grass-Roots Law-Making in Saudi Arabia of the 1990s," In Arabi, Oussama (Ed.) *Studies in Modern Islamic Law and Jurisprudence* 147-167.

Baderin, Mashood (2009a) "Towards Understanding Islamic Law in Theory and Practice," 9(3) *Legal Information Management* 186-190.

—— (2009b) "Historical and Evolutional Perspectives of Islamic Law in a Continually Changing World," *The Middle East in London* (Jul/Aug) 7-8.

—— (2006) "Effective Legal Representation in "Shari'ah" Courts as a Means of Addressing Human Rights Concerns in the Islamic Criminal Justice System of Muslim States," In Cotran, E. and Lau, M. (eds.) Yearbook of Islamic and

Middle Eastern Law (2004-2005) 135-167.

Bälz, Kilian (1999) "The Secular Reconstruction of Islamic Law: The Egyptian Supreme Constitutional Court and the "Battle over the Veil" in State-run Schools," In Dupret, B., Berger, M. and Al-Zwaini, L. (Eds.) *Legal Pluralism in the Arab World*, The Hague; Boston: Kluwer Law International 229-244.

Brnaed-Maugiron, Nathalie (2003) *Le Politique à l'Épreuve du Judiciaire: la Justice Constitutionelle en Égypte*, Bruxelles: Bruylant.

Brnaed-Maugiron, Nathalie and Dupret, Baudouin (1999) "Les Principes de la *Sharia* sont la Source Principale de la Législation: La Haute Cour Constitutionnelle et la Référence à la Loi Islamique," 2(2) *Égypte/Monde Arabe* 107-126.

Brown, Nathan J. (1997) "Shari'a and the State in the Modern Muslim Middle East," 29(3) *International Journal of Middle East Studies* 359-376.

Brown, Nathan J. and Lombardi, Clark B. (2006) "Do Constitutions Requiring Adherence to Shari'a Threaten Human Rights? How Egypt's Constitutional Court Reconciles Islamic Law with the Liberal Rule of Law," 21(3) *American University international law review* 379-435.

Botiveau, Bernard (1993) *Loi Islamique et Droit dans les Socie´te´s Arabes: Mutations des Syste`mes Juridiques du Moyen-Orient*, Paris: Karthala.

Chiba, Masaji (1993) "Legal Pluralism in Sri Lankan Society: toward a General Theory of Non-Western Law," 33 *Journal of Legal Pluralism and Unofficial Law* 197-212.

―― (1989) *Legal Pluralism: toward a General Theory through Japanese Legal Culture*, Tokyo: Tokai University Press.

―― (1986) *Asian Indigenous Law: in Interaction with Received Law*, London/ New York: Routledge & Kegan Paul.

Croce, Mariano (2012) *Self-Sufficiency of Law: a Critical-Institutional Theory of Social Order*, Dordrecht/London: Springer.

Coulson, Noel J. (1969) *Conflicts and Tensions in Islamic Jurisprudence*, Chicago: University of Chicago Press.

Dupret, Baudouin (2011) *Adjudication in Action: an Ethnomethodology of Law, Morality and Justice*, Burlington; VT: Ashgate.

―― (2005) "What is Plural in the Law ? a Praxiological Answer," 3(1) *Égypte/ Monde Arabe* 150-172.

―― (1999) "Legal Pluralism, Normative Plurality, and the Arab World," In

第 2 部　人間と法の探究：法哲学・法社会学・法人類学

Dupret, B., Berger, M. and Al-Zwaini, L. (Eds.) *Legal Pluralism in the Arab World*, The Hague; Boston: Kluwer Law International 29-40.

――― (1996) "la Sharî'a comme Référent Legislative," 1(25) *Égypte/Monde Arabe* 121-175.

El-Awa, Mohamed M. (1981) *Punishment in Islamic Law*, Indianapolis: American Trust Publications.

El-Alami, Dawoud Sudqi and Hinchcliffe, Doreen (1996) *Islamic Marriage and Divorce Laws of the Arab World*, London/Boston: Kluwer Law International.

Ferrié, Jean-Noël (1999) "Norms, Laws and Practices: the Practical Obstacles that Make It Impossible to Separate Them," In Dupret, B., Berger, M. and Al-Zwaini, L. (Eds.) *Legal Pluralism in the Arab World*, The Hague; Boston: Kluwer Law International 21-28.

Ferrié, Jean-Noël and Dupret, Baudouin (2008) "Pertinence et Procédures Démocratiques en Contextes Parlementaires Non-Démocratiques: la Syrie, l' Afghanistan et le 'cercle vertueux'," 15(2) *Revue Internationale de Politique Comparée* 251-275.

――― (2004) "Préférences et Pertinences: Analyse Praxéologique des Figures du Compromis en Contexte Parlementaire: à Propos d'un Débat Egyptien," 43(2) *Information sur les Sciences Sociales* 263-290.

Hallaq, Wael B. (2009) Shari'a: *Theory, Practice, Transformation*, Cambridge: Cambridge University Press.

――― (2004) "Can the *Shari'a* be Restored?," In Haddad, Y. and Stowasser, B. (Eds.) *Islamic Law and the Challenges of Modernity*, Wlnut Creek; CA: AltaMira Press 21-53.

――― (1997) *A History of Islamic Legal Theories: an Introduction to Sunni Usul al-Fiqh*, Cambridge: Cambridge University Press.

Hamoudi, Haider Ala (2010) "The Death of Islamic Law," 38(2) *Georgia Journal of International and Comparative Law* 293-338.

Human Rights Watch (2012) "Egypt: Fix Draft Constitution to Protect Key Rights," 8th of October 2012 [online]. [Accessed 08 October 2012]. Available from: http://www.hrw.org/news/2012/10/08/egypt-fix-draft-constitution-protect-key-rights

Ibn Qudama al-Maqdisi (2009) "Al-'Umda Fi'l-Fiqh," *The Mainstay Concerning Jurisprudence*, Transtlated by Holland Muhtar, Ft. Lauderdale; FA: Al-Baz Publications.

Kamali, Hashim Mohammad（2003）*Principles of Islamic Jurisprudence*, Cambridge: Islamic Texts Society.

Khadduri, Majid and Liebesny, Herbert（1955）*Law in the Middle East,* Washington: Middle East Institute.

Lippman, Matthew Ross, McConville, Seán and Yerushalmi, Mordechai（1988）*Islamic Criminal Law and Procedure: an Introduction,* NY: Praeger.

Lombardi, Clark Benner（2006）*State law as Islamic law in modern Egypt: the incorporation of the Shari'a into Egyptian constitutional law,* Leiden: Brill.

Luhmann, Niklas（1993）*Das Recht der Gesellschaft,* Frankfurt am Main: Suhrkamp.

MacDonald, Duncan B.（1903）*Development of Muslim Theology: Jurisprudence and Constitutional Theory,* Lahore: Premier Book House.

Mallat, Chibli（2007）*Introduction to Middle Eastern Law,* Oxford: Oxford University Press.

Mayer, Ann Elizabeth（1990）"The Shari'ah: a Methodology or a Body of Substantive Rules?," In Heer, N. and Ziadeh, F.（Eds.）*Islamic Law and Jurisprudence,* Seattle: University of Washington Press 177-198.

Menski, Werner F.（2006）*Comparative Law in a Global Context: the Legal systems of Asia and Africa,* NY: Cambridge University Press.

Motzki, Harald（2002）*The Origins of Islamic Jurisprudence: Meccan Fiqh before the Classical Schools,* Leiden/Boston: Brill.

Musa, Muhammad Yusuf（1955）"the *Liberty* of the Individual in Contracts and Conditions *according to Islamic Law,*" 2 Islamic Quarterly 79-85.

Rigaux Marie-Françoise（1985）*La Théorie des Limites Matérielles à l'exercice de la Fonction Constituante,* Bruxelles; Larcier.

Schacht, Joseph（1964）*An Introduction to Islamic Law,* Oxford: Clarendon Press.
—— （1960）"Problems of Modern Islamic Legislation," 12 *Studia Islamica* 99-129.

Sfeir, George N.（2000）"The Place of Islamic Law in Modern Arab Legal Systems: a Brief for Researchers and Reference Librarians," 28(1) *International Journal of Legal Information* 117-126.

—— （1998）*Modernization of the Law in Arab States: an Investigation into current Civil, Criminal, and Constitutional Law in the Arab world,* San Francisco: Austin & Winfield.

Teubner, Gunther（1992）"The Two Faces of Janus: Rethinking Legal Pluralism," *Cardozo Law Review* 1443-1462.

第2部　人間と法の探究：法哲学・法社会学・法人類学

—— (1989) *Recht als Autopoietisches System*, Frankfurt am Main: Suhrkamp.

Thielmann, Jörn (1999) "A Critical Survey of Western Law Studies on Arab-Muslim Countries," In Dupret, Baudouin., Berger, M. and Al-Zwaini, L. (Eds.) *Legal Pluralism in the Arab World*, The Hague; Boston: Kluwer Law International 41-54.

van Eijk, Esther (2010) "*Shari'a* and National Law in Saudi Arabia," In Otto, J. (Ed.) *Shari'a Incorporated: a Comparative Overview of the Legal Systems of Twelve Muslim Countries in Past and Present*, Leiden: Leiden University Press 139-180.

Weiss, Bernard (1978) "Interpretation in Islamic law: the Theory of Ijtihad," *The American Journal of Comparative Law* 199-212.

Woodman, Gordon R. (1998) "Ideological Combat and Social Observation: Recent Debate About Legal Pluralism," 42 *Journal of Legal Pluralism and Unofficial Law* 21-59.

Zubaida, Sami (2003) *Law and Power in the Islamic World*, London/NY: I. B Tauris.

表1　ムスリムが多数を占める国家の憲法における
シャリーアに基づく諸規定についての表[11]

＊凡例：第1条については「1」，第1条1項については「1(1)」と表記する。

国家 （憲法）	支配的な学派	すべての法の唯一の法源としてのシャリーア	立法における（唯一の）「核」たる法源としてのシャシーア	司法的判断におけるシャリーア／フィクフ	イスラーム，イスラームの機関，そして／あるいは基本的権利の制限に関する一般規定
アフガニスタン （2004年憲法）	ハナフィー派		「3」	「130(2)」， 「131」	序文，「1」，「2」，「35」， 「45」，「54」，「63」，「74」， 「118」，「119」，「149(1)」
アルジェリア （1976年憲法， 2008年改正）	マリーク派				序文，「2」，「9」，「76」， 「171」，「172」，「178(3)」
バーレーン （2002年憲法， 2011年改正）	ジャアファル派 （シーア派）		「2」，「5 (b・d)」		序文，「1(a)」，「5(b)」，「6」， 「9(a)」，「23」

[11]　この表は，イスラーム協力機構（OIC）公式加盟国であり，ムスリムが多数を占める国家で構成される。殆どのケースでは，各国の憲法は，公布されてからも修正されてきた。本表では，著者が入手可能な最新の改定版を括弧のなかに記している。

国家（憲法）	法学派			
バングラディッシュ (1972 年 憲法, 2004 年 改正)	ハナフィー派			「2A」,「25(2)」
ブルネイ (1959 年 憲法, 2006 年 改正)	シャーフィイー学派			「3(3・4)」,「4(5)」,「84A(1)」
コモロ (2001 年 憲法)	シャーフィイー学派			序文
ジブチ (1992 年 憲法, 2010 年 改正)	シャーフィイー学派			「1(改正)」
エジプト (2012 年 憲法草案)	シャーフィイー学派／ハナフィー派	「2」,「219」:(「イスラームのシャリーアの諸原理とは，一般的根拠，根本的原則，法学的規則，およびスンナ派法学において，そしてより広いコミュニティにおいて有効とされる法源を含むものである。」)		序文,「1」,「2」,「4」
イラン (1979 年 憲法, 1989 年 改正)	ジャアファル派（シーア派）	「2」,「4」,「10」,「72」,「85」,「94」,「96」,「105」,「170」	「12」,「61」,「156(4)」,「167」,「170」	序文,「1」,「3」,「5」,「11」,「12」,「14」,「20」,「21」,「24」,「26」,「27」,「28」,「44(3・5)」,「49」,「67」,「91」,「93」,「107」,「109」,「110」,「112」,「115」,「121」,「144」,「147」,「151」,「168」,「171」,「177(5)」
イラク (2005 年 憲法)	ジャアファル派（シーア派）	「2(1a)」	「92(2)」	「2(2)」,「3」
ヨルダ (1952 年 憲法, 2011 年 改正)	ハナフィー派		「98」,「103(2)」,「104(1)」,「105」,「106」,「109(1)」	「2」
クウェー (1962 年 憲法)	マリーク派	「2」,「18(2)」		「2」,「12」
リビア (2011 年 暫定憲法, 2012 年 改正)	マリーク派	「1」		序文,「1」

第2部　人間と法の探究：法哲学・法社会学・法人類学

マレーシア (1957年憲法, 2006年改正)	シャーフィイー学派			「5(4)」,「121(1A)」,「145(3)」,「第9付則：I(4a)」,「表II(1)」	「3」,「11(4)」,「12(2)」,「34(1)」,「42⑽」,「76(2)」,「97(3)」,「150(6A)」
モルディブ (2008年憲法)	シャーフィイー学派		「10」,「16(a·b)」,「59(a)」,「70(b·c)」	「16(c)」,「142」	「2」,「9(d)」,「10」,「16(a·b)」,「19」,「27」,「36(c)」,「59(a)」,「67(f·g)」,「73(a)」,「90」,「100(a)」,「109(b·g)」,「130(a)」,「149(b)」,「246(a)」
モーリタニア (1991年憲法, 2012年改正)	マリーク派		序文		序文,「1」,「5」,「23」,「94」
モロッコ (2011年憲法)	マリーク派				序文,「1」,「3」,「7」,「64」,「41」,「175」
オマーン (1996年基本法)	イバディ派		「2」,「11(1)」		「1」,「2」,「5」,「10」
パキスタン (1973年憲法, 2011年改正)	ハナフィー派		「227から231」	「203C」,「203D」,「203E」,「203F」,「203H」	序文,「1(1)」,「2」,「19」,「31」,「37(h)」,「40」,「41(2)」,「62(1)」,「91(3)」,「175A；付帯条項2A（「目標決議〔Objectives Resolution〕」）,「第3付則42·91(5)」
パレスティナ (2003年基本法, 2005年改正)	ハナフィー派		「4(2)」	「101(1)」	「4(1)」
カタール (2003年憲法)	ハンバル学派		「1」,「51」		「1」,「9」,「10」,「74」,「92」,「119」
サウディアラビア (1992年基本法)	ハンバル学派	「1」：サウディアラビア王国は主権を持つイスラーム・アラブ国家である。国家の宗教はイスラームである。その憲法は全能の聖典たるクルアーン, および預言者のスンナ（言い伝え）である。「55」：国王は, シャリーアに沿って, 国家を統治するものである。また, 国王は, シャリーアの実行を監督するものである。他所としては「57」,「67」をみよ。	「46」,「48」		「1」,「8」,「17」,「23」,「25」,「26」,「29」,「45」,「57」

ソマリア (2012 年 神聖憲法)	シャーフィイー学派		「2(3)」,「3(1)」,「4(1)」	「109B(2)」	「1(2)」,「2(1・2)」,「17(2)」,「30(8)」,「42(1)」,「15(5)」,「40(2・4)」,「41(2)」,「88(a)」
スーダン (1998 年 憲法)	シャーフィイー学派／ハナフィー派		「65」,「139(3a)」		「1」,「16」,「18」
シリア (2012 年 憲法)	ハナフィー派		「3」		「3」
チュニジア (2012 年 憲法草案)	マリーク派				序文,「1.1」,「46」,「9.3」
アラブ首長国連邦 (1971 年 憲法, 2004 年 改正)	マリーク派		「7」		序文,「7」,「12」
イエメン (2001 年 憲法)	シャーフィイー学派／		「3」,「23」,「47」		「1」,「2」,「7(a)」,「21」,「31」,「106(d)」

◆ 第3部 ◆
千葉正士先生の学問的足跡

『人間と法——法主体の一考察』（丁子屋書店，1949 年）

薗　巳晴

　千葉の初期の著作の一つである。大学院時代に執筆されたものであるが，千葉の学問や理論の全体像を理解するために欠くべからざる重要な著作であるといえる。僣越ながら，優れた学者は若き時代に，その問題意識が最も先鋭化され，以後の研究業績の核心となるような重要な視座を提起することが多いように思う。本書はまさに千葉のそれである。比較的短編の著作であるが，読んでいると研究を志す若き日の千葉の熱い息づかいを間近に感じることができる。

　序文冒頭から「法とは何ぞや」の語り出しで始まる本書は，まずもって千葉の法哲学者としての側面を読みとるための好著であろう。本書全体を通じ数多くの西欧および日本の法学者，法哲学者を引用し，きわめて明快に論評を展開した上で，千葉の見解の中に再配置され統合される様は，読み進めるうえでも躍動感があり心地よさを感じるほどである。しかし，ここでは千葉の法文化論，多元的法体制論に連なる業績を探求し理解する上での本書の重要性を強調しておきたい。

　本書において千葉はまず人間と法の関係について理論的に考察すると，観点の違いから「法に見られる人間」，「法を作る人間」，「法を与えられる人間」の三種の様態があることを指摘する。第一に，「法に見られる人間」は現実の人間に基づきつつも，法の類型化，抽象化の性格によって，現実の人間とは異なる「当該社会における日常的平均人」として切り取られたものとして存在するという。第二に，「法を作る人間」は，多面的な現実的人間の一面としての「法を求めて思惟する人間」として存在し，その人間は理念を求め，特に個人と全体，個人と社会との緊張に悩みながら正義の見解や世界観を争う者として捉えられる。第三に，「法を与えられる人間」は，法を規範として実践を要求される形で与えられ，「法に見られる人間」の類型に合致する実践を行う人間として存在し，これもまた現実の人間の一面であるとされる。この「法を与えられる人間」は，相対立する「生ける現実の人間」と「法に見られる人間」の両極を結合する実践的な契機であるとされ，この実践によって法秩序が形成され，またそのような法秩序の中で，受動的側面においては「受範者」として，

第3部　千葉正士先生の学問的足跡

能動的側面においては「遵法者」として生きる人間として捉えられるという。

　法との関わりにおける，この人間の三種の様態は，別個にそのような種別の人間が存在しているという意味ではない。特定の社会を形成する生ける現実の人間を異なる観点から，言わば多層的，多側面的に把握したときに，このような三種の様態から捉えられるということである。そして，「同一の現実の人間として存在しながら，あるいは法に見られ，これを作り，しかしてあるいはこれを与えられる」という「一つのものの三様相」を統一的に把握するために，人間を主体とする考察，とりわけ実践的主体として捉えるべきことが提唱される。

　法の実践的主体たる人間について千葉は，その実践的・主体的性格と社会的・歴史的性格を対立するものではなく，実践によって歴史的社会を生み出し，また自らの存在を歴史的社会に存在可能にする関係にあることを強調する。法においては「法を与えられながら，これを能動的積極的に実践してゆく人間」つまり「遵法者」がその主体性を有し，「遵法者」の自由な法の主体的実践によって法秩序を生み，これにより社会が維持形成されるとみる。そして全体としての法秩序への変移点において法主体はすなわち社会であると捉えられ，実践を通じた「遵法者としての人間」と「法主体としての社会」の同時存在性を指摘するのである。

　本書で千葉は上記のように，人間と法の関わりの様態を複合的に提示した上で，人間の実践的主体性において有機的・統合的に理解し，かつ実践的契機から法秩序や社会の維持形成をきわめて動態的に認識するための壮大な理論構想を提起している。本書で示された法主体の考察はやがて「人間的法主体」と「社会的法主体」として概念化され，とりわけ後者の理論的展開の中で千葉の法文化論が構築されていくこととなる。

　千葉の法文化論や多元的法体制論は，その法文化の認識が静態的であるとか本質主義的であると評されがちであったが，それはおそらく千葉の学問あるいは理論構想の全体像を十分に汲み取った上での理解にはならないだろう。本書はやや荒削りな印象を抱く面もあるが，むしろそれ故に千葉の活き活きとした学問，理論の全体構想を垣間見ることができるものである。千葉自身，後に『アジア法の多元的構造』において本書の一節を引用しながらこれを「法主体論の宣言」であり，以後の学問はこれを展開したものであると述懐している。千葉の法文化理論を深く探究する上でも，また千葉の学問の新たな多様な読みを見出す上でも，常に立ち戻るべき著作である。

主要文献案内

『学区制度の研究——国家権力と村落共同体』（勁草書房，1962 年）

宮 下 克 也

　明治 5（1872）年に初等教育制度としての小学校制度が創設され，学区制度が施行された。学区は児童と生徒の通学地域および設置区域を示すと同時に，小学校の設立維持の法的責任を負わされた設置主体でもあったため，住民の社会生活のあり方に影響を与えることになった。本書は学区制度と村落共同体の関係を「動態的」にそして「実地・実際」のレベルで分析したものである。

　本書は 4 編構成で，序節「学区制度研究及び法社会学的意義」，第 1 編「学区制度の変遷，第 2 編「学区制の実施にともなう村落共同体の解体再編成」，終編「整理と展望」となっている。本書は千葉の博士論文でもあり 489 頁にも及ぶ大著であるが紙幅の都合上，各編の概要をごく簡潔に紹介したい。

　まず，序節では本書の意義・目的として，①学区導入がもたらした村落共同体の解体・再編過程の分析による動態的村落構造論，②新国家体制の整備における封建的な村落共同体の処理策として学区の持つ重要性，③地方制度とは別に開始された学区制度が次第に地方制度に統合される過程，④法の定立および施行の過程，以上 4 点が挙げてられている。これを受け第 1 編において学区制度の諸概念が整理され，一方で千葉のいう〈実地・実際〉において見せる施行の諸相が資料によって分析されている。第 2 編は，前編で言及された学区制度の変遷，そして村落構造の変化に関する本格的な事例研究が展開されている。

　そして終編で総括される。明治新政府は地租改正により資本主義展開のための財政的基礎を固め，戸籍制度を通して人民の直接的支配を図るが，それらの実現には「封建的人間を新政権の支持者にふさわしい人間に改造すること」が急務であった。そのため新政府は封建的な「旧村の行政的機能を奪う」ために創設した地方制度としての戸籍区とは別に，「旧村共同体にしばりつけられていた住民を，共同体の枠をこえて把握」する目的で学区制の末端機構として小学区をおいた。当然，旧村からは「反撥」があり，また，明治新政府には財政的にも人材的にも小学校を設置・運営する基盤がなく，旧村体制に依存せざるをえず，学区取締などの要職には封建的性格を受け継ぐ地主層や地方名望家などを起用する状態であった。すなわち，新政権は封建的旧村と対決しながらも，

303

第3部　千葉正士先生の学問的足跡

「実地・実際」においては旧村のシステムを活用することになり，結果として地域には封建的な旧村，近代的な戸籍区，小学区という重層構造が存在するようになる。だが，区戸長による学区取締役の兼任などにより，しだいに学区は地方制度との関係を深くし，最終的にはそれに吸収されることになった。千葉はこの過程を「権力は，現実と妥協しながら，自己の意図を整理し推進していった」と評している。

　ここで本書の意義を整理したい。千葉は日本の法学における法解釈学中心の姿勢，換言すれば，立法過程，とくに実施過程の軽視の姿勢に言及している。「国民全体の利益のために合理的な調整の結果」として立法事業を完遂するために，立法において作用する社会利害関係と政治的対抗関係との合理的調整操作の必要性を指摘する。そして，そのための方法論が「既存あるいは過去の法を実施過程において理解する」ことだとしている。本書はまさに過去の法の定立と実施過程の動態的研究モデルとして位置づけることができる。

　また，本書の魅力は一見するとニッチな（隙間にある）テーマである学区制度を普遍性の高い研究にまで昇華させた千葉の手腕である。千葉自身が本書で述べているが，実は学区制度は封建制から近代化国家への移行過程における村落共同体の解体・再編の主要な法律的要因の「多数のうちの一つ」にしかすぎず，むしろ法社会学が従来研究対象としてきた農地・林野・漁業などに関する所有と利用の諸法制や地方制度の方が要因として重かった。法社会学においてもニッチなテーマといえるかもしれない。しかし，学区という研究上の隙間から「法は，国家権力と社会的諸勢力との対抗関係の中において定立され適用され，そして反対に両勢力に反作用をくわえ，自己自身をそのあたらしい対抗関係の中で作り上げる，という過程をとる」というグランド・セオリーを導きだす方法論こそが，千葉の法社会学の魅力ではないだろうか。というのは，千葉は科学的方法論の瑕疵に言及し，科学の発達に付随する「分化」により「統合の点」が行き届かなくなり，「対象のかんじんのいきた姿をいつのまにか失い，死物をきりきざむ結果におちいっている」と懸念を表しているからだ。学区制度を単なる概念上の教育行政制度として停めるのではなく，教育史学，政治学，地方制度史学，行政法学，そして社会学（村落論）などの諸分野を「統合」することによって国家権力と村落共同体の対抗関係のダイナミズムをあぶり出した。このような点で，本書は方法論批判の研究としても評価できる。

主要文献案内

『現代・法人類学』（北望社，1969 年）

石田慎一郎

　本書冒頭で千葉は，ミネソタ大学留学時に師事したE・アダムソン・ホーベルに，「この世界にふみこむ契機を与えられたこと」に対する特別な謝意を述べている。千葉は，法人類学の可能性に加えて，研究の方法についてもホーベルから多くを学んでいた。法人類学の業績で著名なホーベルは，精力的に書評論文を執筆した研究者でもあった。本書は，日本・ドイツ・イギリス・アメリカにおける法人類学研究の発展を紹介したものであるが，それは膨大な文献を読む作業によって可能となった仕事である。海外をみても，現在に至るまでも，法人類学研究における重要文献の詳細なレビューを本書ほど網羅的におこなった著作はない。イギリス法人類学がアフリカ研究を土台に発達したことを反映して，アフリカ法研究の初期の動向を知るための手引きとしてさえ有用である。だが，本書は先行研究の平板な紹介につきるものではない。重要著作の具体的内容を紹介するとともに批判的コメントを加えている。さらには，目指すべき法人類学の姿を説く千葉独自の提言もある。

　千葉は，まず日本における法人類学の発展を三つの時期にわけて回顧する。すなわち，(1)明治大正期はイギリスおよびドイツにおける当時の人類学・民族学の成果を取り入れた法律進化論（とくに穂積陳重），(2)昭和戦前期は文献目録の作成や翻訳を含めた海外の研究文献の紹介（とくに中川善之助，平野義太郎）および日本・台湾・中国・ミクロネシアなどにおける慣行調査（とくに中川，末弘厳太郎，増田福太郎），(3)戦後はブロニスラフ・マリノフスキーを理論的基礎とする法人類学研究の本格的成立（とくに杉浦健一，青山道夫）を特徴とする。だが，千葉は，戦後日本の法人類学研究にはマリノフスキー以降30年の「空白」があったと認めている（11頁）。もっとも千葉は，この間に発表された社会人類学および法社会学における実証的な慣習法・固有法研究の重要な成果を見過ごしているわけではない。だが，千葉は「法自体の内蔵するメカニズム」を分析する研究をとくに高く評価し（49頁），人類学的視点による新たな法理論を構築する学問として法人類学を方向付けていこうとする立場をとる。日本の法人類学に「空白」が生じていると指摘したのは，そうした観点からの

305

第3部　千葉正士先生の学問的足跡

見立てによるものである。

　法自体のメカニズムを探求した法人類学上の業績として，千葉が特筆して評価するのは，ヘンリー・メイン，マリノフスキー，ホーベル，そしてマックス・グラックマンである（50頁，264頁）。メインについては法の変化のメカニズムを擬制・衡平・立法の三つの方法に認めたこと，マリノフスキーについては互酬性の原理と法的規制均衡のメカニズムを観察したこと，ホーベルについてはウェスレー・ホーフェルドによる権利義務関係の図式を人類学研究に応用したこと，グラックマンについては法運用における「条理にかなった人間」の規準に着目したことを挙げている。

　本書刊行後の千葉の仕事に照らすと，上記四名の理論的貢献に加えて，千葉自身が強調するとおり次の三名の議論がとくに重要である。すなわち，(1)A・R・ラドクリフ＝ブラウンのサンクション論および法の正当性を支える「大衆の感覚」をめぐる議論（118-121頁），(2)マイカル・バーカンによる「目にみえない調停者」の役割についての議論（224-228頁），(3)ローラ・ネイダーによる法人類学方法論をめぐる4つの批判（258頁）である。補足すると，(1)の第一点については千葉の後のサンクション論の基礎づけとなったこと，第二点については千葉の社会的法主体（の主体性）論と親和性が高いこと。(2)については法の働きを権力による強制や当事者による交渉に還元せず，秩序維持における法のシンボルの役割——文化としての法——に着目するきっかけを与えたことである（262頁も参照）。千葉は後に『法と紛争』でバーカンに言及し，紛争処理における第三者的介入者の一類型として「非人格的介入者」の存在を挙げた（同書73頁）。(3)についてはネイダーの議論のうち理論構築と歴史的手法への要請にとくに注目する。それは千葉がホーベルから学びとったことでもあり，後に日本法の歴史的発展を念頭におきながら法の多元的構造についての理論構築を目指したことにも繋がっている。千葉は，歴史とは，研究者にとっての第三者的問題ではなく，歴史の渦中に生きる主体としての人間にとっての当事者的問題だと述べている（257頁）。

　最終節では，法固有のメカニズムを探究する人類学的法理論および文化としての法を探究する法文化論への要請とともに，欧米および日本の法人類学が植民地的状況のなかで発達してきたことに対する反省（258-261頁）と，それをふまえての日本の法人類学に期待される役割（272-274頁）に触れた千葉独自のメッセージを記している。

主要文献案内

『祭りの法社会学』（弘文堂，1970 年）

森　正美

　本書は初期の著作の一つであり，論文初出は 1950 年代から 60 年代である。本書は祭り研究の書であるが，その内容は日本における民俗学的な祭りの研究成果を踏まえつつも，その射程を超える関心と視点を有している。千葉は，民俗学的研究の祭りのイデオロギー性や機能に関する考察不足や祭りの社会経済政治的背景を看過する危険性を指摘し，法社会学的に祭りを考察した。

　また，本書の構成や考察の随所に，その後の千葉の三ダイコトミー論や多元的法体制論への理論的展開の萌芽を読み取ることができる。千葉は戦後高度経済成長による社会変化の只中の当時の日本で，戦前からの民族学，社会学，日本史学の文献も参照しながら，とくに村落における現地調査に基づき「生ける法」としての祭り研究を通して，「法の概念」の問題など法社会学的テーマに迫ろうとした。社会の現状に基づく分析に立脚し，実際の社会現象を理論的に捕捉できる概念を探求し続けるという千葉の研究姿勢がすでに明確である。

　千葉は，祭りの法社会学的問題性として以下の 5 点をあげている。第一は，祭りの習俗が持つ原始規範としての意義である。第二は，原始規範とまで古くはさかのぼらなくとも，前近代的な法の一要素しての祭りの慣行を検討する意義であり宗教規範としての祭りを理解することである。第三は，大日本帝国憲法下での実定法上の制度に位置付けられた祭りとくに国体観の基礎となった神道イデオロギーなど，法律上の祭祀制度についての科学的再検討の必要。第四は，村落における生ける法としての問題として村落行事の祭りを考察する重要性。最後に村落だけでなく，都市部を含む日本社会全般の生ける法としての祭り研究を実施し，法意識一般，法理念一般，わが国特有の法思想・法意識の問題として祭りを，十分検討批判しなければならない，としている（8-13 頁）。

　以上のような問題設定を示した序説に続き，第 1 部「社会組織と祭り」には，祭祀組織の諸類型，祭りの祭祀組織の変遷の 2 章がおさめられ，第 2 部「時の経過と祭り」には，年中行事と通過行事の 2 章がまとめられている。第 1 部では，祭祀組織や集団を中心に議論が進められている。法社会学的に詳細に検討されているのは，氏子の権利義務についてであり，祭り実施に際しての神職の

307

第3部　千葉正士先生の学問的足跡

専門家化や神職以外の人々の仕事の分担と専業化，それに伴う氏子の権利義務
の発生とその内容の変遷を整理している。その上で，氏子の権利義務が金銭化
することによる課題についても論じており，村落単位での祭りの実施や祭祀組
織の維持という現在にも通じる課題が示されている。第2部では，国内の民俗
学的な資料はもちろん人類学的資料も駆使し，年中行事やライフステージごと
の人生儀礼としての通過行事（人類学的には通過儀礼）として世界各地の事例
との通文化的比較検討もおこなっている。そして，時代変化の中での政策との
関係なども視野に入れた分析から，自然性，イデオロギー性，社会性，権力性
という通過行事の4つの構造的原理を抽出している。

　第3部「国家政策と祭り」は，組織−規範−政治の関係性を，祭りを軸に分
析考察したものであり，戦後間もない時期に，大日本帝国憲法下との比較もし
ながら，市町村や国家と神社などの法的行政的関係について論じた大変興味
深い内容となっている（第5章「国内統治――一市町村一神社の理念と総鎮守の制」）。
旧来の氏子区域は法律上の制度としては一旦姿を消したが，それを元に行政区
域再編をおこなった市町村も少なくなかった（246頁）という事実があるなど，
近代・個人的な原理だけではなく，先に述べた4つの構造原理のような複数の
原理が，国家の内部に多元的に（千葉は本書でこの語は用いていないが），機能
していると読み解いている。

　さらに第6章「海外発展――東亜支配イデオロギーとしての神社政策」では，
抽象的観念ではなく具体的現実的な制度＝神社制度として広く浸透した，明治
政府による祭政一致の政治理念であるイデオロギーが，外地とよばれる日本領
土であった地域に海外発展していった過程を分析し，日本という国家の海外に
対する政治イデオロギーとともに，神社制度そのものの性質についても考察し
た。その上で，「政府によって作り出された政治的イデオロギーは，長い歴史
の伝統に基づいている民間信仰あるいは民間伝承としての神社には，むしろ迷
惑千万な政治的干渉であった」（277頁）と述べている。このような視点は，そ
の後の固有法−移植法のダイコトミーを措定する視点と通じているように思え
る。また終章で主に心意という語で表現している祭りや神，信仰についての
人々の態度や選択は，その後の主体論の議論に繋がる。以上のように，本書は，
千葉理論の原点の一角を占める重要な一冊となっている。

308

主要文献案内

『法人類学入門』（編訳，弘文堂，1974 年）

荒 木 　 亮

　本書は，千葉が 1967 年から 1968 年にわたって東京都立大学大学院で担当した法人類学ゼミにて取り上げた論文を集めた，いわば法に纏わる人類学的研究のリーディングスである。演習が開始された 1967 年とは，ちょうど千葉がミネソタ大学での留学（1965 年 – 1966 年）を終えて帰国したその翌年にあたる。留学時代に指導を受けた法人類学者 E・アダムソン・ホーベルの仕事が本書に採録されていることからも推察されるように，同演習とその基となるテキストをまとめた本書の刊行に至る一連の仕事とは，――なにより，本書の訳者の多くがその受講生であったことに鑑みると――，千葉にとって留学時代に学んだ欧米の法人類学を日本に紹介するひとつの舞台であったように思える。

　本書は 3 部構成で全 14 章から成る。各論文は主に英米圏の人類学者によって書かれた論文ないしは図書の一部であるが，千葉が本書の末尾に付した「解説」を読むことで各々を採録した意図，ひいては当時の千葉が有していた「法人類学」という学問分野へのまなざしが浮かび上がってくる。「解説」の冒頭に「法学といえば，典型的には，現代社会の組織化された国家法を対象とする解釈学のことだと理解され」ていること，一方で「人類学とは，現代社会とは異質な未開社会の諸文化を研究するものと考えられ」ているという双方の学術的特徴を挙げつつ，けれども「国家法も，その機能には社会の諸情況はもとより諸種の文化が必然的に影響を与えている」こと，そして「人類学も，（中略），各部族・民族の特有の行動様式や価値体系だと理解すると，未開法はもとより現代社会もその産物である国家法も，その視野のなかに入ってくる」という両学問の隣接関係を指摘する。

　本書に通底するモチーフ，あるいは千葉の問題関心とは「法学と人類学の接触交流」が秘める可能性の明確化に尽きるだろう。そして本書は，採録された人類学者の仕事に依拠しつつ，両分野における学術交流の実績を（人類学の側から）跡づける内容となっている。各論文は，いずれも人類学（者）が法という対象をいかに捉えてきたのかをテーマとしており，それらを 3 つの部に区分した構成は，各論文が立脚する視座（視点）によって大まかに整理したまとまりと言える。まず第 I 部「人類学は法をどういう方法で研究するか」では法へのアプローチ方法，すなわち研究対象として法をいかに位置付けるかを人類学的視座から検討したものだ。そして，このような自文化，および異文化や未開社会における法についての人類学的視座を検討した仕事に対して，次なる第 II

309

第3部　千葉正士先生の学問的足跡

部「人類学は法をどのように観察するか」では，人類学的研究の根幹に位置づけられる参与観察（フィールドワーク）とそこで得た資料（データ）を法として対象化することが検討される。すなわち，文献資料に基づき検討するのではなく，端的に言えば無文字社会や成文法を持たない社会におけるタブーやサンクション，所有権や犯罪，紛争と裁判，さらにはリネージ体系や政治組織を手がかりとして法体系を検討した人類学的研究が紹介される。そして参与観察で得られた個別の事例は，人類学的な視点からすると各地域社会における法の固有性を示すものだと言えるが，最後の第Ⅲ部「人類学は法をどのように法則化するか」では各々の地域にある法を一般法則として理論化する研究を紹介している。この「理論化」に関して，本書では「機能」という点から論じた人類学者の仕事に着目している特徴が挙げられる。これは人類学における機能主義的手法を反映しつつ，社会統合や秩序維持，紛争の処理や解決手段としての役割を果たすサンクションや法の「機能」を，異なる社会・文化の比較を通じて類型化すると同時に，共通性を整理することでその普遍的側面を理論化していくものである。

　本書は1963年までに刊行された法人類学に関する業績によって構成されている。「編者はしがき」で千葉自身が述べるように，本書が発刊された時点（1974年）でも法人類学の水準は「より詳細な点で進んで」いる。けれども，現在のオーソドックスな人類学的研究——最初に研究テーマとなる事象へのアプローチ方法や位置づけを定義・措定し，次に参与観察によって現地社会における当該事象のじっさいのあり方を探り，最後に他地域における事例との比較検討を通じてその事象の固有性と普遍性を明らかにすること——に鑑みると，本書の構成のような道筋を辿って，研究テーマを検討するという営みに大きな変化はない。したがって，本書を通読する意義と法人類学の基礎文献としての本書の役割は，刊行から40年を経た現在でも決して失われていない。

　ただし，かつては「未開」とされた地域・社会においても，急速に欧米近代的な法制度が整備されつつある。そして人類学の議論でも「機能主義」という対象の社会（コミュニティ）を静態的に捉えた分析枠組みへの批判は為されて久しく，寧ろ焦点は当該社会における慣習といった固有法と（千葉の言うところの）移植法や国家法とのせめぎあいや関係性に向けられている。したがって「法学と人類学の接触」は，法理論という抽象的・理論的なレベルでの比較・検討に留まるのではなく，よりローカルなレベルにおける人々の実践を分析する際にも有益な視座となろう。では，そのような変化を射程に捉えた「法人類学」とはいかなるものなのか。その問いを探究するにあたって，千葉の後の仕事，さらに千葉に影響を受けた研究者によって千葉理論を発展的に踏襲した論考の集積たる本追悼論集はひとつの有益な手がかりとなるだろう。

主要文献案内

「法と文化」（法律時報連載記事，1977 – 1978 年）

北 村 隆 憲

　「法と文化」は，『法律時報』に 12 回にわたって掲載された連載記事である（『法律時報』49 巻 6，8，9，11 – 13 号，50 巻 1 – 6 号，1977 – 78）。千葉は生前にこの連載を一冊に刊行する希望を持っていたが，ついに果たされずに終わった。

　千葉は，1965 – 66 年に，人類学者 E・アダムソン・ホーベルと社会学者アーノルド・ローズのいた米国ミネソタ大学に研究留学で一年間滞在し，ローズからは紛争の社会科学理論を，ホーベルからは法人類学の存在を教えられた。特に後者は千葉のその後の，法の文化理論へと至る学問的軌跡を決定づけるものであった。そうした千葉の "人類学的転回" 後の視点から，初めて「法と文化」に関連する法哲学・法思想史・法社会学の従来の諸理論を批判的に再構成し，非西欧法を含む比較法文化理論を目指したものが本連載である。

　本連載全体の目的は，千葉の言葉によれば「法と文化の問題を科学の集中的テーマとして特定し，その問題の体系に概念図式を構成すること」とされる。連載の構成とその概要は次のようである。「Ⅰ：法学的論議」，では，「法と文化」の問題が従来の法哲学・法社会学では特定テーマとして認められてこなかったことが批判的に示され，「Ⅱ：行動科学的論議」では，文化人類学における文化論が参照された上で，「Ⅲ：西欧法思想史再考」では，法思想史学や従来のいわゆる法意識研究の西欧中心主義が批判的に検証される。こうした従来の法哲学，法社会学における「法と文化」理解への批判的読解に基づいて，より具体的に「Ⅳ：法意識研究の課題」では，日本的法意識と対照された西洋の法意識と言われるものが現実の意識ではなく理念としての法意識にすぎないことが指摘されて，西欧社会・非西欧社会の法意識の原型を見出す課題が設定される。そして，「Ⅴ：法意識の類型比較試論」では，さらに具体的な資料に基づいて，日本・西欧・アフリカにおける法意識の原型がそれぞれ「確定性」，「柔軟性」，「不確定性」として析出され，各社会特有の「機能補完概念」の媒介により，多様でかつ同定可能な各社会の現実の法意識が現れるとする千葉の「法意識」理論の概要が示される。「Ⅵ：アメーバ性日本的法意識」では日本的法意識が「アメーバ性」と特徴付けられ，その分析的な構造が示され

311

第3部　千葉正士先生の学問的足跡

る。そして，以上のような法文化の問題を包摂できる「法」の概念が探求され（「X：法の概念」），「一国家内において現実に機能している法の全体」として「原理法・公式法・非公式法」という三元構造をなすという作業仮説が示される（「XI：法の三元構造」）。そして最後に，「XII：残された問題」として，文化の諸変数（役割・サンクション・シンボル・価値・文化体系・文化的権威）の一定の特殊型としての法という仮説が示される。また，その途上では，「シンボル体系としての法」という新たな文化論的なアイデアが示されて（「VII：「法とシンボル」の問題」），文化人類学，民俗学，社会学からの知見が利用され，法的シンボル（「VIII：法のシンボル」）や法の象徴的機能（「IX：法のシンボル作用」）という新たなトピックを「法と文化」の問題の中に位置づける。

　このように，本連載は，「法と文化」に関わる従来の法律学・法哲学・法社会学におけるアプローチを体系的に批判した上で，法意識の類型論と法のシンボル論という具体的なデータ・知見の整理・分析をよりどころとして，「法と文化」の問題を議論するための独自の概念枠組みを提案するものとなっている。

　千葉はこの連載の試みを「不徹底」であると自己批判しつつも，「それを試みて可能であることを読者に示すならば，……読者がこの不徹底を批判してその先に前進しようとする意欲をかきたててくれるような試みをすることが，そう主張するものの責任だと考えた」と述べる。本連載の内，「アメーバ性日本的法意識」と「法意識の類型比較論」は，13年後の著書『法文化のフロンティア』（成文堂，1991年）の，それぞれ第5章と第7章としてほぼ同じ形で再録された。「法の三元構造」の考え方は，その後，「公式法／非公式法」「法規則／法前提」「固有法／移植法」とこの三原理を統合する上位原理として「アイデンティティ法原理」という三対の六概念から成る，より洗練された著名な千葉理論へと修正・発展されることになるものの，この連載の時点ですでにその後の法の文化理論としての千葉理論の全体像が未完成ながらも示されるとともに，斬新な着眼であり今後の発展が期待される「法とシンボル」の問題の全体像が初めて系統的に展開されている点においても，千葉理論理解の上で独自の意味をもつ著作物といえるだろう。単行本にはならなかったものの，ほぼ10年後に学部の法社会学のテキストとして出版された『法社会学』（成文堂，1988年）の多くの部分にこの連載における研究が生かされている。

主要文献案内

『法と紛争』（三省堂，1980 年）

久保秀雄

> 私が法の研究を志したのは，法が自分には不可解だったから，いや正直に言うと法を好きになれなかったからであった……それにもかかわらず，「社会あるところ法あり」で，現に自分自身の日々刻々の生活も，実は法にとり囲まれてしかありえない。そう気がついたとき，ちゅうちょなく，そういう法とはどういう正体のものなのか，確かめてみたいと考えるようになった（2 頁）。

　冒頭に引用したパーソナルな語りから始まる本書には，法の正体を確かめようと法哲学を志した千葉が，観念論的であった法哲学から，経験科学である法社会学・法人類学へと研究を展開していった 30 年以上に渡る軌跡がまとめられている。

　千葉は法の正体を探究する出発点において，法哲学者の恒藤恭に影響を受け，法を事実や社会との接点に着目して考察する道を選ぶ（第 8 章）。そして，戦後日本で生じた法社会学の波に乗って，「人びとの日常生活の中で重要な機能をいとなんでいる法的な権利・制度を，まず社会現象として把握し，これに社会科学的な観察・分析をほどこし，理論化をはかる」ことを自らの課題とする。

　ただし，一般的に法社会学は「実定法上の，それも法律体系上重要とされているもの」を中心的に取り扱うため，より原生的で人びとの日常生活に即した視点をとる法人類学に千葉は依拠する。とりわけ人類学者E・アダムソン・ホーベルの『法人類学の基礎理論』（*The Law of Primitive Man*, 1954）から「秩序維持の任務を持つ法の相手が紛争である」ことを学び，また，ホーベルが法学者カール・ルウェリンとともに著した『シャイアンの習俗』（*The Cheyenne Way*, 1941）から紛争事例研究の重要性を学ぶことになる（4-5 頁）。そしてここから，法を紛争とともに探究する本書の意図，すなわち，「法と紛争をあわせて説明する」社会科学的な理論を追究する取組みが導かれるのである（はしがき）。

　そもそも「社会あるところ紛争あり」となるので，紛争処理のために法が必要となり「社会あるところ法あり」となる。だから，法の正体を探る上でも，社会についての深い理解が必要となる。そこで，社会科学に依拠した社会理論の一環として法理論を成立させる。これが本書の狙いである。

　こうした狙いにしたがって社会科学的な視点から，まず第 1 部で紛争の理論的把握が，さらにその成果に基づいて，第 2 部で法の理論的把握が行われてい

313

る。紛争から法へ，という順序である。

　第1部「社会と紛争」は，「紛争理論研究略史」「紛争理論考察の前提」「紛争の基本構造」「紛争処理の基本性質」「「秩序と紛争の連続性」理論」からなる。ここでは，紛争やその処理過程を考察するための基本的な視点や検討すべき諸要因が整理されている。

　第2部「法と紛争」は，「法と紛争の連続性」「社会秩序としての法秩序」「社会的役割としての権利」「法的行動基準」「法的規制均衡メカニズム」からなる。ここでは，第1部の成果を踏まえて，他の社会規範と異なる法に固有の特徴が追究される。つまり，社会的なコンテクストにおいて紛争がどう処理されていくか，その過程を理論的に把握すること（第1部）を通して，法がもつ固有の働きを理論的に明らかにしようとする（第2部）。

　なお，第1部（紛争）と第2部（法）の架橋に寄与しているのが，紛争事例研究を拡張させた人類学者マックス・グラックマンの『アフリカの慣習と紛争』（*Custom and Conflict in Africa*, 1955）である。千葉は同書に着想を得て，法と紛争は対立することも融合することもあるので両者を連続的に捉えようとする。つまり，「紛争を惹起するものも処理するものも，規範なのである。そして，そのような規範の最も整備されたと言えるものが，法である」（66頁）と捉える。他の社会規範よりもより厳格な規範である法は，無定形な社会からより断絶するため（"一刀両断"的にもつれた紛争を処理しやすくなると同時に，かえって別の紛争を惹起しやすくもなり）社会との調整を図る必要性がより高くなり，多数の例外基準を内部に組み込み体系的な階層構造を発展させる。それが法に固有の特徴であると，千葉は結論づける。

　社会学者タルコット・パーソンズらによって「社会理論として法の一般理論を立てることは可能なのだという大きな希望」を与えられ（4頁），パーソンズの社会システム論以前に人類学が元祖であった役割理論や機能分析を用いて，社会科学的な法の理論化に挑戦したのが本書である。このような研究関心は，一方で法人類学的なアプローチを取り入れつつ他方でパーソンズの影響をより強く受けた棚瀬孝雄の法社会学理論と相通じるものがある（なお，本書の末尾には，特別に棚瀬による本書の解説が付いている）。

　また，本書の内容は，宮台真司の社会システム論的な法理論の先駆けだと位置づけることも可能である。なぜなら，宮台はパーソンズ以上にルーマンに負うところが大ではあるものの，本書第11章で詳細に引用されているマリノウスキー『未開社会における犯罪と慣習』（*Crime and Custom in Savage Society*, 1926）など法人類学の業績に依拠しながら，紛争を"手打ち"というかたちで処理する法の機能に着目することで法の理論化をはかっているからである。

主要文献案内

E・アダムソン・ホーベル『法人類学の基礎理論——未開人の法』
（千葉正士・中村孚美訳，成文堂，1984 年）
高野さやか

　本書は，法人類学者E・アダムソン・ホーベルによる 1954 年の著作の全訳である。原著者であるホーベルは，アメリカ人類学の発展に大きく貢献したフランツ・ボアズのもとで学び，またリアリズム法学を牽引したカール・N・ルウェリンとの共同研究などを通じて，おもにネイティブ・アメリカン社会を対象とした口頭伝承による「未開法」の研究に取り組んだ。本書のなかでホーベルは，法学の概念枠組みを用いて民族誌のなかの紛争事例を分析することで，「未開」社会における法のありかたと，その具体的機能とを明らかにしている。

　内容は三部構成で，第 1 部では基本的な概念の整理と，紛争事例研究という手法についての整理が行われる。ホーベルにとって法は，人々が理想像として描いてみせる規則ではなく，何よりも人々の行為のなかに宿っている。したがってそれを抽出するためには，怒りや侮辱といった負の感情があらわになる喧嘩，盗み，殺人などのもめごとについて，何が問題になるのか，そしてそれがどのように扱われたのかについての事例を収集・分析することが不可欠なのである。

　中心となる第 2 部では，七つの「未開文化」において，法に関するどのような前提があり，それらの前提が実際の紛争のなかでどのように作用するか，を記述する。対象となるのは，エスキモー，イフガオ，コマンチ，カイオワ，シャイアン，トロブリアンド，アシャンティの社会について書かれた民族誌の資料である。

　取り上げられている事例は幅広い。たとえばエスキモーにおいては，過酷な生活環境のもとで養える人数には限界があるという前提が幼児・老人殺しの慣行を正当化し，また成員間の緊張関係はしばしば歌合戦によって緩和される。またシャイアン社会では，部族の首長に紛争を調停する役割が期待されており，兄弟殺しが起きたさいに犯人を追放し，聖なる矢を更新する儀礼によってそれ以上の報復行為を抑制するという事例についても言及している。

　これをうけて第 3 部では，「未開から現代への法の発展と変化の一般原則を要約」（4 頁）することが目指される。社会が複雑化するのにともなって，個

315

第3部　千葉正士先生の学問的足跡

人や親族集団から政治組織へと法規範を維持する主体が移っていく，という変化に注目しつつも，ホーベルの関心は法の発達の諸段階を跡づけることにはない。一読しただけでは奇異にも思えるさまざまな事例を通じて，ホーベルは人間の歴史を歯止めのきかない報復や闘争の反復ではなく，法によって社会の秩序を守る試みの連続としてとらえ，今後の法のありかたを模索する。

　理論的枠組みとして法進化論の影響が強いことは，事例部分について，単純な社会組織（エスキモー）から，より複雑な政治構造（アシャンティ）へと配置していることからも見てとれる。訳者自身もあとがきで指摘しているように，現在の視点から本書を批判することもたやすいだろう。しかしホーベルのねらいは，すでに述べたとおり，成文法や司法制度のない社会で秩序が維持されていることの指摘や，法の発展段階の論証にとどまるものではない。初期の法人類学には未開「法」の存在を強調するという意義があったが，第二次世界大戦後の時期に書かれた本書はその先に，集団・個人間の利害対立がさまざまなレベルで先鋭化するなかで，どのように社会を維持し，人類共通の合意のありか（「世界法」）をどのように構想するか，を問うているのである。これは千葉自身の関心と深く響きあうものだっただろう。

　本書は，まず同時代の人類学者に対して法への注目をうながす内容を含んでいた。本書の原題『未開人の法』（*The Law of Primitive Man*）は，ホーベルの師であるボアズの1911年の著作『未開人の精神』（*The Mind of Primitive Man*）を意識したものだろう。そして訳者は翻訳の出版にあたって，「日本の法学者に人類学的な事実と問題点を紹介する任務が大きい」（382頁）ため索引を充実させるとともに，エールリッヒの古典的著作『法社会学の基礎理論』と対応するかたちで日本語題を付している。原著の出版から翻訳の完成まで30年，それから同程度の年数がたった現在までさまざまな試みが行われてきたが，ホーベルの「現代のわれわれは，長い人類史においてまたもや，法の役割が委縮・硬直した事態に直面している」（376頁）という問題意識は，時間の経過を感じさせない。二つの学問領域にまたがる本書の問いかけをどのように発展させていくのかは，課題として残されている。

主要文献案内

『要説・世界の法思想』（日本評論社，1986 年）

大塚　滋

　本書は，1964 年に出版された『法思想史要説』の全面改訂版である。いや，それとはまったく別な著作と言った方が正確かもしれない。

　その理由は，「対象を法思想史一般ではなくヨーロッパ法学史にかぎる」と自己限定していた前著を，「西欧法思想をあたかも人類唯一のものであるかのように扱っていた」として反省し，「新しい法思想観を樹立する」べく，その西欧法思想を相対化したうえで（第 1 編），現代世界でその西欧法思想と併存している非西欧法文化の法思想を，ほぼ同じボリュームの第 2 編で概観していること，しかも，それらをただ並べるだけでなく，比較対照してその特殊性と普遍性を正確に認識する「比較法思想史論」を構築する道筋を示そうとしていることである。その点で本書は，法文化論者である千葉の思想の歩みにおいてまさに一つの画期を成すものと言ってよいだろうし，このような，コンパクトではあるがグローバルな内容をもつ法思想史のテキストはおそらく本邦初であるから，我が国法学界にとっても長く語り継がれるべき金字塔であることは間違いない。

　本書は 2007 年に『世界の法思想入門』と改題して，講談社学術文庫から再刊されたが，その「あとがき」で千葉は次のように当時を振り返っている。

　1964 年の前著は「近代主義者か西欧文明信者の無知の産」だった。本書によって，自分の「目標は法人類学を新たに開拓すること」であることが明らかになったので，自分は，それ以降，人類学を「人間文化の学」と理解しなおし，それを携えて「人類社会の法を探る旅路」を歩んだ，と。

　本書出版までに『現代・法人類学』（1969 年）を含む複数の法人類学関係の論著，翻訳書を発表していた千葉が改めてそこに掲げる「目標」とは，それらの論著で確認された法人類学の「手法」で，対象を狭く法に限定するのではなく広く「法文化」と設定して，「国家法と非公式固有法とを止揚する理論体系」を構築することなのである。

　この目標は本書序論で詳細に宣明されている。法思想研究の現在の課題は，それを「比較法思想論」として展開することであると千葉は断ずる。ただその

317

第3部　千葉正士先生の学問的足跡

場合，「法思想」という概念はもはや従来の狭い西欧的な外延にとどまっていない。それは法体系，法秩序のみならず「法文化に関する思想」でもあると広く定義される。そして，その「法文化」も，人類学者ルース・ベネディクトにならって「法秩序の特徴としてあらわれた文化統合」と定義される。西欧，非西欧を問わず，このような法思想を観察・分析するための概念スキームとして千葉は，公式法・非公式法，法規則・法前提（法原理），固有法・移植法，という三ダイコトミーを提示し，それを道具とした「比較法思想論」の開拓に着手するのである。

　まず千葉は，従来誤って普遍性を担わされた西欧法や西欧法思想が，確かに「世界的に普遍的な移植が可能なほど高度に発達した」ことを認めつつも，他と同様，ローカルなものにほかならないことを確認することから始める。この西欧法思想を根底的に規定しているのは，自然界と人間界を区別するという宇宙哲学を本質とするギリシャ哲学，権利の概念や訴訟手続を発達させ法規範特有の世界を確立させたローマ法，そして，永遠法が自然法を通して人定法を導くのが神の愛だと信じるキリスト教であるとし，その成立と展開を追い，それが一方で様々な内在批判を受けながらも，広く非西欧諸国に移植されたことによって「世界的普遍化」，「国家法の国際化」を果たしたこと，それとともに，非西欧の固有法，さらには，人間の世界的な交流や交渉を規制する「世界法」との多元的法体制を現出させたことを指摘する。

　それに続いて紹介される「非西欧法文化の法思想」は本書の核心部分を成す。取り上げるのは，その固有の法体制を文化的に保持してきた社会の法思想だが，具体的には，契約の原理を本質特徴とするユダヤ，多様性を包容するイスラム，宇宙循環を貫くダルマを理念とするヒンドゥーと仏教，天命を原理とした中国，アメーバ的柔軟性を本質とする日本のそれである。それらの細かな内容をここに示す余裕はないが，千葉自身が言うように，西欧法思想に加えてこれらの非西欧法思想を1冊の教科書で通覧できるようにしてくれたことは本書の偉大な貢献であると言わねばならない。

　千葉は最後に，本書が比較法思想論としてはまだ不十分であることを認め，法思想史論の課題として，各法思想をそのものたらしめているアイデンティティ法原理を確認することを設定することで本書を閉じている。

主要文献案内

Asian Indigenous Law:
In Interaction with Received Law（編著，KPI，1986）
石田慎一郎

　本書でいうところの固有法とは，外部からの影響が及んでいない「純粋」な
固有法のことではない。法の移植プロセスにおいて外来の法に対峙する地域固
有の法を指示する概念であると同時に，移植法との交流関係のなかで新たに固
有法化していく歴史的産物としての法を指示する概念でもある。さらに，ここ
でいう外来の法に対峙する地域固有の法はそれ自体がすでに別の外来の法の影
響を受けている可能性があること，そして現代的な文脈で非西洋諸国に移植さ
れた近代西洋法が将来に固有法化する可能性があることをも念頭においた概念
である。千葉は，本書においては，とくに現代の法移植における西洋法と非西
洋法との関係を探究するために，西洋近代法を継受する以前に，それぞれの地
域で歴史的に形成されてきた法を固有法と呼んでいる。

　本書は，そのような歴史的産物としての固有法が現代のアジア諸国の国家
法においてどのような位置づけをもつかについて，エジプト（エル・サエド・
ヤッシン論文），イラン（M・アサード・ネザミ・タレシ論文），スリランカ（ニー
ラン・ティルッチェルヴァム論文），インド（ウペンドラ・バクシ論文），タイ（プ
レーデー・カセムサップ論文），日本（千葉正士論文）の六事例研究がそれぞれに
考察し，あわせて編者の千葉がそれらを総合する理論的考察を結論として提示
するものである。これら本書所収論文の具体的内容については，本書の結論に
おいて，また日本語論文としては 1988 年の論文「アジアにおける固有法と移
植法」のなかで，千葉自身が要約している。

　本書が国際的に参照される著作となったのは，評者の見立てでは，上述のよ
うな固有法の歴史的性質についての実証研究であることに加えて，あるいはそ
れ以上に，次の二つの問題提起をしたことにおいてである。すなわち，第一に，
現代の正統法学が，西洋法普遍論を前提にしていて，世界各地の法の多様な文
化的背景を考慮しない当時の現状を批判したこと。第二に，非西洋法の現実を
それぞれの文化的脈絡において理解するための新しい理論と方法の必要性を説
き，独自の理論的枠組みを提示したことにおいてである。

　第一の点については，正統法学は法の継受を研究対象としてきたけれども，
非西洋諸国の公式法体系のなかにいかにして西洋法が浸透していくかを探究す
ることに尽きており，移植法を継受する側の固有法の現実を観察しようとする

319

第3部　千葉正士先生の学問的足跡

ものではなかった。千葉は，このような西洋法普遍論を基礎とする近代法学の姿勢を批判的な意味で「主流法学」（model jurisprudence）と呼んでいる。これは千葉独自の用語として認知されつつあり，最近はこの概念を用いる文脈で本書を典拠とする研究者が少なくない。本書の各所で，千葉は，世界各地の多様な法システムは，それぞれを担う法主体が文化的アイデンティティを求める主体的な努力によって維持してきたものだと述べている。本書は，千葉が1988年の著作『法社会学』でもそう述べたように，主体的な努力の発露としての法の現実を把握しようとする試みでもあった。

　第二の点について，千葉は二つの理論的枠組みを提起している。ひとつは，法の全体構造を捉える仮説的枠組としての，公式法・非公式法・法前提からなる法の三層構造（three-level structure of law）である。もうひとつは，外来の法との交流関係（インタラクション）のなかで形成されてきたアジア諸国における法の全体構造をとらえるための，固有法と移植法の対概念である。また，本書の編集過程で得られた新たな分析概念としての三ダイコトミーを，結論の末尾に付した最終注で提示している。アイデンティティ法原理についても，本書結論において着想を記している。概念名称について付言すると，「三層構造」は，1980年の論文「日本における法の三元構造」では「三元構造」，1985年の論文「多元的法体制におけるフォークロー」では「三重構造」，1986年の『スリランカの多元的法体制』においては「三層構造」と呼称している。多元的法体制論についての初期の論考において「原理法」（basic law），あるいはロスコー・パウンド，E・アダムソン・ホーベル，あるいはハロルド・バーマンに倣って「法的前提原理」（jural postulate）と呼んでいたものを，本書では呼称のみ「法前提」（legal postulate）に修正している。

　本書は1986年12月に出版されたが，そもそもの出発点は1975年に箱根で開催された国際法社会学会にあった。そこから出版にいたるまでの紆余曲折については『法文化への夢』第16章において千葉自身が詳しく述べている。本書の書評は，*Malaysia Law Review* 誌（現 *Singapore Journal of Legal Studies* 誌），*Revue internationale de droit comparé* 誌，*Droit et société* 誌，*Journal of Asian Studies* 誌，*International and Comparative Quarterly* 誌，*Bulletin of Australian Society of Legal Philosophy* 誌（現 *Australian Journal of Legal Philosophy* 誌），*Journal of Asian History* 誌，*Journal of the American Oriental Society* 誌，などに掲載されている。また，本書は，Routledge から2009年にデジタル版，2013年にペーパーバック版が出版されている。

主要文献案内

『スリランカの多元的法体制——西欧法の移植と固有法の対応』
（編著，成文堂，1988 年）
梅 村 絢 美

アジア法叢書の 9 巻として刊行された本書は，1978 年に組織されたアジア固有法研究会の研究成果の一部であり，スリランカの国民生活において現に機能している法の全体の理解を通じてアジア諸国・第三世界の法を正確に観察・分析するための方法論に一つの礎石を築くことを目的としている。本書は，千葉による序論と結論に加え，人類学，法学，経済学，仏教学の 10 名の執筆者による各章から構成され，序論で提示される目的と方法論が，各章の執筆者による個別の事例において独自に展開・検証される。現地調査に基づく実例研究を方針とする当該研究会が対象としてスリランカを選定するにあたり，国の規模が小さく固有法と移植法との関係が典型的にみられる等の点が考慮された経緯があり，序論に続く総説では，スリランカでの調査経験のある 3 名の執筆者によってスリランカ法の背景が紹介される。

千葉による序論では，上記目的に接近するための二つの視角と，分析概念枠組みが提示される。一つ目の視角は，スリランカ社会における伝統的固有法の存在形態を，移植西欧法と伝統的固有法との複合として，その構造を把握するというものである。二つ目の視角は，西欧文化が育成した西欧法をスリランカの法文化のなかに還元し，これを法人類学的に考察するというものである（3 頁）。これらの視角は，西欧法の相対化と法文化への着目，非西欧国における国家法とフォークローとの二元構造と文化の相違に着目する多元的法体制という当時の国際比較法学会の主要テーマが意識されている。

本書では，伝統的固有法を正確に観察・分析するための適切な方法論の開発を課題のひとつとしており，そのための分析概念枠組として法の三重構造及び法の移植という二つの概念が提示される。法の三重構造とは，一民族社会の現に機能している法の全体を構成する，公式法，非公式法，法前提の三層からなる複合構造のことであり，公式法は国家法をはじめ「政治的統合体である国家の正統的権威により公式的に承認されている法」，非公式法は「国家から公式的な承認をうけていないが特定の集団の一般的含意により権威あるものとしておこなわれ，かつ公式法の実効性に対し明確な積極的あるいは消極的影響を及

321

第 3 部　千葉正士先生の学問的足跡

ぼしている法」，法前提は「公式法と非公式法を問わず一体系をなす法を貫徹
している価値的ないし観念上の前提的原理」をさす。

　法の移植とは，現に機能している法の全体を「一文化の固有文化として発達
した法」としての固有法と「一文化に異文化から移植された法」としての移植
法との相互関連の結果としてとらえる概念であり，背景には，受容者が異文化
の法を自発的に移植するという意味での法の継受と，異文化の法を強制的に押
し付ける法の強制とを区別する意図がある（12 頁）。

　以上の目的・概念枠組みのもと，各章の執筆者による事例検証が行われる。
第 1 部「スリランカ公式法の展開」では，スリランカ法の南アジア・東南アジ
アの他社会との比較検討（第 1 章），植民地期の法移植の過程とスリランカの
対応（第 2 章），独立後スリランカの司法機構の変遷（第 3 章），社会主義体制
下の他国との比較（第 4 章），スリランカ家族法の多元構造（第 5 章），植民地
下の司法制度と並存する村落単位の伝統的紛争処理法（第 6 章）が検証される。
第 2 部「スリランカ非公式法の諸相」では，村落社会の構成（第 7 章），シン
ハラ仏法（第 8 章），貯水灌漑農業と水利慣行（第 9 章），女性工場労働者と婚
姻制度（第 10 章）など，ローカル社会における個別事例とともに紹介される。

　以上の各論をふまえ千葉による結論では，序論で提示された法の三重構造お
よび法の移植という二つの分析概念枠組みを一部修正・統合した分析概念とし
て法の三ダイコトミー構造が提唱される。これは，公式法と非公式法，法規則
と法前提，固有法と移植法の三つである。三ダイコトミーから把握される法は
法以外の社会規範と相関して働く非公式法を含み，伝統的な宗教・道徳・慣習
その他の非国家的要素と結合する固有法にまで及ぶ。そこでこれらを秩序立て
る基礎原理として導入されるのが法体系，法秩序，法文化，法主体，である。
そして，法の移植の過程で，固有法をいかに修正し外来の法といかに接触し取
捨選択するかを決定する基準となる最終原理としてアイデンティティ法原理と
いう概念が提出される。

　本書が刊行された 1988 年，スリランカでは 1983 年から 2009 年まで続くシ
ンハラ対タミル民族紛争の渦中であった。そのような状況下，本書ではマクロ
な政治状況に還元されえない人々の日常の営みに冷静な視線で向き合う。民族
紛争直前から渦中のスリランカの人びとの生活について緻密な事例検証に基づ
き提出される本書のテーゼは，「多元的」という言葉以上に厚みのあるものと
いえよう。

322

主要文献案内

『法社会学──課題を追う』（成文堂，1988 年）

北 村 隆 憲

　本書のサブタイトルは「課題を追う」となっている。その理由を千葉は，「はしがき」で次のように記している。

> 本書は，企画の当初は法社会学の概説書になる予定であった。しかし上の企図で体系を整理してみると，概説として書くべき事項には，定説に至らず，むしろまだ課題にとどまるというべきものの多いことが明らかになった。したがって，それらについてここに叙述したことは，定説というよりもむしろ試論として広く社会科学会の検討を期待する性質のものが多いであろう。副題として「課題を追う」を付したのは，このことを明示するためである。／どこかで立ち止まってバランスのとれた概説をまとめたいという思いを以前から持っていたが，立ち止まることが出来ずに遍歴を続けることは，私の性であるらしい。

　本書は法社会学の教科書として書かれたものであり，千葉が東京都立大学及びその後の東海大学の法社会学の授業でテキストとして使用したものである。しかし，教科書とはいえ，上の引用の言葉のとおり，本書は内容的には，「法哲学から出発しながら法社会学そして法人類学へと」「遍歴を続け」た千葉自身が「課題」として追いかけていた，当時の自己の研究の最先端の状況を縮図として描きだした作品でもある。本稿の筆者は，本書出版の数年前に，当時，東京都立大学で教鞭をとっていた千葉の授業を聞くために都立大の法社会学の授業に出席していた。今思えば，その授業で講じられた内容が圧縮されたものがこのテキストブックである。正直に言うと，この教科書は，当時学部学生であった筆者にとって必ずしも取っ付き易いものではなかったが，今から振り返ればその理由の一つは，この「課題を追う」という本書の性格に由来する。

　例えば，第Ⅰ部「序論」は「法社会学の現状と性質」と題されて，法社会学を暫定的に「法の社会科学」と規定したのちに，日本と世界の法社会学の成果とその発展史が紹介され，法社会学は「社会理論・文化理論としての法を追究する」ものであることが示される。そして，最終的には，「道具概念としての法」，つまり法を構成する諸因子である「公式法／非公式法」「法規則／法前

第3部　千葉正士先生の学問的足跡

提」「固有法／移植法」という道具概念としての三対の六概念が，この三原理を統合する上位原理として「アイデンティティ法原理」により取捨選択・加工整形された現実の姿が一社会の「法文化」である，という千葉理論の記述に収れんしていく。第Ⅰ部の各セクションには，古典的理論の紹介を超えて，当時最先端の学会状況（多元的法体制論，法記号論，法の詩学など）や専門雑誌（欧米の法社会学・法人類学・法哲学関連の諸雑誌）の名前がずらりと登場する。専門の学会や専門雑誌などは当時学部学生であった筆者には現実味があるものではなかったのである。

　第Ⅱ部は「法秩序」と題され，社会秩序のなかで法とともに，法と同時存在している紛争を位置づけ，社会秩序における法秩序についての古典理論や社会学的概念を概観した後，日本の社会秩序の構造を上記の三対六概念に基づく千葉理論により説明する。

　第Ⅲ部は「法文化」であり，「法として現れた，社会に特有な文化統合」という人類学的な文化概念を利用して「法を文化現象としてまるごと観察し，その文化理論を求める」試みがなされる。シンボル体系としての法の性格が強調されて，文化人類学的な観点から文化の基礎変数が示されたうえで，ユダヤ・イスラム・インド・中国・アフリカ・日本といった，アジアを含めた世界の法思想・法文化に精通した千葉ならではの広範な固有法文化の諸特徴が示される。また，法的シンボル（法を表わすシンボル）と法の象徴的機能（法のシンボル作用）の問題という千葉法文化理論の先端的考え方が示される。第Ⅳ部の「法の社会文化理論」では，法の機能を社会・文化的諸変数の統合として示す試みがなされ，ここでも従来の法社会学的な法理解を千葉理論の到達点から再構成した上で概説がなされている。

　こうして本書を概観してみると，本書は，学部向けテキストでありながら，法文化論あるいは法の社会文化理論として展開した千葉理論の当時の到達点をコンパクトに提示するものとなっており，その内容は大学院生以上向けの高いレベルに設定されている。千葉は，「まえがき」の最後を「（本書に示された）課題のどれかを受け止めて発展させる若い研究者がいてくれれば，私は本望と思っている」との言葉で結んでいる。ここには，若い研究者に向けて，自己の法社会学理論の発展を託そうとする願いが込められている。しかしこの言葉に関わらず，本書以降，千葉自身もまた，本書に示された未解決で最先端の「課題を追う」研究実践をさらに展開させていくことになるのである。

主要文献案内

Legal Pluralism: Toward a General Theory through Japanese Legal Culture (Tokai University Press, 1989)

河 村 有 教

　本書は，非西欧法研究者に対して発信された英語で書かれたものであり，これまで著者が日本語で執筆してきた論文をまとめたものである。第1編「西欧法学を超えて」，第2編「日本法文化における多元的法体制」，第3編「多元的法体制論の分析理論（試論）」，第4編「もう一つの多元的法体制論」の4つの編に分けて，13の章で構成している。すなわち，第1編は，第1章「多元的法体制論の再考」，第2章「"伝統対近代"アプローチへの疑問」，第3章「文化的多様性と西欧法学の特殊性」から，第2編は，第4章「学区制度における移植法と固有法の相互作用」，第5章「非公式法原理としての勤勉家精神」，第6章「公式法化する非公式法原理」，第7章「非公式法から公式法への動態」から，第3編は，第8章「法についての多元的理解のための分析変数」，第9章「法の三ダイコトミー論」，第10章「固有法のアイデンティティ法原理」，第11章「法文化のアイデンティティ法原理」，第12章「多元的法体制における法の三ダイコトミー論」から，第4編は，第13章「法文化超えての多元的法体制論」によって構成される。

　西欧法が，第一に近代西欧国家法システム，第二にリベラル・デモクラシーを基礎におく立憲主義，第三に個人の自由にもとづく資本主義市場経済，第四にローマ法の伝統，第五にキリスト教倫理，それらにもとづく体系的・包括的なルールの束であるのに対して（48-51頁），非西欧法の多くは，特別なメカニズムによって精巧で堅く構成されたものではなく，法と不法の境界を無効にするような明確なものでなく，むしろフレクシブル（変幻自在で柔軟）なものである（51頁）。未開法（primitive law），土着法（native law），部族法（tribal law），生ける法（living law），慣習法（customary law）等とも呼ばれ，非西欧法でいう法とは文化的な混合物であり，西欧法学における法と不法の基準によっての正しい理解は不可能である。

　それにより，非西欧諸国の法の多元性を分析するための一般理論（多元的法体制論 = Legal Pluralism）について，著者は，西欧法学が特有のパラダイムに基づいている非西欧の法的状況の真価を認め得るのかという疑問から，西欧法学の方法論に立って，西欧法の価値・原理を普遍的基準として分析する従来の非西欧法文化論，非西欧社会の多元的法体制論を批判した上で，非西欧法文化

325

第3部　千葉正士先生の学問的足跡

を分析する新たな方法論の提示を試みる。本書は，西欧法学の分析ツールを使うのではなく，非西欧法研究者による非西欧法の研究を通して第三世界法学の樹立を唱え，非西欧法学による非西欧法研究の方法論を模索することを目指したものである。

　具体的に，概念的シェーマとして，「法の三層構造（three-level structure of law）」をあげる。第一階層は，国家の正統性を有する権限によって認可された法システムである「公式法」であり，その典型は国家法である。第二階層は，非公式法である。非公式法とは，公的機関によって公的に認可されたものではなく，一定の集団の人々の合意によって事実上認可された法システムである。国家法以外のものは，すべて非公式法に区分される。さらに，第三階層に基本法（basic law）や法前提（legal postulate）とよばれる社会的・文化的原理や宗教指針等によって構成される「公式法，非公式法の両方の価値・原理にもとづく法システム」が横たわっている。

　「法の三層構造」をさらに洗練化したシェーマが，「法の三ダイコトミー論（three dichotomies of law）」である。法の三層構造の中では，「公式法」対「非公式法」，「法規則」対「法前提」，「固有法」対「移植法」の六つの因子による加工成形しての統合があり，その統合において重要になるものが，一法文化の文化的同一性を基礎づける最終原理である「アイデンティティ法原理（identity postulate of a legal culture）」であるとする（180頁）。さらに，上の「法の三ダイコトミー論」を分析ツールとして，それを日本法にあてはめ，日本法の「アイデンティティ法原理」とは「アメーバ性情況主義（flexible by amoeba-like thinking）」であると試論を提示する（95頁）。

　第1章，第2章，第3章，第6章，第7章，第8章，第9章，第10章，第11章，第12章は総論部分であり，第4章，第5章，第13章は日本法文化についての各論部分である。第13章の放射性廃棄物の処理をめぐっての日本法文化とオセアニア法文化の比較分析は，比較法文化研究の先駆けとして，日本とオセアニアの「アイデンティティ法原理」の違いによる対立が示されており興味深い。わたくしは，大学院でのアジア法の講義において，本書を基本書として，アジア諸国の法を分析するための方法論として総論（千葉理論）を購読させた後，アジア諸国の法の「多元的法体制」の状況や「アイデンティティ法原理」，法文化について，学習させている。千葉理論を超えて，アジア諸国の法及び法文化を適切に理解するためのよりいっそうの方法論の洗練化こそが，わたしたち後進の非西欧法研究者に課された課題であろう。

326

主要文献案内

『法文化のフロンティア』（成文堂，1991 年）

木 村 光 豪

　本書は，千葉正士が探求してきた法文化研究の嚆矢となった論文集である。
その構成は，序説「法文化の探求――アジアの日本から世界への遍歴」，前編
「日本の法文化」，後編「世界の法文化」，付論「法人類学の現代的課題」の四
部からなる。

　序説は，本書に所収されている論文の背景・意図・限界などに触れながら，
千葉による法文化研究の遍歴を簡潔に述べている。前編は，日本の法文化の
特徴を探求した 5 本の論文を集めている。第 1 章は，国家法の底流に潜む法伝
統を解明するために，天皇制に関する日本法（元号法，国民の祝日に関する法律，
政教分離原則）の象徴的機能に焦点を合わせてその特殊性を考察する。第 2 章
は，固有な非公式法を明らかにするために，日本における違法な職業（「屋」
と「師」と呼ばれる職業）が強く持つ特有の法意識を分析して，こうした職業
を是認する背景に固有法上の観念があることを指摘する。第 3 章（神社の氏子
集団）と第 4 章（小学校の学区）は，それぞれ明確な社会的法主体によって行
われている非公式法を素材として，共同体的一体性が日本の基礎的な法文化と
していまだに残っていることを示す。第 5 章は，他の文化と科学的に比較でき
る日本の法文化の総合的な特徴として，「アメーバ性日本的法意識」（柔軟であ
るがその反面あいまいでもある日本の法意識）を提示し，この意識の原型が 5 つ
の変数（法規的法概念，競合社会規範，当事者間の特殊な個人的関係，当事者の自
主的な意思，所属社会の承認）の複合的な相互作用によって成立すると説く。

　後編は，千葉がアメリカの在外研究で新たに知見を得た法人類学の研究成果
を基に，西欧と非西欧の法文化をともに比較できる方法論的前提を考察した 5
本の論文を収めている。第 6 章は，フーカーの大著『多元的法体制』に潜む西
洋法学を基礎とする卓越した分析が非西欧法の正確な把握を妨げている点を批
判し，それを越える観点として多元的文化論（対立する諸文化の相互関係の客観
的な考察）を提案する。第 7 章は，非西欧法の文化的属性の実態を解明するべ
く，西欧・日本・アフリカという三類型の法意識（順に確定性，柔軟性，不確定
性）を，法人類学のデータによって証明しようと試みた論文である。第 8 章は，
国家法体系に潜む，各社会に固有の法意識を存続させる要因を探ろうとして

第3部　千葉正士先生の学問的足跡

いる。ここでは，国家法に非公式法が公式に浸透する5つの通路（立法，裁判，行政，固有法に対する国家法の黙認，国家法と固有法との競合を調整する基準）を明示する。第9章は，オセアニアの固有法と宇宙哲学，西欧法文化の原型を事例に，公式法と非公式法を統合してひとつの法秩序を形成する最終的原理──「アイデンティティ法原理」と呼んでいる──を探求している。第10章は，放射性廃棄物の海洋処分をめぐる日本とオセアニアの法文化の衝突を事例に，移植国家法と国内固有法だけを考察していた従来の多元的法体制に世界法（文化）を組み込んで，三元論として構成することを提案する。

　付論は，基礎法学の全分野にわたる法文化の研究を，法人類学の視点から考察したものである。ここでは，多元的法体制や法文化の研究に関する方法論的な概説──学問分野における位置づけ，研究の動向，将来の課題など──を行っている。

　本書で示された法文化や多元的法体制に関する分析枠組みは，その後「アイデンティティ法原理の下での三ダイコトミー」へと体系化されることになる。その第一歩である本書は，この分野に関心のある者にとって，今なおさまざまな学問的刺激を与えてくれる宝庫であり，必読の文献である。法文化研究に携わる者にとって，ここで示された操作的概念を発展させていくことが今後の課題である。

　その課題のひとつが，人権と文化の相関関係である。法学の世界では人権の「普遍性」が──現実には西洋のリベラルな人権概念が濃厚であるにもかかわらず──自明視されている。そのため，国際人権規範ですら非西洋文化を否定的に見るか，無視する傾向が強い。しかし，冷戦後に非西洋社会で行われてきた国際的支援の経験から，人権を保護・促進するには現地の文化的資源を活用することの有効性と必要性が認識されつつある。同時に，人権の文脈依存性を説く研究者も現れてきている。この点に関して，第7章で千葉が提示する「機能補完概念」（「それ自身だけでは法意識として十分ではないように見える権利意識を，実際の機能のさいに補完して十分な法意識として作用させる文化的概念」168頁）が有益である。

　さらに，千葉は非西洋社会では機能補完概念が主で法規制的概念のほうが従であるかもしれないと述べている（172頁）。この指摘から，人権の機能的等価物として機能する道徳的権利，そしてそうした人権概念が法的権利として実現される可能性と事例を非西洋社会において探求することが，法文化研究に新たな地平を拓くのではないかと思われる。

主要文献案内

『アジアにおけるイスラーム法の移植』（編著，成文堂，1997 年）

森　正　美

　千葉は「本書は，アジア諸国におけるイスラーム法移植の現状を実態に即して概観することを意図する」と述べ，イスラーム法を考察対象とし，アジア法研究といわゆる法継受論の二つの別テーマの推進にも役立つことを願い編んだ。法継受論を扱うため，イスラーム法の本国を対象から除いている。（2 頁）

　また千葉は，伝統的国家一元論と近代法普遍論およびイスラーム本質論のみを前提として成り立つ法学的前提を批判し，法社会学や法人類学の社会科学の立場で，アジア諸国の法を客観的に観察し見えるものを記録する，いわばポストモダン法学の要請を，移植アジア・イスラーム法研究として試みるともいう。（3 頁）

　イスラーム法研究は伝統法学にも存在するが，日本における研究や情報は不足しており，とくに法学界の関心の低さや無知，また日本における現行法が西欧法由来のためか外国法研究が近代西欧法中心であることもその原因ではないかと指摘している。（5-6 頁）ただ本書出版から約 20 年を経た現在も，当事者性の低さが原因か，日本における当該分野の関心が躍進したとは言い難い。

　一方欧米を中心に世界では，ムスリム住民との関係性構築やイスラーム法の実態に即した現状理解の必要性は切実に高まっている。旧植民地との関係，グローバル社会の移民や改宗者の増加などを要因とする多文化化とイスラーム世界との共存と困難を理解するには，本書で千葉が示したようなムスリムの人々の法実践に関わる知見が一層重要になってきている。早くから西欧の国際学会の第一線で活躍した千葉は世界的な潮流を把握すると共に，日本を世界の中で客観的に位置づけ，自らアジアの代表としての自覚からイスラーム法の研究の重要性も感じていたのではないだろうか。その重要性については，中世ローマ法がヨーロッパ諸国に継受されたと同様に，イスラーム法は広くアジアに移植されたという認識を示している。（13 頁）

　本書では，中国，フィリピン，インドネシア，マレーシア，タイ，インド，パキスタン，バングラデシュ，スリランカ，アフガニスタン，トルコと，実に11 カ国の状況が，国家法とイスラーム法の関係性や成文化の過程を論じる法制史的な研究を中心に概観されている。

　本書では筆者もフィリピンの章を担当した。執筆依頼を受けた時，驚き恐縮

329

第3部　千葉正士先生の学問的足跡

した。なぜなら当時フィリピンのムスリム社会で法人類学的なフィールドワークを実施していたが，法学者でもなくイスラーム法専門家でもない自分に本書の執筆者として適性があるのかが正直不安だった。編者である千葉とのやりとりでは，現地ムスリムの人々の具体的な実践や解釈，国家法や外来のイスラーム法との関係，彼らのアイデンティティ法原理への言及についてコメントがあったと記憶している。これらのコメントはまさに，本書の研究方法として千葉が提示した，「法主体」「三ダイコトミー」「アイデンティティ法原理」の三点に関わるものであった。

　第3章の「中国のイスラーム法」でも，史料に基づく詳細な法学的研究に加えて「生活に生きるイスラーム法」「その他の生活風習」という節が設けられているし，スリランカにおける紛争処理の実態調査結果が考察されている（第10章2節）。これらの内容からも，千葉が現実に即して見えるものを記録するのだという点にこだわっていたことがよくわかる。さらに編者として法学者に限らず歴史家や人類学者などを執筆者とすることで，法学界に対する一つの研究視座を提案しようとしたとも読める。

　本書でのもう一つの視点は「近代化」であり，それは戦前から変化し続けるアジアと向き合ってきた法社会学者千葉にとって重要な課題であり，また近代化＝西欧化という同一視がされる中で，イスラーム法と普遍的法概念との関係性を考察することはイスラーム的近代化の方途を探る上でも重要な課題と認識されている。本書では，民法学者の湯浅がイスラーム法の近代化というテーマに取り組み，インド，パキスタン，バングラデシュについて論じている（第2章，第8章1節，第9章）。

　最終章「アジア・イスラーム法研究の課題」では，千葉はまず成果として，普遍イスラーム法とは異なる各国の特殊的情況（297頁）を示すことができたこと，さらにこれまで注目されることはなかったムスリムが少数である国々のイスラーム法について，非公式法として生きている姿を提示できたことであるとしている。（299頁）今後の課題としては，取り上げられなかったアジア諸国についても研究をし，方法論的にも各国間が比較可能なものに研究精度を高めていかねばならないと述べている。（299-300頁）ただ付言するなら，本書では「多元的法体制」という概念は用語として用いられておらず，実態に即した記述を心がけつつも，分析としては公式法―非公式法，固有法―移植法というダイコトミーの中で，比較法学的研究に留まっている印象が残る。アジアに関する千葉の多元的法体制論については，本書の翌年1998年に出版された『アジア法の多元的構造』（成文堂）において本格的に議論されている。

330

主要文献案内

『アジア法の多元的構造』（成文堂，1998 年）

森　　正　美

　本書は，1988 年から 1997 年までの 10 年間に各所に発表された論稿を書籍としてまとめたものであり，この時期の千葉の学問的関心がふんだんに盛り込まれている内容の濃いものとなっている。全体のねらいは，1989 年に国際法社会学会がスペインのオニャティに常設した法社会学国際研究所の開所式での記念講演を元にした終章の「非西欧法学の促進を訴える」というタイトルに端的に表現されている。

　序章「漢字文化圏の法からアジア法・非西欧法へ」，第 1 部「アジア法学の方法」，第 2 部「漢字文化圏における固有法と移植法」，第 3 部「アジアにおける多元的法体制の諸相」，第 4 部「世界の中のアジア法」，終章という構成になっている。とくに第 1 部の第 2 章から第 4 章では，「法の主体的意義」「法文化の操作的概念」「アイデンティティ法原理」といった多元的法体制論と法文化論にとって，理論的に重要な概念がいくつも提示されており，その後の多元的法体制論の展開上，本書は大変重要な位置づけをもつといえる。

　西欧文明に発した近代法学が支配する世界の法学界では，非西欧諸国においても法とは国家法だけであり法学のモデルも西欧法学であったため，非西欧法の存在は認められていても，非西欧法学として総合的・体系的に研究する意図はみられなかった。しかし 20 世紀末になって，国家法一元論と西欧法普遍論の神話は崩壊し，新たなアプローチが求められるようになった。（2-7 頁）

　本書はその中で，特にアジア法に注目している。法学研究においてアジアは中国・韓国・日本のような漢字文化圏に限定されてきたが，千葉はアジア全体を捉えその特徴をアジア法として捉える積極的意義を提起した。（229-235 頁）そのため第 2 部と第 3 部では，アジア全体を見渡し，アジアの多元的法体制の実態について，漢字文化圏のみならずイスラーム法関連のアジア諸国，チベットの仏教法文化，スリランカの多元的法体制，その他 6 カ国の各国法に即して論じている。これらの記述の全体を通じてみられる大きな特徴は，国家法一元論ではなく多元的法体制論に依拠している点であり，アジア法は各国ごとの差異による多元性を持つことはいうまでもないが，国家の内部においても国家法だけでない法の多元性が存在する点を重視し，「多元的構造」という用語を用いている。

331

第3部　千葉正士先生の学問的足跡

　また「アイデンティティ法原理」との関連で宗教を重視している点も特徴である。イスラームについては前年1997年に『アジアにおけるイスラーム法の移植』を出版しているので，本書ではその際に対象にできなかった国々を主に扱う。宗教への注目は第11章の「憲法における政教分離原則の法文化的意義について」にも反映されており，キリスト教，イスラーム，仏教，ヒンドゥーなどの宗教的特性と各国憲法の関係について論じ，近代国家と近代法の不可欠の大原則とされる政教分離の問題に考察を加えようとしている。

　第2章では，「法を利用して行為する生ま(原文ママ)の主体すなわち権利義務をどう受け取り対処するかを選択肢実践する人間，および法体制をどう維持し変革するかに苦慮する集団社会を，それぞれ人間的法主体と社会的法主体と呼ぶことにしたい」(42頁) と「法の主体的意義」を提示している。客体として観察するだけの対象である人間を法理論の無主体性として批判し，苦悩し法の動態と変動の動因となる「人間的法主体」が自らのアイデンティティ法原理との葛藤で苦悩する状況を分析し，多元的法体制のもとでの考慮と決断が法秩序の形成維持を決定する基礎的動因である (57頁) と論じている。

　さらに法文化を「特定的定義」と「操作的定義」に分け，「文化統合」を主要要因として概念化し法文化を操作化する必要を論じている。特定的定義は法学的，法人類学的，人類学的定義から成る (70頁)。一方，操作的定義は，最終的には「一法主体の多元的法体制全体の比較的特徴」と特定された法人類学的法文化概念の操作化，概念枠組みの構成をめざしている (75頁)。

　そしてその道具概念として三つのダイコトミーを提示している。この三ダイコトミーはその後の千葉理論の有力な道具概念となった。第一は国家法を典型とし「国家法が正式に承認するもの」である「公式法」と，「国家法からは公認されていないが明示あるいは黙示の一般的合意により当該社会の正統的権威を認められて市民日常の社会生活を実際に規制する慣行法」である「非公式法」(75-76頁)。第二は「当該法主体の伝統文化に起源する法」である「固有法」(76頁) と，「一法主体の法が他の法主体に移植された場合の法」である「移植法」(77頁) である。第三は，「言語とくに文字に定式化された個々の規則で人の具体的な行動準則を明示する」法規則と，「法規則を正当化しあるいは個々の場合に補充修正する価値原理」法前提である (78頁)。これらの三ダイコトミーと「一法文化の文化的同一性を基礎づける原理」である「アイデンティティ法原理」を変数として組み合わせて使用すれば，一個の法は西欧法でも非西欧法でも観察・分析することができるとした (78-79頁)。そして本書の分析概念は，千葉自身が後進による更なる深化を求めるものとなっている。

332

主要文献案内

『スポーツ法学序説――法社会学・法人類学からアプローチ』
（信山社，2001 年）
中 村 浩 爾

　本書は，スポーツ法を法社会学における「生ける法」の実例として取り上げ，多元的法体制論に基づいてスポーツ固有法に確固たる基礎を与え，そしてスポーツの本質を「文化」，「ルール」，「紛争処理」の観点から考察した，スポーツ法学の礎石とも言うべき書である。前編「スポーツ法学の基礎理論」と後編「スポーツ固有法の特質」の 2 編から構成され，各編は 4 章からなる。全 8 章が既発表の個別論文であり，千葉自身がスポーツ法学に目覚めていく過程の記録であるとともに，日本スポーツ法学自立の歩みとも重なっている（「はしがき」）。

　前編にそれがとくに顕著に顕れている。第 1 章「欧米スポーツ法学の展開」は，スポーツ法学会設立を促進した共同研究の成果であり，第 2 章「わが国スポーツ法学の課題」は，日本スポーツ法学会設立記念集会（1992 年 12 月 19 日）のシンポジウムにおける基調講演である。第 3 章「スポーツの法社会学と法人類学」は，スポーツ法研究における法社会学と法人類学の活躍への期待を示している。また，第 4 章「スポーツ法学概説」は，スポーツ法学と名づけられた初の書物（千葉正士・濱野吉生編『スポーツ法学入門』体育施設出版，1995 年）の序論である。

　千葉によれば，スポーツ法は，スポーツ国家法とスポーツ固有法からなり，後者は，スポーツルール，スポーツ団体協約，そしてスポーツ法理念からなる。

　これこそが千葉理論の核心であるが，このようなとらえ方の根底には，国家法の正統性を認めつつ非国家法の存在したがってその法的性質と国家法との相互関係を認める多元的法体制論が横たわっている。千葉の多元的法体制論のユニークさは，それが，三ダイコトミー（公式法と非公式法，固有法と移植法，法規則と法前提）とアイデンティティ法原理を用いて展開されていることである。「スポーツ法理念」について言えば，千葉は当初は，「スポーツ法前提」と呼び，スポーツマンシップやフェアプレイの精神などのスポーツ理念がそのままスポーツ法の理念であると考えていたが，後にそれを否定し，「安全」と「公正」こそがスポーツ法固有の理念であると修正した（第 7 章）。

　スポーツ法学には，多様な分野の学問がかかわるが，千葉がとくに法社会学に期待する理由は，「生ける法」の発見から出発した法社会学がスポーツ固有

333

第3部　千葉正士先生の学問的足跡

法＝「生ける法」を放置できないはずであり，転換期にある法社会学自身に
とってもその研究が自己の発展につながる契機になるであろうということにあ
る。注目すべきは，それが紛争理論ないし紛争処理理論にも貢献するに違いな
いと見ている点である。

　後編では，スポーツ固有法の，「国家性と国際性」（第5章），「文化的意義」
（第7章），「性質と構造」（第8章），そして「スポーツ法の紛争処理機能」（第6
章），が論じられる。

　千葉によれば，「スポーツ固有法は社会的紛争の基礎的形態である身体的対
争すなわち格闘を，スポーツ法理念のもとに技倆を競争して儀礼性の発揮をめ
ざすスポーツ行動に変換」し，同時に，行為規範と整序規範とをスポーツルー
ルに体系化し，組織規範として団体協約を派生させ，組織的な体系を発展させ
たものであり，宗教法に比肩するものである。そして，違反を処理するルール
を発達させていることがスポーツ固有法の特色であって，スポーツ自体が紛争
処理制度そのものであると紛争理論的観点を示す（第6章）。

　千葉は，スポーツの権利性の基礎としてスポーツの文化性を考察し，スポー
ツ権には，国家法上のものだけではなく，スポーツ固有法を法源とするものが
あるとし，ルール論を取り上げる。千葉が法哲学に期待する分野である。しか
し，英米の法哲学者がルール論を展開しているとはいうものの，多くが国家法
中心であって，ルールが人間の社会生活一般に持つ意義という根本的問題に踏
み込んでいないことに不満を示す。千葉が評価するのは，ルール一般と特殊な
法的ルールとを明快に分析するフレデリック・ショーアーのルール論である。
スポーツ法学の分野では，千葉は，規範のとらえ方をめぐる菅原礼と守能信次
との対立をいずれも実証不十分として斥け，森川貞夫らの実証的研究に期待を
示す。これは，法社会学者・千葉としては当然の態度である。しかし，法哲学
的観点から見れば，千葉は，ルールを中立的にとらえる守能説の良さを低く評
価しすぎているだけではなく，スポーツ法理念を対自的に検討する途を自ら塞
いでいるように見える。

　この書に示された千葉の理論は現在でも，スポーツ法学界だけではなく他分
野においても，しばしば援用される。しかし，スポーツ法分野は千葉が最晩年
に切り拓いた分野であり，千葉自身は時間不足による不十分さを自覚しており，
後続の研究者による掘り下げ，とくに基礎法学研究者による一層の検討を望ん
でいたと思われる。

主要文献案内

Legal Cultures in Human Society: A Collection of Articles and Essays (Shinzansha International, 2002)

馬 場 　 淳

　本書は，その副題が示すとおり，これまで千葉が発表してきた論文や書評，講演原稿など，（2本の補遺を含む）計17本の論考を収録した論文集である。うち2本は，フランス語で書かれている。

　論文集の性格上，どの論考も独立したものではあるが，千葉は，これらの論考を，その発表時期── 1989年から2000年まで──にかかわらず，第1部「アジア法」，第2部「非西欧法」，第3部「人間の法」，第4部「方法論の探究」に再配置している。そこに，本書を編集するにあたって，一つの「筋書き」を込めた千葉の企図を読み込まずにはいられない。

　実に，本書は，「序論」で非西欧法学の促進を高らかに宣言し，続く第1部から第3部の論考で非西欧社会における法文化の実態と論理を論じ，第4部で法文化間の差異や対立を止揚／統合する理論的な枠組みを提示する，という構成をとる。千葉にとって，非西欧法学とは，多元的法体制とそれを成型する法文化の研究であった。というのも，非西欧社会では，現地の法文化が国家法に影響を与えたり，非公式的な固有法となって国家法と対立・併存する状況（多元的法体制）が如実に現れるからである。しかし非西欧法学および多元的法体制論は，西欧と非西欧の，また一国・一地域内の，文化的差異や対立を浮き上らせてしまう。第4部は，そのような差異や対立を超えた，人類の文化的共生や調和を実現するための「方法論の探究」なのである。

　このような本書に込められた「筋書き」は，まさに非西欧法学へと向かった「後」の千葉の研究史（あるいは思索の旅）そのものである。事実，西欧法学から出発した千葉は，日本を含む非西欧の法文化へと研究の焦点を移し，やがて人類全体の法文化を記述・分析する総合理論を提示するに至ったのだった。その意味で，本書には，千葉的思考のエッセンスが凝縮されたかたちで示されていると言っても過言ではない。

　とりわけ本書を特色づけていると考えられるのは，第4部の「方法論の探究」であろう。「法文化の操作的定義」（第15章）では，三つのダイコトミー（公式法と非公式法：移植法と固有法：法規則と法前提）とその統合原理（アイデ

第 3 部　千葉正士先生の学問的足跡

ンティティ法原理）といった，多元的法体制を記述・分析する理論的枠組みが提示される。この理論は，「千葉理論」として知られるもので，後続する国内外の研究者に広く検討・援用されてきた。また「人権／法概念の媒介変数」（第 13 章，第 14 章）では，法文化の普遍性と特殊性／多元性を共に保障する道具概念が提唱される。人権の媒介変数とは，人権概念を，核心としての理念的部分とその周辺にある（諸文化の）特殊・可変的な部分の総合として捉える見方である。この重要性は，世界の諸文化が育んできた多様な法文化の価値と人権の普遍性を両立させるという点にある。法概念を媒介変数と捉えるこの着想は，千葉が 1990 年代初頭に新たに自らの理論としたものだが，残念ながら，それが具体的にどのような事例研究を可能にするのかは示されず，次世代による検討が待たれるところである。ただここで強調したいのは，千葉が国家や地域のレベルから世界レベルの法文化を記述・分析する方法論を準備したということである。つまりアイデンティティ法原理が一国・一地域の多元的法体制を語る道具概念であり，媒介変数は世界法文化（人権）を語る道具概念なのである。

　本書には，その他，日本（第 2 章），スリランカ（第 3 章），スポーツ法学（第 9 章）など，これまで千葉が調査研究をしてきたトピックが掲載されている。かくして，千葉の思索の広がりと深みのエッセンスを凝縮した本書は，海外の研究者が「千葉正士」を知るための格好の論文集といえよう。

　最後に，本書が出版された翌年（2003 年），千葉が国際法社会学会の「国際賞」を受賞したことを追記しておきたい。この賞は，法社会学分野における知識の発展に重要な貢献をなした人物に贈られるものである。ここで，1989 年，スペイン・オニャーティの国際法社会学研究所が設置されたとき，千葉がそのオープニング・セレモニーで講じた次の言辞を思い出さずにはいられない――「私は，疑いもなく，現代世界に存在する多元的法体制のあらゆる形態を研究することが重要だと考える。というのも，法社会学は，そのような多元的法体制の研究を進めることで，真の国際的な法社会学を発展させていくだろうからである」（序論）。国際賞の受賞は，かつてこう宣言した千葉がまさに「真の国際的な法社会学」の発展に寄与した人物と認められた瞬間だったと言えよう。国内外の学会・研究機関への幅広い貢献が高く評価されたことはもちろんだが，千葉の独創的な研究成果を世界に知らしめた本書が「千葉正士」の国際的プレゼンスをさらに高めたことは想像に難くないだろう。

336

主要文献案内

『法と時間』（信山社，2003 年）

大 塚 　 滋

　本書は，1992 年から 2001 年までの 10 年間に 5 回に分けて東海法学誌上に
連載した——とはいえ，すでに出来上がっていた論文を分載したのではない——
論文をまとめたものである。千葉は「はしがき」でこう述べている。「当初は
終着点も望めぬままに出発したのに十余年の暗中模索の間に展望が開け最後に
結論に到達した」。つまり，本書は時間の法文化論の構築を目指し，その可能
性を探索した千葉の調査旅行の詳細な記録と言ってよいものなのである。

　千葉によると，法と時間というテーマはこれまで正統の法学や社会科学にお
いて真剣に論ぜられてこなかった。しかし，青年時代以来，常識の時間制とは
異なる無数の時間が存在している実社会を見て，時間とは「人間の生の不思議
な枠組み」だと思い続けてきた千葉の眼には，この正統派法学，社会科学の態
度はその不思議に対する平然たる無視と映り，それまでの非西欧法研究に一応
の区切りをつけ，多元的法体制論の構築に着手し始めた千葉にとっては，それ
は単なる怠慢ではなく，「西欧エスノセントリズム」，「国家法一元論」，「西欧
法普遍論」に毒された結果に他ならなかったのである。

　では，なぜ千葉は時間を「不思議」だと思ったのか。それは，グリニヂ標準
時が世界的規準となり西暦が世界的に通用しているのに，各文化の民衆はそれ
とは違う時間を使用しそれを生きることがあるからであった。時間（制）は一
つではない，ということである。とすると，それら複数の時間（制）相互の関
係をどのように捉えるべきなのか。これが千葉の初発の問題意識であった。

　しかしこの問題意識は時間（制）にしか関わっていない。では，「法と時間」
というテーマ設定の意味はどこにあるのか。それは，時間を人間が様々な文化
的条件のもとで生み出した制度の問題として操作化して，同様の存在である法
に適用された多元的法体制論のアイデアを時間制度にも応用可能かどうかを検
証してみる，というところにある。ただ，最も重要な概念である「時間」を
「定義しないままにしてお」き，さらに，それと区別されるべき時間制ないし
時間制度も定義することなく調査旅行に出発したため，この検証の旅の道筋が
必ずしも真っ直ぐでなかったことは認めなければなるまい。

第3部　千葉正士先生の学問的足跡

まず第1章で千葉は，ゲルハルト・フッセルやニクラス・ルーマンなどの法と時間に関する議論を検討する。彼らは，かならずしも時間制を論じているわけではなかったが，千葉は，検討の成果として，「時間制の，社会に生きる人間にとっての主体的意義および法との客観的関係」をこれからの「問題探索の基礎的な作業仮説」と定めた。

第2章に至って，問題は時間そのものではなく，時間に関する制度であることが明確となった。わが国が明治時代に行った太陰暦から太陽暦への改暦の検証を通じて千葉は，それが西欧法の移植には違いないが，それを固有法の基礎の上に移植法を同化させたものと捉え，そのような日本法文化の基礎的な性格を「アメーバ性」と特徴づけている。

連載論文では6年の空白の後に発表された第3章は，第1章で検討したものに加えて，さらに多様な時間論を鳥瞰し，とりわけギュンター・ウィンクラーとルドルフ・ウェンドルフの時間論を詳細に検討したものである。しかし，特記すべきは，「時間制」概念がここで初めて「時制と歴制の総称」と定義されたこと，そして，法秩序の分析のための「アイデンティティ法原理下の三ダイコトミー」という操作的概念枠組が基本的に時間制にも準用できるのではないか，つまり，法文化としての時間制は「多元的時間制」と捉えられるのではないか，との期待を持てたことが執筆再開のきっかけだとしていること，である。

そして，その実証を試みたのが第4章であり，そこで千葉は，時間を「全世界の人間生活の全面に浸透している規範として見直」すことが自分の目的だと明確に述べた上で，多元的法体制を分析するために，非西欧法を現地住民の立場に立って理解するという主体的観点や，上記の操作的概念枠組もここでも適用できる可能性を確信した。

だが，最後の第5章では，法規則と法前提のダイコトミーとアイデンティティ法原理は応用の場所がないことが確認された。とはいえ，公式法と非公式法，移植法と固有法の二ダイコトミーは時間制にも応用できるとした。そして結論としてこう述べる。時間は時間制として法規範であり，それは国家法上の公式時間制と多様な非公式時間制からなる多元的時間制なのである。その意味で，法と時間は平行している，と。この結論の評価はどうあれ，本書における千葉の丹念な探索成果は，後続する有志の道に光を当ててくれる。

主要文献案内

『法文化への夢』（信山社，2015 年）

石田慎一郎

　本書は当初 2003 年末の刊行を予定していた。2003 年は，千葉が最後に取り組んだテーマ研究の成果をとりまとめた『法と時間』が刊行された年であり，また Law and Society Association の国際賞を受賞した記念すべき年にもなった。2003 年 12 月付で記されたはしがきには，それまでの著書に組み込まれることなく残されたままの，しかし「いとおしい」諸篇を集めて一書にする旨が述べられている。結果，千葉が自らの研究者人生を回顧し，自らについて語った論考（1985 年から 2003 年にかけて発表した諸原稿）をまとめた一冊となった。このような単行書は，千葉正士の多数の著書のなかで本書が唯一のものである。

　本書序章（初出は 1989 年）で，1989 年 5 月 22 日に成田空港からスペイン・オニャティへと渡航する際の心情を記している。すなわち，出発に際して，夢は実現するものだという思いを得たという。1965 年にミネソタ大学に留学し，法社会学者アーノルド・ローズと法人類学者 E・アダムソン・ホーベルの指導を受けたこと，1975 年に国際法社会学会の年次会議を日本で開催し，そこから国際共同研究が発展して *Asian Indigenous Law* の出版に結実したこと，その後さらなる研究業績を国際学界のなかで育んでいったこと，そしてオニャティ国際法社会学研究所開設記念講演（1989 年 5 月 24 日）のために招かれて上述の旅路に就いたことなど，それまでの夢の旅路の行程を回想している。目の前にある研究課題が，戦時中に大学院生として掲げた研究テーマに様々な意味で立ち返るものであったことに「愕然とした」ことについても触れている。

　本書は以上のように私的な回顧録の性格を含んでいるが，加えて，多岐にわたる千葉の仕事についての千葉自身による語りなおしという性格を持つ。とくに，千葉が自らの多元的法体制論の完成形を示した 1998 年の論文集『アジア法の多元的構造』を，次の諸点において補強する論説を収めている点で有用である（もちろんそれぞれについてさらなる批判的検討が必要である）。第一に，上記論文集において論じた人間的法主体への視点が多元的法体制論への後付け的な補足ではなく，千葉法学の根底にある問題意識である点をより明確に述べている（第 2 章，第 3 章，第 5 章，第 6 章，第 13 章）。第二に，同論文集で言及した法の象徴的機能という論点が，千葉法学の全体像においてどのような位置づ

339

第3部　千葉正士先生の学問的足跡

けを持つかについて明確に述べている（第6章，第10章）。そして，非公式法および固有法が法としての諸属性を備える条件，あるいはそれらを法と呼ぶことの妥当性について明確に述べている（第4章，第6章）。このような意味で，本論集は上記論文集の続編と位置付けることが可能である。なお，これを千葉自身による自らについての初めての語りなおしとして位置づけるならば，本書にはさらなる続編がある。2003年から2008年にかけて『東海法学』に連載した，新たな「夢の旅路の拾い物」シリーズである。

　本書は，以上に加えて，あくまでも着想の段階にとどまってはいるものの，いくつかの新しい問題提起をおこなっている。第一に，国家法以外の様々な非公式法・固有法の存在（法の多様性と多元性）を認める前提のうえに，異なる法のあいだの調整による「法の共通化」の可能性に触れている（第1章）。第二に，多元的法体制研究の課題として次の3点を挙げている。すなわち，民衆を受範者としてのみとらえるのではなく，その主体的観点を踏まえて把握すること，複数の法の間の矛盾が調整されないままにある「分裂中の多元制」についても考慮すること，国家法をこえる「超国家法」の存在を認め，それを研究対象に含めることである（第2章）。「分裂中の多元制」に触れたのは，この論文が最初のものだろう。第三に，総合比較法学の必要性を論じる論説において，「非西欧法研究」と「非西欧法学」とを区別し，前者が非西欧法を法学の対象とする研究であり，後者が非西欧法に特有の対象と方法を理論として確立することを目指す法学の一領域であると位置づけている（第3章）。両者を明確に区別し，後者の意義を強調したのは，この論文が最初のものである。第四に，固有法が国家法に公認され採択される場合には，多くの場合にその内容が変質することになるが，スポーツ法を固有法として見た場合に，国家法はこれを公認しつつも国家による規制を最小限にとどめる点で，宗教法とならんで特殊な例だと論じている（第4章）。第五に，戦前のアジア諸国の法に対する日本人法学者の姿勢に対する反省のうえに「アジア法への責任」として日本の法学が果たすべき役割を論じている（第5章）。これらのほかに特筆すべきユニークなものとして，成年者を成熟した社会構成員とする一方で高齢者から積極的な社会的役割を奪うことになる現行の「成年化制度」にかわる新たな「老年化制度」の可能性とそのための法制度整備の必要性を新たな課題として提唱する論考（第6章），1913年からの5年間に東京帝国大学法学部講師をつとめた不遇の法学者テオドル・シュテルンベルグの語りなおしともいうべき原稿（第16章）を所収している。

340

千葉正士先生著作目録

＊＊角田猛之と石田慎一郎との共同作業により，北村隆憲作成の「千葉正士先生主要著作一覧（主な編著，翻訳を含む）」（東海法学第 46 号（2013）掲載）をベースにして，1980年までは『法と紛争』（三省堂，1980 年）所収の千葉先生ご自身が作成したと思われる著作リストにより追加した。1981 年以降は，法律文献総合インデックスや Cinii 等を利用して基本的な書誌情報を集めたうえで，図書館での確認作業によって補強した。

＊＊［単著］［編著］［論文集等掲載論文］［大学紀要・学術雑誌等掲載論文］［訳書］［その他］に分類したうえで，年代順に配列した。

［単 著］

【1949】
『人間と法──法主体の一考察』丁子屋書店，183 頁

【1950】
『法学の対象──法主体論序説』文京書院，230 頁

【1957】
『法社会学と村落構造論』日本評論社，法学理論篇 31，142 頁

【1962】
『学区制度の研究──国家権力と村落共同体』勁草書房，489 頁

【1964】
『法思想史要説』（BUL 双書）日本評論社，285 頁　後日絶版→1986 年『要説・世界の法思想』

【1969】
『現代・法人類学』北望社，297 頁

【1970】
『祭りの法社会学』弘文堂，354 頁

【1980】
『法と紛争』三省堂，254 頁

【1986】
『要説・世界の法思想』日本評論社，321 頁　→2007 年に『世界の法思想入門』として講談社学術文庫から出版

【1988】
『法社会学──課題を追う』成文堂，218 頁

【1989】
Legal Pluralism: Toward a General Theory through Japanese Legal Culture,

千葉正士先生著作目録

Tokai University Press, 236 頁

【1991】

『法文化のフロンティア』（アジア法叢書 13）成文堂，296 頁

【1998】

『アジア法の多元的構造』（アジア法叢書 23）成文堂，355 頁

【2001】

『スポーツ法学序説——法社会学・法人類学からのアプローチ』信山社，220 頁　→
2010 年に信山文庫 3『スポーツ法学序説』として刊行

【2002】

Legal Cultures in Human Society: A Collection of Articles and Essays，信山社，
291 頁

【2003】

『法と時間』信山社，249 頁

【2007】

『世界の法思想入門』講談社（学術文庫），331 頁

【2010】

『スポーツ法学序説——法社会学・法人類学からのアプローチ』（信山文庫 3 ）信山
社，215 頁

【2015】

『法文化への夢』信山社，373 頁

［編　著］

【1972】

『法思想小事典』（清水英夫と共編，現代法ジャーナル一巻一号付録）勁草書房

【1978】

『現代の人権』（自由人権協会として共編）日本評論社，244 頁

【1984】

Law and Culture in Sri Lanka, Tokyo: Research Group on Asian Indigenous Law,
Tokai University，135 頁

【1986】

Asian Indigenous Law: In Interaction with Received Law, London: KPI，416 頁
→ Routledge から 2009 年にデジタル版，2013 年にペーパーバック版として刊行

【1988】

『スリランカの多元的法体制——西欧法の移植と固有法の対応』（アジア法叢書 9 ）
成文堂，419 頁　→本書の序論と結論が『アジア法の多元的構造』に再録

千葉正士先生著作目録

【1993】

Sociology of Law in Non-Western Countries, Oñati, Spain: International Institute for the Sociology of Law，160 頁（邦訳は『アジア法の環境』）

【1994】

『アジア法の環境――非西欧法の法社会学』（アジア法叢書 19）成文堂，192 頁

【1995】

『スポーツ法学入門』（浜野吉生と共編）体育施設出版，240 頁

【1997】

『アジアにおけるイスラーム法の移植――湯浅道男教授還暦記念』（アジア法叢書 21）成文堂，311 頁，→本書の序論と結論が『アジア法の多元的構造』に再録

［論文集等掲載論文］

【1955】

「まえがき――徳島県と木屋平村の概況」磯田進編『村落構造の研究』東京大学出版会

「村落共同生活秩序の類型」磯田進編『村落構造の研究――徳島県木屋平村』東京大学出版会

「社会と法律」中川善之助編『日本の法律』（毎日ライブラリー）毎日新聞社

「カントロビッツ『法律学の戦』」紹介」「エールリッヒ『法社会学の基礎理論』紹介」大河内一男編『社会科学の名著』毎日新聞社

【1957】

「太田部落」「戸倉部落」川島武宜編『群馬県片品村』（牧野の法社会学的研究第 3 報第 1 分冊）東京大学法学部川島研究室（謄写版）

【1959】

「村落における家と同族的構成および身分階層制――人工灌漑用水による三村落の調査報告」『現代私法の諸問題（上）』（勝本正晃先生還暦記念）有斐閣

「社会的要因（入会権の変化の諸要因）」近藤康男編『牧野の研究』東京大学出版会

「岩手県岩手郡葛巻町江刈の事例」川島武宜・潮見俊隆・渡辺洋三編『入会権の解体Ⅰ』岩波書店

【1960】

「わが国地方制度における『公共』観念の発生過程」『創立十周年記念論文集［法経篇］』東京都立大学創立十周年記念論文集編集委員会　→1962 年の『学区制度の研究』に再録

「大島の社会」（共著）小倉庫次編『合併と大島の自治――実態調査』東京都

343

千葉正士先生著作目録

【1962】

「村落祭祀共同体の組織法」広濱嘉雄先生追悼記念論文集編集刊行委員会編『法と法学教育』（広濱嘉雄先生追悼記念論文集）勁草書房　→『祭りの法社会学』に再録

【1963】

「公権力の社会理論」清宮四郎博士退職記念論文集刊行委員会編『憲法の諸問題』有斐閣

【1964】

「伊香保」川島武宜・潮見俊隆・渡辺洋三編『温泉権の研究』勁草書房

【1968】

「近代主権国家の法思想史的意義——現代における政治圏変動の必然性」野田良之編『現代ヨーロッパ法の動向』（石崎政一郎先生古稀記念論文集）勁草書房

「法的行動基準の機能と構造——その紛争処理機能の分析」『日本の裁判』（戒能通孝博士還暦記念論文集）日本評論社　→『法と紛争』に再録

【1969】

『社会科学大事典』7巻から11巻に（鹿島研究所出版）に以下の項目を分担執筆「行動規範」「行動モデル」「行動様式」「国際法社会学会」「裁判規範」「サンクション」「司法過程」「死刑」「習俗」「絶交」

【1971】

「法的規制均衡メカニズム」潮見俊隆・渡辺洋三編『法社会学の現代的課題』岩波書店　→『法と紛争』に再録

【1972】

「ドイツ民族学——トゥルンヴァルト」「現代法人類学——アメリカ人類学」川島武宜編『法社会学講座Ⅰ　法社会学の形成』岩波書店

【1973】

「未開社会におけるサンクションの諸形態」川島武宜編『法社会学講座Ⅸ　歴史・文化と法1』，岩波書店

「法社会学発展史の一視角」潮見俊隆編『法学文献選集2　法社会学』学陽書房

【1976】

「紛争の基礎理論」似田貝香門・大森弥・永井進編『地域開発と住民運動——社会的コンフリクトの分析と対応の諸問題』フジ・テクノシステム　→『法と紛争』に再録

「法と紛争の相対性——『紛争と秩序の連続性』理論より」加藤新平教授退官記念論文集編集委員会編『法理学の諸問題』有斐閣　→『法と紛争』に再録

「法と社会」本間康平・田野崎昭夫・光吉利之・塩原勉編『社会学概論』（大学双

344

書）有斐閣

"Giappone (Japan)," Renato Treves and Vincenzo Ferrari eds, *L'insegnamento sociologico del diritto*, Milano: Edizioni di Comunita.

"The Search for a Theory of Law: Report of the Symposium on Theory in the Sociology of Law, Hakone, 1975," *Sociologia del diritto*, 1976-1

【1978】

「紛争の理論」中央用地対策連絡協議会政策研究会編『公共事業の紛争アセスメント講演集Ⅰ』ぎょうせい

「部落〈内〉および部落〈間〉の交際慣行——山形県北小国地方の山村の事例」（共著）鈴木二郎編『わが国における交際慣行の社会人類学的研究——事例報告』東京都立大学社会人類学研究室

「漁村の親族と交際慣行——大分県南海部郡の事例」（共著）鈴木二郎編『わが国における交際慣行の社会人類学的研究——事例報告』東京都立大学社会人類学研究室

【1979】

「外国の法社会学と日本の法社会学」日本法社会学会編『日本の法社会学——日本法社会学会創立三十年記念』有斐閣

「私たちへの宿題」大原長和・黒木三郎編『追想の青山道夫——民主主義と家族法』法律文化社

"Three Level Structure of Law in a World of Many Cultures", in F. C. Hutley, Eugene Kamenka and Alice Erh-Soon Tay eds, *Law and the Future of Society, ARSP Beiheft*, Neue Folge, Nr. 11 → *Legal Pluralism* に再録

【1980】

「地域神社と氏子圏」桜井徳太郎編『民族宗教と社会』（講座　日本の民族宗教5）弘文堂　→『法文化のフロンティア』に再録

【1983】

"Japanese 'Work-Oriented' Spirit as Legal Postulate of Ownership," in *Papers of the Symposium on Folk Law and Legal Pluralism, XIth International Congress of Anthropological and Ethnological Sciences, Vancouver, Canada August 19-23, 1983* (IUAES Commission on Folk Law and Legal Pluralism Vol. 1.) → *Legal Pluralism* に再録

【1984】

"Cultural Universality and Particularity of Jurisprudence," in M. Lakshman Marasinghe and William E. Conklin eds, *Essays on Third World Perspectives in Jurisprudence*, Singapore: Malayan Law Journal. → *Legal Pluralism* に再録

千葉正士先生著作目録

【1985】

"The Channel of Official Law to Unofficial Law," in Antony Allott and Gordon R. Woodman eds, *People's Law and State Law: The Bellagio Papers*, Dordrecht: Foris. → *Legal Pluralism* に再録

【1986】

「学区の共同体的構造」東京都総務局多摩島しょ対策部『大都市周辺における過疎対策について』→『法文化のフロンティア』に再録

"Introduction," in Masaji Chiba ed, *Asian Indigenous Law: In Interaction with Received Law*, London: KPI

"Three-Level Structure of Law in Contemporary Japan, The Shinto Society," in Masaji Chiba ed, *Asian Indigenous Law: In Interaction with Received Law*, London: KPI

"Conclusion," in Masaji Chiba ed, *Asian Indigenous Law: In Interaction with Received Law*, London: KPI

【1987】

「法人類学の発展」大森元吉編『法と政治の人類学』朝倉書店

【1988】

"The Identity Postulate of a Legal Culture," in Mitsukuni Yasaki ed, *East and West, Legal Philosophies: Japanese Association for Legal and Social Philosophy Annual Conference, November 13-15, 1986, ARSP* Beiheft, Nr. 30 → *Legal Pluralism* に再録

【1989】

"Toward a Truly International Sociology of Law thorough the Study of the Legal Pluralism Existing in the World," in Andre-Jean Arnaud, *Legal Culture and Everyday Life*, Oñati, Spain: International Institute for the Sociology of Law.

「個別法文化を尊重して世界法文化へ──多元的法体制の目標」, 矢崎光圀・野口寛・佐藤節子編『転換期世界と法』(法哲学・社会哲学国際学会連合会第13回世界会議) 国際書院 →『法文化のフロンティア』に再録

「法の内と外」,『週刊朝日百科:世界の歴史』(44), (のちに『世界史を読む事典』地域からの世界史20, 1994 に再録, 朝日新聞社)

【1992】

「政教分離の法文化的意義──宗教法学への一つの期待」, 湯浅道男他編)『宗教法学の課題と展望』(善家幸敏教授還暦記念成文堂 →『アジア法の多元的構造』に再録

"Three Dichotomies of Law in Pluralism," in Peter Sack and Jonathan Aleck eds,

Law and Anthropology（The International Library of Essays in Law and Legal Theory: Legal Cultures 3），Dartmouth．→ *Legal Pluralism* 所収論文の再録

【1993】

"Droit non-occidental" en *Dictionnaire encyclopedique de theorie et de sociologie du droit*, sous la direction de Andre-Jean Arnaud, 1me ed, Paris: JGDJ.

【1994】

「序説　日本から見る非西欧法」千葉正士編『アジア法の環境——非西欧法の法社会学』（アジア法叢書 19），成文堂

「アジア法の内部的外部的環境」千葉正士編『アジア法の環境——非西欧法の法社会学』（アジア法叢書 19），成文堂

【1995】

"Legal Pluralism in Mind: A Non-Western View," in Hanne Petersen & Henrik Zahle, eds, *Legal Polycentricity: Consequences of Pluralism in Law*, Aldershot: Dartmouth

"Book Review: A Horizon of Legal Anthropology: In Commemoration of 70th Birthday of Professor Masaji Chiba," *Droit et cultures* 30 → *Legal Cultures in Human Society* に再録

"Book review: Folk Law: Essays in the Theory and Practice of Lex Non Scripta, 2 vols," Asian Folklore Studies 65 → *Legal Cultures in Human Society* に再録

"Legal Pluralism in Mind: A Non-Western View," Hanne Petersen and Henrik Zahle eds, *Legal Polycentricity: Consequences of Pluralism in Law*. Aldershot: Dartmouth → *Legal Cultures in Human Society* に再録

【1997】

"An Operational Definition of Legal Culture in View of both Western and non-Western," in Johannes Feest and Erhard Blankenburg eds, *Changing Legal Cultures*, Onati: International Institute for the Sociology of Law → *Legal Cultures in Human Society* に再録

"Japan," in Poh-Ling Tan ed, *Asian Legal Systems Law, Society and Pluralism in East Asia*, Sydney: Butterworths. → *Legal Cultures in Human Society* に再録

「移植アジア・イスラーム法の問題性」千葉正士編『アジアにおけるイスラーム法の移植——湯浅道男教授還暦記念』（アジア法叢書 21）成文堂

「アジア・イスラーム法研究の課題」千葉正士編『アジアにおけるイスラーム法の移植——湯浅道男教授還暦記念』（アジア法叢書 21）成文堂

「スポーツ法学」『スポーツ学のみかた』朝日新聞社

千葉正士先生著作目録

【1998】

"Droit non-occidental," in Wanda Capeller and Takanori Kitamura eds, *Une introduction aux cultures juridiques non occidentales: autour de Masaji Chiba*. Bruxelles: Bruylant → *Legal Cultures in Human Society* に再録

"Ce qui est en remis en question dans la culture juridique non-occidentale," in Wanda Capeller and Takanori Kitamura eds, *Une introduction aux cultures juridiques non occidentales: autour de Masaji Chiba*. Bruxelles: Bruylant → *Legal Cultures in Human Society* に再録

【1999】

"Book Review: Islamic Law Transplanted in Asian Countries," *Newsletter* 32, IUAES Commission on Folk Law and Legal Pluralism → *Legal Cultures in Human Society* に再録

【2000】

「法理論研究者の尊厳──国際活動の意義」三島淑臣・稲垣良典・初宿正典編『人間の尊厳と現代法理論──ホセ・ヨンパルト教授古稀祝賀』成文堂

【2002】

「総合比較法学の推進を願う」滝沢正編『比較法学の課題と展望』（大木雅夫先生古稀記念）信山社

【2008】

「鈴木敬夫君の人と学問」孝忠延夫・鈴木賢編『北東アジアにおける法治の現状と課題──鈴木敬夫先生古稀記念』（アジア法叢書28），成文堂

【2009】

「本書への期待──法文化論の基礎確立に向けて」角田猛之・石田慎一郎編『グローバル世界の法文化──法学・人類学からのアプローチ』福村出版

［大学紀要・学術雑誌等掲載論文］

【1950】

「ガイガーの法社会学論」人文学報（東京都立大学人文学会）2

【1951】

「村落生活における『契約』について──宮城県根白石村の場合（1，2）」法律時報（有斐閣）23（6，7）

「村落共同生活秩序の構造──宮城県宮城郡白石村について」（未完）人文学報4

【1952】

「当局者の自由観・法律観」労働法律旬報（旬報社）91

「日常生活と警察官(1)(2)」労働法律旬報108，110

千葉正士先生著作目録

「法学と民族学とに架橋する二書──和歌森太郎『中世共同体の研究』・堀一郎『民間信仰』」（書評）法律時報 24（3）

「当局者の自由観・法律観──関之『思想・言論の自由とその限界』」（書評）労働法律旬報 91

【1952-53】

「法体系・法秩序と法の構造(1)(2)」季刊法律学（有斐閣）13，14　→『法と紛争』に再録

【1953】

「若者組の一類型──村落構造に関連して」法社会学（日本法社会学会）3

「研究大会よりみた学会批評──日本法哲学会」思想 349

「研究大会よりみた学会批評──日本法社会学会」思想 349

「警察官の人権蹂躙について──その法社会学的一考察」公法研究（日本公法学会編）9

「村落『契約』の意義と観念」法社会学 4

「学会回顧　法哲学・法社会学」法律時報 25（12）

「危機の論理構造」思想（岩波書店）350

「学会批評　日本法哲学会──悪法をめぐって」思想 349

「学会批評──調査の目的と方法」思想 349

【1954】

「標本観察方法による法意識調査の問題点」人文学報 11

「調査の目的と方法（シンポジウム）」法社会学 5

「農村における法秩序の形成」法律時報 26（9）

「警察に対する民衆のあり方について」都市問題（東京市政調査会）45（4）

「学会回顧」法律時報 26（12）

【1955】

「法社会学論争の帰結」中央評論（中央大学）37

「人身売買の意識」警察時報（警察時報社）10（7）

【1956】

「村落構造論の前進と課題──潮見俊隆・『漁村の構造』について」法社会学 6

「社会科学としての能率」能率（東京都総務局総務部企画課）7

「憲法改正の論点」教育（国土社）6（5）

【1957】

「法社会学」季刊法律学 24

「地方税法における地方と国の一問題」公法研究 16

「動向　4 法律学」村落社会研究会年報Ⅳ『農村過剰人口の存在形態』（時潮社）

千葉正士先生著作目録

【1958】

「公権力と人間──特集・市民とは何か」都市問題 49 (1)

「祭りの法社会学──その序説 (1) (2)」法学志林（法政大学）55 (3) (4)→ 1970 年の
『祭りの法社会学』に再録

「『構造』の概念と構造論の方法」人文学報 18

「わが国法社会学における社会構造の研究」社会人類学（東京都立大学社会人類学
研究会）1 (4)

「公権力と人間」都市問題 49 (1)

「公物私用・公私混同」能率 93

「日本人の政治意識」月刊社会教育（国土社）5 月号

【1959】

「社会規範としての年中行事──その村落共同規範としての意義」法学志林 57 (2)→
『祭りの法社会学』に再録

「法律と法律家の社会的性格」自由と正義（日本弁護士連合会）10 (6)

「記録　法哲学」『法律年鑑一九六〇』日本評論社

【1960】

「学区の設定による村落共同体の解体再編成」東京都立大学法学会雑誌 1 (1)
→ 1962 年の『学区制度の研究』に再録

「学区制の変遷と町村および村落の展開 (1) - (3)」都市問題 51 (2) (3) (4)

「佐々木哲蔵著『裁判官論』」（書評）法律時報 32 (9)

「学会回顧　法哲学・法社会学」法律時報 32 (14)

【1961】

「法社会学発展史の一視角」1960 年法哲学年報 → 1973 年の『法学文献選集 2　法
社会学』学陽書房に再録

「入会利用におけるサンクションの諸形態」法社会学 11

「『構造』の概念と構造論の方法」人文学報 18

「『政暴法』の性格」月刊社会教育 5 (9)

【1961-62】

「社会規範としての通過行事──とくにその共同規範としての意義について (1) - (3)」
法学志林 58 (3・4)，59 (1) (2)　→『学区制度の研究』に再録

【1962】

「地域組織──鹿児島農村調査覚書（五）」社会科学研究（東京大学社会科学研究所），
13 (6)

「社会的役割としての権利」法社会学 13　→ 1980 年の『法と紛争』に再録

「わが国実定的多数決制度の諸方式」1961 年法哲学年報

"Sociology of Law," *Japan Annual of Law and Politics* 10

【1963】

「立法過程における法的理念と社会的利益」東京都立大学法学会雑誌 3（1・2）

「通学区域と越境入学」法学志林 61 (1)

「現代わが国における訴訟期間の問題点——刑事訴訟を中心として」法律時報 35 (11)

【1964】

「一市町村一神社の理念と総鎮守の制——第二次大戦中における東北地方の実例を通して」社会と伝承（社会と伝承の会）8 (1)　→『祭りの法社会学』に再録

「裁判官の法意識分析のための二問題点——とくに舞鶴事件一・二審判決を通じて」法律のひろば（帝国地方行政学会）17 (5)

「当面する司法制度改革の中心問題——臨時司法制度調査会への要望」（共著）法律時報 36 (6)

【1965】

「わが国郵便および鉄道荷物運送における国の損害賠償責任の変遷」東京都立大学法学会雑誌 5 (2)

「村落における祭祀共同体の展開と解体」東京都立大学法学会雑誌 6 (1)→『祭りの法社会学』に再録

「戦前におけるわが国法哲学の法思想史的再検討（上）（下）」法学新報（中央大学）72（1・2・3），(5)

＊＊ 1965 年 8 月から 1966 年 10 月までミネソタ大学在外研究，ヨーロッパ視察

【1967】

「"法と社会" 学会（世界の法社会学）」法律時報 39 (6)；「法社会学国際委員会と国際法社会学会会議（同）」39 (8)；「ローラ・ネイダー『法の人類学的研究』（同）」39 (11)；「アメリカにおける最近一年の状況（Law and Society Review（LSR），Vol 1, No. 2）（同）」39 (14)　→以降，「世界の法社会学」として法律時報に断続的に掲載。その一部は 1980 年の『法と紛争』などの論文集等に再録

"The Study of Law and Society in Japan: A Bibliography of the Study of Law and Society written in Western Languages by Japanese Scholars," Co-editor with Zensuke Ishimura, NSLS No.1, *Tokyo Metropolitan University Journal of Law and Politics* 8 (1)

【1967-68】

「現代『法人類学』の発展(1) – (10)」法律時報 39 (10) – (13)，40 (1) – (2)，(3) – (7)　→ 1969 年の『現代・法人類学』に再録

千葉正士先生著作目録

【1968】

「紛争および紛争処理研究上の問題点——理論的研究の準備のために」東京都立大学法学会雑誌 8(2)　→『法と紛争』に再録

「最近における紛争研究の状況（世界の法社会学）」法律時報 40(2)　→『法と紛争』に再録；「リチャード・D・シウォーツ　アーノルド・M・ローズ教授（一九一八‐六八）を悼む（同）」（翻訳）40(7)；「スカンジナビア法社会学会（同）」40(10)；「最近の法社会学（同）」40(12)

"Relations between the School District System and the Feudalistic Village Community in Nineteenth Century Japan," *Law and Society Review* 2(2)　→ Legal Pluralism に再録

"Latest Topics in the Study of Law and Society: At Three International and National Associations," Co-editor with Zensuke Ishimura, NSLS No. 2, *Tokyo Metropolitan University Journal of Law and Politics* 9(1)

【1969】

"Foreign Literature on the Study of Law and Society translated into Japanese," Co-editor with Zensuke Ishimura, NSLS No. 4, *Tokyo Metropolitan University Journal of Law and Politics* 9(2)

"Supplement to Previous News of the Study of Law and Society," Co-editor with Zensuke Ishimura, NSLS No. 5, *Tokyo Metropolitan University Journal of Law and Politics* 10(1)

「バーカン『制裁なき法』（世界の法社会学）」法律時報 41(2)；「西ドイツの法社会学（同）」41(5)；「カールストン『社会理論とアフリカの部族組織』（同）」41(7)；「紛争研究の回顧（同）」41(11)　→『紛争と法』に再録

【1970】

"Two Major Factors of the Legal Standard Functioning in Dispute Settlement," *Proceedings of VIII World Congress of Anthropological and Ethnological Sciences* 2

"Outline of Japanese Judicial System," Co-editor with Zensuke Ishimura, NSLS No. 6, *Tokyo Metropolitan University Journal of Law and Politics* 10(2)

"Some Statistical Data on Administration of Justice in Japan," Co-editor with Zensuke Ishimura, NSLS No. 7, *Tokyo Metropolitan University Journal of Law and Politics* 11(1)

「最近一年間の活動状況（世界の法社会学）」法律時報 42(1)；「法人類学の一つの動き（同）」42(4)；「ブルク・ワルテンシュタインの法人類学会議（同）」42(11)；「法社会学国際会議——ヴァルナ，一九七〇年九月（同）」42(14)

千葉正士先生著作目録

【1971】

「裁判官へ──人権をおもう一研究者より」ジュリスト 469 号創刊二十周年記念号

「法人類学の生成と展開」ジュリスト増刊『理論法学の課題』有斐閣

「最近一年間の法社会学（世界の法社会学）」法律時報 43(1)；「ファラーズ『先例なき法（同）』43(2)；「法意識の比較研究（同）」43(5)；「クウィック・インデックス（同）」43(14)

「社会的紛争の理論と都市的紛争」都市研究報告（東京都立大学都市研究委員会）10

"A Summary Bibliography of Sociology of Law in Japan," Co-editor with Zensuke Ishimura, NSLS No. 8, *Tokyo Metropolitan University Journal of Law and Politics* 11(2)

"Some Statistical Data on Administration of Criminal Justice in Japan," Co-editor with Zensuke Ishimura, NSLS No. 9, *Tokyo Metropolitan University Journal of Law and Politics* 12(1)

【1972】

「広瀬和子著『紛争と法』──法社会学一般理論の提唱」（書評）法社会学 24　→『法と紛争』に再録

「六本佳平『民事紛争の法的解決』──社会学的方法の成果」（書評）民商法雑誌 66 (2)（有斐閣）　→『法と紛争』に再録

「年間回顧（世界の法社会学）」法律時報 44(1)；「文献の表記と引用の方式（同）」44(6)；「論文の要約について（同）」44(10)；「ホルヴァートの法社会学（同）44(11)

「［随想］よりよい書評を」ジュリスト 505　→『法と紛争』に再録

"The Niigata Minamata Disease Case: A New Principle of Legal Responsibility for Water Pollution," Co-editor with Zensuke Ishimura, NSLS No. 10, *Tokyo Metropolitan University Journal of Law and Politics* 12(2)

【1973】

「川島武宜編『紛争解決と法 1・2』──法的紛争処理の行動科学的モデル化」（書評）民商法雑誌 67(6)　→『法と紛争』に再録

「過去一年の学界（世界の法社会学）」法律時報 45(1)；「各国法社会学者の状況（同）」45(2)；「ポドゴレッキの法意識研究（同）」45(7)；「アフリカ固有法研究の成果（同）：45(10)；「クチンスキーの法意識調査論（同）」45(14)

「都市の概念──その総合的検討のために〈総論〉」都市研究報告 32

「都市の概念──その総合的検討のために〈各論 1（法学・政治学）〉」都市研究報告 33

353

千葉正士先生著作目録

「都市研究の方法論的諸問題」都市研究報告 37

【1974】

「都市の概念——その総合的検討のために〈結論　現代における都市の概念〉」都市研究報告 47

「違法・脱法の職業観念」東京都立大学法学会雑誌 14(2)　→『法文化のフロンティア』に再録

「紛争理論の系譜」プロジェクト 0 号（社会開発総合研究所）

「二つの国際学会（世界の法社会学）」法律時報 46(1)；「七二・七三年の学会（同）」46(3)；「紛争解決センターの閉鎖（同）」46(7)　→『紛争と法』に再録；「ヨーロッパ法社会学会の設立（同）」46(8)；「法社会学国際会議（トロント）（同）」46(11)

【1975】

「都市の概念——その総合的検討のために〈各論（八）補論〉」都市研究報告 47

「日本における法社会学教育」（英文原本を翻訳して掲載）法社会学 28

「わが国における国家と神社——現代における問題点と資料」「日本における法社会学教育」（英文原本を翻訳して掲載）法社会学 28

「学界落穂拾い（世界の法社会学）」法律時報 47(4)；「昨年発行の主要文献（同）」47(6)；「法社会学理論国際シンポジウム(1)(2)（同）」47(9)(10)

【1976】

「碧海純一編『法学における理論と実践——法哲学における実践の問題とは何か』」（書評）法律時報 48(6)　→『法と紛争』に再録

「学界雑報（世界の法社会学）」法律時報 48(4)；「“法と発展”の問題（同）」48(12)

「日本法思想史上の中川善之助」法学セミナー臨時増刊『中川善之助——人と学問』日本評論社

【1977】

「創刊のことば」総合都市研究（東京都立大学都市研究センター）1（創刊号）

「法と文化　Ⅰ　法学的議論」法律時報 49(6)　→以下、「法と文化」として法律時報に連載；「Ⅱ　行動科学的議論」49(8)；「Ⅲ　西欧法思想史再考」49(9)；「Ⅳ　法意識研究の課題」49(11)；「Ⅴ　法意識の類型的比較」49(12)；「Ⅵ　アメーバ性日本的法意識」49(13)　→『法文化のフロンティア』に再録

「シンガポール“法と開発”会議（世界の法社会学）」法律時報 49(1)；「クアラルンプール“法学教育”会議（同）」49(2)

【1978】

「紛争理論研究の意義と動向」東京都立大学法学会雑誌 18(1・2)　→『法と紛争』に再録

千葉正士先生著作目録

「都市研究方法論の前提問題」（武内和彦と共著）総合都市研究 3

「国際法哲学界の異文化への関心（世界の法社会学）」法律時報 50 (3)

「法と文化　Ⅶ　"法とシンボル"の問題」法律時報 50 (1)；「Ⅷ　法のシンボル」
　　50 (29)；「Ⅸ　法のシンボル作用」50 (3)；「Ⅹ　法の概念」50 (4)；「Ⅺ　法の三元
　　構造」50 (5)；「Ⅻ　残された問題」50 (6)　→『法文化のフロンティア』に再録

【1979】

「都市研究方法論の方法」総合都市研究 6

「都市研究における『問題の体系』——第一次試案」総合都市研究 7

「法における伝統と近代（世界の法社会学）」法律時報 51 (1)；「M・B・フーカー
　　『東南アジア法律史概説』（同）」51 (9)

「M・B・フーカー『東南アジア法律史概説』（世界の法社会学）」法律時報 51 (9)；
　　「法における伝統と近代（同）」51 (1)

「編集者のことば——社会科学的震災予防研究の必要性」総合都市研究 8

【1980】

「東南アジア法の理解を求めて—— M・B・フーカー著『多元的法体制論』および
　　『東南アジア法小史』（書評）アジア経済（アジア経済研究所）21 (2)　→『法文
　　化のフロンティア』に再録

「法律学と社会学」季刊労働法別冊 6 号『現代社会学』（総合労働研究所）

「日本における法の三元構造」法社会学 32

「現代フォーク・ロー学会の創設（世界の法社会学）」法律時報 52 (2)；「英語論文執
　　筆公刊の手引き（同）」52 (6)

「編集者のことば」総合都市研究 10

"Doubts on the Utility of 'Traditional' vs. 'Modern': From an Asian Point of View,"
　　Law and Development, 1978/1979 Issue. → *Legal Pluralism* に再録

【1981】

「『地方都市』論の一前提問題」都市問題 72 (7)

「及川伸著『法社会学と実験主義法学』」（書評）社会学評論 32 (3)

「アジア法研究の動向（世界の法社会学）」法律時報 53 (6)

「編集者のことば」総合都市研究 13

「法哲学と法社会学」法の理論 1

【1982】

「国際法人類学の組織と活動（世界の法社会学）」法律時報 54 (3)

「紛争理論の法社会学的研究を進めるために」法社会学 34

「佐藤節子・田中茂樹教授の批評によせて」法の理論 2

"The Unofficial Jural Postulates Underlying Attitudes toward Law," Zeitschrift für

千葉正士先生著作目録

Rechtssoziologie 3⑴ → *Legal Pluralism* に再録

「第2回『法学教育と発展』地域会議報告書（抄訳）」（共訳）アジア経済 23⑴

「編集者のことば」総合都市研究 15

「学問における日常的国際交流」文部時報 1266

「座談会　都市研究の反省と展望」（共著）総合都市研究 16

【1983】

「国家法体系に対する固有法浸透の通路」アジア経済 24⑶　→『法文化のフロンティア』に再録

「法学における慣習法の概念」国立民族学博物館研究報告 8⑴

「ハンガリーの法社会学における法慣習研究と意義（世界の法社会学）」（島村博と共著）法律時報 55⑽

【1984】

「アジア固有法の研究——スリランカ調査中間報告」（共著）法社会学 36

「討論（法意識をめぐる諸問題〈シンポジウム〉）」（共著）法社会学 36

「共同研究の効果をあげるために——個人的経験による共同研究論」総合都市研究 21

「第二回国際法人類学会議（世界の法社会学）」法律時報 56⑸

「タイ山地ワラ族の法——小ノート（世界の法社会学）」（前田精士と共著）法律時報 56⑺

【1985】

「アイデンティティ法原理——法文化の法哲学的基礎を求めて」法の理論 5　→『法文化のフロンティア』に再録

「個人的戦後責任感」季刊三千里（三千里社）41

「多元的法体制キャンベラ会議（世界の法社会学）」法律時報 57⑴

「多元的法体制におけるフォークロー——法人類学の課題」思想 727　→『法文化のフロンティア』に再録

「未開法から部族法・フォークローへ——法人類学の動向」法社会学 37

「アイデンティティ法原理——法文化の法哲学的基礎を求めて」法の理論 5

【1986】

"The Identity Postulate of Indigenous Law and Its Function in Legal Transplantation," in Peter Sack & Elizabeth Minchin, eds., *Legal Pluralism: Proceedings of the Canberra Law Workshop* Ⅶ, Canberra: Law Department, Research School of Social Sciences, Australian National University → *Legal Pluralism* に再録

【1987】

"Three Dichotomies of Law: An Analytical Scheme of Legal Culture" 東海法学 1

「小さな輸出」書斎の窓（有斐閣）362

【1988】

「アジアにおける固有法と移植法：M. Chiba, ed., Asian Indigenous Law, 1986 より」東海法学 2 → 『アジア法の多元的構造』に再録

「法の象徴的機能研究とガスフィールドの意義」（北村隆憲と共著）法律時報 60 ⑽

【1989】

「現代日本法の象徴的機能」（大橋義人訳）東海法学 4 → 『法文化のフロンティア』に再録

「夢を追うこと（一般教育余滴〈特集〉）」文明 57

「討論（法社会学への期待〈シンポジウム〉）」（共著）法社会学 41

「安田信之著『アジアの法と社会』」（書評）アジア経済 30 ⑶

"Toward a Truly International Sociology of Law through the Study of the Legal Pluralism Existing in the World," in André-Jean Arnaud ed. *Legal Culture and Everyday Life*, Oñati Proceedings 1, Oñati: International Institute for the Sociology of Law → *Legal Cultures in Human Society* に再録

「稲子恒夫・鮎京正訓『ベトナム法の研究』」（書評）法律時報 61 ⑽

【1990】

「真の国際的法社会学のために多元的法体制の研究を」オニャティ法社会学国際研究所開所記念講演（大橋義人訳）法社会学 42 → 『アジア法の多元的構造』に再録

「提唱・スポーツ法学——欧米の現状概観より」東海法学 5 →東海大学行動科学研究 31 に修正

【1991】

"Legal Pluralism in Sri Lankan Society: Toward a General Theory of Non-Western Law," 行動科学研究 33（のちに，*Journal of Legal Pluralism and Unofficial Law*（33）1993 に再録）

「フランス法人類学の近況」東海法学 6

「創立 35 周年記念出版　青法協——憲法とともに 35 年」法の科学 19

【1992】

「時間の法文化的意義——法と時間 1」東海法学 8

「スポーツ法社会学への誘い」法社会学 44

「スポーツ法シンポジウムの記録」行動科学研究（東海大学社会科学研究所）40

「スポーツ法学の現状と課題」日本スポーツ法学会設立記念研究集会資料

【1993】

"Legal Pluralism in Sri Lankan Society: Toward a General Theory of Non-Western

千葉正士先生著作目録

　Law," *Journal of Legal Pluralism and Unofficial Law* 33

「非西欧法理論研究の現代的意義」北大法学論集 44⑷　→『アジア法の多元的構造』に再録

「現代アジア法研究の課題」行動科学研究 44　→『アジア法の多元的構造』に再録

「わが国現行時間制度の法律的起源——法と時間 2」東海法学 9

「人間のスジと社会のキマリ」東海法学 11

「基調講演　スポーツ法学の現状と課題」法律時報 65⑸

「都市研究の効用」『総合都市研究』50

「報告　非西欧法理論研究の現在的意義」北大法学論集 44⑷

【1994】

「スポーツ法の国家性と自主性・世界性」日本スポーツ法学会年報 1

"Sports Law as a Sub-Culture and Supra-Culture," 行動科学研究 3

【1995】

「アイデンティティ法原理の探求——とくに韓国と日本を比較して」北大法学論集 46⑴　→『アジア法の多元的構造』に再録

「スポーツ紛争とその処理制度——スポーツ固有法の機能」日本スポーツ法学会年報 2

「世界の中のアジア法」比較法雑誌（中央大学）29⑶　→『アジア法の多元的構造』に再録

「法人類学の進展と再発見」行動科学研究 47

「法の主体的意義——法主体論終章稿」法の理論 15　→『アジア法の多元的構造』に再録

"World Peace through What Law?" *The International Journal of Humanities and Peace* 11⑵ → *Legal Cultures in Human Society* に再録

【1996】

「フォークロアの法学」神奈川大学評論 23

「法文化の操作的定義」東海法学 16　→『アジア法の多元的構造』に再録

【1997】

「漢字文化圏における固有法と近代法」北大法学論集 47⑸　→『アジア法の多元的構造』に再録

「スポーツと法——文化としてのスポーツ」スポーツジャーナル（日本体育協会）1

「スポーツの文化性・権利性と法理念」日本スポーツ法学会年報 4

「チベットの法文化—— French, The Golden Yoke, 1995 をめぐって」行動科学研究 49　→『アジア法の多元的構造』に再録

【1998】

"Other Phases of Legal Pluralism in the Contemporary World," *Ratio Juris* 11（3）

「インド法文化圏（シンポジウム　法観念を中心とする世界法文化の比較──比較法文化論への試み）」比較法研究 60

「スポーツ固有法の要件と事故・紛争に対する役割」日本スポーツ法学会年報 5

"The Intermediate Variable of Legal Concepts," *Journal of Legal Pluralism and Unofficial Law* 41 → *Legal Cultures in Human Society* に再録

【1999】

「時間論における法──法と時間 3」東海法学 22

「多元的法体制（第 18 回国際シンポジウム特集号　多元的民族社会の緊張・相互理解・協調）」社会科学ジャーナル（国際基督教大学）43

「質疑応答（第 18 回国際シンポジウム特集号　多元的民族社会の緊張・相互理解・協調）」（共著）社会科学ジャーナル 43

「法人類学の可能性」国士舘法学（国士舘大学）31

「シュテルンベルクと日本近代法学（上）（下）」書斎の窓 483，484

「法文化論の前進のために──角田論文に応じて」法の理論 18

【2000】

「多元的時間制の諸相──法と時間 4」東海法学 24

「日本法学の現地生産」書斎の窓 493

"Seeking for the Intermediate Variable of Human Rights," The International Journal of Humanities and Peace 16(1) → *Legal Cultures in Human Society* に再録

【2001】

「共同研究と研究協力」総合都市研究 75

「自著を語る 1 『スポーツ法学序説』」日本スポーツ法学会年報 8

「人間の法──個人から人類まで」沖縄法政研究（沖縄国際大学）3

「法規範としての多元的法体制──法と時間 5」東海法学 26

「共同研究と研究協力（特集　安全・安心をめざす防災都市づくり研究）」総合都市研究 75

【2002】

「スポーツ法学から応用法学へ──新世紀の法学のために」東海法学 28

「宗教と法──聖と俗の比較法文化──非西欧のパースペクティヴから」2002 年法哲学年報

【2003】

「法学と法学部の行方──夢の旅路の拾い物 1」東海法学 30

千葉正士先生著作目録

「記念講演　日本のスポーツ法学十年を振り返って（日本スポーツ法学会第十回大会）」日本スポーツ法学会年報 10

「法文化論争から新法学への期待」法の理論 22

【2004】

「学問研究の評価——夢の旅路の拾い物 2」東海法学 31

「研究作業の難所——夢の旅路の拾い物 3」東海法学 32

【2005】

「スランプの克服——夢の旅路の拾い物 4」東海法学 33

「近代の功？罪？——夢の旅路の拾い物 5」東海法学 34

【2006】

「研究方法を学ぶ——夢の旅路の拾い物 6」東海法学 35

「観察・分析の視座——夢の旅路の拾い物 7」東海法学 36

【2007】

「東海大学法学部の目標」東海法学 37

「文化と人間を学ぶ——夢の旅路の拾い物 8」東海法学 38

【2008】

「大学の存在意義を一大学の死に看る——夢の旅路の拾い物・補遺」東海法学 40

［訳　書］

【1970】

E・マックニール『紛争の科学——社会的紛争の本質』（編訳）東京創元新社（第 2 版より『紛争の社会科学——社会的紛争の本質』に改題）

【1974】

『法人類学入門』（編訳）弘文堂

【1978】

アンジェイ・コイデル「ポーランド法社会学の 15 年（世界の法社会学）」法律時報 50（3）

【1982】

サイモン・ロバーツ『秩序と紛争——人類学的考察』（監訳）西田書店

【1984】

E・アダムソン・ホーベル『法人類学の基礎理論——未開人の法』（中村孚美と共訳）成文堂

千葉正士先生著作目録

[その他]

【1954】

「警察官という名の人間──警察官に人権を侵害させるもの」東京大学学生新聞 145

【1956】

『新島自治慣行調査報告書』，東京都総務局総務部企画課

【1957】

『都下山村自治の実態調査報告書』，東京都総務局総務部企画課

【1958】

「川島法学の展開──『科学としての法律学』を中心として」図書新聞 454

『都下村落行政の成立と展開──青梅市成木調査報告書』東京都総務局総務部企画課

【1960】

「学会回顧　法律」週刊読書人 355

【1961】

『目黒区史』（東京都立大学学術研究会として共編）東京都目黒区

『都市化と地方行政の関係』東京都企画室

【1962】

「江守五夫著『法社会学方法論序説』」書評，図書新聞 681

【1964】

「新読書セミナー──法社会学の課題」週刊読書人 543

【1965】

「学会双曲線　戒能通孝氏と川島武宜氏」週刊読書人 563

「渡辺洋三著『日本の社会と法＝財産』書評，図書新聞 800

【1969】

「藤田勇＝江守五夫編『文献研究（一）日本の法社会学』」書評，週刊読書人 783

【1973】

『都市の概念──その総合的検討のために』八分冊，編著，都市研究報告（東京都立大学都市研究委員会）

【1974】

『都市研究関係文献目録　昭和 48 年版』（都市研究委員会編，文献目録総括）東京都立大学都市研究委員会

【1990】

『体育・スポーツ事故の対策と法的責任』（齋藤勝と共著）東海大学学務部体育課

千葉正士先生追悼

法文化論の展開
──法主体のダイナミクス──

2015(平成27)年5月1日　第1版第1刷発行

8070：P384　￥8200E 012-030-015

編　者	角　田　猛　之
	ヴェルナー・メンスキー
	森　　　正　美
	石　田　慎一郎

発行者　今井　貴　稲葉文子

発行所　株式会社　信 山 社

〒113-0033 東京都文京区本郷 6-2-9-102
Tel 03-3818-1019　Fax 03-3818-0344
info@shinzansha.co.jp
笠間才木支店　〒309-1611 茨城県笠間市笠間 515-3
Tel 0296-71-9081　Fax 0296-71-9082
笠間来栖支店　〒309-1625 茨城県笠間市来栖 2345-1
Tel 0296-71-0215　Fax 0296-72-5410
出版契約 2015-8070-01011 Printed in Japan

© 編・著者, 2015　印刷・製本／ワイズ書籍・Yoshi・牧製本
ISBN978-4-7972-8070-8 C3332　分類321.310a-10

JCOPY 《(社)出版者著作権管理機構 委託出版物》
本書の無断複写は著作権法上での例外を除き禁じられています。複写される場合は，
そのつど事前に，(社)出版者著作権管理機構(電話03-3513-6969，FAX03-3513-6979，
e-mail: info@jcopy.or.jp)の許諾を得てください。また，本書を代行業者等の第三者に
依頼してスキャニング等の行為によりデジタル化することは，個人の家庭内利用であっ
ても，一切認められておりません。

―――――― 千葉正士 著 ――――――

◆ **法文化への夢** 2015年2月刊行 最新刊

◆ **法と時間**

◆ **スポーツ法学序説**
　　　法社会学・法人類学からのアプローチ

◆ **Legal Cultures in Human Society**
　　　A Collection of Artticles and Essays

◆ **比較法学の課題と展望** 大木雅夫先生古稀記念

　　滝澤正 編集代表　　千葉正士著「1 総合比較法学の推進を願う」収載

村瀬信也先生古稀記念
◆**国際法学の諸相―到達点と展望** 江藤淳一 編 2015.1新刊

町野朔先生古稀記念
◆**刑事法・医事法の新たな展開**〔上・下〕　　　　　　2014.6刊
　　　　　　　編集代表　岩瀬徹・中森喜彦・西田典之
毛塚勝利先生古稀記念
◆**労働法理論変革への模索**　　　　　　　　　　2015.3新刊
　　　　　山田省三・青野覚・鎌田耕一・浜村彰・石井保雄 編

―― 信山社 ――